高等职业教育“十二五”规划教材

高职高专物流类精品教材系列

第三方物流

（第二版）

郑克俊　主编

陈　英　唐玉藏　副主编

科 学 出 版 社

北 京

内 容 简 介

本书共分 7 个项目：第三方物流认知、第三方物流企业运作模式的构建、第三方物流企业的商务拓展、第三方物流运作管理、第三方物流信息系统构建、第三方物流服务管理、第三方物流企业绩效评估。为了便于教学、帮助学生抓住重点和巩固知识，在每个项目开头提出了项目学习目标、主要知识点、关键技能点，在每个任务开头编写了任务描述，每个任务中都包含多个案例。为了便于开展实训实操教学，培养职业岗位技能，在任务结尾编写了在课堂或校园内就能完成的单项实训任务，在每个项目末尾编写了在校园内或实训室内能完成的项目综合实训任务；在每个项目后还附有 4 种类型的练习题和 1 则案例分析。内容上尽量采用图片、表格、数字等简单直观的呈现方式，使本书具有较鲜明的实用性、简洁性和可操作性。

本书既可作为物流管理、港口物流、交通运输管理、物资管理等专业第三方物流及相关课程的教学用书，也可作为仓库、港口、场站、物流中心等企事业单位的物流管理部门的业务培训用书。

图书在版编目（CIP）数据

第三方物流 / 郑克俊主编. —2 版. —北京：科学出版社，2015
（高等职业教育“十二五”规划教材·高职高专物流类精品教材系列）
ISBN 978-7-03-043874-4

Ⅰ.①第… Ⅱ.①郑… Ⅲ.①物流-物资管理-高等职业教育-教材
Ⅳ.①F252

中国版本图书馆 CIP 数据核字（2015）第 057798 号

责任编辑：任锋娟 朱大益 / 责任校对：王万红
责任印制：吕春珉 / 封面设计：一克米工作室

科学出版社出版
北京东黄城根北街 16 号
邮政编码：100717
http://www.sciencep.com
铭浩彩色印装有限公司印刷
科学出版社发行 各地新华书店经销
*
2007年6月第 一 版 开本：787×1092 1/16
2015年6月第 二 版 印张：21
2020年1月第十三次印刷 字数：495 000

定价：49.00 元

（如有印装质量问题，我社负责调换〈铭浩〉）
销售部电话 010-62134988 编辑部电话 010-62138978-2018（VF02）

第二版前言

高等职业教育的主要任务是培养生产、服务、管理第一线的高端技能型专门人才。目前，高职院校正在开展项目导向、工学结合的教学改革。为了满足新形势下高职物流专业“工学结合”的教学需要，本书在第一版的基础上，打破以知识传授为主要特征的传统学科课程模式，以任务为中心组织课程内容，按任务驱动的项目化教学思路重新编写。本书以第三方物流的经营管理为主线，力图让学生在完成具体项目的过程中学会完成相应工作任务，掌握第三方物流的基本概念和思想，学会创办、经营和管理第三方物流企业。

本书由郑克俊教授（广东科学技术职业学院）主编，负责组织、协调编写工作，对全部稿件进行总纂修改并编写了项目1～项目6；陈英（成都职业技术学院）、唐玉藏（浙江交通技师学院）任副主编，分别编写了项目4和项目7。胡亟飞、李海东（广州华商职业学院）分别参与编写了项目2和项目3中的练习题和案例，朱海鹏（广东科学技术职业学院）参与编写了项目6中的任务三，郑克磊、张丽（广东工业大学华立学院）分别参与编写了项目2中的任务二、任务三。容煜辉（TNT珠海分公司）、梁燕修（顺丰速运中山分公司）、苏杭生（广州市凯格速物流有限公司）等企业专家参与了本书编写大纲的讨论，对编写思路提出了很好的建议，并提供了部分企业案例资料。成博副教授（河北交通职业技术学院）、黄立君副教授（广东建设职业技术学院）、王俊凤讲师（保定职业技术学院）也参与了编写大纲的研讨。

本书凝聚了编者10年的“第三方物流”课程教学经验，同时也吸收了第一版的大部分成果。

本书的编写还得到了严中华教授、王建林副教授（广东科学技术职业学院）的关心与支持，得到了孟军齐副教授（深圳职业技术学院）、王耀燕老师（义乌工商职业技术学院）的大力支持。科学出版社的任锋娟编辑对本书的出版也付出了大量心血。在此对上述所有关心支持本书出版的人表示衷心感谢！

编者在编写本书的过程中，参考了大量的文献资料，利用了部分网络资源，引用了一些专家学者的研究成果和一些公司的案例资料，在此对相关作者谨致谢忱。

由于编者水平有限，书中难免存在疏漏和不足，敬请广大读者批评指正。

编　者

2015年1月

第一版前言

本书按照“理论够用、重在实操”和“简单明了、方便实用”的原则，以第三方物流的经营管理为主线进行编写，目的是使读者掌握第三方物流的基本概念和思想，学会如何创办、经营和管理第三方物流企业。

全书内容包括：第三方物流概述、第三方物流企业的运作模式、第三方物流企业的商务拓展、第三方物流运作管理、第三方物流信息系统、第三方物流服务管理和第三方物流企业绩效评价等。为了便于教学、帮助学生抓住重点和巩固知识，在每章开头提出了教学目的与要求，在每章末尾进行了简单小结，并附有适量的练习题。

为了使读者更好地领会第三方物流经营管理的精髓，将理论知识更好、更快的应用于实践，本书中每章都针对具体问题列举了大量的实例，在每章最后都给出一个代表性的案例，同时，为了加强实操，每章都设计了相关的实训练习，这些是本书最大的特色。

本书由广东科学技术职业学院郑克俊副教授主编，负责拟定了编写大纲，组织、协调编写工作并撰写了第二、六、七章，对全部稿件进行了大量修改、总纂等统稿工作。广东工业大学华立学院张丽老师任副主编，编写了第一、四章；河北医药化工职业学院张卫成老师编写了第三章；广西生态工程职业技术学院蒋沁燕老师编写了第五章。

本书既可作为物流管理、交通运输管理、物资管理等专业第三方物流管理及相关课程的教材，也可作为仓库、港口、场站、物流中心、企事业单位的物流管理部门的物流业务培训用书。

在本书的编写过程中，得到了广东科学技术职业学院严中华教授、胡国胜博士及广东工业大学华立学院骆群祥教授的鼓励与关心，得到深圳职业技术学院孟军齐老师、义乌工商职业技术学院王耀燕老师的大力支持，在此一并表示衷心的感谢！

在编写本书过程中，我们参阅了大量的书籍、论文等文献资料，引用了一些专家学者的研究成果和一些公司的案例资料，在此对这些文献作者和公司表示崇高的敬意和诚挚的感谢。

由于编者水平有限，书中难免存在疏漏，敬请广大读者批评指正。

编　者

2007年7月

目　录

项目3 第三方物流企业的商务拓展 80

项目4 第三方物流运作管理 146

项目1 第三方物流认知

学习目标

通过本项目的训练和学习，学生应掌握第三方物流的基本概念，了解第三方物流的产生和发展历程，了解第三方物流的利润源泉和创造价值的途径与方法，掌握第三方物流的类型和作用。

主要知识点

第三方物流的基本概念、主要分类和作用；第三方物流的利润源泉和创造价值的途径。

关键技能点

辨别第一方、第二方和第三方物流；分辨第三方物流各种类型之间的差异；领会第三方物流创造价值的途径。

任务一 第三方物流的概念与特征认知

【任务描述】 要求学生理解第三方物流的概念，领会第三方物流与第一方物流、第二方物流的区别；掌握第三方物流的基本特征，辨别哪些企业属于第三方物流企业。

一、第三方物流的概念

第三方物流（third party logistics，3PL/TPL）国外常称为契约物流（contract logistics）、物流联盟、物流伙伴或物流外部化，是20世纪80年代中期由欧美学者提出的概念。在1988年美国物流管理委员会的一项顾客服务调查中，首次提到“第三方物流服务提供者”一词。目前关于第三方物流的代表性观点有以下几种。

1. 从物流服务的提供者角度界定

第三方物流指物流的实际供给方（第一方）和物流的实际需求方（第二方）之外的第三方通过合约向第二方提供部分或全部的物流服务。

这个定义强调第三方物流服务的提供者是实物交易之外的第三方，如图1-1所示。

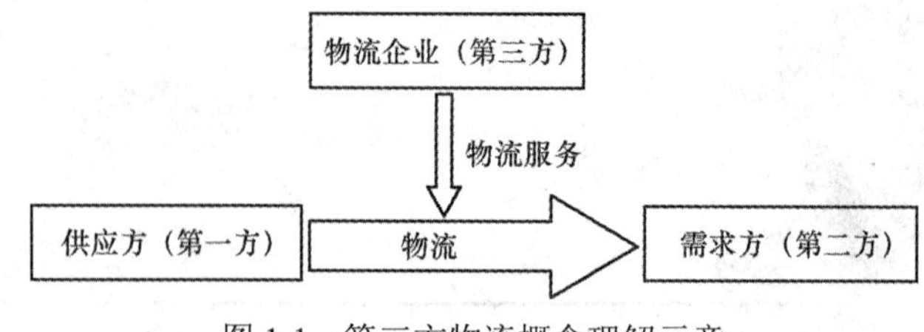

图 1-1 第三方物流概念理解示意

2. 从物流服务的提供者与客户达成物流服务交易的形式界定

第三方物流又称合同物流、契约物流，是第三方物流提供者按合同在特定时间内向使用者提供个性化的系列服务。

这个定义强调物流服务的提供者与客户是基于合同的长期合作，而不是一次性的短期交易行为。

3. 从物流服务的提供者所提供的物流服务功能范围界定

第三方物流是提供全部物流业务服务的一站式、一体化综合物流服务。

这个定义强调物流服务的提供者提供的是全程物流服务。一个物流企业可能不具备提供所有的物流业务活动的设施设备，但它可以通过整合外部资源，通过分包、转包等方式，借助于其他物流企业的力量为客户提供全程的、一体化的物流服务。

4. 从企业间关系界定

严格地说，第三方物流指的是企业间关系，它指的是第三方物流提供者在特定的时间段内按照特定的价格向物流服务需求方提供个性化的系列物流服务，这种物流服务是建立在现代信息技术基础上的，企业之间是联盟关系。提供第三方物流服务的承包商不一定是单一的，它可以是多家企业，一般情况下也往往是多个第三方物流提供者为同一个物流服务需求方提供服务。但在口头上，人们往往把第三方物流称为第三方物流提供者，即与第三方物流企业混为一谈。

5. 从企业类型界定

从企业类型界定，第三方物流有广义、狭义之分。广义的第三方物流是相对于工商企业自营物流而言的，凡是按照货主的要求提供物流服务的社会化物流企业都可以包含在第三方物流范围之内，包括传统的仓储、运输、货代企业等；狭义的第三方物流则是指有别于传统仓储、运输、货代企业的现代物流企业。

6. 国家标准《物流术语》中第三方物流的定义

2001 年我国公布的国家标准 GB/T 18354—2006《物流术语》中，将第三方物流定义为“由供方与需方以外的物流企业提供物流服务的业务模式”。

这里需要区分两个定义：物流企业是指从事物流活动的经济组织，是第三方物流的承担者；企业物流是指企业内部的物品实体流动。

以上观点从不同的角度和侧面表达了第三方物流的含义。

案例 1-1

A 物流公司向 D 公司提供的第三方物流服务

D 公司为一家以生产医疗器械为主的跨国公司。它在中国地区进口产品的仓储和运输业务委托 A 公司来完成。D 公司一般通过上海海运、空运口岸及北京空运口岸进口货物，同时货物会发送到除西藏以外的内地所有地区。当 D 公司的产品进口清关后，A 公司在上海或北京的仓库会认真清点实际收到货物的状态、数量、品种。由于 D 的产品属于医疗器械产品，因此 A 公司还需要特别记录货物的批号信息和产品到期日等信息。所有这些信息核对后，A 公司会马上将记载有以上内容的收货变动表提供给 D 公司，同时将所有产品信息录入仓储管理系统（warehouse management system，WMS）。WMS 会准确跟踪每一托盘货物的货位、状态、产品代码、批号、到期日等信息。

A 公司每天早上 10 点前都会通过 WMS 提供 D 公司截至昨日凌晨的产品的明细库存数据，包括产品代码、商品描述、总库存数量、破损数量及占用库存的体积等。另外，通过 A 的网站，A 公司可以向客户提供本公司 4 小时以前更新的实时信息。

D 公司的有些产品需要粘贴中文标签和重新包装。在进行这些增值服务作业前，D 公司会向 A 公司下达相应的粘贴标签订单和重包装订单。

货物出库时，D 公司会制作产品出库订单，明确给出产品、数量、收货人地址、签收人、联系方式及运输方式等信息。A 公司收到订单后，会通过 WMS 在仓库中找到相应的产品并按照先到期先出货的规则发货。A 公司仓库每天会汇总一天的发货清单供 D 公司核对。

每天 A 公司都有专人与承运商和最终收货人联系，追踪每批货物的运输状态，包括车辆实际位置和预计到达时间、运输过程是否有意外、客户是否收到货物、是否发生客户拒收情况等。A 公司每天都会发送追踪报告给 D 公司。如果在运输过程和收货过程中出现任何问题，A 公司还会特别出具事故通报以提醒 D 公司。

D 公司的医疗器械产品绝大部分有失效日期，A 公司每半个月会将 3 个月内失效的产品清单列出供 D 公司参考。每月，A 公司还会提供一份详细的本月进、出货累计报告给 D 公司。另外，A 公司每月会对 D 公司在仓库中的产品进行一次抽样盘点，每年进行一次全面盘点，并将盘点报告交给 D 公司。

二、第一方物流和第二方物流

1. 第一方物流

第一方物流（first party logistics，1PL）是指由货物提供者自己承担提供给货物需求者的物流服务，以实现货物空间位移。以往，多数制造企业自己都配备有规模较大的运输工具（如车辆、船舶等）和储存自己产品所需要的仓库等物流设施，来实现自己产品的流通，特别是在产品输送量较大的情况下，企业比较愿意由自己来承担物流的任务。

但是，由制造商自己从事物流存在一系列问题。

1）由于产品的市场需求在时间上的不平衡，企业配置物流设施的能力是根据需求旺季确定还是根据需求淡季确定，这往往成为企业难解决的事；无论怎样配置都可能造成物流能力的浪费或不足。

2）制造企业的核心竞争力在于它所制造的产品本身的质量，而物流业非其核心业务，因此，从事物流业务的成本一般比专业物流企业高。

3）在现代市场环境下，消费需求表现为品种多、批量小、批次多及周期短等特点，在这种压力下，生产者、供应商及物流配送中心、零售商随时需要按照市场变化调整自己的生产、供应和流通战略。制造企业自己从事物流很难构建一个有效的物流网络来满足消费多样性的要求。

随着第三方物流的兴起，第一方物流原有的一些优势黯然失色。

2. 第二方物流

第二方物流（second party logistics，2PL）是指由货物需求者自己解决所需货物的物流服务，以实现货物的空间位移。以往一些较大规模的商业企业都备有自己的运输工具和储存商品的仓库，来解决从供应商到商场的物流问题。

但是，由第二方承担的物流同样存在着以下一些问题。

1）自备运输工具和仓库已经使货物需求者（主要是商业部门）的经营成本提高，在微利的商业经营时代，这种成本的支出是商业企业难以承受的。

2）由于商品的市场需求在时间上的不平衡，无论怎样配置都可能造成物流能力的浪费或紧张。因此，商业企业难以合理地配置物流设施。

3）商业企业的核心竞争力在于商品的销售能力，而物流业并非其核心业务，因此，从事物流业务的成本一般比专业物流企业高。

4）商业企业自己从事物流很难构建一个有效的物流网络，几乎难以达到及时供货的要求。

随着第三方物流的兴起，第二方物流原有的一些优势也逐渐失去。

图 1-2 是第一方物流、第二方物流和第三方物流之间关系的示意图。

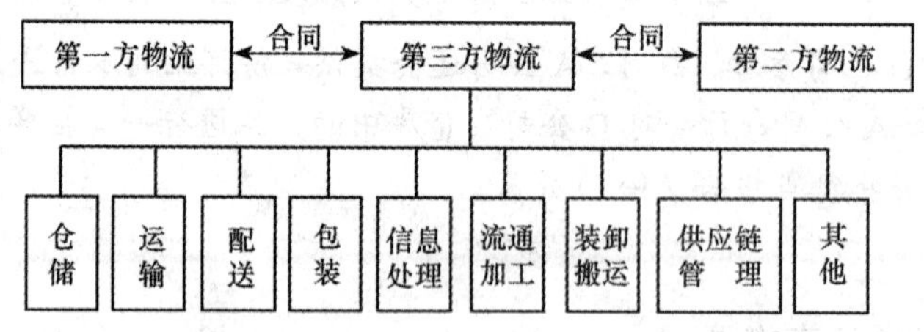

图 1-2 第一方物流、第二方物流与第三方物流关系示意

三、第三方物流的基本特征

1. 第三方物流是合同导向的一系列服务

第三方物流有别于传统的外协。外协仅限于一项或一系列分散的物流功能，如运输公司提供运输服务、仓储公司提供仓储服务。第三方物流虽然也包括单项服务，但更多的是提供多功能甚至全方位的物流服务。它注重的是客户物流体系的整体运作效率与效益。同时，第三方物流都是根据合同条款的要求，而不是客户的临时需求，来提供合同约定的物流服务。

案例 1-2

欧美企业使用第三方物流的状况

欧美企业使用第三方物流时一般都签订专门的物流合同，合同时间一般是 1～3 年。欧美企业在利用第三方物流时，除了常见的仓储、运输、车队管理外，还利用其他服务，如产品回收、订单履行、运价谈判、物流信息系统等。

2. 第三方物流企业提供的是个性化物流服务

第三方物流企业不仅仅只像传统物流企业一样要完成某些物流业务，还包括按照客户特定的业务流程，设计如何捆包，用哪里的仓库保管，采用哪个运输部门、途径和哪条运输线路，在哪个恰当的时机发送货物等，以达到谋求客户的物流业务效率化和削减客户物流成本的目的。第三方物流服务的对象一般都较少，但服务的时间很长，往往达数年。第三方物流企业与其说是一个专业物流公司，不如说是客户的一个专职物流部门，只是这个“物流部门”更具有专业优势和管理经验。

案例 1-3

宝供物流的第三方物流服务

宝供物流企业集团（以下简称“宝供”）是目前国内第三方物流企业的代表之一，其主要客户包括宝洁、联合利华等多家大型企业，它的核心业务涵盖物流规划和模式设计、运作管理（仓储管理、运输管理、装卸分拣、包装）和信息管理（与客户的数据无缝连接、信息查询及各类报表自动生成）。

宝供的基本运营模式是：在招标阶段，由市场营销部牵头，组成包括各部门专家在内的项目小组，根据客户的业务流程进行物流方案的规划设计；与客户签订合同正式运作后，利用其网络和信息技术为客户提供高质量的物流服务。一方面，宝供在国内的中心城市形成了覆盖全国的服务网络，为客户提供“门到门”服务；另一方面，宝供在国内率先建成基于 Internet/Intranet 的物流信息管理系统，并不断升级，使公司总部、各分公司和客户都能通过上网实时跟踪各票货物的运作状况，自动向客户提供各类业务报表。

3. 第三方物流企业与客户是战略合作伙伴关系

第三方物流企业不是单纯的货运代理公司，也不是单纯的速递公司。它的业务深深地触及客户企业销售计划、库存管理、订货计划、生产计划等整个生产经营过程，远远超越了与客户一般意义上的买卖关系，而是与其紧密地结合成一体，形成了一种战略合作伙伴关系。从长远看，第三方物流的服务领域还将进一步扩展，甚至会成为客户营销体系的一部分。它的生存与发展必将与客户企业的命运紧密联系在一起。

4. 第三方物流以现代信息技术为基础

信息技术的发展是第三方物流出现和发展的必要条件。现代信息技术实现了数据的快速、准确传递，提高了仓库管理、装卸运输、采购订货、配送发运、订单处理的自动化水平，使订货、包装、保管、运输、流通加工实现一体化，客户企业可以更方便地使用信息技术与第三方物流企业进行交流和协作，企业间的协调和合作有可能在短时间内迅速完成。同时，计算机软件的迅速发展使得人们能够精确地计算出混杂在其他业务中的物流活动的成本，并能有效地管理物流渠道中的商流，从而促使客户企业有可能把原本在内部完成的物流活动交由第三方物流企业运作。

5. 第三方物流能提供集成物流服务

传统物流企业的运作模式是：经营仓储的，不涉及或很少涉及运输服务；经营运输的，不提供仓储服务或不提供货代服务，更谈不上为客户设计、维护一套有效的信息系统。这导致工商企业的简单物流业务也要找好几家甚至几十家传统物流企业来承担，一旦出现问题，这些企业间又相互推诿，谁也不肯负责。与之相比，现代第三方物流企业不仅提供仓储、运输服务，还提供信息管理、承运人选择、业务咨询、库存补充、产品再包装、贴标签、货代、相关报表管理等多种功能，甚至全方位的一条龙服务。例如，企业按照顾客的要求，把从生产线上下来的产品经过运输、储存、装卸搬运、再封装、贴标签等环节，配送到顾客的分销中心或直接运抵各地的零售店，这样的物流业务若由各自独立提供服务的传统物流企业运作，最少需两家甚至几十家相互配合才能完成，但如果由现代物流企业来运作，可能只需一家就足够了。

案例 1-4

珠海九川物流的第三方物流集成服务

珠海九川物流没有一辆运输工具和一座仓库，但能够调运 4000 辆汽车，有权使用 10 多个物流中心，每个中心创造几千万元的年产值。它主要是通过系统集成、统一流程、规范的 EDI（electronic data interchange，电子数据交换）等帮助客户整合优化资源，进行供应链管理使之产生规模效益。2002 年该公司通过 6 个月的努力，为一个年产值过 10 亿元的客户提供了全方位的解决方案，使其每月库存金额由 7000 万元降至 4000 万元，仓库面积由 30 000 平方米降至 5000 平方米，订单完成时间由 40 天降至 20 天，经济效益可观。现在，该公司与沃尔玛、松下、格力电器、联邦制药等知名企业都建立了合作伙伴关系。

6. 第三方物流企业能提供网络化服务

无论是否拥有车队、库场等有形资产，现代第三方物流企业都能为客户提供网络化物流服务。其中，无资产型的公司主要是凭借良好的信息系统和丰富的管理经验，利用传统物流企业的硬件设施进行实际的物流业务运作；资产型的公司则是以自身的资产，如车队、仓库、铁路专用线、大型机械装备等作为为客户服务的主要手段，但是它们所提供的服务并不以使用自己的资产为限，一旦需要，也与其他物流企业签订合作合同。

案例 1-5

广东邮政物流配送服务有限公司的第三方物流服务

广东邮政物流配送服务有限公司（以下简称广东邮政物流公司）是传统物流企业向现代第三方物流企业转型时的一个创举。广东邮政物流公司是广东邮政在剥离原有的实物投递网基础上成立起来的，并承继了广东邮政庞大的物流网络资源：1000 多个配送部，12 000 多名专业配送员工，2000 多部送递车辆和 100 多个仓储中心。在转换经营机制、实行企业化经营的过程中，广东邮政物流公司既不断适应市场需要推出商务专递、礼仪专送、电子商务配送等一系列创新服务项目，又充分发挥自身的网络优势，为戴尔、联想、百事可乐、可口可乐等近百家大中型企业提供供应链末端物流服务。在运营中，通过广东邮政开发的“物流管理与动态调配信息系统”，广东邮政物流公司有机地将客户、183 网站、仓储、监管中心和车队等联系起来，利用其遍布全省的高度密集的物流网络节点，把客户的产品从工厂或分销中心直接配送到各个零售店或用户手中，既有效地帮助客户从烦琐的供应链末端物流中解脱出来，又凭借其规模经济效应为客户降低了物流成本，同时还能及时、全面地替客户收集第一手销售资料，便于客户做出准确的生产、销售计划，取得了双赢的效果。

单项实训一

从表 1-1 中任选 5 家公司，访问公司的官方网站，查看公司简介及相关信息，并判断该公司是否属于第三方物流企业，填在表中最后一列。

表 1-1　物流公司列表

序　号	公 司 名 称	注册地	是否属于第三方物流（是/否）
1	中国远洋物流有限公司	北京	
2	中邮物流有限责任公司	北京	
3	锦程国际物流集团股份有限公司	大连	
4	黑龙江省华宇物流集团有限公司	佳木斯	
5	广东邮政物流配送服务有限公司	广州	
6	中海集团物流有限公司	上海	
7	安吉天地汽车物流有限公司	上海	
8	大通国际运输有限公司	北京	
9	天津大田集团有限公司	北京	
10	中国物资储运总公司	北京	
11	上海锦海捷亚国际货运有限公司	上海	
12	中外运裕利集团有限公司	厦门	
13	中铁集装箱运输有限责任公司	北京	
14	民航快递有限责任公司	北京	
15	天津振华物流集团有限公司	天津	
16	中铁特货运输有限公司	北京	
17	上海佳吉快运有限公司	上海	

续表

序　号	公 司 名 称	注册地	是否属于第三方物流（是/否）
18	青岛海尔物流有限公司	青岛	
19	青岛交运集团	青岛	
20	深圳市腾邦国际物流有限公司	深圳	
21	中铁快运有限公司	北京	
22	南方物流有限公司	广州	
23	中铁现代物流科技股份有限公司	北京	
24	宝供物流企业集团有限公司	广州	

任务二　第三方物流的产生和发展认知

【任务描述】 要求学生能理解第三方物流产生的原因，了解国内外第三方物流发展概况。

一、第三方物流产生的原因

1. 经济发展推动了第三方物流的产生

1）世界经济一体化需要现代第三方物流的支持。随着世界采购、生产与销售的全球化，国际贸易往来不断增加，带来了可观的物流量，刺激了现代物流企业的产生；外资在华企业数量的增加、规模的扩大和市场竞争的加剧，使得企业对物流的要求越来越高，传统的物流企业已经很难满足其对物流的需求。

2）国内市场经济的发展需要社会化物流作保障。2013 年我国国内生产总值为 568 845 亿元，比上年增长 7.7%，经济快速增长带来了巨大的物流量。此外，随着人民生活水平的提高，消费需求呈现出多样化、个性化的特征；受市场需求的影响，企业生产出现批次多、批量少的现象。而近年电子商务的蓬勃发展又给物流业带来了新的挑战。这些无疑都增加了物流运作的难度。提高物流服务水平、降低物流服务成本需要专业化、社会化和现代化的物流。

3）经济高速发展需要专业化、规模化的第三方物流。随着现代化科学技术的迅猛发展，市场瞬息万变，生产和流通都面临着前所未有的机遇和挑战。产品生命周期越来越短，企业利润越来越低。美国产品制造时间仅占产品从生产到到达消费者手中的时间的 5%，而在流通领域停留的时间却高达 95%；在商品流通中物流成本占商品流通费用的 50%左右。加快物流速度，减少产品流通时间，被广泛认为是第三利润源泉。专业化、规模化的第三方物流在提高整体经济效益中发挥着重要的作用。

2. 物流服务业务外包直接催生了第三方物流

（1）物流业务外包的含义

供应链管理强调的是把主要精力放在企业核心业务上，充分发挥其优势，同时与全球范围内的合适企业建立战略合作关系，非核心业务由合作企业完成。这就是所谓的“业务外包”。通过业务外包，整合企业内外资源，可以降低成本，获得更多的竞争优势，提高自身的竞争力。

案例 1-6

一些世界知名企业的业务外包

柯达公司和宝丽来公司这两个主要竞争对手曾经什么产品都自己生产，而现在则将越来越多的工作分包出去；瑞士的雀巢公司在世界各地拥有495家工厂，但它半数以上的产品，以及几乎所有的包装业务还要由其他公司来生产；而像美国加州的帕塔戈尼亚公司（Patagonia）这样一些生产高质、耐穿服装的名牌公司，竟没有一家属于它自己的工厂。事实上，许多知名企业都在采用形式不同的外包业务，如IBM、微软、屈臣氏、美标等公司均采用部分外包模式。

物流业务外包是指生产或销售企业为集中精力增强核心竞争能力，而以合同的方式将其物流业务部分或完全委托给专业的第三方物流企业运作。物流服务业务外包是一种长期的、战略的和相互渗透、互利互惠的业务委托和合约执行方式。

案例 1-7

美国杜邦公司将物流业务外包给 APL 公司

世界上最大的化工公司——美国杜邦公司几年前将它在北美的物流业务全部交给了一个第三方物流公司——APL公司。APL公司为杜邦400个运输点及上千个零售店和客户管理原料、成品的运输及销售，每年APL为杜邦处理的业务多达25～30笔。

（2）企业物流业务外包的动因

企业要把时间和精力放在自己的核心业务上，以提高供应链管理和企业运作的效率，但每个企业物流业务外包的具体原因会有所不同，如图1-3所示。

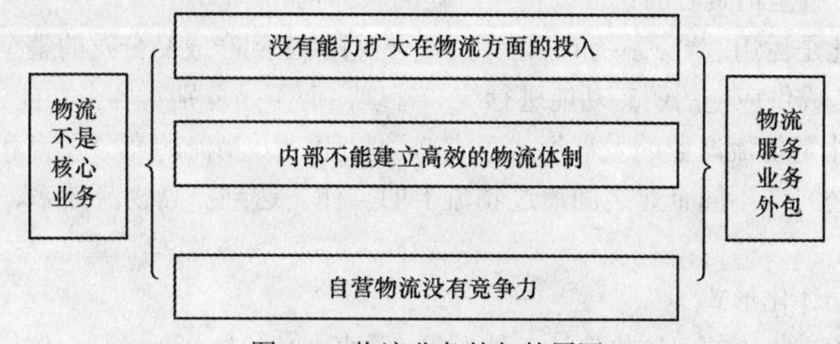

图1-3 物流业务外包的原因

1）企业没有能力扩大人、财、物在物流方面的投入。它包括企业人力资源的限制，如缺乏有关物流方面的人才、企业自身资金的限制、企业自身物流设施和信息系统的限制等。当企业的核心业务迅猛发展时，由于资源的限制，企业的物流网络会相对滞后。

2）企业内不能建立起可以提高物流效率的体制。随着经济的发展，生产和服务的模式发生了很大变化：从大规模标准化生产到个性化柔性化小规模生产，物流的复杂性凸现；从产品导向到客户服务导向，实现了“门到门”服务，物流网络覆盖面越来越大、越来越细致。企业要完成从原材料采购到产品送达顾客的整个物流过程，难度越来越大，而且也不经济。例如，Amazon公司虽然已经拥有比较完善的物流设施，但对于“门到门”的配送业务，始终都坚持外包，因为这种“一公里配送”是一项极其烦琐、覆盖面极广的活动，不是其优势所在。它的这种外包既降低了物流成本，又增强了企业的核心竞争力。

3）企业自营物流与专业第三方物流相比没有竞争力。现在企业之间的竞争主要是时间和速度上的竞争，企业物流系统在竞争中如呈现劣势，物流外包是明智的选择。第三方物流企业作为专门从事物流工作的行家里手，具有丰富的专业知识和经验，有利于提高货主企业的物流水平。

案例 1-8

广东志高空调将物流外包给伯灵顿

2004 年 7 月，广东志高空调公司为加速拓展海外市场，与美国最大的大件货物物流企业——伯灵顿公司签订年货运额达 3 亿元的合作协议。根据双方协议，广东志高空调公司今后将年货运营业额 3 亿元以上的空调机产品委托伯灵顿公司运到全球 200 多个国家和地区。这是典型的制造业外包物流的例子。

工商企业物流外包首先是为了降低物流成本，其次是为了强化核心业务，最后是为了改善与提高物流服务水平与质量。

企业利用外部资源发展自己的核心竞争力是市场经济发展的必然趋势，物流外包和物流社会化是市场经济发展的必然结果，也是第三方物流产生的直接动力。

3. 工商企业对物流服务一体化的要求也是促进第三方物流产生的直接原因

（1）物流服务一体化的含义

所谓物流一体化，就是为了满足客户的价值需求，使产品或劳务从生产企业经由物流企业、销售企业，直至消费者的供应或传递过程的整体化和系统化。

物流一体化是运用综合、系统的观点将从原材料供应到产成品分发的整个供应链作为单一的流程，对构成供应链的所有功能进行统一管理，而不是分别对各个功能进行管理。

物流一体化是物流产业的发展形式，它必须以第三方物流的充分发育和完善为基础。不同职能部门之间或不同企业之间通过物流上的合作，达到提高物流效率、降低物流成本的效果。

（2）物流一体化形式

一体化物流或物流的一体化包括 3 种形式：垂直一体化物流、水平一体化物流和物流网络。在 3 种一体化物流形式中，目前研究最多、应用最广的是垂直一体化物流。

1）垂直一体化物流。垂直一体化物流要求第三方物流企业对从原材料到最终用户的每个过程实现对物流的管理；要求第三方物流企业利用自身条件建立和发展与供货商和用户的合作关系，形成联合力量，赢得竞争优势。垂直一体化物流的设想为解决复杂的物流问题提供了方便，而雄厚的物质技术基础、先进的管理方法和通信技术又使这一设想成为现实，并在此基础上继续发展。

供应链是对垂直一体化物流的延伸，是从系统的观点出发，通过对原料、半成品和成品的生产、供应、销售直到最终消费者的整个过程中物流与资金流、信息流的协调来满足顾客的需要。供应链扩大了原有的物流系统，它不但延长了传统垂直一体化物流的长度，而且超越了物流本身，充分考虑整个物流过程及影响此过程的各种环境因素。

2）水平一体化物流。它是指通过同一行业中多个企业在物流方面的合作而获得规模经济效益和物流效率。例如，不同企业可以用同样的装运方式进行不同类型商品的共同运输。当物流范围相近而某个时间内物流量较少时，几个企业同时分别进行物流操作显然不经济，于是就出现了一个企业在装运本企业商品的同时，也装运其他企业商品。从企业经济效益上看，它降低了企业物流成本；从社会效益来看，它减少了社会物流过程的重复劳动。显然，不同商品的物流过程不仅在空间上是矛盾的，在时间上也是有差别的。要解决这些矛盾和差别，必须依靠掌握大量物流需求和物流供应信息的信息中心。此外，实现水平一体化的另一个重要的条件，就是要有大量的企业参与并且有大量的商品存在，这时企业间的合作才能提高物流效益。

3）物流网络化。它是垂直一体化物流与水平一体化物流的综合体。当一体化物流的每个环节同时又是其他一体化物流系统的组成部分时，以物流为联系的企业关系就会形成一个网络关系，即物流网络。这是一个开放的系统，企业可以自由加入或退出，尤其在业务最忙的季节最有可能利用这个系统。实现物流网络化首先要有一批优势物流企业率先与生产企业结成共享市场的同盟，进而分享更大份额的利润。同时，优势物流企业要与中小型物流企业结成市场开拓的联盟，利用相对稳定和完整的营销体系帮助生产企业开拓销售市场。这样，竞争对手成了同盟军，物流网络就成为一个生产企业和物流企业多方位、纵横交叉、互相渗透的协作有机体。此外，由于先进信息技术的应用，当加入物流网络的企业增多时，物流网络的规模效益就会显现出来，整个社会的物流成本也会由此大幅度地下降。

（3）物流一体化的层次

物流一体化的发展可进一步分为 3 个层次：物流功能一体化、微观物流一体化和宏观物流一体化。

1）物流功能一体化。是指将运输、仓储、配送、信息管理等各物流活动要素作为一个整体，进行整合、协调与系统化运作。

2）微观物流一体化。是指市场上主流企业将物流提高到企业战略的地位，并且出现了以物流战略作为纽带的企业联盟。

3）宏观物流一体化。是指物流业发展到这样的水平，即物流业占到国民总产值的一定比例，处于社会经济生活的主导地位。

物流一体化的基本特征是：物流业高度发达；物流系统完善；物流业成为社会生产链的领导者和协调者，能够为社会提供全方位的物流服务。

与传统物流单一功能性服务方式相比，一体化物流在服务方式上更具灵活性、长期性和交互性。第三方物流以一体化物流服务为发展方向，即不是单纯提供运输、仓储、配送等多个功能性物流服务的组合，扮演物流参与者角色，而是将多个物流功能进行整合，对客户物流运作进行总体设计和管理，扮演的是物流责任人角色。

案例 1-9

宝供物流基于供应链一体化解决方案的核心业务

宝供物流基于供应链一体化解决方案的核心业务示意图如图 1-4 所示。

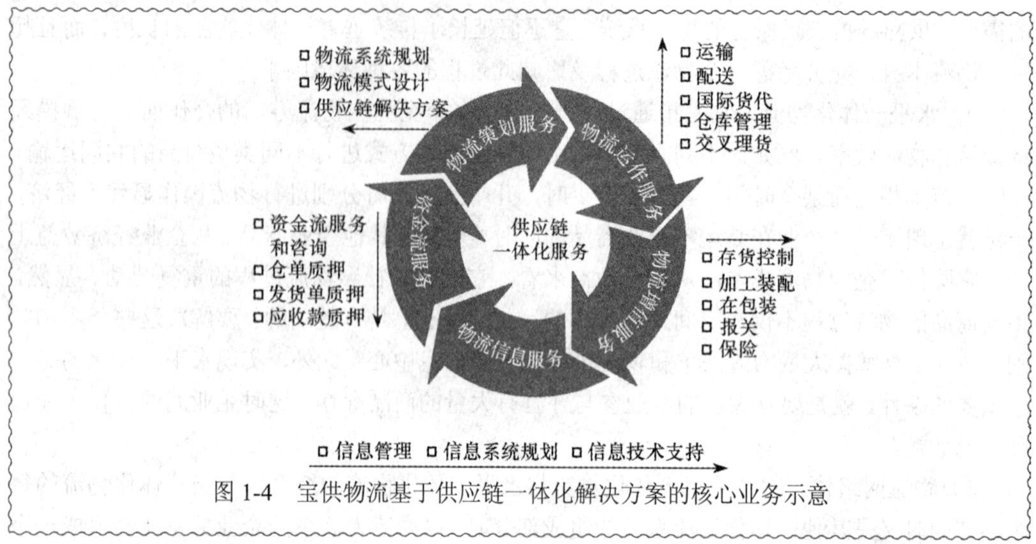

图 1-4 宝供物流基于供应链一体化解决方案的核心业务示意

二、第三方物流的发展状况

1. 发达国家和地区的第三方物流发展状况

（1）美国第三方物流的发展状况

2011 年全球 3PL 营业收入比 2010 年增加了 13.7%，达到了 6161 亿美元，反映了持续性的经济全球化对 3PL 服务逐年在增加。美国 2011 年 3PL 收入达到 1599 亿美元，占全球收入比例 2 6%，收入增长速率为 7.2%，较低的收入增长数据表明了 3PL 市场成熟度较高，运营管理水平较高。虽然美国第三方物流产业已经非常发达，但仍然具有广阔的发展空间和良好的发展前景。

（2）欧洲第三方物流的发展状况

西欧是第三方物流产业的发源地，也是最为发达和成熟的市场，具有完善的物流网络体系。欧洲物流市场支出估计在 7100 亿欧元，相当于欧洲 GDP 的 8%，其中 3200 亿欧元为物流外包支出。欧洲市场上的第三方物流公司大致可分为四类：第一类是从事大范围服务领域的大型物流企业，其中有一些欧洲本土的大型公司，也有美国在欧洲的大型公司的分支机构，如 UPS；第二类是从事传统物流的公司，其业务起源于欧洲各国海关间复杂的报关等手续，但目前很多公司都被合并或离开了该行业；第三类公司是新兴的第三方物流公司，如德国汉堡的主要集装箱经营者欧罗凯公司等；第四类是大型国有机构的第三方物流，如国家铁路公司和港务局等。

（3）日本第三方物流的发展状况

由于日本高度发达的经济和相对狭窄的空间，其物流配送得到高度普及。在物流配送社会化程度较高的日本，第三方物流在整个物流市场的份额高达 80%，承揽了绝大部分物流活动。

在日本，运输公司直接承揽的业务极少，其功能主要是为第三方物流公司提供运输服务。第三方物流公司向客户提供物流服务，第三方物流公司的运输车队也通常由自有车辆和其他多家卡车运输公司的车辆共同组成，采用统一的标志。在物流总成本构成中，运输一般占有很高的比例。

在日本国内第三方物流非常发达的现状下，日本第三方物流企业将目光投向国际市场，国际物流、全球物流成为日本第三方物流的发展方向。

2. 我国第三方物流发展现状

尽管政府一直在推动第三方物流这个行业的发展，但整体上我国第三方物流还处于起步阶段。国有物流公司没有完成经营机制的转换，民营的第三方物流公司虽在崛起却羽翼未丰，目前物流企业正从粗放型经营向集约化经营转变，从传统物流向现代物流转变。具体表现为以下几个方面。

（1）第三方物流企业数量多、质量低、不规范

从数量上看，中国并不缺乏物流企业，目前在我国注册的各类与物流相关的企业已达73 万余家，但真正符合现代物流标准的企业还非常少，远远达不到现代物流企业的要求。主要表现为现代物流管理理念尚未普及，服务内容有限，标准化、规范化、信息化程度低，有点无网或有网不畅，物流设施、技术装备水平落后，没有统一完备的行业标准，在市场营销与定价方面也没有固定的游戏规则。此外，我国物流业在产业结构上还未定型，主要集中在干线运输、市内配送及仓储等方面。

（2）第三方物流分布不均衡，呈地域性和行业性集中分布

第三方物流供需集中于东南沿海地区及中心城市。在生产和流通领域中，目前对物流有较大需求的是医药、烟草、家电、服装、汽车、日化、饮料等行业。典型的第三方物流使用者有家庭日用品企业、纸张和办公用品企业、食品工业和化学工业企业、电子商务企业、知识企业和信息企业等。

（3）第三方物流市场供需矛盾明显

一方面，相当多的工商企业，特别是一些具有先进物流理念的跨国公司在构建自己核心竞争力的同时，找不到适应其需求的物流企业。另一方面，大量的新兴物流企业，以及转型中的传统道路货运企业由于其规模、资金能力、系统运作能力、物流网络、信息系统等不能满足客户需要而举步维艰，表现为物流市场供大于需。

总的来看，我国第三方物流企业存在着“多、小、散、弱”的问题，第三方物流供应商功能单一，增值服务薄弱。第三方物流企业的收入绝大部分仍然来自基础服务，运输管理占到53%，仓库管理占到32%，而物流信息系统和增值服务只占到了15%，比例明显偏低。

单项实训二

第三方物流企业调研及汇报

任选本地区一家第三方物流企业，了解该公司成立的背景、核心业务及经营情况，将调查结果制作成幻灯片，以小组为单位向全班汇报。

要求：

（1）5～6 人为一组开展调研。

（2）详细记载调查时间、地点、被访问者基本情况。

（3）提交调研现场照片一张、制作 10 张左右幻灯片。

（4）每组汇报时间约 5 分钟。

任务三　第三方物流的价值创造认知

【任务描述】 要求学生能领会第三方物流为客户企业创造的价值，掌握第三方物流创造价值的途径与方法。

一、第三方物流为客户企业创造的价值

第三方物流企业通过提供第三方物流服务为客户企业创造的价值主要有作业利益、经济利益、管理利益和战略利益。

1. 作业利益

第三方物流服务能为客户企业提供的第一类利益是“作业改进”的利益。第一，通过第三方物流服务，客户企业可以获得自己组织物流活动所不能提供的服务或物流服务所需要的资源。而且，在企业自营物流的情况下，客户企业可能受环境、条件、技术、知识等方面的局限，自行解决所有的问题并不经济。第二，通过第三方物流服务，改善客户企业内部的管理，从而达到增加作业的灵活性、提高服务质量、提高客户响应速度和服务的一致性，使客户企业物流作业效率更高。

2. 经济利益

第三方物流服务为客户企业提供经济或与财务相关的利益是第三方物流服务存在的基础。一般来说，低成本是由低成本要素和规模经济创造的，客户企业通过物流外包可以避免盲目投资而造成的资金浪费和固定成本的增加，同时又可将节约的资金用于其他用途从而降低成本。另外，客户企业通过利用第三方物流使物流成本更加明晰。

3. 管理利益

第三方物流服务给客户企业带来的不仅是作业的改进及成本的降低，还给客户企业带来与管理相关的利益。客户企业通过将物流业务外包给第三方物流企业，可以使用客户企业自身不具备的管理专业技能，也可以将企业内部管理资源用于其他更有利可图的用途中去，并与客户企业核心战略相一致；还可以使客户的人力资源更集中于公司的核心活动，而同时获得第三方物流企业的核心经营能力。此外，客户企业通过物流外包后，也可以减少公关费用，并减轻同时与几个运输、搬运、仓储等服务商间协调的压力。第三方物流服务可以给客户带来的管理利益还包括订单的信息化管理、避免作业中断、运作协调一致等。

4. 战略利益

第三方物流企业的物流服务还能给客户企业带来战略利益，如在不同的区域进行业务布局或撤销的灵活性，根据环境变化进行业务调整的灵活性，通过将物流业务外包而降低经营风险等。

案例 1-10

第三方物流给客户企业带来利益

有一家销售额达 6000 万元的箱包企业，其工厂总部设在北京，在全国有 9 家分公司，距北京平均距离为 1200 千米。在 10 个城市均有业务往来，月均销售额为 50 万元。设标准包装箱为 45 厘米×33 厘米×60 厘米，约 0.09 立方米，15 千克，每箱 30 个。平均计价 144 元/个，每箱货值 0.43 万元。每城市每月销售 116 箱，约 10.44 立方米。计费吨数为 34 吨。设该公司在每城市有 100 家销售网点，每个网点销售约 38 箱包，计 0.5 万元/家。送货 3800 个/月/城，10 个城市总送货 38 000 个，每年送货 45.6 万个。设每家销售网点布货品种 20 种，30%为畅销品，占销量的 70%，即 6 种箱包的每月送货量为 26 个，其余 14 种每月送货量为 12 个，分 3 次送完。每城市每月送货 300 次，10 个城市送货 3000 次，全年送货 3.6 万次。

该箱包企业为了完成原料采购和产品分销等物流功能可以有两种选择：采用第三方物流和企业自营物流。公司自行承担物流功能需要占用车辆、仓库、办公用房等固定资产，要负担相应的维修及折旧费用，要负担有关人员的工资奖金，年物流费用为 277 万元，约占销售额的 4.6%。若委托第三方，采购全套物流服务，所需物流费用为 200 万元，约占销售额的 3.33%。物流服务报价如表 1-2 所示，第三方物流与物流自营对照如表 1-3 所示。

表 1-2　物流服务报价

<table>
<tr><th colspan="2">项　目</th><th colspan="2">价　格</th><th colspan="3">项　目</th><th>价　格</th></tr>
<tr><td rowspan="8">市内物流报价</td><td>仓储费</td><td colspan="2">20 元/（月·立方米）</td><td rowspan="10">国内物流报价</td><td rowspan="4">汽车配载</td><td><0.5 吨</td><td>3.30 元/（吨·千米）</td></tr>
<tr><td>本地送货费</td><td>20 元/每次</td><td>1.00 元/单位</td><td>0.6～3.0 吨</td><td>0.98 元/（吨·千米）</td></tr>
<tr><td>本地取货费</td><td>20 元/每次</td><td>1.00 元/单位</td><td>3.0～5.0 吨</td><td>0.78 元/（吨·千米）</td></tr>
<tr><td>分拣费</td><td>2 元/每次</td><td>0.10 元/单位</td><td>>5.0 吨</td><td>0.50 元/（吨·千米）</td></tr>
<tr><td>分装费</td><td>1 元/每次</td><td>0.05 元/单位</td><td colspan="2">汽车包车 3.0～7.5 吨</td><td>3.75 元/（吨·千米）</td></tr>
<tr><td>装卸费</td><td>2 元/每次</td><td>0.10 元/单位</td><td colspan="2">汽车整车>7.5 吨</td><td>0.5 元/（吨·千米）</td></tr>
<tr><td>打理费</td><td>1 元/每次</td><td>0.05 元/单位</td><td colspan="2">火车</td><td>按铁路运价收费</td></tr>
<tr><td>服务费</td><td colspan="2">总费用的 8%</td><td colspan="2">飞机</td><td>按航空运价收费</td></tr>
<tr><td rowspan="2">备注</td><td colspan="3" rowspan="2">实际里程<200 千米，按 300 千米计费；实际里程为 200～500 千米，则按 500 千米计费</td><td colspan="2">保险</td><td>申报货值的 0.5%</td></tr>
<tr><td colspan="2">服务费</td><td>费用合计的 8%</td></tr>
</table>

注：物流服务的“每单位”是指泡货按体积以 0.018 立方米（长 30 厘米×宽 20 厘米×高 30 厘米）为一个收费单位，重货按 1.82 千克为一个收费单位。

表 1-3　第三方物流与物流自营对照

第三方物流费用		物流自营费用	
项目	费用/（万元 / 年）	项目	费用/（万元 / 年）
长途运输费	47.98	长途运输费	47.98
第三方物流费用		物流自营费用	
仓储费	1.35	保养费、税费	21.00
保险费	30.00	保险费	30.00

续表

第三方物流费用		物流自营费用	
配送费	108.00	工资奖金 1	35.60
服务费	12.6	工资奖金 2	29.00
		仓库费用	2.70
		车辆油费	13.20
		管理费	28.00
		不可预见费	18.00
		折旧	35.00
		房租	16.00
合计	200.00	合计	277.00
占销售额的比例	3.33%	占销售额的比例	4.62%

由此可见，利用第三方物流服务比本公司自营物流每年节省 77 万元（277－200=77），节省 28%的成本。实践证明，采用第三方物流服务可以为工商企业降低物流成本；扩大业务能力；集中精力，强化主业；缩短出货至交货时间；减少车辆油耗费用。

二、第三方物流企业创造价值的途径和方法

第三方物流是社会化、专业化的物流。它具有以下优势：有利于实现规模化经营，提高规模效益；有利于物流设施资源优化配置，减少不必要的投资；有利于流通和生产企业专心发展自己的核心业务；有利于为客户提供优质、快捷的增值服务。具体来说，第三方物流创造价值的途径和方法体现在以下几方面。

1. 第三方物流企业通过提供基本的物流服务而创造价值

具体表现在以下方面。

1）提供基本的仓储、运输、配送、流通加工、装卸搬运等物流服务。

2）提供物流增值服务。例如，为客户提供集货配送、分拣包装、配套装配、条码生成、挂标刷标等；为客户选择承运、协议价格，安排货运计划、优化货运路线和货运监测。

3）提供一体化物流和供应链管理服务。例如，为客户提供需求预测、自动订单处理、客户关系管理、存货控制和回收物流支持等。

一般来说，传统物流企业的收益基本上来自储运业本身。但第三方物流不再满足于此，而是积极主动地参与价值创新以获取更大利润。对于第三方物流企业而言，创新物流就是要对物流活动进行创新整合，创造新的物流服务理念、创造新的物流功能。

案例 1-11

Fritz 公司的增值物流服务

Fritz 公司是一家从事美国海关报关和运输承运业务的公司，一直为西尔斯、锐步等公司提供服务。它除了为从远东进口的西尔斯产品提供标准的海关报关之外，还负责与将货物运出中国香港和新加坡港的承运人谈判并管理合同，同时进行订仓管理、拼箱，并对货物到达美国西尔斯配送中心前的全过程进行管理，提供货物运输途中的相关信息。

2. 第三方物流企业通过提高物流运作效率来创造价值

第三方物流创造价值的基本途径之一是达到比客户自营物流更高的效率。物流运作效率提高意味着要对形成物流活动的各环节进行有效的开发，要具有完备的设施，要有熟练的运作技能，有良好的管理和运营团队，有健全的协调与沟通技能并能通过高效的信息系统来实现。

3. 第三方物流企业通过规模经济带来的成本节约创造价值

专业化带来的规模经济是第三方物流的基本特征。第三方物流企业通过对客户资源整合和供应商整合实现低成本、高效率运作，具有明显的规模经济效益。

1）规模经济充分发挥设备设施效能，提高设施利用率。第三方物流可以做到：集中配送，动态管理；快速反应，用时间消灭空间；加快产品周转次数，提高设施利用率，提高资金周转速度，节约大量库房、场地、人工费用支出。第三方物流企业物流信息网络积累了针对不同物流市场的专业知识，许多关键信息，如卡车运量、国际通关文件、空运报价等，由第三方物流企业收集和处理更为经济。

2）规模运输提高运输效率。由于第三方物流企业同时为众多工商企业服务，客户多、量大，可利用现代管理理念、技术和方法，对不同货物、运输工具、运输线路、运输方式等充分整合，如实行轻重搭配装载，提高车皮标重利用率和容积利用率，铁路同一个流向合装车，汽车合理安排回程运输等。通过一系列措施，提高运输效率，节约运输成本。

3）规模加工节约原材料消耗。工商企业对某些材料自行加工时，材料利用率不高，给企业造成浪费。第三方物流配送中心可以按不同客户的不同需求，统一加工、合理套裁，提高材料利用率，减少浪费。

4. 第三方物流企业通过整合客户或合作伙伴运作资源来创造价值

第三方物流企业通过合理整合客户运作资源，提高规模效益，扩大市场份额，从而创造价值。另外，也可以通过与合作伙伴建立战略联盟，实行资源共享来创造价值。

单项实训三

UPS 提升顾客价值的经验

经验 1：推行基于服务的“服务利润链”的管理理念。为公司的顾客提供优质高效的服务，UPS 始终把服务放在首位，认为企业的成功取决于公司的服务质量，只有不断为顾客提供优质服务，提供顾客的满意度，才能保持持续的盈利能力。

经验 2：UPS 推出了全球特快加急、全球特快、全球速快和全球快捷服务。对于不同需求的货件，从次晨送达到一周时间内送达，在转运时间上比 DHL 和 TNT 给客户更多选择。

经验 3：提供差异化服务。提供差异化服务能够使企业为用户提供根本性的好处或效用的技能，能为用户提供比其他企业更优异的顾客价值，其往往最终表现为企业的核心产品和服务给客户带来的价值增值，能够更好、更全面地满足用户需要，并占据更大的市场份额。

经验 4：提供绿色物流服务。第三方物流服务企业贯彻落实绿色物流理念，在生产经营中关注其对环境的影响，减少对环境造成的污染和破坏。一方面顺应了国内外物流服务的发展趋势和潮流，另一方面也符合顾客感知价值的内容。

请回答：

（1）UPS 公司为客户提供了哪些提升顾客价值的服务？

（2）你认为 UPS 的服务能否为 UPS 提供赢利空间？为什么？

任务四 第三方物流的类型识别

【任务描述】 要求学生能按不同的分类标准对第三方物流企业分类。

我国第三方物流企业种类很多，可以从不同角度进行分类，如表 1-4 所示。

表 1-4 第三方物流的分类

分类标准	类 型	代表企业
按来源	传统仓储、运输、货代企业转型而来的	大田物流、大通国际物流、中外运物流、中铁快运、中海物流等
	工商企业原有物流服务职能剥离而来的	安得物流
	不同企业物流资源互补联营形成的	安泰达物流
	新创办的	广州宝供物流、中国物流公司
按资本归属	国外	DHL、联邦快递、UPS、TNT、马士基物流、日本近铁物流
	中外合资	新科安达、盐田国际
	国有	中国邮政物流、浙江杭钢物流
	民营	南方物流、九川物流、虹鑫物流、北京宅急送、山东盖家沟国际物流有限公司
按服务功能	运输型	APL、佐川急便、中海物流、中远物流、锦程国际物流
	仓储型	中储物流、珠海信禾物流
	综合服务型	深圳中海物流、宝供物流
按拥有的资产类型	资产基础型	中远物流、盐田港、大连港
	非资产基础型	广东南粤物流、深圳中海物流、宝供物流

一、按第三方物流企业的来源分类

1. 由传统仓储、运输、货代等企业转型而来的第三方物流企业

目前我国由传统仓储、运输、货代企业经过改造转型而来的物流企业在第三方物流企业中占主导地位，占据较大市场份额。起源于运输业的，如中远国际货运公司、中国对外贸易运输（集团）总公司、中国海运总公司等，纷纷宣布成立第三方物流公司；起源于仓储业的有上海商业物流公司、中海物流公司；起源于货运代理企业的，如华润物流有限公司是在华夏企业有限公司 50 多年货代经营的基础上发展起来的，锦程国际物流集团股份有限公司的前身是大连锦连进出口货运代理公司。

传统仓储、运输企业发展而来的第三方物流有以下优势。

1）客户资源。这些企业掌握有大量稳定的客户源，随着客户需求的不断扩展，企业需要提供更加完整和个性化的服务，客户驱动企业向第三方物流发展。

2）网络资源。传统的仓储、运输企业大都拥有相对比较健全的物流服务网络资源，这是第三方物流发展的基础。

3）运作能力。现代物流服务内容丰富，但核心物流活动依然是信息、运输、仓储。这些能力往往是衡量物流企业运作和管理水平的最重要指标。由传统仓储、运输、货代企业改造转型而来的第三方物流在这些方面具有得天独厚的优势。

凭借原有的物流业务基础和在市场、经营网络、设备设施、企业规模等方面的优势，传统仓储、运输、货代企业不断拓展和延伸其物流服务，逐步转化为现代第三方物流企业。

2. 工商企业原有物流服务职能剥离

传统工商企业以自营物流为主，但随着核心竞争力管理理念的普及，部分企业将自营物流以外包形式剥离，由原企业的子公司逐步独立并社会化。例如，青岛啤酒集团以原有运输公司为基础，注册成为具有独立法人资格的物流有限公司；科健集团将原有手机营销体系中的有关售后服务人员、业务和相关资产剥离并组建独立的物流服务公司。这类物流企业利用原有的物流网络资源，依靠与客户先天的亲密合作关系，运用现代经营管理理念，逐步演变为专业化、社会化的第三方物流企业。

案例 1-12

安得模式：剥离物流业务，组建物流公司

2000 年 1 月，美的集团通过控股成立了安得物流公司，把物流业务剥离出来。安得物流公司作为美的集团一个独立的事业部，成为美的其他产品事业部的第三方物流公司，同时也作为专业第三方物流公司向外发展业务。借助美的的销售网络，2001 年，安得已同TCL、神州数码、方正、实达、熊猫、乐华等建立了战略合作伙伴关系。

3. 不同企业、部门间物流资源互补式联营

主要有以下两种形式。

1）企业与第三方物流公司联营设立第三方物流公司。企业一般以原有物流资源入股，企业对该新第三方物流公司有一定的控股权，并在一定程度上参与经营。物流公司一般对合资建立的第三方物流公司行使经营的权力，全面负责建立、运行公司的物流系统。

2）能够资源互补的不同部门联手进军物流领域。例如，2003 年 9 月铁道部和国家邮政局签署战略合作框架协议，双方约定打破部门分割，铁路将列车运输能力向邮政开放，邮政将仓储、分拣、配送能力向铁路开放。双方约定共同出资成立股份公司，以整合铁路的运输优势和邮政的网络优势，形成利益共同体，提高核心竞争力。

案例 1-13

中远与小天鹅、科龙共建大型家电物流平台
——安泰达物流有限公司

2001 年 7 月 11 日，中国远洋物流公司（以下简称中远物流）、广东科龙电器股份有限公司（以下简称科龙）、无锡小天鹅股份有限公司（以下简称小天鹅）、中国远洋网络有限公司（以下简称远洋网络）和广州经济技术开发区建设创业投资有限公司（以下简称建创投资）5 家企业共同投资成立了安泰达物流有限公司。其中，中远集团属下的中远物流、远洋网络、建创投资 3 家公司共占 60%的股份，科龙和小天鹅各占 20%的股份。公司成立初期以股东的物流业务为主要业务来源，随着它的发展和成熟，逐步引入其他家电企业。

4. 新创办的第三方物流公司

近年来，随着我国经济的发展，我国出现了大量新创立的现代物流企业。例如，深圳市奇速快运有限公司是经国家有关部门批准，于 1997 年注册成立的专业速递公司，注册资金为 800 万元人民币。

案例 1-14

新创办第三方物流公司——深圳中海物流

中海物流公司成立于 1993 年 11 月，从仓储开始发展物流业务，现发展成为国际大型知名跨国公司，提供仓储、运输、配送、报关等多功能的第三方物流服务。

二、按资本归属分类

1. 外资第三方物流企业

外资第三方物流企业一般都经历了较长时期的发展，物流服务完善、管理先进、技术力量强大。一方面，它们为原有客户——跨国公司进入中国市场提供延伸服务；另一方面，它们用先进的经营理念、经营模式和优质服务吸引中国企业，逐渐向中国物流市场渗透。例如，德国 DHL，美国联邦快递、UPS，丹麦马士基、TNT，日本近铁物流等，纷纷以各种方式进入中国市场。

案例 1-15

UPS 获得在中国 23 个城市国际快递业务直接控制权

2004 年 12 月 2 日，做了 16 年的业务合作伙伴的中外运与 UPS 共同发布消息称，中外运将向 UPS 移交 23 个主要城市的国际快递操作业务。根据 UPS 与中外运的协议，UPS 将向中外运支付 1 亿美元，完成这 23 个城市的快递业务交接，从而获得这 23 个城市的国际快递业务直接控制权。这 23 个主要城市业务的交接，不仅意味着 UPS 的国际快递业务触角将借助这些城市的辐射作用直接延伸到中国内地 200 多个城市，而且拉开了 UPS 在中国市场独资运作的序幕。

2. 中外合资第三方物流企业

中外合资是外国第三方物流企业进入中国市场采取的最常见的办法。随着中国的经济开放，许多国外物流公司纷纷与中国企业合作，以合资方式进入中国物流领域，深圳新科安达后勤保障有限公司就是典型代表。

案例 1-16

中外合资：深圳新科安达后勤保障有限公司

深圳新科安达后勤保障有限公司是新加坡胜科后勤与深圳蛇口工业区的合资企业，胜科后勤持有多数股份，具有公司管理控制权。公司注册资本为1000万美元，总投资为2500万美元。公司基本业务涉及订单管理、仓储管理、运输管理、库存管理、零售供应链管理、码头交货管理、航运管理、海关代理、分发管理、货物保质期管理等；增值服务涉及配件组装、重新包装、电缆切割、客户呼叫服务、售后支持、维修服务、回收和再利用、代收费、危险品管理等。

3. 民营第三方物流企业

我国民营物流是物流行业中最具朝气的第三方物流企业。它们的业务地域、服务和客户相对集中，效率相对较高，机制灵活，发展迅速，如宝供物流、南方物流、天津大田物流、上海虹鑫物流、珠海九川物流等。但它们一般只拥有有限的固定资产，对市场扩张缺乏强有力的财务支持。

案例 1-17

民营第三方物流企业的典范：宝供物流

成立于1992年的宝供物流，从承包铁路货物转运站开始，经过几年的开拓创新，目前已经发展成为在全国40多个中心城市建立6个分公司、43个办事处，形成了一个覆盖全国，并向美国、澳大利亚、泰国、中国香港等地延伸的物流运作网络，并拥有先进的物流信息平台。宝供的客户有40多家跨国公司和十几家国内大型企业，其年营业额达数亿元。客户涉及电器、日用品、食品、化工、饮料啤酒等行业。其主要客户有宝洁、飞利浦、松下、LG电子、联合利华、安利、雀巢、可口可乐、万客隆等企业。2001年，全集团实现营业收入4.2亿元，增长40%，人均年产值56万元，年运作货物总量超过200万吨，仓库年进出口货物超过1亿件。

4. 国有第三方物流企业

我国多数国有物流企业是借助原有物流资源发展而来的，如浙江杭钢物流有限公司是由杭州钢铁集团公司、浙江杭钢国贸有限公司等8家单位联合出资成立的致力于发展现代物流的第三方物流企业，它们拥有全国性的网络和许多运输、仓储资产，与中央或地方政府有良好的关系，但不足之处是冗余人员比例高，效率低。此类第三方物流企业应凭借自身的网络及资产优势、延伸服务，通过资产重组，向现代物流企业转化。

案例 1-18

国有第三方物流企业的代表——中邮物流有限责任公司

中邮物流有限责任公司于 2002 年 12 月成立，注册资金为 3.7 亿元，现有职工 60 人（总部），总资产约 3.82 亿元（总部），是以邮政物流为特色的有限责任公司。

公司邮政网络以上海为中心，开通 10 条自办航空邮路；全国 177 条铁路邮路（一级 112 条）和一级自办汽车邮路 269 条（快速夜班邮路 61 条）；各类邮运车辆 4.6 万台。公司依托全国营业局所 6.7 万处，投递局所 4 万多处，投递用机动车辆 1.5 万台，形成全国性服务网络。公司组建了以北京、南京、广州、长沙、成都、西安为中心的北方、华东、南方、西南、西北五大物流区域集散网，并通过京广、京哈、京沪、京乌和沪广五大行邮专列和干线邮路，将其连接成为统一指挥、统一运作，覆盖全国 31 个省、300 多个地市、1800 多个县的现代物流集散网络。公司业务范围是承办海运、空运、进出口货物的国际运输代理业务（货物运输、储存、装卸、搬运、包装、流通加工、配送、信息处理）家用电器、办公用品、日用品、集邮用品的销售，邮购与电子销售，实业投资，信息技术咨询等。

三、按第三方物流企业物流服务功能分类

2005 年 3 月 24 日，我国国家标准化管理委员发布国家标准 GB/T 19680—2005《物流企业分类与评估指标》，根据以物流服务某项功能为主要特征，同时向物流服务其他功能延伸的不同状况，划分不同类型的物流企业，主要有 3 类：运输型、仓储型、综合服务型物流企业，同时，每类物流企业又分别按照不同评估指标分为 AAAAA、AAAA、AAA、AA、A 五个等级。AAAAA 级最高，依次降低。

1．运输型物流企业

运输型物流企业应同时符合以下要求。

1）以从事货物运输业务为主，包括货物快递服务或运输代理服务，具备一定的规模。

2）可以提供门到门运输、门到站运输、站到门运输、站到站运输服务和其他物流服务。

3）企业自有一定数量的运输设备。

4）具备网络化信息服务功能，应用信息系统可对运输货物进行状态查询、监控。

运输型物流企业评价指标如表 1-5 所示。

表 1-5　运输型物流企业评价指标

评估指标		级别				
		AAAAA 级	AAAA 级	AAA 级	AA 级	A 级
经营状况	1．年货运营业收入*	15 亿元以上	3 亿元以上	6000 万元以上	1000 万元以上	300 万元以上
	2．营业时间*	3 年以上	2 年以上		1 年以上	
资产	3．资产总额*	10 亿元以上	2 亿元以上	4000 万元以上	800 万元以上	300 万元以上
	4．资产负债率*	不高于 70%				
设备设施	5．自有货运车辆*（或总载重量）*	1500 辆以上（7500 吨以上）	400 辆以上（2000 吨以上）	150 辆以上（750 吨以上）	80 辆以上（400 吨以上）	30 辆以上（150 吨以上）
	6．运营网点	50 个以上	30 个以上	15 个以上	10 个以上	5 个以上

续表

评估指标		AAAAA 级	AAAA 级	AAA 级	AA 级	A 级
管理及服务	7. 管理制度	有健全的经营、财务、统计、安全、技术等机构和相应的管理制度				
	8. 质量管理*	通过 ISO 9001：2000 质量管理体系认证				
	9. 业务辐射面*	国际范围		全国范围		省内范围
	10. 顾客投诉率（或顾客满意度）	≤0.05%（≥98%）		≤0.1%（≥95%）		≤0.5%（≥90%）
人员素质	11. 中高层管理人员*	80%以上具有大专以上学历或行业组织物流师认证		60%以上具有大专以上学历或行业组织作物流师认证		30%以上具有大专以上学历或行业组织物流师认证
	12. 业务人员	60%以上具有中等以上学历或专业资格		50%以上具有中等以上学历或专业资格		30%以上具有中等以上学历或专业资格
信息化水平	13. 网络系统*	货运经营业务信息全部网络化管理			物流经营业务信息部分网络化管理	
	14. 电子单证管理	90%以上		70%以上		50%以上
	15. 货物跟踪*	90%以上		70%以上		50%以上
	16. 客户查询*	建立自动查询和人工查询系统			建立人工查询系统	

注：① 标注*的指标为企业达到评估等级的必备指标项目，其他为参考指标项目。

② 货运营业收入包括货物运输收入、运输代理收入、货物快递收入。

③ 运营网点是指在经营覆盖范围内，由本企业自行设立、可以承接并完成企业基本业务的分支机构。

④ 顾客投诉率是指在年度周期内客户对不满意业务的投诉总量与企业业务总量的比率。

⑤ 顾客满意度是指在年度周期内企业对顾客满意情况的调查统计。

2. 仓储型物流企业

仓储型物流企业应同时符合以下要求。

1）以从事仓储业务为主，为客户提供货物储存、保管、中转等仓储服务，具备一定规模。

2）企业能为客户提供配送服务，以及商品经销、流通加工等其他服务。

3）企业自有一定规模的仓储设施、设备，自有或租用必要的货运车辆。

4）具备网络化信息服务功能，应用信息系统可对货物进行状态查询、监控。

仓储型物流企业评价指标如表 1-6 所示。

表 1-6 仓储型物流企业评价指标

评估指标		AAAAA 级	AAAA 级	AAA 级	AA 级	A 级
经营状况	1. 年仓储营业收入*	6 亿元以上	1.2 亿元以上	2500 万元以上	500 万元以上	200 万元以上
	2. 营业时间*	3 年以上	2 年以上		1 年以上	
资产	3. 资产总额*	10 亿元以上	2 亿元以上	4000 万元以上	800 万元以上	200 万元以上
	4. 资产负债率*	不高于 70%				
设备设施	5. 自有仓储面积*	20 万平方米以上	8 万平方米以上	3 万平方米以上	1 万平方米以上	4000 平方米以上
	6. 自有/租用货运车辆	500 辆以上	200 辆以上	100 辆以上	50 辆以上	30 辆以上
	7. 配送客户点	400 个以上	300 个以上	200 个以上	100 个以上	50 个以上
管理及服务	8. 管理制度	有健全的经营、财务、统计、安全、技术等机构和相应的管理制度				
	9. 质量管理*	通过 ISO 9001：2000 质量管理体系认证				
	10. 顾客投诉率（或顾客满意度）	≤0.05%（≥98%）		≤0.1%（≥95%）		≤0.5%（≥90%）

续表

评估指标		级别				
		AAAAA 级	AAAA 级	AAA 级	AA 级	A 级
人员素质	11. 中高层管理人员*	80%以上具有大专以上学历或行业组织物流师认证	60%以上具有大专以上学历或行业组织物流师认证		30%以上具有大专以上学历或行业组织物流师认证	
	12. 业务人员	60%以上具有中等以上学历或专业资格	50%以上具有中等以上学历或专业资格		30%以上具有中等以上学历或专业资格	
信息化水平	13. 网络系统*	仓储经营业务信息全部网络化管理			物流经营业务信息部分网络化管理	
	14. 电子单证管理*	90%以上	70%以上		50%以上	
	15. 货物跟踪	90%以上	70%以上		50%以上	
	16. 客户查询*	建立自动查询和人工查询系统			建立人工查询系统	

注：① 标注*的指标为企业达到评估等级的必备指标项目，其他为参考指标项目。

② 仓储营业收入指企业完成货物仓储业务、配送业务所取得的收入。

③ 顾客投诉率是指在年度周期内客户对不满意业务的投诉总量与企业业务总量的比率。

④ 顾客满意度是指在年度周期内企业对顾客满意情况的调查统计。

⑤ 配送客户点是指企业当前的、提供一定时期内配送服务的、具有一定业务规模的、客户所属的固定网点。

⑥ 租用货运车辆是指企业通过契约合同等方式可进行调配、利用的货运专用车辆。

3. 综合服务型物流企业

综合服务型物流企业应同时符合以下要求。

1）从事多种物流服务业务，可以为客户提供运输、货运代理、仓储、配送等多种物流服务，具备一定规模。

2）根据客户的需求，为客户制定整合物流资源的运作方案，为客户提供契约性的综合物流服务。

3）按照业务要求，企业自有或租用必要的运输设备、仓储设施及设备。

4）企业具有一定运营范围的货物集散、分拨网络。

5）企业配置专门的机构和人员，建立完备的客户服务体系，能及时、有效地提供客户服务。

6）具备网络化信息服务功能，应用信息系统可对物流服务全过程进行状态查询和监控。

综合服务型物流企业评价指标如表 1-7 所示。

表 1-7 综合服务型物流企业评价指标

评估指标		级别				
		AAAAA 级	AAAA 级	AAA 级	AA 级	A 级
经营状况	1. 年综合物流营业收入*	15 亿元以上	2 亿元以上	4000 万元以上	800 万元以上	300 万元以上
	2. 营业时间*	3 年以上	2 年以上		1 年以上	
资产	3. 资产总额*	5 亿元以上	1 亿元以上	2000 万元以上	600 万元以上	200 万元以上
	4. 资产负债率*	不高于 70%				
设备设施	5. 自有/租用仓储面积*	10 万平方米以上	3 万平方米以上	1 万平方米以上	3000 万平方米以上	1000 平方米以上
	6. 自有/租用货运车辆	1500 辆以上	500 辆以上	300 辆以上	200 辆以上	100 辆以上
	7. 运营网点	100 个以上	50 个以上	30 个以上	10 个以上	5 个以上

续表

评估指标		级别				
		AAAAA 级	AAAA 级	AAA 级	AA 级	A 级
管理及服务	8．管理制度	有健全的经营、财务、统计、安全、技术等机构和相应的管理制度				
	9．质量管理*	通过 ISO 9001：2000 质量管理体系认证				
	10．业务辐射面*	国际范围		全国范围	省内范围	
	11．物流服务方案与实施*	提供物流规划、资源整合、方案设计、业务流程重组、供应链优化、物流信息化等方面服务			提供整合物流资源、方案设计等方面的咨询服务	
	12．顾客投诉率（或顾客满意度）	≤0.05%（≥98%）		≤0.1%（≥95%）	≤0.5%（≥90%）	
人员素质	13．中高层管理人员*	80%以上具有大专以上学历或行业组织物流师认证		70%以上具有大专以上学历或行业组织物流师认证	50%以上具有大专以上学历或行业组织物流师认证	
	14．业务人员	60%以上具有中等以上学历或专业资格		50%以上具有中等以上学历或专业资格	40%以上具有中等以上学历或专业资格	
信息化水平	15．网络系统*	物流经营业务信息全部网络化管理			物流经营业务信息部分网络化管理	
	16．电子单证管理*	100%以上		80%以上	60%以上	
	17．货物跟踪*	90%以上		70%以上	50%以上	
	18．客户查询*	建立自动查询和人工查询系统			建立人工查询系统	

注：① 标注*的指标为企业达到评估等级的必备指标项目，其他为参考指标项目。

② 综合物流营业收入指企业通过物流业务活动所取得的收入，包括运输、储存、装卸、搬运、包装、流通加工、配送等业务取得的收入总额。

③ 运营网点是指在经营覆盖范围内，由本企业自行设立、可以承接并完成企业基本业务的分支机构。

④ 顾客投诉率是指在年度周期内客户对不满意业务的投诉总量与企业业务总量的比率。

⑤ 顾客满意度是指在年度周期内企业对顾客满意情况的调查统计。

⑥ 租用货运车辆是指企业通过契约合同等方式可进行调配、利用的货运专用车辆。

⑦ 租用仓储面积是指企业通过契约合同等方式可进行调配、利用的仓储总面积。

四、按第三方物流企业拥有的资产类型分类

第三方物流按其提供物流服务的手段进行划分，可分为资产基础型第三方物流和非资产基础型第三方物流。

1. 资产基础型第三方物流

所谓资产基础型第三方物流，是指物流供应商拥有从事专业物流活动或约定物流活动的装备、设施、运营机构、人才等生产条件，并且以此作为自身的核心竞争能力。资产基础性第三方物流以自有的资产作为向客户服务的重要手段，在工业化时期，这种物流企业在发达国家曾经有过比较大的发展。

（1）资产基础型第三方物流的主要优点

1）可以向客户提供稳定、可靠的物流服务。

2）由于资产的可见性，这种物流企业的资信程度比较高，从而对客户很有吸引力。

（2）资产基础型第三方物流的主要缺点

1）因为需要建立一套物流工程系统，投资比较大，而且维持和运营这一套系统仍需要经常性的投入。

2）虽然这套系统可以提供高效率的确定性服务，但很难按照客户的需求进行灵活的改变，往往会出现灵活性不足的问题。

2. 非资产基础型第三方物流

非资产基础型第三方物流是指物流供应商不拥有或租赁资产，而是以人才、信息和先进的物流管理系统作为向客户提供服务的手段，并以此作为自身的核心竞争力。非资产基础型第三方物流由于自己不拥有需要高额投资和经营费用的物流设施、装备，而是灵活运用别人的这些生产力手段，这就需要有效地管理和组织，而且信息技术的支撑是十分重要的。

非资产基础型第三方物流的最大优势是由于不拥有庞大的资产，可以通过有效地运用虚拟库存等手段获得较低的成本。但是其资信度较资产基础型第三方物流低，从而对客户的吸引力不如后者强。

非资产基础型第三方物流企业又可演变成管理型和优化型两种。

单项实训四

第三方物流企业类型辨识

从表 1-8 中任选 5 家公司，访问公司的官方网站，查看公司简介及相关信息，判断该公司属于哪种类型的第三方物流企业，完成表后 3 列。

表 1-8　物流公司分类列表

序号	公司名称	按资本归属分类	按服务功能分类	按资源占有情况分类
1	联合包裹速递服务公司（UPS）			
2	香港东方海外公司（OOCL）			
3	联邦快递公司（FedEx）			
4	马士基集团（Maersk）			
5	中外运敦豪国际航空快递有限公司（DHL-SINOTRANS）			
6	中国远洋运输集团公司（COSCO）			
7	中铁铁龙集装箱物流股份有限公司（CRT）			
8	荷兰 TNT 快递公司（TNT）			
9	美国普洛斯集团（ProLogis）			
10	宝供物流企业集团（PGL）			

练　习　题

一、多项选择题

1. 第三方物流是合同物流，或称契约物流、物流联盟，是第三方物流提供者在特定的时间段内向使用者提供个性化的系列物流服务。它强调（　　）。

A．第三方物流是建立在信息技术基础上的　　B．是合同导向的一系列服务

C．个性化的物流服务　　D．合作的长期性

2. 第三方物流产生的主要原因有（　　）。

A. 物流服务业务外包的动力

B. 物流服务一体化的需求

C. 没有足够的物流设备、设施和物流作业能力

D. 物流服务复杂性增强

3. 第三方物流的利益来源于（　　）。

A. 作业改进利益　　B. 管理利益　　C. 战略利益　　D. 规模扩大

4. 以下对第三方物流的分类中，属于按相同标准分类的是（　　）。

A. 单向型物流企业、综合型物流企业

B. 运输型、仓储型、综合服务型

C. 资产型、管理型、仓储型、综合服务型

D. 资产型、管理型、优化型

5. 第三方物流的特征有（　　）。

A. 建立在现代电子信息技术基础之上　　B. 是合同导向的系列物流服务

C. 是个性化的服务　　D. 是大众化的服务

6. 企业在选择第三方物流时考虑的因素有（　　）。

A. 使用成本　　B. 企业规模　　C. 企业信誉

D. 服务水平　　E. 员工素质

二、填空题

1. 2001 年我国公布的国家标准《物流术语》中，将第三方物流定义为________。

2. 2005 年 3 月 24 日，我国国家标准化管理委员发布《物流企业分类与评估指标》，根据以物流服务某项功能为主要特征，同时向物流服务其他功能延伸的不同状况，划分不同类型的物流企业，主要有 3 类：________、________、________物流企业。

3. 一体化物流或物流的一体化包括 3 种形式：________、________、________。

4. 第三方物流企业通过提供第三方物流服务为客户企业创造的价值主要有________、________、________和战略利益。

5. 按资本归属分类，我国第三方物流企业主要有外资第三方物流企业、________、________。

三、案例分析题

1. 美国著名吉他制造商 Fender 国际能将其在荷兰的物流合作外包给 UPS 全球物流公司，不仅要求 UPS 为其提供诸如物料回运和陆上运输组织，产品质量检验，零售商、分销商的订单处理及承运人管理，还要求 UPS 在向零售商送货之前为吉他调音和装配。因此，有人戏称，UPS 的职工白天是搬运工，夜间是音乐家。

根据以上资料回答以下问题：

（1）Fender 国际为什么要将吉他装配和调音外包给 UPS？

（2）UPS 为什么愿意提供吉他装配和调音服务给 Fender？

（3）如果 Fender 国际自己从事吉他的全部生产和送货工作会有什么缺点？

（4）该案例为中国物流服务提供了什么启示？

（5）如果有一家中国物流公司为你提供该种服务，你会接受吗？

2. 谈到麦当劳的物流，不能不提及夏晖公司，这家几乎是麦当劳“御用 3PL”（该公司客户还有必胜客、星巴克等）的物流公司，他们与麦当劳的合作，至今在很多人眼中还是一个谜。麦当劳没有把物流业务分包给不同的供应商，夏晖公司也从未“移情别恋”，这种独特的合作关系，不仅建立在忠诚的基础上，麦当劳之所以选择夏晖，在于后者为其提供了优质的服务。

麦当劳对物流服务的要求是比较严格的。在食品供应中，除了基本的食品运输之外，麦当劳要求物流服务商提供其他服务，如信息处理、存货控制、贴标签、生产和质量控制等诸多方面，这些“额外”的服务虽然成本比较高，但它使麦当劳在竞争中获得了优势。“如果你提供的物流服务仅仅是运输，运价是一吨 4 角，而我的价格是一吨 5 角，但我提供的物流服务当中包括了信息处理、贴标签等工作，麦当劳也会选择我做物流供应商的。”为麦当劳服务的一位物流经理说。

另外，麦当劳要求夏晖公司提供一条龙式物流服务，包括生产和质量控制在内。这样，在夏晖设在中国台湾的面包厂中，就全部采用了统一的自动化生产线，制造区与熟食区加以区隔，厂区装设空调与天花板，以隔离落尘，易于清洁，应用严格的食品与作业安全标准。所有设备由美国 SASIB 公司专业设计，生产能力每小时 24 000 个面包。在专门设立的加工中心，物流服务商为麦当劳提供所需的切丝、切片生菜及混合蔬菜，拥有生产区域全程温度自动控制、连续式杀菌及水温自动控制功能的生产线，生产能力为每小时 1500 千克。此外，夏晖公司还负责为麦当劳上游的蔬果供应商提供咨询服务。

麦当劳利用夏晖公司设立的物流中心，为其各个餐厅完成订货、储存、运输及分发等一系列工作，使得整个麦当劳系统得以正常运作，通过它的协调与联结，使每一个供应商与每一家餐厅达到畅通与和谐，为麦当劳餐厅的食品供应提供最佳的保证。目前，夏晖公司在北京、上海、广州都设立了食品分发中心，同时在沈阳、武汉、成都、厦门建立了卫星分发中心和配送站，与设在中国香港和台湾的分发中心一起，斥巨资建立起全国性的服务网络。

请回答：

夏晖公司为麦当劳提供了哪些物流服务？

四、简答题

1. 简述第三方物流的概念。
2. 第三方物流的基本特征有哪些？
3. 第三方物流产生的主要原因有哪些？
4. 简述企业物流业务外包的主要原因。
5. 简述物流服务一体化的含义与特征。
6. 第三方物流为客户企业创造价值的途径和方法主要有哪些？
7. 简述第三方物流企业的主要类型。
8. 企业采用第三方物流的好处有哪些？

项目综合实训一

第三方物流企业认知实训

1. 实训目的

了解第三方物流企业基本情况、营运方式及赢利模式。

2. 实训方式

4～8 人为一组，实地参观调查当地一家第三方物流企业。

3. 实训内容及步骤

（1）事先联系好当地一家第三方物流企业，确定调查访问时间，列出调查提纲，准备好笔、纸、照相机等工具。

（2）到该物流企业现场调研，在企业人员带领下参观企业，了解企业基本情况。

（3）与企业管理人员访谈，了解该物流企业经营状况和赢利方式。

（4）调查结束后，在校内开展小组讨论，分析整理调研材料，撰写 PPT 格式的调研报告。

（5）各小组选派一名代表，分组向全班汇报调查结果。

4. 实训结果

每组提交一份调查报告，要求制作 10 张左右幻灯片。

案 例 分 析

友储对利华的第三方物流服务

上海友谊集团储运公司（以下简称友储）与上海联合利华有限公司（以下简称利华）的物流合作是我国比较成功的第三方物流典型，它们的具体做法如下。

1. 以合同来约束对方

友储与利华每年都要签订一次合同，规定双方的职责、权利，把双方合作视为伙伴关系。利华负责物流的有关人员与友储人员甚至在现场联合办公，处理日常事务，及时掌握上海总库与全国几个城市的中转库的信息，协调整个物流的各个环节。

2. 提供个性化服务

（1）作业时间

由于利华采用 JIT（just in time，及时制）生产方式，要求实现零库存管理，如生产力士香皂的各种香精和化学原料需从上海市内外及世界各地采购而来，运到友储仓库储存起来，然后根据每天各班次的生产安排所需的原料配送到车间，不能提前也不能推迟。如果按照传统储运公司的白天 8 小时上班、双休及节假日休息制，就跟不上利华的生产节拍。因此，友储改为实施 24 小时作业和双休日轮休制。

（2）商品入库

在商品入库这一环节上，除了做好验收货物有无损坏，数量、品名、规格是否正确等之外，友储还针对利华内部无仓库的特点，采取了两点措施来确保其商品迅速及时地入库。

1）将托盘实行厂库对流，产品从工厂流水线下来直接放在托盘上，通过卡车运输进入友储的仓库。

2）对流水线上下来的香皂，因为现在工艺上没有冷却这一环节，工厂又无仓库，每班生产出来的产品都必须立即运到仓库，这样进仓的香皂箱内温度为 60～70℃，为确保这样高温的产品不发生质量问题，香皂到库后立即进行翻板，摆置成蜂窝状以利散热散潮。

（3）商品出库

在出货过程中，为了提高车辆的满载率，将几十种品种首先进行合理的组配：送往上海市内商店的商品，采用面包车；送往江浙等华东地区的商品则采用卡车，以商品为单位组合装车；发往中转仓的商品，采用集装箱运，所装货物一目了然。

（4）退货整理

设立专仓，将全国各地的退货全部集中起来，组织人员进行整理、分类，对选拣出来无质量问题的商品重新打包成箱，将坏货选拣出来，以便集中处理。

（5）流通加工

根据市场需要和购销企业的要求，利华需要及时对储存保管的一些商品进行再包装，为此，友储专门辟出 1000 平方米的加工场地进行诸如贴标签、热塑、封包装、促销赠品搭配等作业，以达到从运输包装改为销售包装、礼品包装和促销包装，从而使商品出库能直接在超市和商店上柜。

3. 信息服务

友储除了每天记账、销账、制作各类业务报表外，还按单价、品类、颜色、销售包装分门别类进行商品统计，每天的进出货动态输入计算机中，及时将库存信息转送给利华，使利华公司能随时了解销售情况及库存动态。

案例讨论：

（1）结合案例，说明友储对利华的第三方物流服务内容具体有哪些。

（2）友储对利华的第三方物流服务对友储和利华各有什么好处？

项目2 第三方物流企业运作模式的构建

学习目标

通过本项目的训练和学习，学生应掌握第三方物流企业物流资源调查的内容和方法，能进行第三方物流企业组织结构设计和网络实体的构建，能准确进行战略规划和市场定位，合理选择第三方物流企业的运作模式，掌握组建和经营第三方物流企业的程序和方法。

主要知识点

物流资源调查的内容和方法；第三方物流企业市场定位与战略规划；第三方物流企业组织结构；传统外包型、战略联盟型和综合物流型3种运作模式。

关键技能点

能进行物流资源调查，设计第三方物流企业组织结构，合理选择第三方物流企业的运作模式，组建第三方物流的网络实体。

任务一　物流资源调查与分析

【任务描述】　要求学生理解物流资源的含义和内容，能够设计物流资源调查表开展调查，能够就物流运作资源、客户资源、市场供需情况、企业资源的优劣势进行合理分析。

一、物流资源调查

1．物流资源的含义

物流资源是一个广义与狭义相结合的概念。广义物流资源是指所有一切可用于现代物流生产和经营活动之中的后备手段或支持系统，包括运作资源、客户资源、人力资源、系统资源和合作伙伴资源（如供应商、分销商等）等。狭义的物流资源是指物流运作的支持系统，如设施、设备等。

制定第三方物流企业战略规划，确定其运作模式，必须对第三方物流企业所拥有的资源进行科学、广泛的调查，有目的地收集企业相关信息。

2. 物流资源调查的基本内容

第三方物流企业资源调查的范围包括内部物流资源和外部物流资源。第三方物流企业开展物流业务就是利用各种资源为客户提供服务。企业提供哪些服务，需以自身资源为基础，企业拥有和掌控的内部资源越多，可以选择的市场空间越大，机会就越多，企业就越有竞争力。同时，第三方物流的发展，离不开企业外部物流资源的支持。因此，通过对外部物流资源的调查，收集相关企业的信息，建立企业资源信息数据库是第三方物流企业进行外部资源整合利用的前提条件。

第三方物流企业物流资源调查的基本内容如表 2-1 所示。

表 2-1 第三方物流企业物流资源调查的基本内容

调查项目	基本内容
物流基础设施	仓储设施、运输设施、装卸设备、搬运工具、分拣设备
企业物流组织机构	是否设置物流管理部门、物流管理机构的功能
物流从业人员	物流从业人员的数量和基本素质、对物流人才的需求状况
客户资源	主要客户数量、客户行业分布、区域分布、客户的稳定性、客户物流需求、客户的物流计划
物流流量和流向调配	库存货物的数量、主要运输方式、主要仓储方式、货物的离散程度、货物的流向
潜在用户	潜在用户的数量、潜在用户对物流服务的物流需求情况
信息技术资源和需求	计算机及其辅助设备调查、物流信息系统应用情况、信息技术的需求情况
无形资产	商标、商誉、域名、企业形象
宏观资源	与物流相关的政策、规划、产业发展计划、行业发展计划
相关企业资源	主要承运企业状况、主要仓储企业状况、第三方物流状况
竞争对手	主要竞争对手现有物流资源、客户资源、物流计划

物流资源的调查方法可采用问卷调查、电话调查、访问调查、会议调查、网络调查等。

案例 2-1

某物流企业资源调查表

（一）企业基本信息

企业全称：________________________________

坐落地址：________________ 成立时间：________________

所有制性质：______________ 企业从业人数：____________

填报人姓名：______________ 办公电话：________________

职务：____________________ 电子信箱：________________

通信地址：________________ 邮政编码：________________

（二）企业的基本经营情况

（1）企业主要从事的业务包括________。（见选项 A～F，可多选）

A. 运输及装卸　B. 配送　C. 仓储　D. 包装、分拣及加工

E. 信息系统管理　F. 其他（请注明）________

（2）企业的业务辐射范围是________。

A. 仅本市　B. 仅本省　C. 本省及周边省区

D. 覆盖全国　E. 跨国境（国际）

（3）企业的业务网点（或分支、代理机构等）____个，覆盖了____个地级市/省份/国家。

（4）企业的属性是________。

A. 都市配送型　B. 产业基地型　C. 行业分布型

（三）企业规模情况

（1）企业自有资本占总资本的比例为________%。

（2）企业的资产总值为________。（单选）

A. 200万元及以下　B. 200万元～600万元

C. 600万元～2000万元　D. 2000万元～1亿元

E. 1亿元～5亿元　F. 5亿元以上

（3）企业的年吞吐量为________。

（4）企业的年营业收入为________。（单选）

A. 200万元及以下　B. 200万元～500万元

C. 500万元～2500万元　D. 2500万元～1.2亿元

E. 1.2亿元～6亿元　F. 6亿元以上

（5）近3年企业实现利润分别为________、________、________万元，近3年企业的利润率为________、________、________万元。

（6）近3年企业交纳税金分别为________、________、________万元。

（四）企业人力资源情况

（1）企业拥有大专及大专以上学历的员工________人，占总员工比例的________%，其中含物流专业毕业的大专以上学历的员工________人，占总员工比例的________%。

（2）企业目前急需哪些方面的物流人才？________（可多选）

A. 物流项目经理　B. 市场开发　C. 人力资源管理

D. 客户服务　E. 运输管理　F. 物流系统设计

G. 信息管理　H. 仓储管理　I. 国际业务管理

J. 法律顾问　K. 其他（请注明________）

（3）现阶段企业如何进行物流人才培训？________（可多选）

A. 鼓励和资助员工进行专业深造　B. 企业内部定期组织培训

C. 组织参加社会机构认证培训与考试　D. 委托高校组织短训班

E. 其他（请注明________）

（4）中层以上管理人员的平均薪金（年收入）是多少？________。

A. 10 000元以下　B. 10 000～20 000元　C. 20 000～30 000元

D. 30 000～40 000元　E. 40 000～50 000元　F. 50 000元以上

（5）基层员工的平均薪金（年收入）是多少？________。

A. 6000元以下　B. 6000～10 000元　C. 10 000～15 000元

D. 15 000～20 000元　E. 20 000～30 000元　F. 30 000元以上

（五）企业的经营环境

（1）请在表2-2中，根据贵企业认为地方政府需要加强的内容，按重要性程度在相对应的项上画圈。

表2-2 政策环境调查表

项　目	1=非常不重要	2=不重要	3=重要性一般	4=比较重要	5=非常重要
政策支持					
市场规范化					
对行业的协调与指导					
物流公共信息平台					
物流基础设施					
物流标准化					
融资及相关金融服务					

（2）企业认为目前我国的物流标准化在哪些方面亟待改进？________（可多选）

A. 名词标准化　B. 设施与技术装备标准化　C. 作业流程标准

D. 编码标准化　E. 数据采集标准化　F. 物流信息交换标准化

G. 管理标准化　H. 服务标准化

I. 物流系统与其他相关配合系统接口的标准化　J. 其他（请注明______）

（3）企业认为哪些方面是影响企业业务拓展的主要内部因素？________（可多选）

A. 客户少、运作成本高　B. 市场营销能力差

C. 资金不足　D. 服务内容单一化　E. 信息化水平低

F. 客户响应速度慢　G. 货损率高　H. 服务差错率高

I. 业务运作的网络化水平低　J. 不能满足客户临时需求

K. 员工素质低　L. 其他（请注明________）

（4）企业认为哪些是制约企业自身发展的主要外部因素？________（可多选）

A. 政府管理体制的制约　B. 社会经济发展水平尚低

C. 社会竞争环境不规范　D. 融资渠道不畅

E. 基础设施有待完善　F. 工商企业物流需求不足

G. 外资物流企业的进入　H. 其他（请注明________）

（六）企业的基础设施情况

（1）企业拥有生产或经营性（不包括内部公务用车）车辆的情况统计如表2-3所示。

表2-3 车辆情况统计

类　型	数量/辆	利用率/%	类　型	数量/辆	利用率/%
普通货车			专用罐车		
厢式货车			拖排车		
翻斗车			马槽车		
半挂车			冷藏车		
其他（_______）			其他（_______）		
总营运车辆数为_______					

$$各类车辆利用率 = \frac{\sum（每辆车全年出车天数/360天）}{类别车数} \times 100\%$$

（2）企业营运车辆的平均利用率是多少？________（单选）

A. 20%以下　　B. 20%～50%　　C. 51%～70%

D. 71%～90%　　E. 90%以上

（3）企业仓库种类及面积的情况统计如表 2-4 所示。

表 2-4　仓库种类及面积情况统计

类　型	面积/平方米	利用率/%	总　计
普通平房库			其中高台库的面积为________平方米，利用率为________%
普通楼房库			
散装仓库			其中自动立体仓库面积为________平方米，利用率为________%
高层货架仓库			
普通仓库			
冷藏仓库			
保温仓库			
危险品库			
			其他（请注明类型）________

（4）企业所有仓库平均利用率为________（单选）

A. 20%以下　　B. 20%～50%　　C. 51%～70%

D. 71%～90%　　E. 90%以上

（5）企业货运业务信息是否全部实现网络化管理？________

A. 是　　B. 否

（6）目前企业的物流信息系统中包括哪些模块？________（可多选）

A. 运输管理　　B. 仓储管理　　C. 配送管理

D. 一体化服务管理　E. 订单处理　　F. 其他（请注明________）

（7）目前企业的客户能否访问本企业的网络数据？________（单选）

A. 能　　B. 不能，但一年内基本可以实现数据共享

C. 近几年内都无法实现

（8）企业目前采用了哪些物流信息技术？________（可多选）

A. EOS 系统（电子自动订货系统）　　B. 条形码技术

C. ASS（自动分拣系统）　　D. EDI 系统（电子数据交换系统）

E. GPS（全球卫星定位系统）与 GIS（地理信息系统）

F. RFID（射频识别）　　G. 其他（请注明________）

（9）企业信息共享现状：

① 信息共享的现状是________。（可多选）

A. 已与政府部门共享　　B. 已在行业内共享

C. 已与合作伙伴信息集成　　D. 因商业风险不准备共享
E. 因信息非标准化不能共享　　F. 不具备信息系统不能共享
G. 不清楚信息共享的好处　　H. 其他（请注明________）

② 希望实现信息共享的方式是________。
A. 希望与政府部门公益性共享　　B. 希望行业会员制共享
C. 希望与合作伙伴信息集成　　D. 其他（请注明________）

（七）企业的前景预测

（1）企业未来努力的总体方向是________（可多选）
A. 增加客户、扩大规模、降低运作成本　　B. 加强市场营销
C. 增加服务项目　　D. 提高信息化水平　　E. 提高客户响应速度
F. 降低货损率　　G. 降低服务差错率　　H. 增加业务运作网络
I. 满足客户临时需求　　J. 提高员工素质
K. 与核心客户及供货商建立更为紧密的合作关系
L. 与国内外物流企业建立联盟与合并　　M. 其他（请注明________）

（2）明年，企业将在传统物流服务之外扩展哪些增值服务进行提升改造？________（可多选）
A. 咨询及信息服务　　B. 物流一体化服务　　C. 物流系统设计与优化
D. 物流方案策划　　E. 其他（请注明________）

（3）明年，企业将在哪些方面进行投资？________（可多选）
A. 运输车辆　　B. 仓储设施　　C. 物流信息技术
D. 物流管理软件　　E. 员工培训　　F. 企业并购
G. 其他（请注明________）

问卷结束，感谢您的支持与合作！

二、物流资源分析

物流资源分析是指物流企业在对物流资源充分调查、取得大量翔实资料的基础上，对其进行全面、科学的分析，为下一步制定物流战略提供依据的过程。物流资源分析内容一般包括物流运作资源分析、客户资源分析、市场供需分析、企业资源的优势劣势分析等内容。

1. 物流运作资源分析

我国物流资源总体上存在设施、设备落后，布局不合理，利用率低下等问题。但不同区域、不同行业又表现出一定的差异性。例如，一方面，我国东北某市的许多物流企业基于自身发展和业务需求，投入大笔资金进行仓储设施、运输设施和信息平台的建设；而另一方面，该市有近40%的仓储面积、80%的铁路专用线、48%的企业运输能力得不到充分发挥，一些企业花费巨资开发的信息平台利用率不高。由于企业间缺乏必要的信息沟通，造成了对现有物流资源配置低下的局面。对物流运作资源的数量、质量、布局和利用率进行全面的分析评估，可以使物流企业对业内环境有清晰的认识，有利于物流企业对现有资源进行有效整合并

加以充分利用。

案例 2-2

我国物流企业仓储设施拥有情况

我国物流企业仓储设施拥有情况如表 2-5 所示①。

表 2-5　物流企业仓储设施拥有情况

平房库	楼房库	高层货架	自动立体库	保温库	冷藏库	冷冻库	危险品库	简易库	货场
81%	50%	29%	20%	21%	13%	4%	24%	35%	81%

调查结果表明：大部分物流公司都拥有普通平房库、普通楼房库、简易仓库和货场，但高层货架、冷藏库、冷冻库、保温库等仓储设施保有量较低。此外，还有部分大型物流企业拥有全自动立体仓库。

企业拥有仓库面积结构：大约有 12%的物流与储运公司的仓储面积在 1 万平方米以下，有 40%的物流与储运公司仓储面积在 1 万～5 万平方米，有 22%的物流与储运公司仓储面积在 5 万～10 万平方米，有 26%的物流与储运公司仓储面积在 10 万平方米以上。

2. 客户资源分析

（1）我国第三方物流市场的主要客户构成

我国第三方物流市场的主要客户可分为现有客户和潜在客户。

1）现有客户。主要包括：尚未形成自身物流网络的外资公司；对物流网络建立及运营所需资源投入不足的公司；战略性地对重新构筑的物流体系进行外包的公司等。

2）潜在客户。主要来自以下企业。

① 外商投资企业。外资企业为了最大限度地获得竞争优势，积极实行物流本地化战略，在进入我国以后，一般都不建立独立的物流部门，而是选择若干专业的物流提供商，通过合同物流、设备租赁等多种方式获得必要的物流服务，构成了目前物流市场需求的主体。

② 高新技术企业、连锁经营企业和电子商务企业。这些企业产品大多具有小批量、高附加值的特点，对物流服务的准确性、及时性要求较高。面对激烈的市场竞争，为了最大限度地降低成本，对第三方物流服务有迫切要求。

③ 部分国有大中型企业。面对激烈的国际国内竞争环境，这些企业逐步打破了“大而全、小而全”的传统观念，开始着手对企业传统的物流业务进行改造，以最大限度地获得竞争优势。

④ 中小型民营企业。这些企业一般不具备自营物流能力，为了解决企业自身物流问题而借助第三方物流的服务。

（2）我国第三方物流企业客户的地域分布

第三方物流发展与经济发展密切相关。我国第三方物流企业的客户主要来自东部沿海经

① 王继祥．2005．第六次中国物流市场供需状况调查报告．物流技术与应用，（10）．

济发达地区；来自物资高度聚集的交通枢纽地区，如我国内陆中心大城市；来自物流基础设施比较齐备的临近港口、铁路、机场、高速公路附近的地区。

我国物流市场的地域集中度很高，80%集中在珠江三角洲和长江三角洲地区。例如，仅在深圳保税区就有260多家仓储物流企业落户，为深圳及珠三角地区150多家世界500强企业提供物流配送服务。沃尔玛、索尼、住友、三洋、三星、日通、近铁和嘉里物流等世界著名的物流企业均在保税区设立了采购物流中心，深圳保税区先后引进UPS、伯灵顿、香港新兴机构、中远物流、综合信兴、腾邦物流等国际知名大型物流企业，由此带动保税区进出口贸易大幅攀升。

物流企业要做好市场定位，合理确定业务重点，配置资源，同时兼顾今后第三方物流需求地域扩大的趋势。

（3）我国第三方物流企业客户的行业分布

我国第三方物流的需求主要来自市场发育较成熟的几大行业，如汽车、家电、医药、生活日用品等，而且不同行业有着不同的个性化物流服务需求。例如，由上汽集团与荷兰TNT合资的安吉天地汽车物流公司在上海大众、上海通用的整车物流、零部件生产物流和维修零配件售后物流服务上接连获得大额合同。

3. 第三方物流市场供需分析

（1）企业外购服务的可能性

我国大中型工商企业多数拥有物流设施，相当多的企业仍然主要靠自己组织物流，自营物流的比例很大。据第六次中国物流市场供需报告提供的数据，生产制造企业原材料物流由第三方物流完成的仅占19%，成品销售物流由第三方完成的占31%；而商贸企业物流执行主体由第三方完成的只占17%。这说明我国第三方物流市场潜力巨大，但有效需求不足。企业经营的目标是实现经济效益的最大化，当企业自己所拥有的物流资源不足以对企业经营目标形成支持时，企业就会到市场上寻求外部资源的支持，即所谓的外包物流运作或外购物流服务，第三方物流服务的市场就产生了。

（2）客户物流服务的需求特征

客户物流服务需求呈图2-1的层次性，并表现出以下特点。

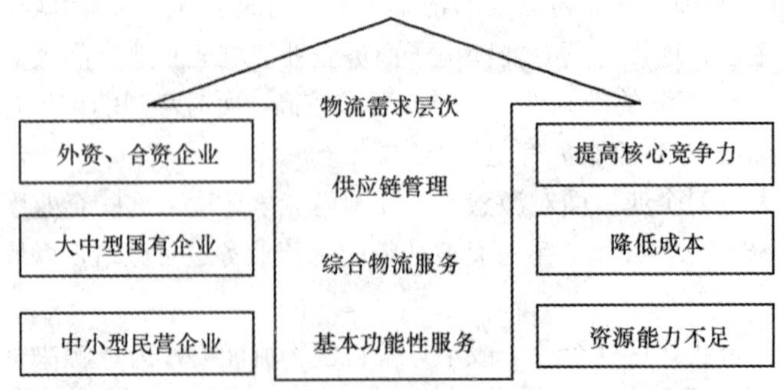

图2-1 第三方物流需求的层次

1）制造业与流通业物流服务需求各有侧重。根据第六次中国物流市场供需报告提供的数据，制造业对第三方物流服务内容按需要量大小排列的前3位是干线运输、市内配送和存储保管；流通企业物流需求的前3位依次为市内配送、存储管理和干线运输。

2）外资企业和中小型民营企业物流需求两极化。我国第三方物流市场的需求以外资企业和中小型民营企业为主体。前者注重培育企业核心竞争力，一般倾向将物流业务外包，同时对第三方物流企业的服务范围和质量提出了很高的要求；而后者由于自身实力有限，一般不具备自营物流业务的能力，只能选择把物流业务外包。目前，其对第三方物流服务的需求层次还很低，大多还停留在基本的功能性服务阶段。

随着跨国经营的增多，从事跨国经营的企业需要快速响应的物流系统和全球化的物流网络来支持其业务。而随着按需生产和零库存等现代生产方式的普遍使用，越来越多的企业从节约成本、改进服务与增加灵活性等方面来考虑物流运作。这些都为第三方物流的发展提供了广阔的市场空间。

（3）物流服务的供给分析

首先，从现有第三方物流企业服务能力看，我国第三方物流企业间的经营水平差距很大，低水平运作占多数，整个行业能力呈金字塔结构，如图2-2所示。以山东省为例，根据山东省经贸委的统计资料，目前，全省已有物流企业3000多家，已建成和在建的大型物流园区67个，丹麦马士基、韩国韩进、新加坡胜狮等国外物流企业已经落户山东，但由于几乎没有行业进入门槛的限制，物流企业数量及规模失控，在一些地方，三五个人、两三辆车、一部电话就能成立物流企业，物流服务水平与管理能力出现许多问题。

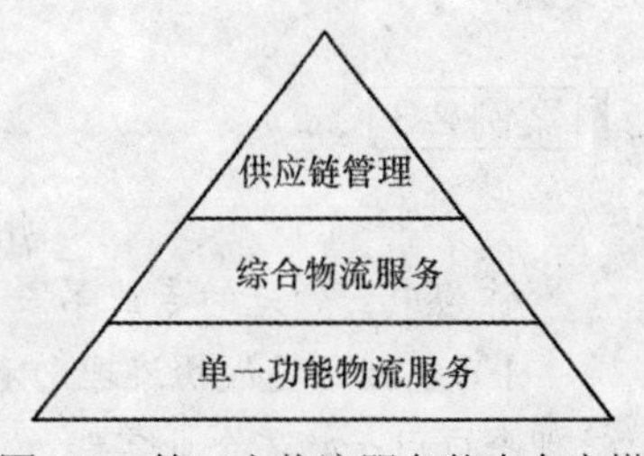

图2-2　第三方物流服务能力金字塔

其次，从现有第三方物流企业的数量、规模、竞争力看，企业间争相压价、互相拆台的事件时有发生。例如，2006年9月21日，中央电视台《焦点访谈》节目播出《海运惊现“负运价”》内容，披露“上海海运恶性竞争出现负运费，一天倒贴一辆宝马车”等情景。由于无序竞争和政策瓶颈，现有物流企业中有50%处于亏损状态，20%处于保本状态，物流企业车辆实载率仅在60%左右。而不公平竞争留给第三方物流企业的生存空间有限。例如，山东省3000多家物流企业中，虽然第三方物流企业数量占60%左右，但它们占有的市场份额仅为整个市场的20%左右，铁路、公路、航空、邮政等部门各自分割，80%的稳定市场份额被企业自营物流和具有行业优势的企业垄断。

4. 第三方物流企业资源优劣分析

第三方物流企业资源分为运作资源、客户资源和人力资源等。

（1）运作资源

运作资源是指第三方物流企业在物流运作中可调动的各种物流设备设施、信息技术等，包括企业自有专用物流资产和技术，以及可以整合利用的外部物流设备、设施、信息技术等。

第三方物流企业自身拥有的耐久性、专用性资产越多，企业越具有竞争优势。独特的品牌优势、庞大的规模、先进的仓储运输设备、遍布全国甚至全球的网络体系、先进的信息技术是对货主企业的全球化经营的服务保证，同时也是阻止其他物流企业进入同一经营领域的壁垒。

第三方物流企业在自身资产不足或者不拥有资产的情况下，能低成本、高效率地整合和利用社会物流资源，满足货主企业不断扩大的经济活动需求，这正体现出了第三方物流企业卓越的管理能力。

（2）客户资源

客户资源是指第三方物流企业所拥有的一定量的客户及合作类型、关系稳定性、业务量、收益等。客户资源的优劣主要取决于与客户的合作类型、关系稳定性、业务量、收益，而不是客户的绝对数量。

（3）人力资源

人力资源主要指第三方物流企业的物流专业人才及管理技术能力。先驱型第三方物流企业一般具有业务水平高、经验丰富的物流人才，人力资源优势是其生存和发展的关键资源。

案例 2-3

广州宝供物流企业集团的资源优势

作为中国领先的专业第三方物流企业，宝供物流具有以下优势。

1）先进的现代物流理念和优秀的管理团队。宝供物流一直致力于将先进的现代物流理念应用于物流企业实践，运用现代物流管理理论指导公司运作，培养一批具备丰富运作经验和管理理论的人员作为公司发展的中流砥柱。

2）成功的物流业绩和最具价值的客户群体。宝供物流为全球500强中的50多家大型跨国集团和国内一批大型制造企业提供一体化的物流服务。2004年，宝供物流运作货物过10亿件，总量近550万吨，比2003年增长30%，主营物流服务收入超过5.5亿元，比2003年增长52%，实现利润2500多万元，比2003年增长60%，是目前我国最具规模、最具专业化的现代第三方物流企业。

3）覆盖全国并向世界延伸的物流运作网络。宝供集团在全国40多个中心城市开设了7个分公司、40多个办事处，形成了覆盖全国，并向美国、澳大利亚、泰国和我国香港地区等地延伸的物流运作网络。

4）在全国范围内各中心城市建设宝供现代综合物流基地，形成以物流基地为网络的运作枢纽，实现从非资产型企业到轻资产型企业的成功转型。

5）先进的物流信息系统。宝供物流拥有先进、完善的物流信息系统：从1997年起，宝供物流投入大量资金构建了高效、实用的物流信息系统，采用自行开发的核心和平台化的策略，使物流信息系统在适用性、集成性和扩展性方面得到了国家、行业和客户很高的评价。其中，数据对接更是宝供物流的重要优势，通过自行打造数据对接平台，为客户提供功能强大的数据对接服务及其他的相关系统增值服务，有效支持了客户的信息化和业务拓展。

6）一流的企业管理和物流技术人才。公司吸引了一批具有外企经验、熟悉中国市场的管理人才，以及以教授和博士、硕士、MBA（master of business administration，工商管理硕士）为代表的物流技术人才。

7）良好的社会形象和企业品牌。宝供集团一直致力于行业发展和人才的培养，公司从1997年起，每年出资举办一届物流技术与管理发展高级研讨会，为推动中国物流发展做出了很大的贡献。同时，公司每年还出资 100 万元，用于奖励在物流领域做出贡献的科研和实践人员，并在全国 15 所著名院校开设了奖学金，用于奖励物流相关专业的一批优秀学生；公司被 J. P. 摩根（J. P. Morgan）评为中国最有价值的物流企业；在 2002 年美智中国物流行业认知度调查中，宝供物流以 40%的认知度位居中国物流企业之首。

在实践中，任何第三方物流企业都不可能具备所有的物流资源要素，穷尽所有的物流服务项目。因此，第三方物流企业要准确评估自身资源的优势、劣势，以及组织、技术和管理能力，提高自己的核心竞争力。下面是对中铁快运公司物流资源进行 SWOT（strengths weakness opportunity threats，优势、劣势、机会、威胁）分析的例子。

案例 2-4

对“中铁快运”物流资源进行 SWOT 分析

1. 简介

中铁快运股份有限公司（China Railway Express Co，Ltd，以下简称中铁快运）是铁道部直属企业，在国家工商行政管理总局注册，注册资本为 19.46 亿元。荣获 2006 年度中国物流百强企业第二名。公司的发展战略是由单一运输企业发展为现代物流企业和现代物流服务集成供应商。

根据客户和社会需求，中铁快运提供小件货物快递、快捷货运、合约物流和国际货代服务，承担铁路旅客行李、书刊、救灾物资等铁路运输服务。

中铁快运总部设在北京，在全国设立 32 个分公司，拥有 11 个控股子公司和 1 个参股公司。具有运输、物流理论和实践经验的专业人才队伍。

中铁快运具有网络化、信息化、专业化、国际化、集约化等主要特征，具有铁路行包快递运输网、快捷货运网、公路运输网、航空运输网、配送网、经营网、信息网“七网合一”的网络资源优势，是资源型网络化运输和物流服务企业。

中铁快运的经营网络遍及全国 31 个省、市、自治区和直辖市，“门到门”服务网络覆盖国内 500 多个大中城市。同时提供 70 多个国家及地区的快递和国际航空、铁路货运代理服务。

中铁快运形成了以铁路运输为主、公路运输和航空运输为辅的综合运输网络；公司建有 17 座大型仓储中心。

中铁快运拥有了大集中、VPN（virtual private network，虚拟专用网络）的计算机信息系统，覆盖了所有经营网点，通过核心业务信息系统、对外信息服务平台和与铁道部信息连接平台实现数据的共享，还根据客户需求，可以通过网站、客户服务中心、信息平台为客户提供信息服务。

中铁快运秉承“安全、准时、快捷、经济”的服务理念和“为客户创造价值”的经营宗旨，为客户提供运输和物流服务的同时，还根据客户需求提供运输或物流解决方案服务。

中铁快运实行大客户战略，与网络服务需求的制造商、供应商、经销商及物流商之间建立“合作共赢”的新型战略合作伙伴关系。

2. 对物流资源的SWOT分析

（1）内部优势

1）三大优势，即网络资源优势、资产优势（人员和专有设备）和信息网络优势，使得中铁物流成为国内物流行业中颇具发展潜力的生力军。

2）铁路中长途运输经验丰富，是其他运输方式无法比拟的。

3）良好的基础设施。中铁快运在全国各地拥有560万平方米的土地，176万平方米料场，31万平方米封闭式仓库，125条专用线，6.8万千米的铁路网。

4）货运代理、作业与运输上技术雄厚。

5）在信息系统的使用上有一定基础。

6）从物流服务形态看，中铁快运可以发展成铁路物流枢纽。

7）公司资产质量良好、资金充足，有利于公司扩大经营规模，盈利能力强，收入和盈利具有连续性和稳定性。

（2）内部劣势

1）供应链的各环节之间并未实现真正的衔接。

2）缺乏同城物流配送业务的门市和网点。

3）分公司之间的网络优势未充分利用。

4）品牌效应尚不明显。

5）部分基础设施趋于陈旧，可能影响公司的运营效率。

（3）外部机遇

1）物流市场联运业务日益增长，一些大的物流中转和枢纽中心正在形成。

2）铁路方面第三方物流企业的绝对领军者尚未出现。

3）国内的现代物流市场正处于整合、成长之中，市场不够成熟。

4）物流信息技术在物流业的实际运用很少，有开发空间。

（4）外部挑战

1）UPS、联邦快递、DHL 等跨国物流公司在原有合资运作的基础上将会成立独资公司进行运作。

2）中国加入世界贸易组织（WTO）后，国外大财团大举进军中国物流市场。

3）区域物流基地的大量形成。

单项实训一

物流资源调查与分析

4～8人为一组，对当地物流资源（如运输资源、仓储资源等，选某一类、某一地区物流资源，如家电、家私、花卉、汽车、医药、农产品、图书、钢铁、煤炭、日用消费品等）进行调查并写出调查报告。

要求：

（1）设计调查问卷表。

（2）开展调查实践活动。

（3）撰写1000字左右的调查分析报告。

（4）每组选一名代表，在全班汇报展示所设计的调查问卷和调查结果。

任务二　第三方物流企业市场定位与战略规划

【任务描述】　要求学生能掌握第三方物流企业目标市场定位和服务内容定位的技能，掌握第三方物流企业战略规划的程序和方法。

一、第三方物流企业市场定位

作为第三方物流市场的主要参与者和竞争者，第三方物流企业需要了解市场需求和竞争对手的状况及自身的条件，在此基础上进行市场定位，制定竞争战略。第三方物流企业的市场定位主要包括确定目标市场和确定服务功能。市场定位过程可按图 2-3 所示的步骤进行。

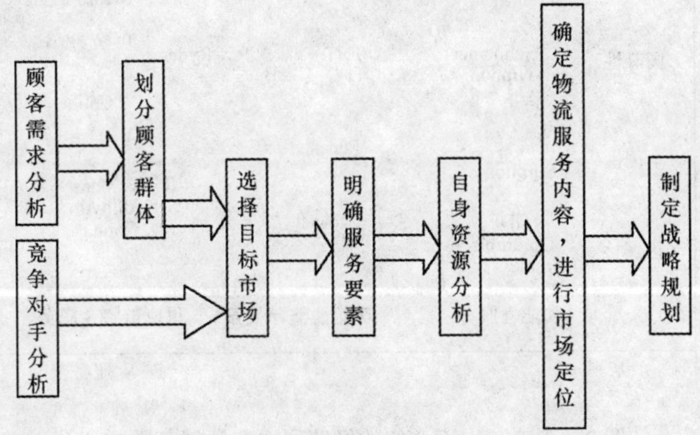

图 2-3　第三方物流企业市场定位步骤

1．顾客需求分析

企业不仅要了解客户当前的需求，还要了解客户的运行状态、行业特点、外包物流的需求动机、顾客需求与本企业所提供物流服务水平之间的差距、服务需要改善或提高之处，发现客户的潜在需求。

2．竞争对手分析

企业应了解当前各类细分市场上提供物流服务的竞争对手的数量、规模、实力、服务水平、价格水平等相关信息，比较自身与竞争对手服务水平的差距。

3．市场细分和选择目标市场

从根本上说，任何一个第三方物流企业，无论其规模多大、能力多强、服务如何多样化，都无法满足所有企业的整体需求，而只能满足一部分市场的需求。因此，第三方物流企业必须将物流市场依据一定的标准进行细分，根据自身的条件来选择一部分客户作为目标市场，确定适当的服务组合策略来更好地满足客户的需求，使企业在激烈的市场竞争中得以生存和发展。

第三方物流市场的细分可根据地域或行业来进行。对不同地区、不同行业的市场，又可根据产品的时效性要求、企业接受服务价格的能力及货物的大小和客户在供应链中所处的位置等因素来进一步划分出子市场。

（1）按地域细分

由于受第三方物流企业自身资金、人才、营运成本、管理水平及客户需求等因素的限制，设定企业核心业务的地域覆盖范围是非常关键的战略选择。核心业务的地域覆盖范围可以是一个城市、一个地区、一个省、全国甚至全球。在西方发展较成熟的物流市场，企业都有清晰的定位，图 2-4 显示了美国物流企业的经营层面和地域范围定位。

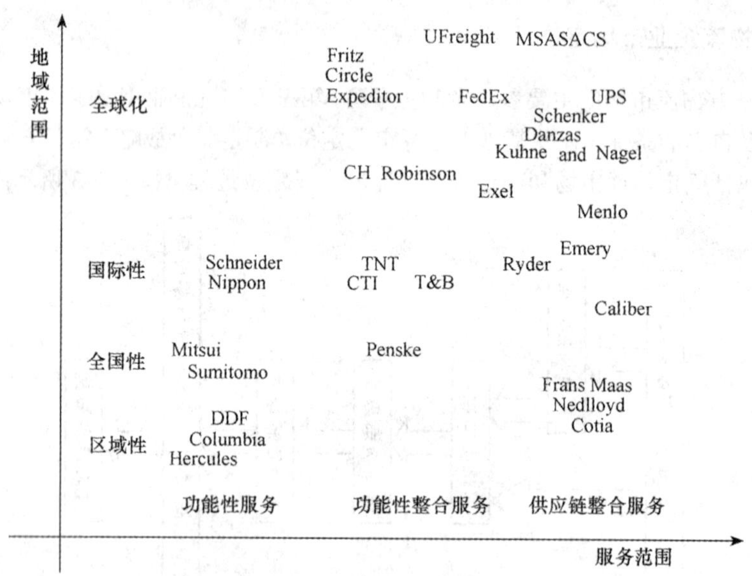

图 2-4 美国物流企业的经营层面和地域范围定位

核心业务的区域范围设定恰当与否，对第三方物流企业的业绩影响很大。上海虹鑫物流公司在这方面就有一些成功的经验。

案例 2-5

上海虹鑫物流公司对核心业务区域范围定位的调整

上海虹鑫物流公司（以下简称虹鑫物流）曾经将业务的范围定位在全国，但由于公司的投入能力有限，在外地设立办事处很困难，同时，运作全国性物流业务也经常造成流动资金的压力。在对经营现状深入分析的基础上，虹鑫物流果断将主导区域定位在上海，力争将上海本地物流做精、做细。为此，虹鑫物流在上海建立了配送中心，已经具备了在上海市区 2000 多个网点配送的能力。主导区域收缩的结果大大改善了虹鑫物流的资金状况，企业的盈利能力也有了显著的提高。目前，虹鑫物流在上海已经具有较好的品牌，有些外地客户或物流企业希望虹鑫物流能够走出上海，到外地发展，但从收缩主导区域中得到益处的虹鑫物流，对此持审慎的态度。

（2）按行业细分

有这样一个小故事，一位国外某大型物流集团的总裁访问中国的一家民营物流企业，问及这家企业的客户情况时，这家民营企业的负责人很自豪地说，我们的客户有 80 多家，覆盖 7 个行业。这位鼎鼎大名的总裁听后非常惊讶，美国顶尖的物流公司，其业务范围一般也不会跨如此众多的行业，因为每一个行业都很专业，不是有物流服务能力，就能服务好任何行业的。表 2-6 显示了美国一些知名的物流公司的行业定位。

表 2-6　美国物流公司的行业倾向

汽车业	电信业	公用事业	耐用消费品	零售业	食品	计算机办公设备	电子产品
UPS	UPS	Ryder	Ryder	Exel Menl	Exel	FedEx	FedEx
Ryd Pens	Cellstar	Penske	Schneider	Callibe	Schneider	Caliber	Menlo
Schnei	GTE	Bumham	Bumham	Schneider	Menlo	Menlo	Caliber
CTI	Sup		Menlo	J.B.Hunt	T&B	Ryder	Exel
Calib	Brightpt			TNT	SuperValu	Bumham	UPS
TNT	Gemini			T&B	MDI	Skyway	
Exel	Ryder			Ryd	Penske		
Rolli linc	FedEx			Pens	Caliber		
USF Howa	Bumham			USF			
				Wemer			

案例 2-6

TNT 在澳大利亚的物流业务的行业特征

TNT 在澳大利亚物流界处于绝对垄断地位，但其第三方物流公司只有两家，分别从事汽车物流和通信器材物流。以汽车物流为例，该公司主要从事商品轿车运输和汽车配件的仓储、配送，在全国九大城市设有分支机构。主要客户均为全球各大汽车制造商，如丰田、三菱、马自达、宝马等，年营业额为 10 亿澳元。

因此，第三方物流企业一般应将主营业务定位在一个或几个行业，并专注于特定行业以便形成行业优势。行业选择的出发点可以从以下几点考虑。

第一，从第三方物流企业资源优势出发，确定物流服务的行业范围。例如，中远物流凭借全国性的网络优势，在细分市场的基础上，重点开拓了汽车物流、家电物流、化工物流和展品物流；广州华通行物流公司将服务范围主要定位在电梯物流和危险品物流方面。

第二，从当地核心产业入手，确定物流服务行业范围。尤其是围绕当地支柱产业开展物流服务业务。

案例 2-7

顺德物流业 T 形轮廓明显

广东省顺德市经济的快速发展在全国可以说家喻户晓。顺德形成了八大支柱和特色行业，其中家电、家具和花卉产业在国内外已享有很高的知名度，造就了 100 多家年产值达到亿元以上的企业。发达的第二产业将为顺德带来强劲的物流需求，按照我国现在平均物流成本占国内生产总值的比例为 20%计算，估计 2006 年顺德物流市场规模约为 200 亿元，顺德的物流产业也将越分越细、越做越大。容桂的宝供物流，大良的国兴物流，陈村的花卉世界，北滘的安得物流、一通物流均集结于广珠西线、碧桂路沿线。顺德依附广珠西线、碧桂路及未来的广珠城际轻轨的物流产业带已现形，从伦教、勒流、龙江 3 个镇街的物流发展规划来看，贯通顺德东西部的珠二环高速公路沿线将会形成新的物流产业带，4 条干线在顺德勾出 T 形的物流业分布图。

第三方物流企业要分区域、分行业、分档次，根据细分市场的规模和增长潜力及企业自身的资源条件来选择目标市场，找准切入点，避免盲目求全求大。

二、第三方物流服务内容定位

第三方物流服务的内容和形式多种多样，一般可划分为基本服务和增值服务。基本服务包括仓储、运输、配送、装卸搬运、货代等基本形式。增值服务如代理报关、保险、物流信息服务、仓单质押等。第三方物流企业应该根据企业资源状况开展基本的物流服务，同时，也要根据客户需求开拓多种增值服务。案例 2-8 中的表 2-7 是广州宝供物流企业集团所提供的物流服务。

案例 2-8

广州宝供物流企业集团所提供的物流服务

广州宝供物流企业集团所提供的物流服务如表 2-7 所示。

表 2-7 广州宝供物流企业集团所提供的物流服务

物流运作服务	物流增值服务	物流信息服务	物流策划服务	资金流服务
运输 配送 国际货代 仓库管理 交叉理货	存货控制 加工装配 再包装 报关 保险	信息系统规划 信息管理 信息技术支持	物流系统规划 物流模式设计 供应链解决方案	资金流服务和咨询 仓单质押 发货单质押 收款单质押

在总结国内外第三方物流企业服务内容的基础上，将常见的第三方物流服务内容分为运输、仓储与配送、信息服务、其他增值服务和物流总体策划五大类，主要内容如表 2-8 所示。

表 2-8 第三方物流服务内容分类

运输类	仓储类	增值服务	物流信息服务	物流系统策划
运输网络设计和规划 “一站式”全方位运输服务 外包运输力量 帮助客户管理运输力量 配送	订单处理 库存管理 仓储管理 代管仓库 包装和流通加工	延后处理 零件成套 供应商管理 货运付费 JIT 制造支持 咨询服务 售后服务 报关、保险等	信息平台服务 物流业务处理系统 运输过程跟踪	物流系统规划 物流模式设计 供应链解决方案

（1）运输类业务

1）运输网络设计和规划。对于覆盖全球的跨国公司而言，其采购、生产、销售和售后服务网络非常复杂，要设计一个高效的运输网络是非常困难的。在技术领先的第三方物流企业，一般都有专门的专家队伍，可以依靠他们的经验和智慧来帮助客户进行运输网络的规划和设计。

2）“一站式”全方位运输服务。一站式运输是由第三方物流企业对多个运输环节进行整合，为客户提供“门到门”的服务。目前，马士基物流、中远物流、中海物流等原先主要以海运为主的企业，纷纷上岸，提供国际海运、进出口代理、陆上配送等业务，将原先的港到港服务延伸为“门到门”服务。多式联运业务是一站式服务的典范。

3）外包运输力量。这是一种新型的运输服务形式，客户在运输需求上，不是完全的外包，而是采用第三方物流企业的运输能力，由第三方物流企业为客户提供运输车辆和人员，客户企业自己对运输过程进行控制和管理。

4）帮助客户管理运输力量。这也是一类新型的物流服务，客户自身拥有运输力量，如运输工具和人员，但在物流业务外包时，将这些运输能力转给物流企业，由物流企业负责运输工具的使用和维护及运输人员的调配。这类服务在国外比较常见，尤其是很多企业在采用第三方物流服务前，一般都拥有自己的运输部门，在采用第三方物流服务后，原来的运输部门一般就没有设置的必要，而将这一部分能力交给第三方物流企业管理，这是一种比较好的做法。

案例 2-9

TNT 代替客户管理运输力量

TNT 在澳大利亚有一家电信物流公司，专门为澳大利亚的 Telstra 通讯公司提供物流服务。1998 年，Telstra 通讯公司为集中力量搞好通信主业，将有关物流供应及原有相应设施和人员通过招标交由第三方经营，TNT 中标，并与 Telstra 通讯公司签订了 5 年的合同。

在这个例子中，TNT 公司不仅为客户管理运输设施和人员，还包括客户企业的其他物流设施和人员。在我国，企业小而全、大而全的现象十分严重，大多数制造类企业都有自己的运输部门，这些部门的存在往往成为企业采用第三方物流的障碍，采用第三方物流管理客户运输力量的做法，值得我国企业研究和推广。

5）配送。配送可以认为是仓库作业和运输作业的综合，是比较复杂的一类运输。也是目前第三方物流企业的主要业务之一。

案例 2-10

上海虹鑫物流的配送业务

上海虹鑫物流公司在配送业务方面有不俗的业绩。该公司从 2001 年 6 月开始为达能食品和联合利华食品公司进行上海市区的配送业务，由于该业务填补了市场的一个空白点，得到了客户的积极响应。目前，上海虹鑫物流公司的配送业务已经初具规模，已与达能、联合利华、花王、伊利牛奶、可口可乐等客户签订了配送服务合同。

（2）仓储类业务

1）订单处理。订单处理是仓储配送类业务中最常见的第三方物流业务。客户企业负责在取得订单后，通过第三方物流企业完成拣货、配货和送货的工作。

2）库存管理。库存管理实际上是物流管理中最核心和最专业的领域之一，完整的库存管理包含市场、销售、生产、采购和物流等诸多环节，一般企业不会将库存管理全部外包给第三方物流企业，而是由客户自身完成库存管理中最复杂的预测和计划部分，但在库存管理的执行环节，第三方物流却大有作为，如与仓储相关的库存管理主要涉及存货量的统计、补货策略等。在一站式物流服务中，第三方物流企业甚至可以通过对历史数据的挖掘，为客户库存管理提供专业化建议。

案例 2-11

第三方物流负责库存管理

上海某跨国汽车制造企业，其生产线的设备维修和保养的零配件物流交给上海的一家贸易类物流企业。该物流企业同客户共同确定各种零配件的库存标准和订货点，然后由物流企业自己管理库存，并根据实际需要，自行采购零配件。这是典型的将库存管理外包的例子。

3）仓储管理。其内容一般包括货物的搬移、装卸、存储等活动，是最常见的传统物流服务业务。

4）代管仓库。这也是一种常见的物流服务。这种情况一般发生在客户企业自己拥有仓库设施、在寻求物流服务商时，企业通常将自己仓库的管理权一并交给第三方物流企业管理。

5）包装和流通加工。包装是仓储类业务中的重要服务内容之一，随着物流模式的创新，包装服务内容也更加丰富，如运输保护性包装、促销包装、配货包装等。此外，如分拣、贴标签、拼货等流通加工业务也是第三方物流的重要内容。

（3）其他增值服务

1）延后处理。延后处理是一种先进的物流模式，企业在生产过程中，在生产线上完成标准化生产，但对其中个性化的部分，根据客户需求再进行生产或加工。例如，我国许多第三方物流企业提供的贴标签服务或在包装箱上注明发货区域等服务，就属于延后处理。

案例 2-12

HP 打印机的延后处理

HP 公司生产的打印机行销全世界，由于发往世界不同地方的打印机在说明书、电源、包装材料等方面有特殊要求，如果在生产过程中就完成最终发送到客户的包装，往往会出现某些包装的产品缺货而另一些包装的产品货物积压的情况。为了解决这个问题，HP 公司采用延后处理模式，将包装环节放在配送中心进行，即销售部门在收到客户订单后，通知物流中心，物流中心根据客户要求，选择相应的说明材料、电源和包装材料，完成最终的包装工作。

2）零件成套。零件配套就是将不同的零部件在进入生产线前完成预装配的环节。例如，汽车制造厂一般委托第三方物流企业管理零配件仓库，在零配件上装配线之前，可以在仓库内完成部分零件的装配。

3）供应商管理。第三方物流提供的供应商管理包括两类：一类是对运输、仓储等提供物流服务的供应商的管理；另一类是由第三方物流对客户企业的原材料和零配件供应商进行管理。

4）货运付费。货运付费其实是第三方物流最常见的业务，在第三方物流服务过程中，第三方物流企业一般代替客户支付运费，在国内，一般称此类服务为代垫代付费用。

案例2-13

UPS的代收代付服务

UPS公司在为客户提供物流服务的过程中发现，在贸易过程中，交易双方存在着很大的风险，如在款到发货的贸易中，收货人面临风险，而在货到付款的贸易中，发货人同样存在风险，为了解决这个问题，UPS利用其雄厚的资金背景，为交易双方提供金融服务。

具体过程是这样的，UPS去发货人处提货的过程中，将货款交给发货人，在货物向收货人交付的过程中，向收货人收取货款。这种融合了金融服务的物流服务形式，得到客户的青睐，增强了UPS的竞争能力。

5）JIT制造支持。在JIT的生产中，第三方物流提供的服务有及时采购、运输和生产线的及时供货。

案例2-14

及时供货服务

上海某著名汽车制造企业，其零配件仓库委托第三方物流企业管理。该汽车制造企业采用JIT的制造模式，第三方物流企业根据客户的要求，在汽车厂附近建造汽车零配件仓库，根据制造需要，往装配线上输送零配件。

6）咨询服务。第三方物流企业提供的咨询服务有与物流相关的政策调查分析、流程设计、设施选址和设计、运输方式选择、信息系统选择等。

案例2-15

华润物流为客户提供政策咨询服务

美国一家著名的分销企业，销售从中国进口的轻工类产品。为了降低流通加工的费用，该企业准备将其在美国的配送中心移到中国，但由于保税类货物流通加工受国家法规的制约，该企业委托华润物流（上海）有限公司为其提供咨询服务。华润物流在对客户的贸易性质、中国的海关监管仓库功能和保税仓库功能进行分析的基础上，为客户提供了相应的政策分析报告。

7）售后服务。一般包括退货管理、维修、保养、产品调查等项目，它属于第三方物流的一个新的服务领域。

8）代理报关。在国际物流业务中，一般都会涉及报关、报检、保险等业务。第三方物流公司通常是与报关行、保险公司等合作来为客户提供服务。

9）仓单质押。仓单质押是传统储运向现代物流发展的一种延伸业务。

案例 2-16

中铁伊通物流与浦发银行联合开发的仓单质押业务

中铁伊通物流凭借公司强大的综合实力与浦发银行联合开发了商品车（标致 307 车型）的仓单质押业务，将银行资金、放贷服务与物流服务进行了有机结合。操作模式为放贷银行、物流商及经销商 3 家签订质押协议，经销商用银行贷款向生产厂批量提货（以取得价格折扣），物流商监督提货至物流商储存场所质押储存，经销商凭借销售回款向银行申请车辆放行，物流商凭银行审核的放车通知放行，物流商在其中担当中间人和担保人的角色。经销商多为 3S、4S 店这种中小企业，融资难、银行贷款难，中铁伊通物流作为第三方担保人很好地充当了银行与经销商之间的信用关系平台，将银行与经销商之间有机结合，既解决了经销商因缺少固定资金而出现的融资难、担保难的问题，又保证了银行资金的安全性，有效地避免了资金风险。

（4）信息服务

第三方物流的信息服务一般包括以下内容。

1）信息平台服务。客户通过第三方物流的信息平台，实现了同海关、银行、合作伙伴等的连接，完成物流过程的电子化。我国有许多城市正在推行电子通关服务，将来大量的第三方物流企业都要实现同海关系统的连接，客户可以借助第三方物流企业的信息系统，实现电子通关。

2）物流业务处理系统。有许多客户使用第三方物流企业的物流业务处理系统，如仓库管理系统和订单处理等完成物流过程的管理。随着物流复杂性的增加和物流业务管理系统的完善，这方面的信息服务还会加强。

案例 2-17

宝供物流的信息服务

2005 年，宝供物流仅用一个月时间完成了与某跨国大型电器企业进行 SAP 十四个数据接口的成功对接，实现了与客户系统在订单、运输跟踪和仓储进出仓、财务结算等环节的全程链接；与 SSA 合作在宝供合肥物流基地实施 RF（radio frequency，射频）项目，通过 WMS 结合 RF 技术动态跟踪客户货物进出仓及库存信息；通过与定位供应商进行数据对接实现在途实时跟踪功能，为客户提供运输动态跟踪服务。

3）运输过程跟踪。这是目前第三方物流信息服务的最常见形式之一，如 DHL、联邦快递、UPS 等都为客户提供全程跟踪服务。在我国，许多第三方物流企业的运输工具都安装了 GPS（global positioning system，全球定位系统），但真正为客户提供实时信息服务的物流公司并不多，主要原因是大多数企业还没有达到经济规模，而且许多客户也不愿意为信息服务支付额外费用。但不使用现代化的跟踪手段并不意味着不可以提供运输过程的跟踪服务，我国许多第三方物流企业采用电话跟踪模式，一般选择关键点和例行跟踪相结合的办法，如司机在关键点，如发车、到货、事故等时刻，向跟踪部门发回信息；同时，信息跟踪部门在固定的时间段对车辆进行例行跟踪。跟踪的信息一般定期发送给客户，也有一些物流企业通过企业网站向客户发布跟踪信息。

案例 2-18

虹鑫物流的信息跟踪

上海虹鑫物流公司在信息服务方面有自己独特的做法。该公司的客户服务部门设定专门的运输信息跟踪人员，信息跟踪人员在每天上午 9:00～10:00 和下午 4:00～5:00 对公司所有的在途车辆通过电话进行跟踪，记录车辆的位置、状况等信息，同时，统计司机在关键点打来的电话确认信息，然后分两次在网站的车辆信息跟踪栏更新。如果车辆在途中出现了交通事故，则每 30 分钟对事故处理跟踪一次，并及时将处理信息公布在公司网站上，便于客户随时通过网站了解情况。

（5）物流系统策划

目前有一种倾向，就是将物流系统策划作为第四方物流的服务范围，成为一个相对专业化和独立的领域。但在实际运作中，第三方物流企业也把物流系统策划作为其主要业务。常见的内容有物流系统规划、物流模式设计、供应链解决方案等。

案例 2-19

华润物流将物流规划业务作为自己的核心竞争力

华润物流在开拓业务时坚持高起点，在其开发大项目过程中，一般都为客户提供物流系统的规划，并明确新的物流系统较以前的系统在服务和成本上具备的优势。

2002 年 5 月，华润物流在同一个美国客户洽谈的过程中，就详细地调查了该公司以往物流体系存在的问题，并通过国外的数据测算了成本，在此基础上，华润物流为该公司提供了一套全新的解决方案，赢得了客户的青睐。

以上从 5 个方面列举了第三方物流可能的服务内容，实际上，第三方物流的服务内容还远远不止这些，很多内容都是在合作过程中新开发出来的。

第三方物流的服务内容从其在具体合作中出现的频率看，在不同的国家也有明显不同。表 2-9 列出了欧美国家最常使用的第三方物流服务项目。

表 2-9　欧美国家最常使用的第三方物流服务项目

物流项目	西欧/%	美国/%	物流项目	西欧/%	美国/%
仓库管理	74	54	信息服务	26	30
合同配送	56	49	运价谈判	13	16
车辆管理	51	30	产品安装装配	10	8
订单履行	51	24	订单处理	10	3
产品回收	39	3	库存补充	8	5
搬运	26	19	成套零配件	3	3

三、第三方物流企业战略规划

1. 第三方物流企业战略的含义、构成要素与内容

（1）第三方物流企业战略的含义

第三方物流企业战略是企业战略在第三方物流企业中的具体应用，它是指在分析第三方物流企业外部环境和内在条件的基础上对第三方物流企业的长期生存和发展进行的总体性谋划。

（2）第三方物流企业战略的构成要素

第三方物流企业的经营战略由五大基本要素构成：战略指导思想、战略目标、战略重点、战略阶段、战略对策。在这五大基本要素中，战略指导思想是灵魂，战略目标是核心，战略重点、战略阶段和战略对策都是实现战略目标的具体方法和手段。

1）战略指导思想。第三方物流企业经营战略指导思想是第三方物流企业制定经营战略应遵循的原则和方针，是整个战略的灵魂，是针对第三方物流企业未来经营发展可能面临的问题而应采取的解决方法的认识观，也是决定其他要素的依据。这种观点一旦确定就应相对稳定。

战略指导思想具有纲领性特征，它是在战略实施过程中人们必须共同遵循的行动纲领。战略指导思想必须简单明了、言简意赅，它可以概括为简单的一句话或一句口号，但这句话或口号必须反映第三方物流企业经营发展的方向和最主要问题。

2）战略目标。第三方物流企业经营战略目标是指第三方物流企业在长远发展过程中的奋斗目标，是未来企业经营预期达到的总体水平。战略目标是战略指导思想的具体化，是战略中的核心问题，一般用一些具体指标来表示，如营业额、利润率等。

3）战略重点。在第三方物流企业经营发展过程中，每一环节的发展与作用是不同的，有的环节对企业全局比较重要，有的相对次要。因此，就第三方物流企业的经营战略而言，就不能对各环节同等对待，必须有所侧重，保证重点。

4）战略阶段。它指对整个战略时期根据一定标准而划分的不同时期。通常比较重要的经营战略都要划分为两个或两个以上的战略阶段，每个战略阶段都有不同的战略任务。各阶段在时间上应相互衔接，所有战略阶段的时间总和应包括整个战略的全过程。

5）战略对策。战略对策是指为实现企业经营战略目标而采取的具体措施和手段，其内容与战略指导思想和战略目标内容基本一致，一般结合战略实施过程中可能会遇到的重大问题和困难来研究制定。

（3）第三方物流企业战略的内容

一般来说，第三方物流企业经营战略包括以下 8 个部分：市场细分、目标市场、SWOT 分析、市场定位、竞争优势、经营要素组合、目标成果、战略行动。市场细分、目标市场、SWOT 分析、市场定位这四方面内容在本节有所提及，以下简单介绍竞争优势、经营要素组合、目标成果、战略行动这四方面内容。

1）竞争优势。第三方物流企业在明确自身的市场定位后，要考虑在哪些方面超越竞争对手。例如，是先进的配送技术，还是经营规模上的优势；是服务种类上的优势，还是服务特色上的优势等。事实上，制定战略的目的就是要使第三方物流企业尽可能有效地占有比竞

争对手更持久的优势。

2）经营要素组合。第三方物流市场定位后，要采取与市场定位相适应的经营要素组合。第三方物流企业经营要素组合的要素主要有物流模式、物流选址、物流服务种类、物流技术与作业、物流设备与设施等。

3）目标成果。目标成果是指物流战略最终应达到的效果。作为战略制定和执行的部门或人员总是希望看到所有活动能够达到的预期结果。同时，目标成果也是短期目标及控制手段设计的依据。

4）战略行动。一般来说，第三方物流企业现有地位及其所谋求的在目标市场上的竞争优势之间总是有差距的；同时，第三方物流企业拥有的人力、物力、财力等资源也是有限的。因此，第三方物流企业要详细考虑战略行动的推进步骤，考虑如何消除差距，同时还要对战略行动的时间做出合理的安排。

2. 第三方物流企业战略计划的制订

（1）制订第三方物流企业战略计划的步骤

战略计划的制订决定企业未来的生存和发展，战略计划的正确与否，直接影响第三方物流企业的前途，必须高度重视。

战略计划的制订步骤一般包括确定战略指导思想、战略环境分析、确定战略目标、划分战略阶段、明确战略重点、制定战略对策、评价战略规划，如图 2-5 所示。

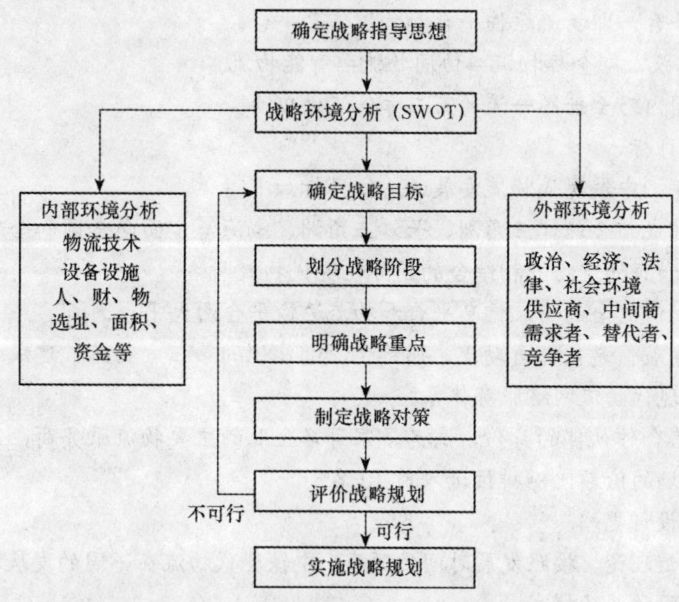

图 2-5　第三方物流企业战略计划制订的步骤

（2）第三方物流企业战略计划书

制定战略的最终结果就是编写一份战略计划。战略计划书通常包括以下内容：战略条件的分析与评估、战略指导思想、战略目标、战略重点、战略阶段、战略措施。

另外，除了正文外，往往还包含附件，如战略计划中决定投资的重大项目的可行性论证报告、战略计划中马上要上的重大项目的具体实施方案、与战略计划要求相应的企业资源的调整意见或计划等。

战略计划写好后，经有关专家进行论证，再由董事会或企业决策层审议通过后即可颁布实施。

3. 第三方物流企业战略的实施

第三方物流企业战略的实施步骤大致如下。

1）制订详细的实施计划。

2）改变人们的行为。

3）建立与新战略一致的组织机构。

4）合理地选择负责人。

5）正确地分配资源。

6）有效地进行战略控制。

案例 2-20

中铁快运的战略规划

一、战略指导思想

中铁现代物流科技股份有限公司未来发展应秉承如下指导思想。

1）一个中心，即现代物流枢纽中心。

2）两个平台，即物流运作平台和物流信息平台。

3）3 次飞跃，即全程物流→协同物流→智能物流。

4）打造国内乃至世界一流的第三方物流供应商。

二、发展目标

到 2006 年，中铁现代物流发展的总体目标如下。

1）初步建成整合珠江三角洲、长江三角洲、渤海湾，面向全国和全球、国际国内双向物流整合和海陆空物流相结合的国际化现代物流网络。

2）建成功能健全的物流信息平台和物流运输平台两大平台。

3）大力发展信息化、自动化、网络化、智能化的第三方物流，建成以第三方物流服务为主体的现代物流网络服务体系。

4）以战略合作伙伴的身份，成为多家著名企业的主要物流服务商，第三方物流营业额占物流市场的份额比例排位进入前 10 名。

三、战略设计思路

依据供应链理论，按照发展时间的顺序，中铁现代物流在不同的发展阶段，可以采取以下 3 种不同的业务模式。

（1）模式一：全程物流

全程物流适合中铁现代物流的起步阶段，其目的就是提高员工的服务素质和物流知识及信息技术的水平，切实提高仓储和运输设备、工具的现代化程度，加强各子公司在局部地区的业务合作意识，树立中铁良好的品牌形象。需采取的经营措施如下。

1）做好产业结构调整，突出符合自身实际的重点客户群，为其提供具有鲜明特色的物流服务。

2）加强各分公司的市场开发和货运代理的业务能力，并对各自物流市场状况及其发展动向有更深刻、清晰的了解。

3）以仓库为中心，扩大业务范围，开拓加工、分拣、包装、配送业务。

4）加快公司内部的信息技术建设，最终组成物流平台网络。

（2）模式二：协同物流

在经历了全程物流发展阶段后，要侧重避免分公司的各自发展可能导致的重复建设、资源浪费现象，使各公司相互协作、业务有效衔接，并与物流网络中其他企业建立良好的协作关系。这一阶段需采取的经营措施包括以下内容。

1）发展自己的优势项目，培养自己的核心竞争力。

2）开发整个供应链的电子商务解决方案，提供一体化的物流服务。

3）通过并购物流行业的优秀资产，不断扩充物流网络。

4）树立中铁在物流网络中的核心枢纽地位。

5）打破铁路运输的局限，开展多式联运，努力发展国际运输。

（3）模式三：智能物流

智能物流是第三方物流企业发展的最高阶段，公司建立高效先进的电子商务平台，并能够处理好合作伙伴之间的关系。这一阶段需采取的经营措施包括以下内容。

1）为客户提供个性化、定制化的服务。

2）建立敏捷、柔性、精细化的反应速度。

3）与客户建立战略合作伙伴关系。

四、业务运作设计

中铁现代物流在战略层确立了业务发展模式后，在作业执行层次必须掌握能够提升企业核心竞争力的、行之有效的运作模式。

（1）方案一：建立多式联运平台

多式联运可以把传统运输方式下相互独立的海、陆、空的各个运输手段按照科学、合理的流程组织起来，从而使客户获得最佳的运输路线、最短的运输时间、最高的运输效率、最安全的运输保障和最低的运输成本，形成一种有效利用资源、保护环境的“绿色”服务体系，完全符合物流发展的大方向。

中铁现代物流本身具有众多的仓储结点，铁路线路四通八达，从事物流的基础设施良好，这为多式联运平台提供了一个稳定的基础。同时，在整个供应链管理中，公司必须确立自己的物流枢纽中心地位。而在供应链的末端，联合公路和邮政开发末端服务，并在条件许可的情况下，联合海运、空运中有实力的物流企业，共同发展物流业务。

（2）方案二：推进区域物流枢纽中心

大多数物流公司选择区域物流作为进入物流市场的切入点，占领区域物流市场，确立优势地位。在选择发展区域性物流的重点区域时，要着重考虑中心的资源最优化、功能最大化、服务专业化。其中，服务专业化包含两方面：一方面是服务功能或内容的专业化，如在仓库服务中，有普通仓库、冷冻仓库、危险品仓库、保税仓库等；另一方面是行业的专业化或服务对象的专业化，也就是物流企业面向某一行业或者某种类型的企业开展物流服务，即行业物流。

鉴于国内地区之间经济发展的不平衡，在现阶段，将物流市场的重点放在经济发达地区、物流基础设施较为完善、物流技术较为先进的地区，率先发展区域性的物流市场，成为某些产品的物流集散和配送中心。当地必须具备良好的发展物流的软硬件条件，并且是该地区的政治、经济与文化中心，可以通过信息网络组成物流网络，为区域间信息交换提供便利条件。

（3）方案三：专注行业物流

从目前国内第三方物流发展的历史看，多数物流公司都是从行业物流起家的，中铁现代物流要超越目前行业物流公司的做法，采用系统方法来进行供应链管理，从而达到整体效益的提高。开展行业物流要做到服务功能多样化和经营规模化。结合前面的分析，针对中铁物流的现状和可利用的外部资源，中铁现代物流可以重点发展的行业物流包括汽车物流、供应物流、家电物流、医药物流等。

五、中铁现代物流在3个业务发展阶段的运作方式

根据以上对3种方案的分析，中铁现代物流的3个业务发展模式应采取不同的运作方式，如表2-10所示。

表2-10　3个阶段应采取的运作模式

业务模式	运作模式
阶段一：全程物流	行业物流＋区域物流
阶段二：协同物流	多式联运＋行业物流
阶段三：智能物流	多式联运＋行业物流＋电子物流网络

单项实训二

南宁区域性国际物流基地的市场定位分析与运营模式选择

一、市场定位分析

1. 市场定位

在南宁规划建设区域性国际物流商贸基地，大力发展物流业，既是加快广西经济发展的需要，也是充分发挥南宁优势和潜力的客观要求，在南宁规划建设“无水港”口岸港区和大型保税中心，不仅有利于进一步增强南宁市的城市服务功能，提高南宁市的综合竞争力，发挥南宁市在多区域合作中的核心带动作用，而且有利于构建北部湾（广西）经济区大通道、大流通、大工业、大市场的发展新格局。基地作为南宁市规划物流体系的重要组成部分，是西南地区进出口物资的必经之地，可以依托沿海经济走廊开发区、南部出海通道，安排生产资料、大宗货物加工配送；吸引国际物流企业进驻，以大中型生产企业为依托进行生产原材料供应、商品库存、产品发运，主要具备国际集装箱中转、仓储、拆拼、加工、海关查验等功能。

基地的市场定位为服务于中国-东盟自由贸易区的贸易往来、大西南出海通道的贸易往来，以及本地企业的出口加工、物流配送、保税物流、商贸、仓储、产品展示等功能集于一体的设施一流、环境一流、管理一流的国际现代综合物流区和城市综合功能区。

2. 服务区域定位

1）立足于南宁及周边地区。南宁周边地区将形成以沿海城市为龙头的临海经济产业区；以

玉林和南宁东部为带动、承接珠三角产业转移的东部综合工贸产业区；以崇左为基地的西、北部资源产品加工产业区；以东兴—凭祥等为依托的边境经贸产业区和以南宁为核心的综合产业发展区及区域性高端服务中心。基地能照顾到各个方向的生产和物流特点，形成面向周边区域的综合物流服务体系。

2）服务于中西部地区、泛珠江三角洲及长江以南地区。南宁是一个交通网络中心，它的交通四通八达，呈辐射形状，这就为南宁成为未来全国大物流基地创造了条件。

3）面向东南亚。随着广西经济的日益增长，再加上各种因素，欧美等国家在广西的投资正逐步增加，结构向多元化方向发展。但是东南亚仍是广西最主要的贸易伙伴，广西与东南亚各国的物流量也占整个南宁的物流量很大比例。

二、运营模式的选择

1. 南宁区域性国际物流基地发展定位

通过比较和借鉴国内外成功的保税物流中心经验，基地建议采取综合性多功能发展模式，发展模式可以概括为建立“境内关外，适当放开；物流主导，综合配套；城港联动，协调发展；统一领导，属地管理”的区域性物流中心。

2. 南宁区域性国际物流基地的运营模式

（1）运营方式

南宁区域性国际物流基地由广西北部湾国际港务集团与深圳盐田港集团实施战略合作，双方合作组建合资公司，合作建设南宁区域性国际物流基地，共同打造连接物流中心与北部湾港口集装箱物流链，加快北部湾港口建设步伐，促进现代化亿吨级区域性国际枢纽港建设，同时打造现代物流服务平台。

（2）主要业务与流程

把基地建设成为综合性多功能型保税物流区，重点发展国际中转、国际配送、国际采购和国际转口贸易四大功能，将开展各类出口加工和国际贸易类业务。

1）进区分拨。先从国际市场批量进货，经海关备案后运入保税物流中心，在物流中心保税仓储，根据市场行情分批报关进口国内市场，流程如图 2-6 所示。

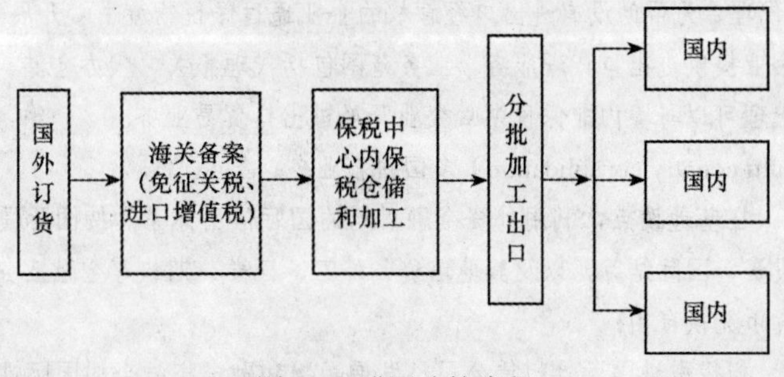

图 2-6　进区分拨流程

2）出口聚集分运。先将中国国内货物报关出口至保税物流中心，并聚集仓储，然后根据国外客户订单情况及时分运出境，流程如图 2-7 所示。

3）转口贸易。在国际市场价格较低时买进货物，经海关备案后运入保税中心内进行仓储，或利用保税中心劳动力成本较低的优势进行适当加工，待国际市场行情看好或产品升值后再销往国际市场，流程如图 2-8 所示。

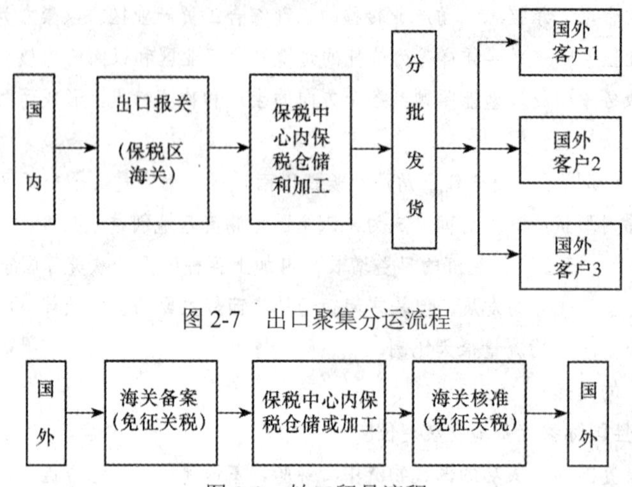

图 2-7　出口聚集分运流程

图 2-8　转口贸易流程

4）收购出口。在中国国内厂家或批发商处收购货物，向保税物流中心海关报关后运入保税中心进行仓储，然后根据国外客户订单要求分运出口，在已经拿到国外订单情况下也可不经保税中心仓储过程直接出口，流程如图 2-9 所示。

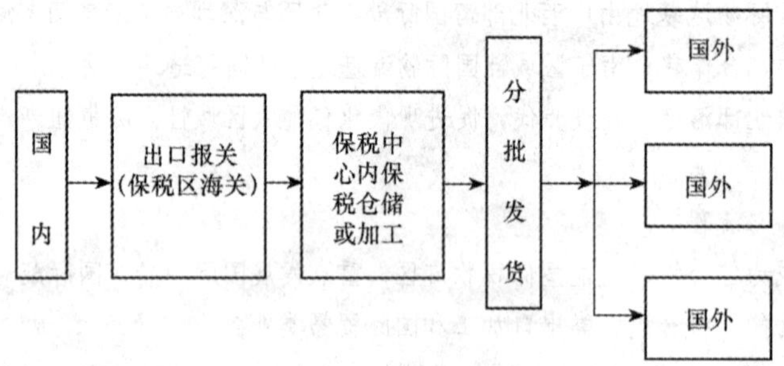

图 2-9　收购出口流程

5）国际贸易代理。为帮助没有进出口经营权的企业通过保税物流中心开展进出口贸易业务，服务中心为这些企业提供进出口代理服务，业务范围包括代理报关、代办仓储、代理进出等。保税中心企业通过代理可以与境内非保税中心企业开展进出口贸易业务。

6）MCC（multi country consolidation）多国拼箱业务。

7）金融保险。在基地设点，利用外资金融机构的国际信用体系和按国际惯例运作的经营管理体系开展国际投资、国际结算，以及其他信贷、外汇、证券、期权等金融业务，实现区内区外资金自由进出和货币兑换自由。

8）国际租赁。积极引进国际性租赁公司，发展融物和融资相结合的国际性租赁业务，重点发展非融资性国际生产设备租赁业务，拓展利用外资渠道。

9）国际运输。积极引进国际国内大型运输企业，重点发展国际性集装箱海运中转业务、进口货物集装箱区内铁路中转公路运输业务。

10）信息服务。重点建设为国际贸易服务的综合性物流信息服务平台，大力发展电子商务等现代物流服务技术，创造能灵敏反映国际市场动态信息的服务环境。

请回答：

（1）该物流基地的市场定位是否清晰？是否还需要补充相关要素？

（2）运营模式的选择与市场定位是否吻合？

（3）结合你的知识和经验，请提出改进方案。

任务三　第三方物流企业的组织结构设计

【任务描述】　要求学生掌握第三方物流企业常见的 3 种组织结构形式的特点，能够根据企业经营状况设计合适的组织结构形式，并为第三方物流企业构建营运的实体网络。

一、第三方物流企业组织结构

企业组织结构是指企业及其分支机构所构成的企业网络。企业组织结构既包括企业组织网络也包括业务网络，是企业业务运作模式的基础和保障。广义的组织结构也可以扩展到与企业关系密切的合作伙伴。

第三方物流企业组织结构主要有 3 种：职能式、事业部制和矩阵式。

1. 职能式组织结构

职能式组织结构是企业最常见的组织结构形态，其本质是将企业的全部任务分解成分任务，并交与相应部门完成。组织的目标在于提高内部的效率和技术专业化水平。在职能式组织中，纵向控制大于横向协调，总经理对董事会和股东会负责，各部门经理对总经理负责，业务主管对其部门经理负责，一般员工对其主管负责。正式的权力和影响来自于职能部门的高层管理者，是集权式管理组织结构，如图 2-10 所示。

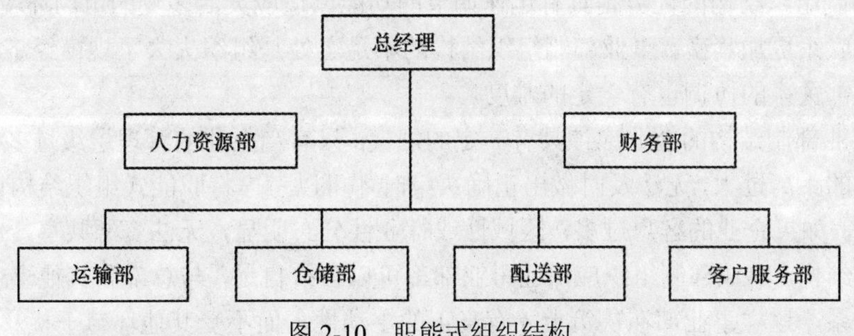

图 2-10　职能式组织结构

职能式组织结构的核心优势是专业化分工。部门和岗位的设置是以业务种类和技术水平来划分的，这样的组织结构，部门岗位名称非常稳定，很少变动，有利于专业能力和专业化技术水平的提高。例如，让一组人专注于仓储，而另一组人专注于运输的效率，比大家两者兼做的效率要高很多。职能式组织结构的另外一个优势在于其鼓励职能部门的规模经济。规模经济是指组合在一起的员工可以共享一些设施和条件。当外界环境稳定，内部职能部门间的协调相对容易时，这种结构是最有效的。区域性中小型第三方物流企业采用这种组织结构的比较多。

职能式组织结构的主要劣势是对外界环境变化的反应太慢，这种反应需要跨部门的协调。如果环境变化快，则会出现纵向决策信息超载，高层决策缓慢的现象。另外，在这样的组织结构中，部门间往往缺少横向联系和自主解决问题的意识，也存在职员对组织目标认识的局限等问题。

2. 事业部制组织结构

事业部制组织结构将各业务环节以产品、地区或客户为中心重新组合，每个事业部都有独立的运输、仓储等职能，在事业部内部，跨职能的协调增强了。此外，因为每个单元变得更小，所以，事业部制组织结构更能适应环境的变化，是一种分权式管理组织结构，如图 2-11 所示。

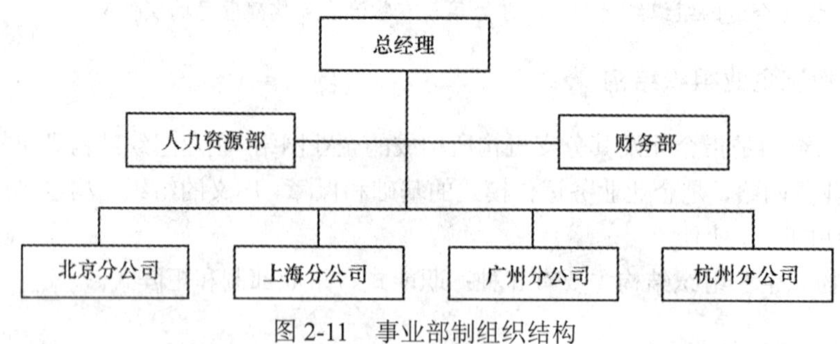

图 2-11　事业部制组织结构

不同于职能式组织结构，事业部制组织结构中总部与各事业部的关系因企业的不同而不同，没有一个简单的模板可以照搬。两者的关系主要体现在总部对事业部的战略决策控制及事业部的自主决策权力上，有时还体现在总部的监控作用上。事业部组织结构打破了职能式组织结构对资源的划分方式，将资源进行重新组合，常见的组合方式有按产品或服务组合、按客户组合和按区域组合等。

事业部制组织结构的优势是具有迅速调节的功能以适应灵活多变的市场环境，使组织资源与外部的联系更加紧密。事业部制组织结构的不足之处是组织失去了规模经济，同时，各事业部与总部关系的协调也有一定的难度。

实施事业部制结构的企业应该具有一定的规模。只有当企业的管理层级过多，高层管理人员与市场的距离过大，无法及时做出正确决策时才可以考虑将职能式组织结构调整成事业部制。另外，如果企业的客户过多，区域性或行业性分布明显，无法资源共享，也可以考虑实施事业式结构。事业部制组织应保证事业部都可以自给自足，与总部和其他事业部没有过多的依存关系，这样事业部在决策上才有真正的主动性，而不受其他环节干扰。

3. 矩阵式组织结构

矩阵式组织结构体现为业务、职能的垂直管理和地域的横向支持，是一种集权—分权—集权式管理组织结构，如图 2-12 所示。

采用矩阵式结构的最大优势是能够实现企业资源集中管理，适合我国目前的物流管理现状，能够实现一套人马、多个法人实体的运作模式，但需要员工有较高的素质和较强的团队意识，同时对管理水平，特别是财务管理水平要求高。目前世界大型物流公司大都采取总公司与分公司体制，总部采取集权式物流运作，按业务实行垂直管理。

总经理
运输
仓储
配送
包装
区域1
区域2
区域3

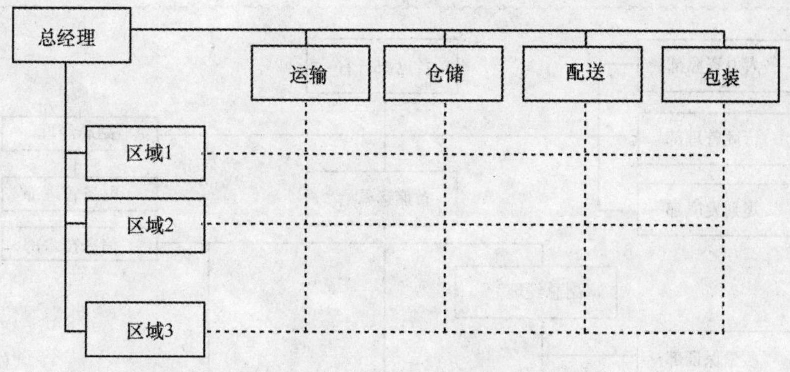

图 2-12　矩阵式组织结构

建立现代物流企业必须有一个能力很强、指挥灵活的调控中心对整个业务进行控制与协调。真正的现代物流必须是一个指挥中心、一个利润中心，企业的组织、框架、体制等形式都要与一个中心相匹配。

企业组织内部的结构、职能、目标、任务、层次、管理幅度、人员配备、权力协调和管理制度等问题，一直是管理学研究的主要问题。在实践中，不可能建立一种万能的管理模式，也没有一种“最好”的管理模式，只有“最适宜”的管理模式。每一个企业组织结构的设计，都必须配合其使命和策略，并随其成长、环境变化而发展变化。

案例 2-21

第三方物流企业组织结构

第三方物流企业组织结构举例如图 2-13～图 2-15 所示。

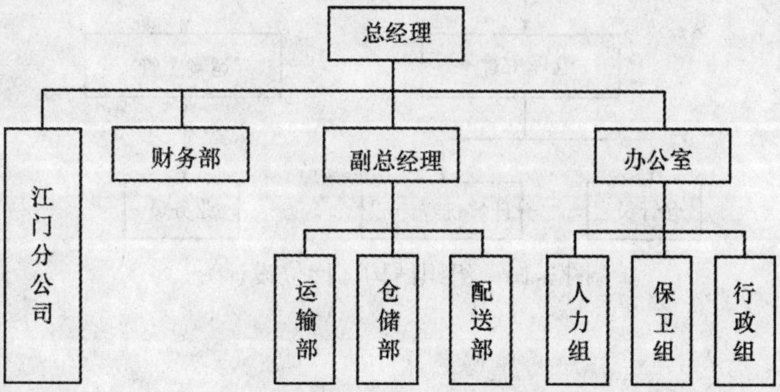

总经理
江门分公司
财务部
副总经理
办公室
运输部
仓储部
配送部
人力组
保卫组
行政组

图 2-13　广东某中小型物流公司组织结构

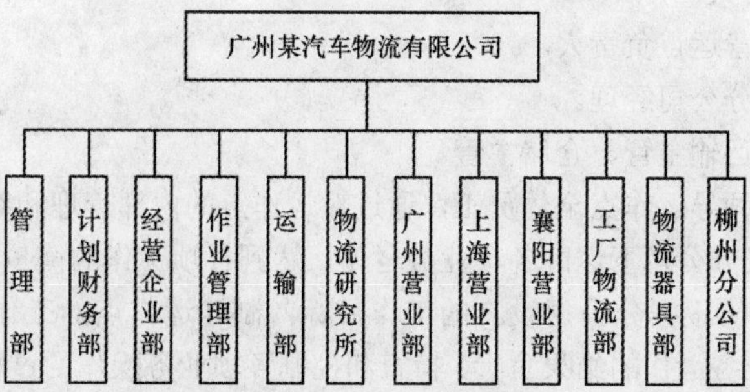

广州某汽车物流有限公司
管理部
计划财务部
经营企业部
作业管理部
运输部
物流研究所
广州营业部
上海营业部
襄阳营业部
工厂物流部
物流器具部
柳州分公司

图 2-14　广州某汽车物流有限公司组织结构

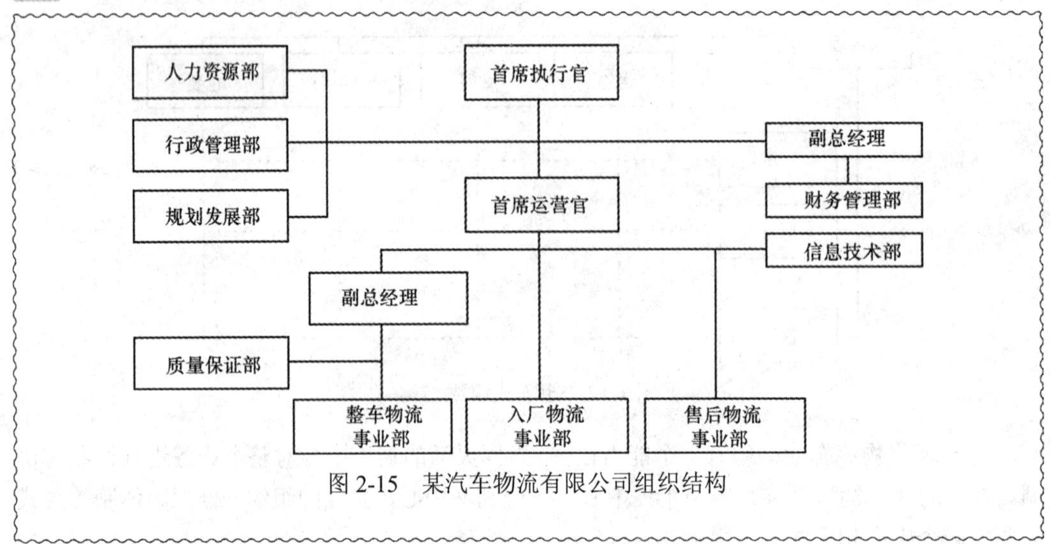

图 2-15　某汽车物流有限公司组织结构

二、组织结构设计实例

以下是广东某第三方物流企业上海分公司的 BW 啤酒运营点组织结构设计实例。

1. 组织结构

组织结构如图 2-16 所示。

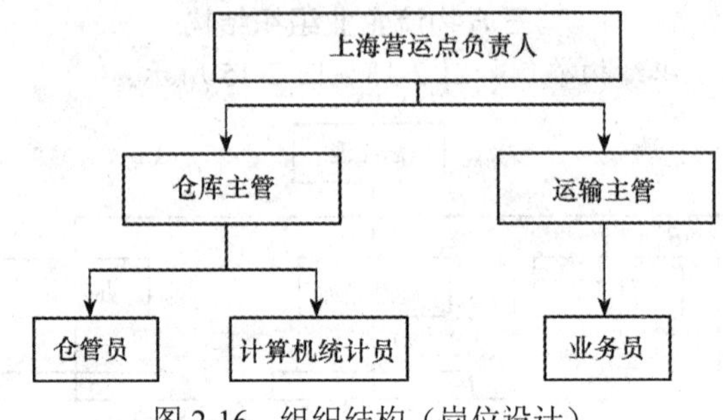

图 2-16　组织结构（岗位设计）

2. 岗位描述

（1）营运点负责人

1）职务名称：营运点负责人。

2）直接上级：分公司经理。

3）直接下级：运输主管、仓储主管。

4）本职工作：领导运作点全体员工，通过对运作点的内部管理和对各项业务操作管理及资源的运用，完成分公司下达的各项业务运作，达到各项工作的衡量指标。

5）岗位职责：①根据分公司设立的工作目标，制订运作点的工作计划并组织实施；②对运作点的所有业务运作的结果负责，检查和控制各项业务操作的过程和结果；③指挥和协调仓储业务与运输业务之间的运作，提高每一个岗位员工的工作效率；④保证业务运作资源，确保各项业务操作的正确完成，并采取措施降低业务运作的成本；⑤了解掌握客户的业务需求和相关规定，保持与客户的良好沟通和合作伙伴关系；⑥直接管理业务供应商，确保供应商的操作达到公司的业务标准和要求；⑦管理业务单证、报表，及时完成业务费用的收支结算工作。

6）岗位职权：①指挥权，营运点的人员设备等的运用、业务运作；②批准权，直接下级的工作计划、业务报表；③检查权，下属各岗位的工作的检查、业务运作的各环节，供应商的管理；④考核权，直接下级岗位的考核，业务供应商的业务考核。

7）岗位考核：如表2-11所示。

表2-11　营运点负责人岗位考核

业务运作	衡量指标	水　平
仓储业务	库存准确率	100%
	仓库利用率	70%（平房仓）；60%（楼房仓）
	在库残损率	0%
	进出仓能力	10分钟/2吨车；20分钟/5吨车
	质量保证能力（GMP评估）	95%＋
运输业务	货物到达进仓及时率	98%
	残损率	0
	准时回单率	98%＋
	运输工具合格率	100%
	发运及时率	99%＋
业务信息系统的数据录入	及时率	98%
	准确率	100%
	完整率	100%
业务单证处理（填写、传递）	及时率	98%
	准确率	100%
	完整率	100%
业务成本控制	每项业务运作的每月支付单位成本必须低于成本控制指标	

（2）运输主管

1）职务名称：运输主管。

2）直接上级：营运点负责人。

3）直接下级：运输业务员。

4）本职工作：货物接送与短途驳运的管理和操作。

5）岗位职责：①及时准确掌握货物船运到达的信息，做好接送操作的准备工作，保证货物及时入库；②掌握每日发运短驳的业务量，合理调度配载车辆，及时发运和降低成本；③跟踪检查运输业务的关键环节，确保达到衡量指标；④直接管理合同车队，保证运作质量；⑤对业务单证及报表进行审核和上报；⑥按时完成直接上级下达的任务。

6）岗位职权：①指挥运输业务的运作；②管理合同车队；③考核直接下级岗位员工。

7）岗位考核：如表2-12所示。

表 2-12 运输主管的岗位考核

业务运作	衡量指标	水　平
运输业务	货物到达进仓及时率	98%
	残损率	0
	准时回单率	98%+
	运输工具合格率	100%
	发运及时率	99%+
运输业务单证（填写、传递）	及时率	98%
	准确率	100%
	完整率	100%
业务成本控制	每项业务运作的每月支付单位成本必须低于成本控制指标	

（3）仓储主管

1）职务名称：仓储主管。

2）直接上级：营运点负责人。

3）直接下级：仓管员、计算机统计员。

4）本职工作：仓库货物的进出库和在库养护管理及操作、库存管理。

5）岗位职责：①全面管理仓储业务运作，确保各项业务考核指标达到公司的要求；②对仓储业务的货物进出仓操作、商品养护等现场操作进行跟踪检查，及时处理协调运作中出现的问题；③加强货物的库存管理，保证系统－台账－货位卡－货物相一致；④直接管理装卸队；⑤全面贯彻仓储 GMP 的管理思想，执行业务运作管理系统及质量管理系统，确保 GMP 评估在 95 分以上；⑥定期与客户或供应商沟通，听取意见和建议，并制定相应的改进措施；⑦审核仓储运作单证和报告并整理好相关的档案资料；⑧完成直接上级布置的工作任务。

6）岗位职权：①指挥仓储业务运作；②管理装卸队；③考核直接下级岗位员工。

7）岗位考核：如表 2-13 所示。

表 2-13 仓储主管的岗位考核

业务运作	衡量指标	水　平
仓储业务	库存准确率	100%
	仓库利用率	70%（平房仓）；60%（楼房仓）
	在库残损率	0%
	进出仓能力	10 分钟/2 吨车；20 分钟/5 吨车
	质量保证能力（GMP 评估）	95%+
业务信息系统的数据录入	及时率	98%
	准确率	100%
	完整率	100%
业务单证处理（填写、传递）	及时率	98%
	准确率	100%
	完整率	100%
业务成本控制	每项业务运作的每月支付单位成本必须低于成本控制指标	

（4）运输业务员

1）职务名称：运输业务员。

2）直接上级：运输主管。

3）直接下级：无。

4）本职工作：货物接送与短途驳运送达仓库的操作。

5）岗位职责：①货物船运到达后的接送操作，包括卸码头、装车、短驳送达仓库过程的货物交接，保证货物及时完好入库；②检查合同车队的车辆质量状况，监督司机装货与卸货；③按照操作程序进行业务操作；④按规定填写和传递业务单证；⑤做好操作的各项记录；⑥完成直接上级布置的工作任务。

6）岗位职权：指挥司机和装卸工的操作。

7）岗位考核：①货物到达入库及时率为99%+；②业务单证填写/传递及时率为98%+，准确率为100%，完整率为100%；③车辆质量合格率为100%；④业务操作记录准确。

（5）计算机统计员

1）职务名称：计算机统计员。

2）直接上级：仓库主管。

3）直接下级：无。

4）本职工作：业务单证管理及统计报表，仓库台账、货位卡、实物的管理，信息录入。

5）岗位职责：①整理和保管业务单证；②建立和维护仓库台账，保证台账－货位卡－实物相一致；③业务信息录入；④统计业务数据并填制业务报表；⑤负责业务的费用收支结算的凭证及统计；⑥及时、准确、完整地把业务数据录入到"物流信息系统"；⑦完成直接上级布置的任务。

6）岗位职权：负责相关单证、账表的记录、统计与汇总。

7）岗位考核：①仓库货物库存准确率 100%；②业务信息系统的数据录入：及时率为98%，准确率为100%，完整率为100%；③业务单证处理（填写、传递）及时率为98%，准确率为100%，完整率为100%；④业务单证完好，各种业务、结算报表准时、准确、完整。

（6）仓库管理员

1）职务名称：仓库管理员。

2）直接上级：仓库主管。

3）直接下级：装卸工。

4）本职工作：仓库业务运作的进出库及货物的在库管理。

5）岗位职责：①货物进出库作业；②货物在库的养护；③执行仓储操作程序，实施GMP管理；④完成直接上级布置的工作任务。

6）岗位职权：①责任仓库的管理权；②装卸工作业的指挥权。

7）岗位考核：①库存准确率为100%；②仓库利用率为70%（平房仓），60%（楼房仓）；③在库的残损率为0；④质量保证能力（GMP评估）为95%+；⑤货物进出仓正确率为100%；⑥业务单证处理（填写、传递）及时率为98%，准确率为100%，完整率为100%。

三、第三方物流企业实体网络构建

第三方物流企业的物流实体网络是企业综合实力的体现，也是企业实现低成本、高质量物流服务的保障。客户在选择物流合作伙伴时，很关注网络的覆盖区域及网络网点的密度问题。而运作一个高密度、覆盖区域广的网络体系所需要的资金、人力、设备等的数量是巨大的，第三方物流企业可根据企业经济实力、客户覆盖率、企业发展战略、当地经济环境等，决定物流实体网络覆盖面、网点密度和构建模式。物流实体网络构建模式主要有两种：自建网络和采用联盟网络。

1. 自建网络

自建网络是指完全依靠自身的实力构建运营网络。自建网络对第三方物流企业来讲，业务量的积累和网络的铺设，是企业发展的必经阶段。我国某些大的物流企业凭借经济实力自行铺设全国性的仓储或运输网络，主要采取两种途径。

第一个途径是在严密规划的基础上，采用较为激进的方式，先铺设业务网络和信息系统，再争取客户。这种方式比较冒险，只有资金实力非常强的企业才可能这样做。

第二个途径是边开发客户，边铺设网络。这是较稳妥、缓慢的方式。无论是“铺网”还是之后的“养网”，费用都是相当大的。以深圳邮政投递网为例，仅维持投递网一年的运营费用就高达3000万元。此外，网络的铺设和完善还需要较长的时间。

2. 采用联盟网络

除非有来自其关联企业的强大支持，第三方物流企业自建网络是不经济的，会给企业带来资金、管理等各方面的压力，采用联盟网络是比较明智的选择。联盟的形式主要有以下几种。

第一，与某些大公司结成联盟关系或成立合资物流公司。这样做一方面可以获取这些大公司的物流业务，另一方面，利用企业原有的经营网络实现同业物流网络共享。我国家电物流和汽车物流采用这种途径成功的案例比较多。这种做法的好处是比较稳妥，使企业在短期内获得大量业务，但这种联盟或合资物流由于其与单一大企业的紧密联系，会在一定程度上影响其拓展外部业务的能力。

第二，通过整合社会物流资源，同业联合，形成战略联盟，共同发展。这是低成本拓展的有效途径。

自建网络和采用联盟网络各有优缺点，如表2-14所示。

表2-14　自建网络和采用联盟网络的优缺点比较

比较项目	自建网络	采用联盟网
运营成本	较高	较低
控制力	强	弱
品牌形象	好	一般
柔性化	强	弱
经营风险	大	小
资金压力	大	小
服务质量	高	低

案例 2-22

广东邮政的网络状况

广东邮政是中国邮政的重要组成部分。广东省邮政局是国家邮政局设在广东省的邮政企业生产管理机构。作为系统的物流服务供应商，广东邮政具有多年的运营经验，形成了实物网、信息网、金融网三网合一的独特优势。

广东邮政拥有以汽车为主、多种运输手段相结合的，组织严密、规模庞大的实物运输网络，省内以“一纵、二横、三环”的干线运输体系联结全省，珠江三角洲快速邮路贯通 28 个县市；邮路总条数近 1300 条，总里程 27 万多千米；拥有邮件处理中心 13 个，邮政处理生产场地 200 多万平方米，仓储中心 100 多个，其中广州邮件处理中心不但是全国的一级中心局，同时也是我国三大国际邮件交换局之一，它通过一级干线联结全国，直接和世界 60 多个国家地区互换邮件。4200 多个营业网点、3000 多辆车辆、12 000 多名投递员、540 万个托投点构成遍布全省城乡，联结千家万户的揽收送递网络。功能强大的邮政综合计算机网初步建成，可对经营信息及生产作业组织进行计算机系统化管理，辅以覆盖全省的 185 邮政客户服务中心、极具特色的 183 邮政电子商务网站，为客户提供了营业点、电话、Internet 等广泛的接入手段和较完善的信息查询系统。

广东邮政拥有一个联通全国 31 个省、自治区、直辖市，覆盖我省 23 个地市、77 个县的 1500 个网点的邮政金融网，并与广东银联实现互联。

广东邮政旗下的广东邮政物流服务有限公司和广东邮政通货物流有限公司，专业从事物流服务。广东邮政利用现代信息技术和贯穿城乡的运输和送递网络，构建了装备精良、服务优质、运作高效的物流配送平台，为社会提供多层次的、全方位的精益物流服务。

单项实训三

五湖四海物流运输配送有限公司组织结构设计

胡飞是武汉人，在广州铁鑫物流有限公司任总经理助理，这几年他看到自己的老板做物流赚了不少钱，短短 5 年，公司由原来只有 20 名员工、10 辆运输集卡发展到今天 48 名员工、36 辆集卡。去年，他在媒体上看到国家已将物流列为十大重点扶持的产业之一，这几年电子商务的蓬勃发展对物流末端配送产生了巨大需求，于是胡飞萌生了自己创业开办物流公司的想法，并得到好友海东的支持。两人决定共同出资 1000 万元成立“五湖四海物流运输配送有限公司”，从事公路运输配送。现在请你按照“分工明确、权责对等、有效性、成本最低、以客户为中心、扁平化、组织机构的设置与作业流程相结合、与信息技术相结合、协调性”原则，在充分考虑影响第三方物流企业组织设计因素的基础上，为他们的公司设计组织机构。

要求：

（1）清晰地描述该物流运输配送公司的目标任务。

（2）列出该公司应设立的部门。

（3）为每个部门制定权力范围和工作职责，设计相应职务和职工人数。

（4）绘制组织结构图，制作岗位职责说明书。

任务四　第三方物流企业运作模式选择

【任务描述】 要求学生掌握传统外包型、战略联盟型和综合物流型3种物流运作模式，并根据第三方物流企业所拥有的资源特征和经营管理能力合理选择确定第三方物流企业的运作模式。

一、传统外包型运作模式

传统外包型运作模式是指生产制造企业和商贸流通企业分别以契约的形式把自己的部分或全部物流业务分包给一家或多家第三方物流企业，各第三方物流企业同时承包多家客户企业的相关物流业务，如图2-17所示。这种模式是最常见、最简单的第三方物流企业运作模式。

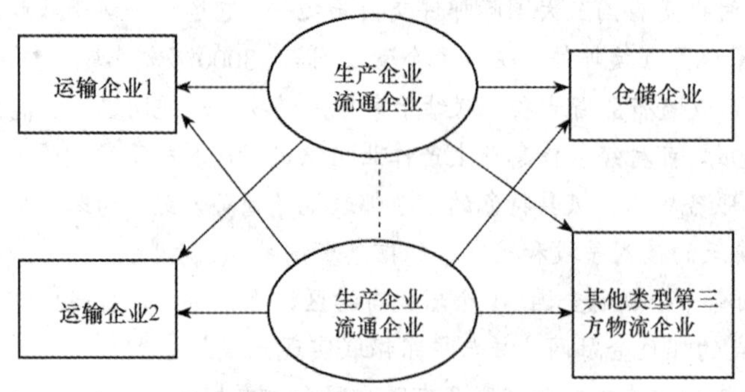

图2-17　传统外包型运作模式

企业外包物流业务，降低了库存，甚至达到"零库存"，节约物流成本的同时可精简部门，集中资金、设备于核心业务，提高企业竞争力。第三方物流企业各自以契约形式与客户形成长期合作关系，保证了自己稳定的业务量，避免了设备闲置。这种模式以生产商或经销商为中心，第三方物流企业几乎不需专门添置设备和业务训练，管理过程简单。订单由产销双方完成，第三方物流只完成承包服务，不介入企业的生产和销售计划。

目前我国许多小型的运输和仓储物流企业采取这种运作模式。实际上，这种模式对第三方物流企业来说是一种比较低级的运作模式。这种模式以生产企业或商贸企业为中心，物流流程及方案由客户企业自己设计，第三方物流企业对整个物流过程的管理相对简单。当客户企业的业务量及产品品种发生变化时，客户企业可能需要寻找新的第三方物流承包商。这种模式的缺陷不能满足需求多变的物流客户的需求，有逐渐被淘汰的趋势。

案例2-23

通用汽车公司将零部件运输业务外包给 Leaseway Logistics 公司

通用汽车公司1991年开始将通用公司的零部件运输业务外包给Leaseway Logistics公司。该公司负责运输通用汽车公司的零部件到31个北美组装厂。通用汽车公司则集中力量于其核心业务上制造轿车和卡车。通过这种合作方式，通用汽车公司大约节约了10%的运输成本，缩短了18%的运输时间，裁减了一些不必要的物流职能部门，减少了整条供应链上的库存，并且在供应链运作中保持了高效的反应能力。

二、战略联盟型运作模式

战略联盟型运作模式是指第三方物流企业（包括运输、仓储、物流信息经营者及一些从事物流延伸业务的企业）以契约形式结成战略联盟。这种战略联盟的基础是资源共享，包括三方面：一是信息共享，即联盟内部各企业独立获得的信息；二是技术的共享，联盟体内各企业的技术集成，互相取长补短；三是业务能力的共享，在联盟体内部当某一企业因季节性或临时性业务量过大不能处理或由自己处理不经济时，可以把业务量转移给联盟体内部其他成员企业。运作模式如图2-18所示。

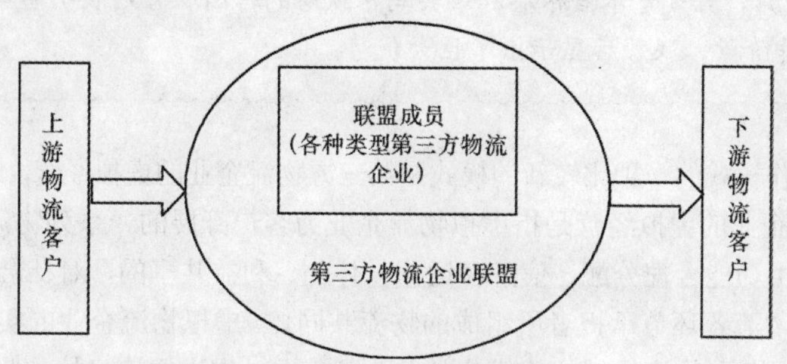

图2-18　战略联盟型运作模式

联盟包括纵向联盟和横向联盟。纵向联盟是在物流系统中，从事不同物流业务、不存在同类市场竞争的企业间的联盟合作，如运输经营企业和仓储经营企业之间的合作；横向联盟是彼此间独立从事相同物流业务的物流企业间的联盟合作，如不同的运输企业之间或不同的仓储企业之间的业务调剂或资源租用等。

这种运作模式可以实现物流资源的整合优化。联盟内部成员通过3种方式的共享实现了资源的高效利用，降低了整体的运营成本，而且在联盟中有了从事信息服务的成员加入，可以更合理地调度资源，减少运作的盲目性。例如，联盟内部各种运输方式的运输企业可以实现多式联运，内部成员之间某些票据通用可减少中间环节，提高效率。内部成员通过信息平台协作，可实现联盟内部零散货物的配载配装，提高实载率；通过业务的转租避免运力的浪费，减少空驶率等。

传统外包模式和战略联盟模式都是物流企业还继续从事自己的原有业务，对其他业务不投入或很少投入，只是通过合作完成物流综合业务。这样企业可以不必投入大量资金在自己不熟悉的业务上，仍致力于自己的核心业务，管理上也比较有经验。

企业之间建立的战略联盟必须通过合约保证一定时期内的稳定协作，这样才能保证服务质量的稳定。内部资源共享也必须建立在互利互惠的基础上，如在设备的租用方面内部成员间应给以最优惠的价格等。

案例2-24

欧美港口的物流联盟

德国的汉堡和不来梅两个港口，具有共同腹地，原为竞争对手，巨大的市场压力和欧洲北海鹿特丹、安特卫普、费利克斯托等港口的激烈竞争促使这两港开始讨论通过联盟产生的协同作用，谈判其集装箱部门合作问题，以联盟体增强对其他港口的竞争力和抵御市场压力的能力。

美国东海岸的纽约——新泽西、查尔斯顿、汉普顿、萨尔纳、巴尔的摩和威尔明顿6个集装箱港口，正在组成一个十分类似各航运公司组成的航运公会的组织。他们在向联邦海事委员会提交的申请书中表示，他们将相互公开其同远洋运输公司达成的费率及其他合同条款，约定互相间能分享一向是严格保密的信息，包括有关财政情况和港口的建设计划，共同讨论费率和服务内容。希望通过信息共享、提高服务水平等措施，使港口间的价格战得到控制，使激烈竞争趋于缓和。

2001年5月，丹麦哥本哈根港和瑞典马尔默港的跨国联营则表明港口间的跨国联盟已进入实质运作阶段，联营后显示出了巨大优势。

战略联盟运作模式的一种比较新的模式是第三方物流企业的虚拟经营，即动态物流联盟。

第三方物流企业的虚拟经营是指虚拟物流企业为客户开展的一系列物流服务。所谓虚拟物流企业，是指由功能合理分配、信息和运作一体化、利益共享的，对社会物流需求而言又是整合众多原先物流各环节承担者所组成的物流共同体。虚拟物流企业的实质是供应链信息集成平台，它是以获取物流领域的规模化效益为纽带，以先进的信息技术为基础，以共享供应链的信息为目的而构建的物流企业动态联盟。

在开展第三方物流企业的虚拟经营时，必须注意3点：一是必须拥有自身的核心竞争力；二是慎重选择合作伙伴；三是努力减少联盟企业之间的摩擦，以“虚”务“实”，逐步建立现代意义上的企业。

案例2-25

金辉物流运作方式

金辉物流于2002年8月在宁波市江东区注册，办公室坐落在宁波市江东区一个居民区的一栋商住两用楼里，公司只有9名工作人员。2003年其年运量已经达到450万吨，2004年金辉物流的营业收入高达2亿元。金辉物流虽然名称上带有“物流”二字，但是金辉物流旗下却没有自己的船舶、仓储等物流工具和设施。

金辉物流根据航运的情况，对社会船舶进行过仔细的寻找、筛选和考察，采取长年期租、合作经营、航次租用等多种形式与船公司合作。“现在我们能调动的船舶超过300艘，月运输吨位超过100万吨。”总经理张海光底气十足地说。在金辉物流集合了大量社会运力后，金辉可以给货主提供全程解决方案，办理货物装卸船、堆存保管、报关报检业务。“货主只要确定运量、运输时间、地点及运费，接下来的事情全部由我们来做。”张海光说，“宝钢、唐钢等大型钢铁企业的矿石转运业务量非常大，有时甚至一票货高达100万吨铁矿石的转运。这么大数量的转运业务，如果他们自己来做，光寻找运力就要花费很大精力。更重要的是，我们可以安排各种不同运力的船舶到不同的港口，在山东日照港，金辉物流集中了10万吨的运力进行铁矿石转运，这是很多单个船运公司难以做到的。”而对于船公司来说，一方面将北仑、宝钢马迹山、青岛、日照等港进口的铁矿砂向长江和北方各港口进行中转疏运；另一方面，船舶承运北方港口至江苏、上海、浙江、福建各港口的煤炭、水泥等物资。这样一来一回，大大提高了船运的效率。

集合了巨大的运力和货物资源，金辉物流代表的货物和运力无疑都已经不是单个的货主和船公司可以相提并论的。“我们公司一直在做的是虚拟经济。”张海光说。金辉物流核心就是集中了船运、货主、码头三者的信息流，为这三方提供了一个统一的物流服务平台。

三、综合物流型运作模式

第三种模式就是组建综合物流公司或集团。综合物流公司集成物流的多种功能——仓储、运输、配送、信息处理和其他一些物流的辅助功能，如包装、装卸、流通加工等。综合第三方物流大大扩展了物流服务范围，对上游生产商可提供原材料供应的 JIT 配送、产品代理、物流系统设计等，对下游客户可全权代理配货送货业务，可同时完成商流、信息流、资金流、物流的传递。

综合物流是第三方物流发展的趋势，其组建方式有多种渠道。从充分利用现有资源的角度出发，有以下 3 种方式。

第一种，由某一项目发展商，投资新建或改建自己原有设备，完善综合物流设施，组织执行综合物流各功能的业务部门，这种方案非常适合迫切需要转型的大型的运输、仓储企业，可充分利用原有资源，凭借原有专项实力，有较强的竞争力。

第二种，项目发展商收购一些小的仓储、运输企业和生产流通企业自备的物流设施，并对其一些落后的设备设施进行改造。据统计，生产流通企业自备车辆和仓库占到社会总物流设施的一半左右，如果能够对这一部分设施进行整合，可直接推动客户租用第三方物流的服务，激活第三方物流市场。

第三种，就是原有的从事不同业务专项物流运营商以入股方式进行联合，组建成综合物流集团。这种方式初期投入资金少，组建周期短，联合后各单项物流运营商还是致力于自己的专项，业务熟悉，管理方便，有利于发挥核心竞争力，同时可避免联盟模式中存在的利益矛盾，更利于协作。

物流活动是一个社会化的活动，涉及行业面广，涉及地域范围更广，所以它必须形成一个网络才可能更好地发挥其效用。综合物流公司或集团必须根据自己的实际情况选择网络组织结构。现在主要有两种网络结构：一种是大物流中心加小配送网点的模式；另一种是连锁经营的模式。前者适合商家、用户比较集中的小地域，选取一个合适的地点建立综合物流中心，在各用户集中区建立若干小配送点或营业部，采取统一集货、逐层配送的方式。后者是在业务涉及的主要城市建立连锁公司，负责对该城市和周围地区的物流业务，地区间各连锁店实行协作，该模式适合地域间或全国性物流，连锁模式还可以兼容前一模式。

案例 2-26

国内汽车企业第三方物流应用模式

国内汽车企业第三方物流的应用模式主要有 3 种。

（1）合资组建综合物流集团模式

合资组建综合物流集团即汽车制造企业与专业物流公司通过合资的形式组建综合物流集团来代理制造企业的物流业务。例如，上海汽车工业销售公司于 2002 年 6 月与 TNT

合资组建安吉天地物流公司，独家经营上海大众和上海通用的零部件入厂物流、售后零部件物流和整车物流等。又如，长安集团（西南地区最大的汽车制造企业）与民生实业集团（中国最大的民营航运企业集团，拥有江、海船舶 100 多艘，集装箱及商品车运输专用车 100 多辆）、美集物流运输有限公司等也组建了“长安民生物流集团有限责任公司”。

（2）建立战略联盟型运作模式

例如，北京现代汽车有限公司与吉林省长久物流有限公司建立了战略联盟，由长久物流有限公司负责北京现代商品车的中转业务。随着北京现代产品销售量的节节攀升，在南京、东莞地区需要建立中转库以完成产品转运，为此，长久物流有限公司就利用其原有的南京、东莞地区中转库，为北京现代牌商品车提供周到、安全、便捷的仓储服务，从而节约了北京现代的资金投入，使其能够将有限的资金应用到产品的研发和市场开发及提高售后服务水平上。

（3）部分物流业务外包模式

由于汽车制造涉及成千上万的供应商、经销商，仅零部件和整车的运输就对汽车制造企业造成了极大压力，而第三方物流公司通过快捷畅通的网络可以及时满足交货期，同时利用规模效益还可以降低成本。外包模式对汽车制造企业来说，投资少、见效快、管理简单，通过对非核心业务外包还可以使物流业务更专业化。因而，受到汽车制造企业的青睐。

单项实训四

五湖四海物流运输配送有限公司运作模式选择

请为单项实训三中的五湖四海物流运输配送有限公司选择运作模式。

要求:

（1）确定物流资源整合的途径与方法。

（2）确定公司当前的物流服务定位。

（3）确定公司的服务区域、服务对象、服务内容、服务产品和服务手段。

（4）确定推进公司物流网络化建设、实现物流作业规范化、保证物流服务水平的措施。

练　习　题

一、多项选择题

1．以下关于物流资源说法正确的有（　　）。

A．广义物流资源包括运作资源、客户资源、人力资源、合作伙伴等

B．狭义的物流资源是指物流运作的支持系统，如设施设备等

C．第三方物流企业资源包括内部物流资源和外部物流资源

D．物流流量和流向调配不属于物流资源调查的基本内容

2．属于物流运作资源分析的项目有（　　）。

A．资源优势与劣势　　B．核心能力

C．机遇与风险　　D．经验与业绩

3．合理界定第三方物流企业的市场范围可以从地理范围和行业范围入手进行分析，以下属于从行业范围进行分析的有（　　）。

A．从企业资源优势出发　　B．从当地核心产业入手

C．从市场供需角度　　D．从客户的定向入手

4．目前第三方物流实体网络构建主要有两种，以下正确的是（　　）。

A．完全自建网络　　B．采用联盟方式构建网络

C．职能式网络　　D．矩阵式

5．第三方物流在进行网络设施规划时，最重要的两个依据是（　　）。

A．物流基础设施　　B．经济环境　　C．客户量　　D．业务量

6．第三方物流企业的运作模式主要有（　　）。

A．物流一体化　　B．战略联盟　　C．连锁经营　　D．虚拟经营

7．第三方物流虚拟运营必须注意的 3 个问题是（　　）。

A．必须拥有自身核心竞争力　　B．慎重选择合作伙伴

C．努力减少合作企业之间的“摩擦”　　D．必须提供一体化服务

二、填空题

1．物流资源分析内容一般包括________、________、________、________等内容。

2．第三方物流企业资源分为________、________和人力资源等。

3．物流资源的 SWOT 分析中，“S”、“W”、“O”、“T”分别是指________。

4．第三方物流企业市场定位至少包含顾客需求分析、________、________和________等方面。

5．第三方物流市场的细分可根据________或________来进行。

6．第三方物流服务的内容和形式多种多样，一般可划分为________和________。________包括仓储、运输、配送、装卸搬运、货代等基本形式。________如代理报关、保险、物流信息服务、仓单质押等。

7．第三方物流企业组织结构主要有 3 种：________、________和矩阵式。

8．物流实体网络构建模式主要有两种：________和________。

9．第三方物流企业运作模式主要有 3 种：________、________和综合物流型。

三、案例分析题

某皮鞋厂年产皮鞋 60 000 双（平均每季度 15 000 双），每年需要原料牛皮 120 吨（平均每月消耗 10 吨，平均每双皮鞋消耗牛皮 2 千克）。假定该厂牛皮原料的平均购入价为每吨 10 000 元，每双鞋售价为 100 元，而银行贷款年利率为 8%，那么企业的生产经营在原料采购方案中有如下几种选择：

方案 A：年初向银行一次性贷款 120 万元（年息 96 000 元），一次性地购回牛皮原料 120 吨入仓库，找专人保管发料，全年慢慢地进行生产性消费。

方案 B：年初向银行一次性贷款 10 万元（年息 8000 元），购买 1 月所需生产性消费牛皮原料 10 吨，2 月采购款来自 1 月部分销售回笼款，其他各月生产安排，依此类推。

方案 C：与专业物流公司签订业务外包协议，企业不向银行贷款；第一个月由物流公司垫支原料款，分 4 批购货 10 吨（约每周 2.5 吨，或每天配送 450 千克，逢周五、周六不送货，化整为零的配给制），取消企业仓库及仓库的管理环节，由陆续回笼的产品销售款，冲抵牛皮原料的购货款（物流公司小批量、多频率地供货，采用 JIT 模式），彻底取消仓库及仓库管理。该物流公司可以对若干个皮鞋厂

所需牛皮原料，采用专业化的配给供货，以获取规模效益。

最后，皮鞋厂通过与专业物流公司签订业务外包协议，减少资金占用、库存及仓库管理。

根据上述资料回答以下问题：

分析该企业最终选择业务外包的原因。

四、简答题

1．物流资源的含义是什么？物流资源调查的主要内容有哪些？

2．物流资源分析应主要分析哪些方面？

3．简述如何进行第三方物流市场定位。

4．常见的第三方物流企业服务内容有哪些？

5．简述物流战略规划的基本步骤。

6．常见的第三方物流企业组织结构主要有哪几种？各有什么优缺点？

7．在第三方物流企业组织结构设计中如何体现以客户为中心？

8．第三方物流企业实体网络构建方法主要有哪几种？

9．常见的第三方物流企业的运作模式主要有哪几种？各有哪些特点？

10．物流联盟运作的优势和风险有哪些？

11．一位第三方物流企业经理讲过这样的话："我手里最值钱的不是车辆和仓库，而是我的经营网络。"请举例说明你对这句话的理解和看法。

12．请结合我国第三方物流的现实水平和企业物流外包存在的问题，谈谈发展我国第三方物流的思路。

项目综合实训二

第三方物流企业策划

1．实训目的

学会如何筹建、策划第三方物流企业。

2．实训方式

4～8人为一组，分工协作，策划一家第三方物流企业。

3．实训内容及步骤

（1）写出策划该物流公司的策划书（包含经营理念、市场定位、产品及服务定位、组织结构、运作方式、盈利方式等），字数不限。

（2）制作网页。在网页中展示该公司的运作流程、服务方法、经营对象等。

（3）设计一套完善的营销策略。

4．实训结果

（1）每组提交一份策划方案。

（2）组长派人汇报陈述。

案 例 分 析

成立物流公司可行性分析报告

一、成立的物流公司简介

1. 企业名称和性质

中文名称：深圳通达物流有限公司（中外合资）（以下简称通达物流）。

英文名称：SHENZHEN　TONGDA　LOGISTICS　CO., LTD。

注册地点：中国深圳市盐田港保税区。

按照《中华人民共和国公司法》（以下简称《公司法》），合资企业性质为有限责任公司。可考虑先以有限责任公司方式成立，在上市条件成熟后，再改制为股份有限公司。

2. 合资企业成立的目的和经营范围

合资方本着发挥各方优势和加强经济合作愿望，集中先进和现代化的管理方法，实现物流理念到运作实践的转变，逐步创建适合中国国情的物流管理模式，降低投资方的风险，从而使各方获得满意的声誉和经济效益。

经营范围包括物流配送、仓储中转、加工、包装、物流策划和信息咨询等物流服务，以及集装箱堆场作业、拆装箱、拼箱、接驳转运、多式联运和货运代理等传统业务。

3. 投资方及投资组合

国际知名航运企业“通达集团”、国际知名采购商“力得公司”与港口企业“深圳国际”。

4. 注册资本及投资总额

注册资本：5000万元人民币。投资总额：7800万元人民币。

5. 经营规模

项目设计生产能力：年集装箱操作20 000TEU，或360 000计费吨货物。

6. 经营年限

经营年限为20年。

7. 公司使命

成为华南地区功能最为齐全、服务一流的全球物流供应商。同时，力求股东利益最大化。

二、环境条件分析

（一）行业分析

1. 概括分析

在经济全球化和信息化的推动下，现代物流业已从为社会提供传统运输服务扩展到以现代科技、管理和信息技术为支撑的综合物流服务。目前发达国家的现代物流与传统物流基本平分市场，现代物流增长迅猛。我国物流市场尚处于起步阶段。进入20世纪90年代特别是近年来，深圳的产业结构和经济增长方式正在发生重大变化，现代物流业和高新技术业、金融业一起正在成为深圳新世纪发展的支柱产业。因此，在深圳成立物流公司符合当地建设以“两港”运输和信息技术为基础的现代物流中心的城市发展规划和产业政策。

深圳通达物流有限公司根据对航运企业的特点及物流服务需求方向的分析，航运企业开展物流服务的主要战场应放在国内市场，因此，国际集装箱多式联运国内段、国内及国外在华大型加工企业的国内物流服务，应作为公司开展物流服务的重点领域。

2. 行业细分市场

运用物流企业类型、物流业务种类、客户类型、客户追求的利益作为变量，可以对每个客户群体进行深入的分析。从分析结果能看出，仓储企业及配送企业二者占据市场的绝大部分，同时，都具备注重零库存、上游供应、下游分销等共同特征。而在咨询企业、综合性物流企业中，存在注重收费、讲究实惠的共性。市场细分的轮廓如表 2-15 所示。

表 2-15 市场细分轮廓

项目	货代（运输）	仓储	配送	分拨包装	拼箱	咨询业务	其他
物流企业类型	货代企业	仓储企业	配送企业	仓储企业	货代企业	调研企业	综合企业
物流业务种类	货代（运输）	仓储	配送	分拨包装	拼箱	咨询业务	其他
客户类型	外贸企业 生产企业	生产企业 流通企业	生产企业 流通企业	生产企业 流通企业	外贸企业 生产企业	生产企业 流通企业	供应商 消费者
客户追求的利益	准时 货物跟踪	零库存 及时结算	上游供应 下游分销	注重品牌 讲究效率	注重服务 讲究实用	注重质量 收费优惠	收费优惠
市场份额/%	12	28	22	18	8	5	7

下面从可测量性、可赢利性、可进入性、可区分性、可行动性 5 个方面对深圳物流细分市场进行分析。

（1）可测量性

由于已经知道物流市场份额的构成，即货代企业占 20%、仓储企业占 46%、配送企业占 22%、调研企业占 5%、综合企业占 7%，则可以计算出每个细分市场的物流需求。计算公式为

物流需求＝集装箱生成量×需求系数×细分市场份额×单箱费率

（2）可赢利性

随着物流总量的持续增长，深圳物流业综合经济效益不断提高。据交通运输、邮电、仓储、批发和零售等行业初步统计，1998 年深圳物流业增加值达到 203.5 亿元，占国内生产总值的比例为 15.79%。同时，近年深圳市物流业增长率与国内生产总值增长率之比已经达到 1∶1.04，表明物流业在深圳经济增长中的贡献十分显著。

（3）可进入性

可以利用现有货运代理网，以现有业务的开展作为突破口，进入市场。

（4）可区分性

由于深圳上述细分市场的客户群体追求不同的利益，适用的服务也不尽相同，因此是相互独立的细分市场。

（5）可行动性

由于深圳的仓储企业及配送企业二者占据市场的绝大部分，都具备注重零库存、上游供应、下游分销等共同特征。将作为通达物流进入物流市场的首选目标。

（二）市场营销策略

通达物流将采用差异化市场营销策略，即向市场提供优质的全程物流服务，努力开拓区域性国际物流市场。由于物流服务的市场定位较高，在开业初期，通达物流将采用“认知价值定价法”，收费比市场平均费率高出 8%~10%。当公司服务品牌打响、在行业中有一定的知名度后，届时将采用商场撇脂定价法，向客户推出收费贴近市场但质量上乘的服务，以扩大市场占有率。在销售策略上，公司将充分利用通达物流现有的遍布全球的货运代理网络，在市场上进行销售；采用广告、公共关系等方式进行促销，使服务在短时间内迅速推向市场。

（三）通达物流的优势与劣势分析

1. 优势分析

通达物流拥有的主要优势如下。

1）投资方之一的通达集团作为一家国际知名航运企业，自身所拥有的船舶和货运代理网络将成为其开展物流服务的重要支持力量。

2）市场优势。

3）区位优势。

4）时间优势。物流业在深圳地区乃至全国还属于一个刚刚起步的新兴行业，目前没有完整、规范的现成模式可供套用，人们尚处在摸索阶段。所以，通达集团应该抓住这一时机，加大在深圳物流方面的投资力度，迅速占领市场，引进物流业发达国家的先进经验，并依靠自身的优势，扩大市场份额。

2. 劣势分析

通达物流存在的主要劣势如下。

1）同市场上关键的竞争对手相比，如马士基物流，整体物流成本偏高。

2）公司物流资源的整合，面临许多经营体制的问题。

3）和约外判、分包方采购，风险较大。

三、公司经营管理

1. 企业战略定位

由于通达物流所从事的是单一业务，战略制定包括业务战略、职能战略和经营运作战略 3 个战略行动的层次。战略定位是公司将成为市场变化的创新者和“领头羊”。通达物流在发展战略的制定过程中，采取主动的态势，把握企业发展的商机，要从全局利益和大物流角度对华南地区相关产业的配置进行统筹考虑，以物流系统概念整合深圳区域现有和即将组建的企业，建成运输合理化、仓储自动化、信息管理网络化的物流中心，从整体上提升通达物流的市场竞争力。

2. 企业的经营架构

整个经营工作由三大系统有机结合而成：营销系统、运作系统和信息系统。

1）营销系统。营销系统以业务拓展部为核心，负责市场调研与分析、物流发展规划、为客户设计服务方案等。

2）运作系统。运作系统以运作管理部为核心，负责运输车辆调度、仓储业务监控、分包商的评定与选择、运行质量控制等。

3）信息系统。信息系统以信息部为核心，负责信息系统规划、信息技术支持、信息管理等。

3. 物流配送中心的服务功能

1）集装箱堆存功能。满足通达集团在盐田港口靠泊大型集装箱船舶，开辟国际集装箱班轮航线，大量集装箱中转集散的需求。

2）货物的仓储功能。货物的仓储管理应充分利用仓库的内部空间。根据货物的进出频率，在仓库内划分成不同的仓储区：进出频率高的货物堆放于外侧的仓储区，方便搬运设备快捷搬运货物；进出频率低的货物则反之。作业方面，实现机械化、自动化，货位管理由配送中心的信息系统统一管理。

3）拼箱与拆箱功能。货物的集装方式有两种形态：整箱货和拼箱货。拼箱货出口，来自不同发货人的货物，经装箱后整箱出口；拼箱货进口，在配送中心拆箱后，将箱内的货物交给不同的收货人。

4）倒装（分包装）功能。包装一般分为商业包装和运输包装两大类。商业包装的特点是多样化、小包装化，运输包装为提高运输、装卸、保管效率，又需单元化、标准化。配送中心要根据工艺流程，采用适宜的方法来改变包装形式，为客户提供增值服务，提高下一流通环节的效益。

5）检查与检验功能。配送中心按照客户的要求，对库存的货物进行检查或检验，然后分类、装箱、暂存，等待发运。

6）组合与加工功能。配送中心按照客户的要求，对商品进行流通加工，该加工不同于制造加工，不做性能改变，只是货物尺寸、数量和包装形式的加工。

7）配送功能。配送中心要在服务范围内按时将货物发往深圳各区域及周边地区。按运输距离及客户的需求，配备相应的车辆和装卸设备。为减少装卸搬运环节，提高配送效率，配送中心将采用与车厢等高的站台，或在车位前设置自动升降台、斜坡板，以适应不同高度的厢式车。

8）信息管理与反馈功能。为向客户提供满意的物流服务，最大限度地减少配送中心的库存，加快流转效率，将引进先进的物流信息管理系统。该系统将与物流中心的功能相匹配，具有友好的操作界面，通过 Internet 可以同其他系统互联，具有通用性和灵活性。

四、公司风险评估

通达物流公司属物流服务行业，开展业务所面临的主要风险在于对加工企业、流通企业及外贸行业的依赖，而汇率波动也会对公司的经营状况产生直接影响。

1. 主要风险因素

1）经营风险。主要包括收费价格制定权限风险及外汇风险两种。

2）行业风险。主要包括产业政策风险、对外贸行业的依赖和其他运输方式相关的竞争风险。

3）市场风险。

4）政策性风险。

2. 主要风险对策

针对上述风险和影响，本公司将采取以下对策以最大限度地规避风险，保护投资者利益。

1）收费价格制定权限风险对策。针对该风险，通达物流公司将采用比较法，合理及时地提出价格调整的理由和幅度，以期逐步提高经营效益，维护本公司的经济利益。

2）汇率风险的对策。公司将努力提高管理人员的金融外汇业务素质，加强对外汇市场信息的收集与分析，适时调整外汇结构，以期最大限度地规避汇率变化可能带来的风险。

3）产业政策风险的对策。目前，国家对物流行业实施扶持政策。通达公司将在研究国家产业政策导向的基础上，提高内部管理水平，在库存、配送等经营管理方面，保持行业先进水平，从而在国家有关政策发生变化时减低对公司的影响程度。通达公司将加强对我国宏观经济发展动态的研究，增强对经济信息的收集与分析，从而及早采取措施、调整对策，减轻宏观经济的变化对公司造成的影响。

4）对外贸行业依赖风险的对策。外贸行业对我国国民经济的增长起着积极的支撑作用，国家对其一直采取支持政策。我国加入 WTO，使我国外贸行业获得进一步的发展，由此，通达物流的业务开展也将迎来新的机遇。

5）投资风险的对策。通达物流将采取积极措施，保持利润的稳定增长，为股东创造稳定丰厚的回报，尽可能减低投资者投资风险。

五、公司财务分析

1. 投资方的出资比例及投资预算

（1）投资方的出资比例

按照公司定位，作为一家综合性的物流企业，其主要经营资源（人、财、物、网络等）主要来自于中国通达集团，因此，通达集团理应作为公司的经营主体。

（2）投资项目

深圳通达物流公司计划在盐田港保税区北区征用23 000平方米土地，建造12 000平方米轻钢结构单层仓库，设立物流配送中心。

（3）资金来源

项目总投资额为7800万元。各投资方按5.1∶2.5∶1.5∶0.9的股比进行出资。通达集团投资3978万元，以现金投入；深圳国际投资1950万元，以土地折价进行投资；力得公司投资1179万元，以外汇现金投入；通达物流公司管理层投资702万元，以现金投入。

其中，通达集团以其国际知名的航运企业的信誉，可采用银行贷款、吸纳风险投资基金、上市融资的方式之一来筹集该笔现金进行投资。

（4）经营收入预测

公司主要从事集装箱运输、装卸、储存、货运代理等物流业务，根据市场形势估计，集装箱操作量平均每年以10%的速度增长，公司将在收费价格基本不做调整的情况下，充分考虑成本变化的因素，保持利润稳中有增。

2. 财务分析

（1）静态投资回收期

从现金流量表的累计现金净流量可以看出，到第四年年底可以收回投资6509.35万元，第五年可以产生净现金流量3400万元（包括分配的利润1200万元），剩余的投资1300万元可以在第五年的5个月中收回，因此，项目的静态回收期为4年5个月。

（2）财务比率

公司各项财务比率如表2-16所示。

表2-16 财务比率一览表

项　目	第一年	第二年	第三年	第四年	第五年
销售利润率/%	27	34	35	35	37
投资利润率/%	9	12	13	15	17
盈亏平衡点/%	39	39	37	36	34

六、结论

通达物流将目标市场定位在大中型生产企业的分销渠道与流通企业采购供应链市场上，在向客户提供优质的全程物流服务中，努力开拓区域性国际物流市场。公司追求的企业战略是，不求最大但求最强，力争将企业经营成为行业中的“创新者”。这一目标是符合深圳当地政府的产业政策的。从市场、生产、销售、组织、风险、财务等几个方面分析后可以看出：通达物流是一个适应市场需求，风险低、投资回报率高的可行项目。此投资项目在4年5个月内将可以回收全部投资资本，并且具有较强的盈利能力，是一个值得投资的项目。通达物流的建设期预计为6个月。从投产后5年的估测财务报表与财务分析可以看出：项目投资回首期约为4年5个月（含6个月的建设期），投资利润率35%，销售利润率15%，盈亏平衡点36%，基本达到股东期望的水平。可见，该项目不仅经济效益好，而且抗风险能力也较强。

案例讨论：

（1）如果你是投资人，根据你对第三方物流企业运作模式的理解，你认为该方案是否可行？请说明理由。

（2）该案例对你有什么启发？

项目3

第三方物流企业的商务拓展

学习目标

通过本项目的训练和学习，学生应了解第三方物流企业提供的主要服务产品的种类，能根据客户物流需求开发出服务产品；掌握第三方物流企业服务营销的特点，掌握商务拓展的方法；掌握第三方物流服务项目招标、投标的程序和关键步骤；具备物流方案设计的技能。

主要知识点

第三方物流企业服务产品的内容、业务开发流程；第三方物流服务项目营销的特点、流程和理念；第三方物流项目招标与投标相关程序；物流方案的主要内容。

关键技能点

第三方物流企业业务运作流程设计；第三方物流服务项目营销技能；第三方物流服务项目招标与投标技能；物流方案设计技能。

任务一　第三方物流企业服务产品开发

【任务描述】 要求学生理解第三方物流企业服务产品开发的含义与内容，掌握第三方物流企业服务产品开发常用的3种策略：以客户需求为导向的服务产品开发策略、以管理为中心的服务产品竞争策略、以客户满意为目标的服务营销策略。要求学生能在第三方物流商务拓展时灵活运用。

一、第三方物流企业服务产品开发的含义与种类

1. 第三方物流企业服务产品开发的含义

第三方物流企业通过为制造业、流通业提供仓储、运输、流通加工、装卸搬运等一系列物流服务来实现企业经营目标，获得收益。

第三方物流企业服务产品是指第三方物流企业为社会提供的各种服务，也就是第三方物流企业的经营业务。第三方物流企业服务产品开发是指第三方物流企业为了满足客户的需要而开发的满足客户个性化需求的一系列物流服务。

第三方物流企业要生存和发展，就必须不断开发出自己独特的服务产品，不断拓展企业

的商务。

2. 第三方物流企业服务产品开发的种类

表 2-8 列出了常见的第三方物流服务的内容，这些内容就是第三方物流企业服务产品开发的主要类型。第三方物流企业除了开发传统的运输、仓储、配送等基本服务之外，更重要的是还针对客户需求开发出一系列的满足客户需要的个性化服务。这是第三方物流企业开发服务产品的主要思路。

案例 3-1

丹麦 DFDS 运输公司的“门到门”服务和第三方物流解决方案

DFDS 运输公司是丹麦的 J. Lanritzen 组织分化的结果。DFDS 运输公司已经从传统的航运公司发展成为一家综合运输公司，它提供“门到门”的服务，并向欧洲的主要国际客户提供第三方物流解决方案。该公司现在集中精力致力于两个主要市场：计算机市场和汽车零部件市场。他们的客户包括 Digital Equipment、IBM、ICL、Olivetti、Apple Computers、Ford、General Motors 和 Toyota 等。

DFDS 运输公司为计算机行业的客户开发了一种北欧的物流解决方案，运用在哥本哈根的配送中心，为在丹麦、芬兰、挪威和瑞典的顾客直接配送。这种方式使有相同服务要求的顾客能分享配送中心设施、信息系统和运输能力。与单个客户依靠自己所提供的物流解决方法相比，DFDS 运输公司有较高的服务成效和较低的总成本。DFDS 运输也为计算机行业提供了另一种增值服务，DFDS 公司按顾客的要求安装计算机、检查装备，如为 Olivetti 公司检测和组装计算机。这一增值服务对 Olivetti 公司的好处是，使 Olivetti 公司关闭了在芬兰、挪威和瑞典等国家的仓库，而把它们转移到 DFDS 在哥本哈根的配送中心。仓库的减少使 Olivetti 公司节省资金并且减少操作成本，存货成本减少 30%，总的物流成本也减少 10%以上；另外一个好处是使 Olivetti 公司可以将从非欧盟国家进口的货物储存在自由贸易区，从而推迟海关关税、增值税的缴纳，直到产品出售为止。

DFDS 运输公司的“门到门”服务和第三方物流解决方案也为自己赢得了稳定的业务和丰厚的利润。

案例 3-2

深圳中海物流公司的服务产品

深圳中海物流公司的服务产品主要有仓储、公路运输、包装、简单加工、配送、文件代制、国际货运、进出口代理、代理报关、物流咨询、物流信息系统开发等。

二、第三方物流企业服务产品开发策略

1. 以客户需求为导向的服务产品开发策略

对第三方物流企业来说，以客户需求为导向的服务产品开发策略就是根据客户的特殊需求来调整自己的经营行为，为客户提供个性化的物流服务，满足客户的需求，提高客户的满

意度，提高第三方物流企业的竞争力。

采取这一策略，需要全面了解客户的业务，理解客户的需求和期望，测定客户对外包物流服务的愿望程度。确定顾客需求的过程很复杂，许多公司对此并不熟悉。例如，在挪威，过去日本丰田汽车公司曾把汽车看作简单的商品，直到它开始注意全面的汽车销售经验，询问顾客有关他们的期望时，才发现购买者对汽车的可靠性和汽车性能，以及购买汽车的便利度、保险和修理等感兴趣。针对这个发现，丰田汽车做出反应，提供竞争性融资、保险服务和免费的汽车检查服务，销售额上升 30%，利润几乎翻倍。丰田汽车成为挪威销售量最好的外国汽车制造商，压倒了曾经 15 年占领先地位的福特汽车。

了解客户需求的最直接而有效的方法是走访调查客户，通过与客户的交流与沟通，使客户能灵活、准确地表达他们真正的需求。

案例 3-3

了解客户需求的方法

客户的需求是千差万别的，也是多变的，不了解客户的需求就无法提供有效的服务。要了解客户的需求，可以通过以下几种方法。

1. 运用各种提问来了解客户的信息

要了解客户的需求，提问题是最好的方式，通过提问可准确地了解到客户的真正需求，为客户提供他们所需要的服务，一般有以下几种提问方式。

1）提问式问题。单刀直入，观点明确地提问，让客户讲述你所不知道的情况。

2）封闭式问题。封闭式的问题即让客户回答“是”或“否”，目的是确认某种事实，客户的观点、希望或反映的情况。问这类问题可以更快地发现问题，找出问题的症结所在。

3）了解对方身份的问题。在与客户刚开始谈话时，可以问一些了解客户的问题。

4）描述性问题。让客户描述情况，谈谈他的观点，这有利于了解客户的兴趣和问题所在。

5）澄清性问题。在适当的时候询问，澄清客户所说的问题，也可以了解到客户的需求。

6）有结果的问题。

7）询问其他要求的问题，与客户交流的最后，还可以问他还需要哪些服务。

2. 通过倾听客户谈话来了解需求

在与客户进行沟通时，必须集中精力认真倾听客户的心声。站在对方的角度尽力去理解对方所说的内容，了解对方在想些什么，对方的需要是什么，要尽可能多地了解对方的情况，以便为客户提供满意的服务。

3. 观察客户的非语言的行为来了解客户的需求

如果希望说服客户，就必须了解他当前的需要，然后着重从这一层次的需要出发，晓之以理、动之以情。在与客户沟通的过程中，可以通过观察客户的非语言行为了解他的需要、欲望、观点和想法。

总而言之，通过适当地问问题、认真倾听及观察他们的非语言的行为，可以了解客户的需求和想法，更好地为他们服务。

2. 以管理为中心的服务产品竞争策略

以管理为中心的服务产品竞争策略主要有 3 种：成本领先策略、资源集中策略、服务差异化策略。

（1）成本领先策略

当企业与其竞争对手提供相同的产品和服务时，只有想办法做到产品和服务的成本长期低于竞争对手，才能在市场竞争中最终获胜。在制造行业，往往通过推行标准化生产、扩大生产规模来摊薄管理成本和资本投入，以获得成本上的竞争优势。而在第三方物流领域，则必须通过建立一个高效的物流操作平台来分摊管理和信息系统成本。当在一个高效的物流操作平台上，加入一个具有相同需求的客户时，其对固定成本的影响几乎可以忽略不计，自然具有成本竞争优势。一般来说，选择成本领先战略的企业需要发展相当规模的客户群来保障稳定的业务量，同时，应具备先进的物流信息系统和覆盖整个业务区域的物流服务网络。

（2）资源集中策略

资源集中策略就是把企业的注意力和资源集中在一个有限的领域，这主要是因为不同领域在物流需求上会有所不同。第三方物流企业应该认真分析自身的优势及所处的外部环境，确定一个或几个重点领域，集中资源，打开业务突破口。在物流行业中，我们不难发现，Bax Global、Exel 等公司在高科技产品物流方面比较突出，而马士基物流、美集物流则集中在国际物流，国内的中远物流则集中在家电、汽车及项目物流等方面。集中化战略不仅仅指企业业务拓展方向的集中，同时也需要在企业人力资源的招募和培训、组织构架的建立、相关运作资质的取得等方面进行集中，否则，简单的集中只会造成市场机遇的错过和资源的浪费。

案例 3-4

杭州邦达公司致力于医药物流

杭州邦达物流有限公司是目前国内典型的医药专业物流服务商，从 1999 年年初涉足小件快运业务开始，致力于“门到门”的物流配送服务。2000 年开始为医药生产、流通企业提供第三方物流服务，一开始合作企业不多，只有一家药厂将部分配送业务外包给邦达物流，其商品价值不过 2 亿元。2003 年 8 月之前一直处于亏损状态，但之后公司进入盈利期，并呈现出很好的成长性，有数十家医药生产、流通企业与杭州邦达物流有限公司合作，交给杭州邦达物流有限公司配送的商品价值超过 60 亿元。

（3）服务差异化策略

服务差异化战略是通过服务创新等手段为客户提供独特的服务，把自己和竞争对手的产品、服务或替代产品区分开来，从而取得竞争优势。采取这一战略的前提是具有特殊需求的客户能够形成足够的市场容量。起步晚的第三方物流企业最好选择差异化战略。

在第三方物流企业的差异化战略中，常采取服务差异化和定位差异化两种。

服务差异化是为客户提供与行业竞争对手不同的物流服务，强调与竞争对手的不同，通过对服务内容、方式、服务质量等方面的改进和提高，为客户提供有创新性的物流服务。例如，在现有运输、仓储、装卸搬运等基本服务的基础上再增加一些分包、联运、分销等增值服务就属于服务创新的范畴。又如，第三方物流企业通过开展企业形象识别、通过提供独特的服务内容和高质量的服务等办法获得更多的客户和更多的业务也属于服务差异化的范畴。

定位差异化针对不同层次的客户提供不同的服务。例如，第三方物流企业可以根据 ABC 分类管理的原则对客户进行分类，针对不同层次的客户提供不同的服务。

选择差异化战略要注意几个问题。首先，要仔细分析企业提供的特殊物流服务是不是在市场上有相应的一批数量较大的特殊客户群体；其次，在保证战略目标实现的同时，要主动采取有效措施避免由此带来的各种风险。采用差异化策略可能引起客户数量减少，从而带来服务价格的提高，因此，应以优质高效的独特服务来降低客户对价格的敏感性。

案例 3-5

《南方都市报》差异化发行策略

《南方都市报》诞生于中国报业竞争最为激烈的地区之一——广州。在其诞生之前，广州报业市场已呈三足鼎立之势——《广州日报》、《羊城晚报》、《南方日报》各自拥有自己的读者群，并相互争夺市场，激战颇酣。在广州的发行市场上，《广州日报》力量最强，它率先突破“邮发合一”的发行方式，以连锁批零中心方式为主运作，大报贩和邮局投递为辅助自办发行。《羊城晚报》则有着庞大的投递队伍和发行网络。同两者相比，《南方都市报》所属的《南方日报》社的发行处于相对弱势。通过对国内其他报社发行工作的考察和论证，《南方都市报》决定搞自己的发行队伍，它成立了小辣椒发行队，通过打人海战术、直接送货上门的方式同《广州日报》的批销中心模式相竞争。小辣椒发行队直接把报纸送到报摊，既免去了摊主排队的麻烦，又节约了报纸上摊的时间，《南方都市报》因此在零售发行中迅速开辟出一片天空，零售发行量稳步上升。为争夺零售市场，《南方都市报》还经常同报贩合作开展一些特色售报活动，它经常会选择合适的时机用赠送小礼品的方式来带动报纸的销售，如在 2004 年暑期其推出了买报送雨伞活动，即花 5 元钱买一份《南方都市报》可以获赠一把印有“南方都市报”字样的雨伞。此举可谓一举三得：既方便了雨天里忘带雨伞的读者，又借以提高了报纸的零售量，同时雨伞上的字样又为报纸做了形象宣传；此外它还经常利用春节、中秋节等推出送利是（红包）、送灯笼活动。

在征订市场上，《南方都市报》也推出了自己独具特色的促销手段。针对自己的发行是面向年轻有朝气并且乐意接受新事物的青年群体，《南方都市报》以送新潮礼品的方式来吸引用户征订。由小辣椒发行队送面值 50 元的中国电信 IP 卡和面值 100 元的润讯上网卡 20 万张，印制 30 万张小宣传单，推广“订都市报送 IP 卡和上网卡”的举措。此外还展开敲门征订战，小辣椒发行队员走进居民楼挨家挨户敲门，推广都市报征订，这样其征订量也稳步上升。

在《南方都市报》令人眼花缭乱的发行攻势下，其发行量迅速飙升，如今已成为广东发行量最大的综合性日报。

3. 以客户满意为目标的服务营销策略

（1）服务营销渠道策略

服务营销渠道策略是指第三方物流企业在选择采用何种营销渠道去拓展现代物流服务

的策略。一般有以下 3 种。

1）自行建立直销服务网络的策略。它是指第三方物流企业直接利用自己的销售网络拓展自己业务的方式。

2）利用他人服务营销网络的策略。它指通过他人的代理去销售自己的物流服务的策略。

3）营销战略联盟策略。它指与同业或其他行业的企业建立战略伙伴关系，共同推广双方的产品或服务，建立营销战略联盟，联合拓展市场，如第三方物流企业与制造业结盟，相互介绍客户。

（2）关系营销策略

所谓关系营销，也叫"一对一"营销，是指通过吸引、开拓、维持和增进与客户的服务关系，从而推动第三方物流服务营销的策略。这一营销策略包括开发潜在的客户使其逐步发展成为现实的客户，将现实的客户不断保持下去并进一步扩大现实客户的服务业务总量等工作。

关系营销策略应该是整个服务营销策略组合中的核心策略，因为采用这一营销策略可以使第三方物流企业与客户形成一种相互依存的关系，并通过这种依存关系获得长远的服务业务。采用这一策略时，要求第三方物流企业全面关注客户的需求和利益，全面考虑客户的价值取向和消费偏好，强调对客户的承诺和服务质量的保障等。

（3）服务促销策略

服务促销策略是指第三方物流企业通过改进服务来提高对客户的服务水平，从而达到拓展服务业务的目标。在实施这一策略时，需要第三方物流企业树立服务的理念和意识，对第三方物流企业的管理人员、服务营销人员开展有关现代物流服务营销的培训。

案例 3-6

吉林省邮政物流对吉林人参产业的服务促销

每到秋冬季节，吉林人参交易就异常活跃，南方各地及我国香港和台湾地区的参商纷纷进山收购人参。人参发运在这一季节形成了较大的配送规模，包括鲜参、干参、参制品在内的人参大量流向广东、浙江等地组织加工、流通上市，如何在省际提供高效、安全、方便、快捷的物流配送服务成为各地参商选择配送伙伴的重要条件。吉林省邮政物流公司看好这一潜在的物流市场，在进入秋冬之前，就提出了"关注参品市场，确保参品配送"的工作目标，并将人参配送作为这一季节的工作重点来抓。吉林邮政物流主动热情的服务及优质健全的配送保障，令许多参客商十分满意。各地客商纷纷与吉林邮政物流公司达成配送协议，有的甚至将原先交给其他物流公司运作的业务改由吉林邮政物流公司配送。通过几次成功运作后，无论是在人参配送时限，还是配送质量上都达到了客商要求的服务标准。人参客商之间开始相互传颂吉林邮政物流公司的配送服务。这一良性循环，扩大了吉林邮政物流公司在该领域的知名度与业务量，使吉林邮政物流公司在人参配送市场上占据了较大的市场份额。

单项实训一

第三方物流企业仓储服务需求调查问卷设计

以仓储服务为主营业务的某第三方物流企业为了了解客户对仓储服务的真实需求，需要通过设计一份需求调查问卷开展调查，问卷必须包含以下信息。

（1）货品情况

1）货物的性质、特点（易燃、易爆、易碎、易受虫害、易受潮等）。

2）货品包装情况（纸箱、桶装、托盘等）。

3）单件货品的重量和体积。

4）共有多少品种及规格。

（2）仓储要求

1）所要储存的货量的数目、仓储面积的大小。

2）所要的仓库对地理位置的要求。

3）对库房结构、雨篷、照明有无特殊要求。

4）在发货时，采用整箱包装，还是拆零分发。

5）在出货原则上，是否严格要求先进先出。

6）对盘点的要求（盘点频率、盘点方法）。

7）是否需要贴标签、改包装、条形码扫描等延伸服务。

请你帮助该企业设计这份问卷，并在当地 10 家客户企业进行调查。要求将问卷和调查结果提交给老师审阅。在课外两周内完成。

任务二　第三方物流业务开发和运作流程设计

【任务描述】 要求学生熟练掌握第三方物流企业业务开发的流程，能够按照业务运作流程开展商务活动。

一、第三方物流企业业务开发流程

第三方物流企业业务开发流程大致如图 3-1 所示。

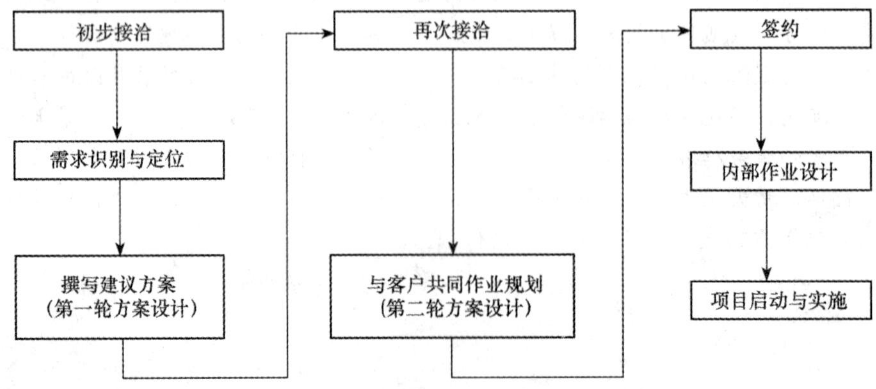

图 3-1　第三方物流企业业务开发基本流程

1．初步接洽

初步接洽是第三方物流企业业务开发的第一步，也是获得商业机会的前提。第三方物流企业通过各种沟通方式，如面谈、电话、传真、信件、电子邮件等与潜在客户联系，洽谈物流业务。第三方物流企业的商务人员应注意选择合理的沟通时间、地点，同时也应准备必要的文件资料，如公司简介、物流资源、技术条件、客户资源、业务设想、基本的费用方案等，以便向客户展示企业的优势和能力，介绍初步的合作方式。通过洽谈，客户表示出有接受第三方物流企业提供的物流服务的意向时，第三方物流企业的商务人员可以进一步提供一个初步的物流业务计划书。在这一过程中，商务人员一定要注意语言和行为举止，以便给客户留下好的印象。

2．需求识别与定位

客户表示出有接受第三方物流企业提供的物流服务的意向后，商务人员需进一步与客户企业的相关部门和人员进一步深入细致的沟通，准确识别客户的需求意图，并对客户需求进行定位，以便为客户设计个性化的物流服务，撰写物流方案建议书。

准确识别客户的物流需求是一项非常关键的工作。第三方物流企业的商务人员需做详细的调查和分析。表3-1列出了一些客户需求的类型。案例3-7是识别客户需求的一些工具。

表3-1　客户需求类型

分类标准	物流需求
按照客户意图	推行新的物流战略以获取竞争力 尝试通过物流外包降低综合成本 在新的市场缺乏基础的物流设备和操作经验 物流运作遇到了麻烦 ……
按照客户需求	仓储、运输、包装、加工……
按照所属领域	供应物流、销售物流、生产物流……
按照客户类型	供应链链主、供应商、同行业竞争者、同行业互补者……

案例3-7

客户需求调查表

客户需求调查表如表3-2所示。

表3-2　客户需求调查表

客户基本信息	
客户名称	
客户所属行业	
客户主要产品或服务	
客户的主要客户	
期望完成日期	
期望开始日期	
项目目标	
期望的商业模式	
对所需物流服务的简短描述	

续表

运输服务要求		
服务项目	客户需求	附加或特殊服务
国际运输	□是 □否	
国内配送	□是 □否	
多式联运	□是 □否	
共同配送	□是 □否	
即时配送	□是 □否	
定时配送	□是 □否	
按约定时间配送	□是 □否	
其他要求		
对运输单证、文件的要求		
对仓储环境的要求		
对仓储操作的要求		
对信息处理系统的要求		
对退货处理的要求		
对客户服务的要求		
对管理水平的要求		
对意外事故处理保障机制的要求		
其他要求		

3. 撰写建议方案

撰写建议方案可以看作第一轮方案设计。主要任务是根据客户需求分析的结果，设计初步的物流服务方案，供客户企业考虑是否与第三方物流企业合作。建议方案是一份非常重要的文件，也是展示第三方物流企业服务水平和实力的工具。因此，第三方物流企业的商务拓展人员应具备较强的方案设计能力。

案例 3-8

方案建议书

某第三方物流企业为客户撰写的建议方案提纲，如图 3-2 所示。

物流服务方案建议书

（提　纲）

一、对任务的认识（现状描述和分析）
二、主要解决方案
三、预计收效
四、预计费用
五、实施步骤
六、时间安排
七、其他
附录一：物流公司介绍
附录二：项目开发时间进度安排

图 3-2　物流服务方案建议书

4. 再次接洽

再次接洽的目的是确认客户对进一步合作的诚意、物流方案建议书的可行性等内容，同时，明确下一步合作的工作重点，使整个项目能有条不紊地开展下去。

5. 与客户共同作业规划

在客户基本明确进一步合作的意图，对物流方案建议书基本确认的情况下，第三方物流企业的商务人员应组织公司的管理专家、技术团队根据客户企业的具体情况和要求，与客户企业共同进行作业规划和详细的物流服务方案设计，提供详尽的物流解决方案。案例 3-9 是一个物流方案的提纲。物流方案设计的具体内容将在本项目任务五中介绍。

案例 3-9

物流服务方案计划书

物流服务方案计划书提纲如图 3-3 所示。

物流服务方案计划书
（提纲）

1．项目背景
2．企业基本情况
　2.1　概述
　2.2　资源及优势
3．客户方案——资源配置及服务质量保证
　3.1　车辆资源
　3.2　运作方式
　3.3　主要联盟网点概况
　3.4　项目管理小组
　3.5　保险
　3.6　服务指标体系（KPI）
　3.7　事故处理程序
　……

4．客户方案——业务操作流程（SOP）
　4.1　运营操作流程
　4.2　运营操作流程图
5．运输费率及在途时间表
6．合作前景
　6.1　在深度上加强合作
　6.2　在广度上加强合作
　6.3　建立战略联盟
7．附录
　7.1　企业法人营业执照
　7.2　国际认证证书
　7.3　企业组织结构图与职能描述
　7.4　车辆资源列表
　7.5　联盟网点管理
　7.6　运营操作指南

图 3-3　物流服务方案计划书

6. 签约

当客户企业认可第三方物流企业的物流方案，并就双方的物流合作事宜达成一致意见后，就可以签订第三方物流服务合同。签订合同是非常慎重的事，合同签署前，双方一般会就合同条款进行多次谈判，合同内容最好能征求财务部、运营部和法律顾问的意见，以免出现瑕疵。

合同的签订意味着第三方物流企业的商务拓展取得了成功。

案例 3-10

中海物流进军冷藏物流市场

中海物流目前与蒙牛乳业公司（以下简称蒙牛乳业）签订项目物流合同，蒙牛乳业将其泰安基地的冰激凌运输任务全包给中海物流承运。经过一个多月的磨合，项目运作良好，这意味着中海物流在进入汽车、电器等物流领域后，正式进入冷藏品物流市场。

蒙牛乳业是国内知名的乳产品生产企业，2004年产值约100亿元。蒙牛乳业在迅速扩张的过程中，对运输的需求不断提高，欲从社会上寻求优秀的第三方物流企业为合作伙伴，而中海物流凭借其遍布全国的服务网络和首家通过ISO论证及国家重点扶持的物流企业等资质和良好信誉，成为蒙牛乳业的首选。中海物流前期投入30辆冷藏车，利用专业物流技术和设施，以全程优秀服务降低物流成本，促进蒙牛市场竞争力的提高。

7. 内部作业设计

内部作业设计是指为了履行合同而进行的内部作业的规划与安排，其目的是通过整合第三方物流企业的各种资源，来为客户提供优质的物流服务，保证项目的完成。内部作业设计内容主要包括组织设计、人力安排、资金筹措、业务运营计划、服务保障信息资源整理等。

8. 项目启动与实施

第三方物流企业业务开发的最后一步就是启动物流服务项目，按所签署的合同和设计的物流方案实施项目，并在实施中不断改进服务。

案例 3-11

某第三方物流企业服务项目实施时间表

某第三方物流企业服务项目实施具体时间表如图3-4所示。

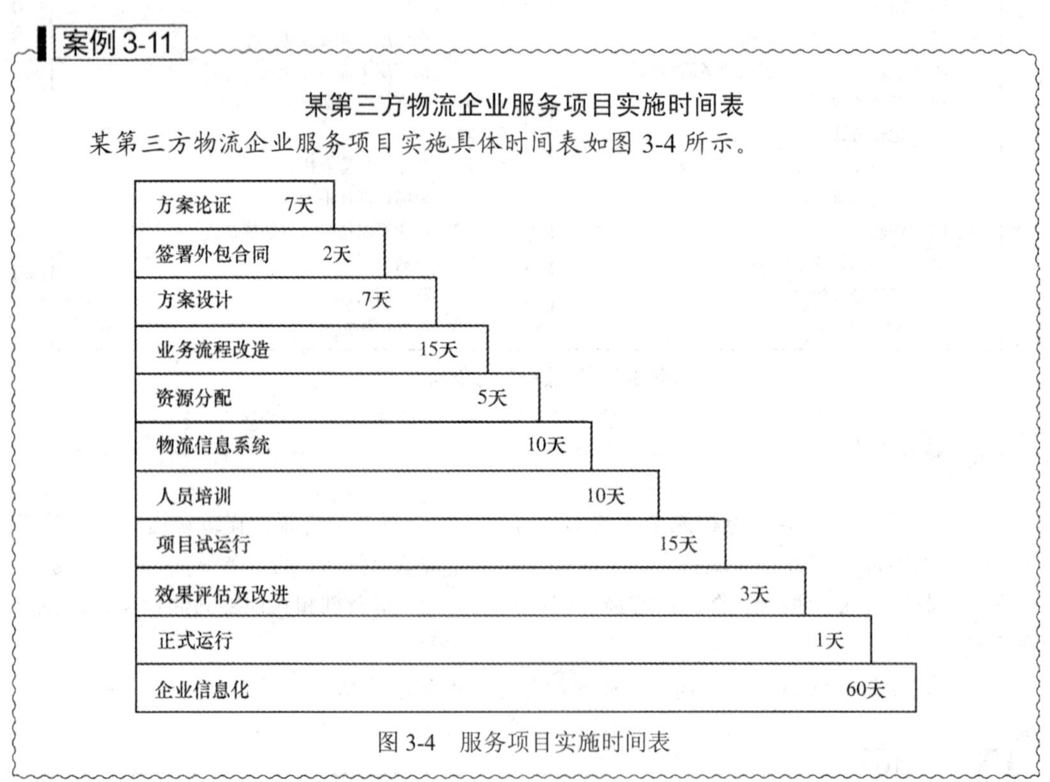

图3-4 服务项目实施时间表

二、第三方物流企业业务运作流程

第三方物流企业业务运作流程如图3-5所示。

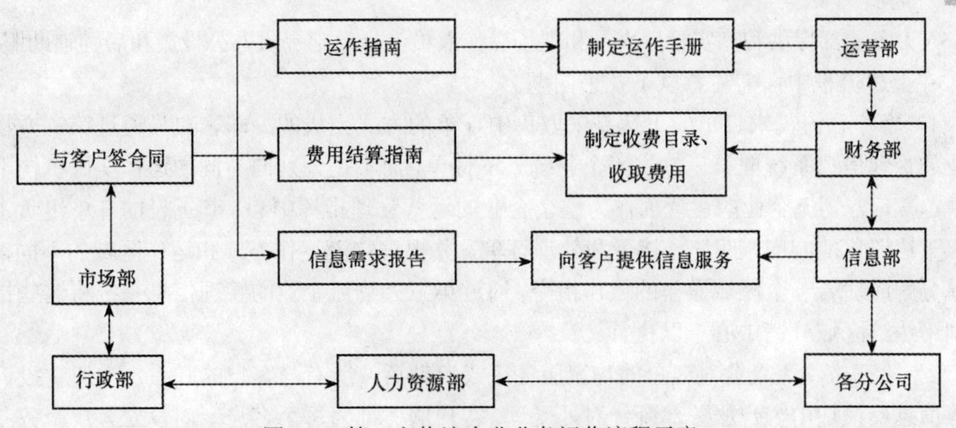

图 3-5 第三方物流企业业务运作流程示意

第三方物流企业业务运作的具体步骤如下。

1）市场部与客户谈判成功后签署物流服务合同。在谈判后期需要有运营部、财务部、信息部和客户服务部共同参与相关物流方案及服务承诺和规范的制定工作。

2）由市场部根据谈判过程中客户的需求和第三方物流企业的承诺，分别向运营部下达该客户的运作指南、向财务部下达结费指南、向信息技术部下达客户系统需求报告。

3）信息技术部根据市场部下达的客户系统报告，向客户提供信息服务。一般来说，现代第三方物流企业都提供基于 Internet 的信息服务，所以，第三方物流企业的信息技术部在客户提供的专门 IP 地址上开通系统接口，设置系统登录口令和密码，并向客户提交系统合作说明书。

4）财务部门根据市场部下达的结费指南，制定与客户衔接的收费目录、收费时间和收费标准计算方法，并按照物流服务合同的相应规定向客户收取物流运作服务费。同时，财务部有责任在市场部收费方式建议下提高和改进收费技巧。财务部还将根据第三方物流企业租用的运作资源使用结果，在运营部呈报的付费清单的基础上，向提供运作资源支持的各个供应商支付资源使用费。由于这部分费用在大多情况下已经由合同约定，因此，财务部的工作更多的是对此予以审核，并参照资源成本控制指标进行核算。

5）运营部根据市场部下达的运作指南，根据合同规定的物流服务范围和服务方式，制定详细的操作手册，并将操作手册下发各具体执行操作的区域分销中心实施。该操作手册同时抄送资源成本部和客户服务部。

6）资源成本部根据市场部引进客户情况和运营部的运作需要，向运营部提供后备运作资源的支持，如提供承运商、仓储业主、包装商等。资源成本部同时向运营部下达分项的运作各环节的成本控制指标。由于物流运作的流动性较大，此成本控制指标也根据地域、时间的不同而由资源成本部适时调整。

7）运营部在一定的时间内（一般为 30～45 天）将运作结果的原始单据交回财务部。财务部根据资源成本部的成本控制指标和运作的原始单据，经过审查后向各供应商支付设备使用费或其他物流服务费用。

8）各区域分销中心统一接受运营部的运作指令，按照操作手册的规定，完成所属区域的物流操作服务。

9）第三方物流企业其他各相关职能部门围绕业务工作需要，分别提供运作所需的后勤支持：人力资源部提供和充实管理人员和现场操作人员，行政部提供办公设施和后勤辅助服务。

在上述流程中，需注意以下几个问题。

1）客户物流需求订单的下达是采取集中下单的方式完成的。即客户只通过第三方物流企业的管理信息系统向第三方物流企业统一下订单，而不是分别向不同的运作实施机构下达订单。第三方物流企业的运营部作为整个企业的运营管理指挥中心，其下设的订单组负责对客户下达订单的响应，即统一接受和处理订单，并根据物流运作方式和运作区域的不同，将订单分解成适合一个区域操作的运作指令，通过第三方物流企业的管理信息系统将这些指令分别下达给区域分销中心予以执行。

2）第三方物流企业对客户的物流服务正式启动后，所有与客户的联系、沟通、投诉处理等信息反馈均由客户服务部统一对外受理。客户服务部为每个客户专门设立客户服务专员对客户提供优质服务。

3）上述流程中，关于信息的反馈大致是与指令的下达过程反向来设计的：各分销中心将运作结果反馈给运营部，运营部将统计整理后的运作统计报表设置于物流管理信息系统上，财务部、客户服务部相关人员均可得到这些数据，最后由客户服务专员定向提供给客户。

单项实训二

情境实训

广东江门通盈物流实业有限公司是专业的第三方物流企业。公司成立于 2006 年，位于江门市蓬江区凤山工业区。拥有 3 万多平方米的现代化物流中心：包含 1800 平方米的现代办公楼、2 万多平方米的库房（配有 1～1.5 米的标准装卸平台）、1 万多平方米的标准堆场、红外线防盗系统、仓库视频监控系统、无尘环保工业地面，以及各类型叉车、箱式货车、拖挂车、尾板车等软、硬件设施。该公司以“客户满意”为服务宗旨，建立了仓储配送、集装箱多式联运等全天候、全方位、全过程服务的立体服务体系，帮助客户优化供应链管理，降低物流成本，提高服务水平；并根据客户需要，提供柔性服务，精细管理。目前江门通盈物流实业有限公司正与大长江摩托车集团、维达纸业、江门普乐化工等大型企业开展综合物流服务，业务涵盖零配件 MILK-RUN（循环取货模式）配送运输、零配件集中存储与质检、零配件 JIT 配送上线、成品包装与全国配送、不良品逆向物流、协助客户建立 RDC（regional distribution center，区域配送中心）等服务。

大长江集团始建于 1992 年 1 月，现有员工 8700 余人，占地 57.57 万平方米，建筑面积 42.31 万平方米。大长江集团是中国最大的摩托车制造企业，也是日本铃木株式会社在中国最大的摩托车产业合作伙伴，生产的“豪爵”和“SUZUKI”系列摩托车不仅畅销国内，而且出口 70 多个国家和地区。

目前，大长江集团公司为了提高生产效率、降低成本，正采用 JIT 模式生产。该公司有意将零配件仓储和 JIT 配送业务外包给第三方物流企业。大长江集团的生产基地与通盈物流实业有限公司相距仅 1 千米。江门通盈物流实业有限公司总经理得知此消息后，打算与大长江集团公司接洽，承接大长江公司零配件仓储和 JIT 配送业务。

假定你是通盈物流实业有限公司商务拓展业务员，现在请你提出该业务拓展的计划。该计划形式不限，但至少包含以下内容。

1）初步接洽方案（包含接洽时间、地点、关键人员、接洽方式、主要意向等）。

2）大长江集团公司物流服务需求的文字表述（500字左右）。

3）对大长江公司的初步服务方案建议书（简要版）。

4）再次接洽的方案（包含接洽时间、地点、关键人员、解决的关键问题、主要诉求等）。

5）正式物流服务方案提纲。

6）项目启动与实施时间表。

任务三　第三方物流服务项目营销

【任务描述】 要求学生掌握第三方物流服务项目营销的特点和流程，领会营销理念，学会针对实际物流项目开展项目营销，培养项目营销创新意识。

一、第三方物流服务项目营销的特点

案例 3-12

中外企业的10分钟营销演讲对比

一、我国某第三方物流企业的10分钟营销演讲

各位领导、嘉宾：

下午好！……

本公司成立于XX年，具有悠久的历史……

本公司现拥有YY辆车，拥有ZZ平方米的仓库……

本公司信誉第一，客户至上，竭诚为客户提供服务……

二、APL的10分钟营销演讲

1996年成立的在华外资物流企业，从事货代业务，目标是使其母公司美国总统轮船公司APL在中国的业务进一步发展。在上海设立总部，在大连、天津、青岛、南京、厦门和深圳设立分公司，在北京、福州和沈阳设立办事处，从而构筑物流服务体系所必要的网络。在物流上着重以下5个方面的服务。

1. 全球分拨战略策划

通过对客户全球供应链的现有管理进行评估，确定有待完善的领域，如供应链的可视化等。另外，采用物流表现评估标准，并在适当的地方把行业最佳方案推荐给客户。

目标是为客户开发一个适于长期管理供应链的策略，包括对其部分物流功能外包的潜在可能性进行调查。

2. 供应链模式

APL物流最主要的实力之一，就是“通过运用策略性模拟工具和流程分析，在客户设计供应链时，提供模拟、评估、基准化、合理化、最优化等方面的决策支持”。

通过创立一个有关客户现有操作和系统环境的基线，找出差距，制定出最好的解决方案。在建立基线后，将拓展、完善现行流程，以降低运输计划总成本，提高服务业绩。

供应链模式则用来协助执行契约物流计划，提高现行日常操作。

3. 最优化方式与路线

通过供应链来调查存货的流动情况，以寻找降低成本、完善服务、使业务流程流线化的契机。贯穿方式和路线最优化的精益材料管理概念的实现，能帮助企业创造更高效率的业务流程。

4. 地点选择

在供应链范围内调查地点的位置，并推荐有利的地形，以减少成本、完善服务，并使商业流程流线化。地点选择能协助推动对精益材料的管理，并尽可能地建立起最有效的结构。若达到最优化，便能在完善客户服务和提高设备利用率的同时，降低运输成本。

5. 综合服务

拥有首席物流供应商（LLP）的丰富经验。例如，我们负责原材料运往工厂的一切管理事宜。由 APL 联结各二级物流供应商的服务：包括空运代理、第三方物流公司、内陆运输公司，以及报关行和轮船公司。

从案例 3-12 可以看出，我国第三方物流企业在营销观念、营销手段等方面与世界一流的第三方物流企业相比还存在较大差距。我国企业主要在宣传自己的传统资源的优势，而现代第三方物流更强调其物流解决方案的定制能力、信息化水平和服务水平。比较而言，目前第三方物流企业营销现状具有营销水平低、营销手段单一、竞争措施原始、灰色交易多的特征，这些特征是不符合现代第三方物流企业发展要求的。现代第三方物流服务项目营销一般应具有以下特点。

1. 专业化营销

现代第三方物流企业专业化营销的优势表现在通过第三方物流企业的专家队伍在分析客户企业运作现状的基础上，为客户定制物流解决方案；利用专业的第三方物流信息系统帮助客户提供高水平的信息服务；还可以通过加强市场预测和加快物流的响应速度，使客户企业各个环节的库存降低，节约物流成本。而不是过于强调自己所拥有的仓库、车辆和客户所需要的运输量。

2. 团队式营销

现代第三方物流企业应采取项目团队的营销方式，强调团队的实力和合作精神，强调团队中拥有市场人员、物流策划人员、运作和管理人员，而不应是一个人的营销。

3. 针对高层营销

现代第三方物流企业应该是针对客户企业总经理等对客户企业生产经营具有决策能力的人开展营销，而不是针对客户企业的物流经理、储运经理等执行层面的人。只有这样，才能取得较好的营销效果。

二、第三方物流服务项目营销的流程

1. 了解客户的潜在需求

营销产生的基础是消费者对产品、服务的识别、认同和接受，这一特点决定了营销者有条件对消费者的需求形成与产品识别施加影响，从而达到创造需求、引导需求、满足需求的企业营销最终目的。

潜在需求指人们模糊、朦胧的需求欲望和意识，它形成了市场的概念，是产品诞生的土壤，企业创造市场的源泉。有潜在需求，必然存在潜在客户。所谓潜在客户，是相对现实客户而言的，是指可能成为现实客户的个人或组织。他们或有购买兴趣、购买需求，或有购买欲望、购买能力，但尚未与企业或组织发生交易关系。而现实客户是已经实现了需求的客户，或需求已经得到满足的客户，这类客户既有购买需求，又有购买能力，且与企业或组织已发生交易关系。现实客户是现代企业生存的根本，没有现实客户，企业就无法生存，更谈不上什么发展。另外，潜在客户是现代企业发展的重要动力，是在激烈的市场竞争中寻求进一步发展的主要目标。企业面对着优胜劣汰的市场竞争，要想长期扎根市场，除了稳固现实客户之外，还要在潜在客户上寻求突破，以求发展。

物流企业要挖掘潜在客户，就要善于发现物流需求者的潜在需求，全方位地满足他们的需求，引导和创造他们的新需求，善于把潜在需求转化为市场的现实需求，将概念市场转化为合格有效的市场。

正确地了解客户的潜在需求，对于促进物流企业的持续、快速、健康发展，具有十分重要的意义。一是有助于企业有针对性地开展日常生产经营管理活动，使其运作行为更富于理性，更趋于科学，从而避免盲目地开发服务产品，最大限度地预防和降低企业经营风险。二是有助于企业进行市场细分，使企业先别人一步识别市场机会，从而建立或确认相对于竞争者的一种竞争优势。三是有助于企业实施经营战略。

案例3-13

深圳第三方物流潜在需求巨大

深圳经济国际化程度高，开放的层次高、领域宽。2000年，外贸进出口总额达到639.4亿美元，其中出口总额达到345.63亿美元，年均增长10.9%，约占全国的17%，连续8年居全国大中城市之首。外商投资企业超过11 000家，世界500强企业有70余家落户深圳，内地驻深企业机构近9000家。

深圳工业产业结构快速升级，近年来深圳追踪世界工业经济发展的趋势，突出了高新技术产业，重点发展计算机及其软件、通信、微电子及基础元器件、视听产品业、机电一体化、重点轻工产品和能源产业，逐步向世界制造基地的目标发展。因此，工业生产的原材料采购、成品销售必然会带来较大的第三方物流服务需求。

2. 市场分析

物流市场分析包括物流市场调研、预测、细分、目标选择与定位5个过程。通过物流市场分析，企业可以达到特定的经营目标，奠定未来运营成功的基础。

（1）物流市场调研

物流市场调研是物流企业为了提高决策质量以发现营销中的机遇和问题而系统，客观地识别、收集、分析和传播信息的工作，是物流企业营销活动的起点，贯穿于整个营销活动的始终。通过市场调研，物流企业可以掌握市场的发展变化现状和趋势，为市场预测提供依据。物流市场调研的步骤如图3-6所示。

图 3-6 物流市场调研步骤

（2）物流市场预测

物流市场预测就是根据物流企业市场营销部门获悉的各种市场信息和资料，运用科学的预测方法和模型，对影响物流企业市场营销活动的各种因素的未来发展状况和变化趋势进行预计和推测，为企业选择目标市场、制定营销战略提供参考和依据。物流市场预测的步骤为：确定预测目标；搜集和整理相关资料；建立预测模型；进行预测；分析和评价预测结果；写出预测报告。

（3）物流市场细分

所谓市场细分，就是以消费需求的某些特征或变量为标准，如消费者的需要、偏好、购买动机、购买能力等，将市场上的消费者分成若干个消费群体，每一个消费群体就构成一个细分市场。同一细分市场的消费者需求具有一定的共性，不同的细分市场之间的需求具有更多的差异性，这样企业就能依据所要面对的细分市场制定有效的营销战略。

物流市场细分是指物流企业依据特定的标准，将物流市场上的客户分成若干个客户群，即细分市场，然后针对不同的细分市场采取相应的营销组合策略，以达到物流企业的营销战略目标。根据物流市场的特点，一般按消费者行业、消费者规模、物品属性、地理区域、服务方式等进行市场细分。

（4）物流目标市场选择

在市场细分的基础上，一般企业会根据本身的具体情况来选择目标市场。针对不同的目标市场及不同的物流服务项目，物流企业可以选择管理整个物流过程或者其中几项活动，可以有不同的目标市场选择策略，如表 3-3 所示。

表 3-3 第三方物流企业目标市场选择策略

市场定位策略	目标市场	服务功能	所需资源	竞争力
服务和市场集中化策略	以一个行业为目标市场	仅提供某项单一服务	所需资源及技能都较少，专业化强，进入壁垒低	如果同一市场竞争者较多，无优势；相反则有较强竞争力，过于依赖目标市场，风险较大
服务专业化策略	以几个行业为目标市场	仅提供某项单一服务	所需资源较少，专业化强，进入壁垒低	竞争力较弱，但目标市场状况的变动所带来的风险较小
市场专业化策略	以一个行业为目标市场	为该市场提供多项或投入较多综合物流服务	所需资源及技能较多，进入壁垒较高	竞争力较强，但受行业影响较大
选择专业化策略	有多个行业的目标市场	对不同的目标市场提供不同的物流服务	所需资源及技能较多，进入壁垒较高	竞争力较强，目标市场状况带来的风险小，但自身大量投入带来的风险较大
全市场策略	只要有需求，各种行业均可为目标市场	为不同的目标市场提供不同的物流服务	需要大量资源的投入，各项专业化技能要求高，进入壁垒高	竞争力强，自身大量投入带来的风险大

（5）物流市场的定位

市场定位指企业根据市场竞争状况和自身的资源实力条件，努力在消费者心目中塑造出区别并优越于竞争者产品的个性或形象，并把这种形象和个性特征传递给目标顾客，使本企业的产品或服务在市场上占据有利的竞争地位。也就是说，市场定位就是通过本企业的产品的消费者或用户心目中的形象认识，确定其在市场上的地位。

3. 项目团队定制客户企业物流方案

在市场调查基础上，由第三方物流企业的物流专家同客户企业的高层领导进行研讨，分析客户需求和运作现状，然后由项目团队制定客户企业物流方案。

4. 采取合适的促销措施

（1）人员推销

人员推销又称人员销售，是物流企业通过派出推销人员或委托推销人员亲自向客户介绍、推广、宣传，以促进物流服务产品的销售。可以是面对面交谈，也可以通过电话、信函等方式交流。推销人员的任务除了完成一定的销售量以外，还必须及时发现客户的需求，并开拓新的市场，创造新需求。

（2）广告

广告是物流企业以付费的形式，通过一定的媒介，向广大目标顾客传递信息的有效方法。现代广告不应只是一味地单向沟通，而应选择双向沟通，即应把物流企业与顾客共同的关心点结合起来考虑广告的制作和传播。

（3）营业推广

营业推广是由一系列短期诱导性、强刺激的战术促销方式所组成的。它一般只作为人员推销和广告的补充方式，其刺激性很强、吸引力大。与人员推销和广告相比，营业推广不是连续进行的，只是一些短期性、临时性的能够使客户企业迅速产生物流外包决策行为的措施。

（4）公共关系

公共关系是第三方物流企业通过有计划的长期努力，影响团体与公众对企业及产品的态度，从而使企业与其他团体及公众取得良好的协调，使企业能适应其社会环境。良好的公共关系可以达到维护和提高企业的声望，获得社会信任的目的，从而间接促进物流服务产品的销售。

案例 3-14

第三方物流企业服务项目流程

某第三方物流企业的服务项目流程如图 3-7 所示。

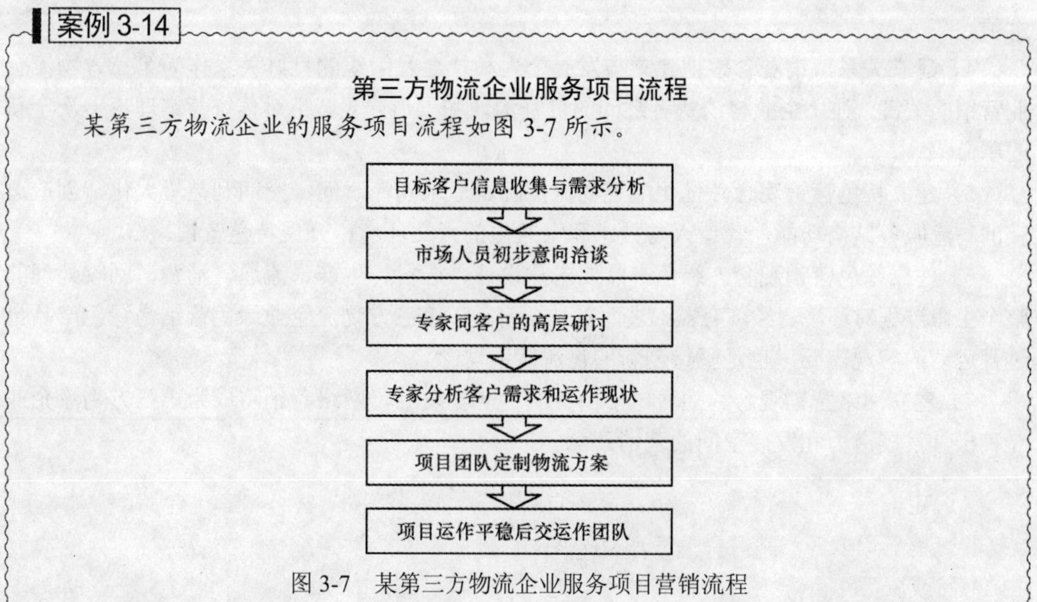

图 3-7　某第三方物流企业服务项目营销流程

三、第三方物流企业营销理念与方法创新

1. 创新第三方物流企业营销理念的要素

全面创新第三方物流企业营销理念，包括4个要素。

1）坚持需求导向。由于物流活动的复杂多样性，任何第三方物流企业都不可能在所有细分市场满足物流消费者的需要，不可能占据整个的物流市场。第三方物流企业必须通过市场细分来确定目标市场范围、制订合适的市场营销计划并付诸实施，以其优势占领市场，才能取得良好的业绩。

2）以物流服务为中心。以服务为中心需要研究各类物流消费者对物流服务的期望，借助市场营销渠道提供有效的物流服务，满足物流消费者的需求，把物流服务尽快地推向市场。

3）强调整体营销。第三方物流企业各部门间应互相协调，构成企业整体的市场营销运作机制；市场营销中，各环节分工协作、信息共享，产生具体有效的市场营销成果。

4）追求综合效益。第三方物流企业市场营销的目的不仅是追求利润的本身，更重要的是能及时发现市场机会、把握机会、创造物流服务增值利益，并获得更好的社会效益。

2. 创新第三方物流企业营销理念的观念

创新第三方物流企业营销理念，应树立以下观念。

1）建立品牌营销观念。进行一流的物流系统规划设计，提供一流的物流配套服务和物流运作管理，对品牌形象进行良好构造，营造第三方物流的名牌企业和名牌（服务）产品，必然成为未来第三方物流企业营销的核心理念。

2）建立知识营销观念。抛弃传统的急功近利观念，积极开展知识营销的策略创新，通过大规模的现代物流知识普及活动，引起市场的极大反响，有计划地、系统地培育物流市场，提升物流营销管理绩效。

3）建立文化营销观念。通过富有特色和主题创意的物流营销活动，提升企业的文化价值。

4）建立关系营销观念。把建立与发展个人和社会及组织的良好关系作为第三方物流企业营销的关键，强化企业与消费者之间的良好沟通和渠道建设，是对传统营销理论一次全新的革命。

5）建立特色营销观念。优化配置物流资源、追求物流时间、空间利益最大化、创造适宜的物流服务结构功能，营造人与技术和谐共生的人文环境，开展特色营销。

6）建立绿色营销观念。绿色产品要求从设计、选料、生产、流通、消费、回收处理的整个生命过程对环境、经济有益，进而对社会有益。第三方物流企业绿色营销是绿色产品全过程运动的客观需要，也是亟待创新的物流营销理念。

7）建立网络营销观念。随着电子商务的进一步发展，网络营销将成为第三方物流企业一种极具发展潜力和发展空间的营销理念。

案例 3-15

物流服务成功的关键因素

Michael F. Corbett & Associates 公司归纳出物流服务商与客户建立成功关系的十大关键因素如下。

1）沟通：物流服务商应与客户建立良好的沟通机制，增强相互理解，及时发现和解决问题。

2）灵活性：物流服务商应对客户的需求变化具有灵活性。

3）创新：物流服务商应不断创造新的增值服务项目，改进对客户的服务。

4）诚信：物流服务商应以与客户实现双赢为目标，努力与客户建立相互信任的关系。

5）个性化服务：物流服务商应为客户提供量身定制的个性化服务。

6）生产率：物流服务商应努力提高物流运作效率，降低物流成本，缩短供货周期。

7）关系管理：物流服务商应从合作关系的建立到维护与发展中自始至终保持与客户的良好合作。

8）响应性：物流服务商应对客户的服务要求表现出良好的响应性。

9）技术竞争力：物流服务商应采用先进的物流与信息技术，为改进客户服务提供支撑。

10）价值：物流服务商应主动参与客户物流合理化空间的发掘，不断为客户创造新的价值。

案例 3-16

借鉴宝供物流，构建“一对一”营销模式

1. 宝供物流营销范例

宝供物流企业集团有限公司创建于 1994 年，总部设在广州，1999 年经国家工商局批准成为我国第一家以物流名称注册的企业集团，也是当今国内领先的第三方物流企业。当宝洁刚进入中国为了节省运输成本开始向铁路寻求解决方法时，宝供物流就抓住机遇承包铁路货运转运站，为宝洁提供“门到门”的 24 小时服务。当宝洁业务越做越大对仓库存储需求逐渐增大时，宝供物流就主动请缨，根据宝洁需要在当地租用仓库并改造为其提供仓储服务。当仓库标准无法达到宝洁高要求时，宝供物流就想方设法在仓库的湿度、温度、悬浮灰尘度、防火及防虫等方面进行改造，以达到客户高标准。宝供物流建立自己的第一个大型现代化物流基地，其基地建设工期是按飞利浦公司的需求倒推而制定的；准备在合肥建立的大型仓库是为了追逐联合利华在合肥的工厂而建。在为客户“量身定制”的推动下，宝供物流重新建立高水准的信息技术系统，以帮助管理和提供全面有效的信息平台。

2.“一对一”营销模式构建

宝供物流为追随客户对其进行“量身定制”，根据客户需求不断创造个性化的服务，其营销手段是值得借鉴的。我国第三方物流企业应该积极学习并掌握适合自己的营销手段，扩大物流市场，增强企业的竞争力。在收集信息的基础上对客户按其重要程度进行

评价，从而区分出重要客户和一般客户，并对重要客户优先安排“一对一”营销团队进行“量身定制”，从而构建第三方物流企业“一对一”营销新模式，如图 3-8 所示。

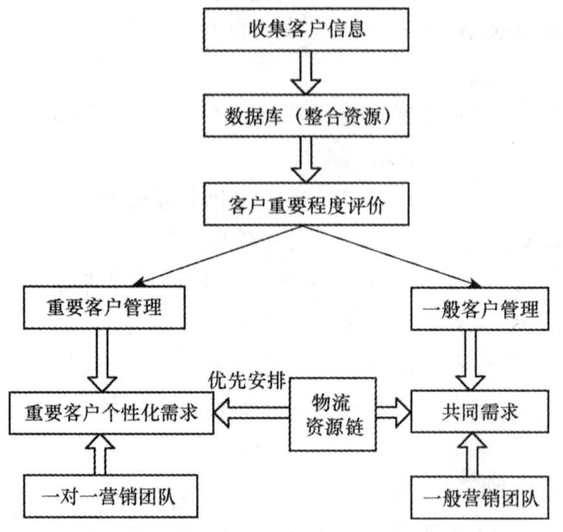

图 3-8　第三方物流企业“一对一”营销新模式

第一，收集客户信息。第三方物流企业可以通过外部机构或自行市场调研的方式来获取客户信息，并将更多的客户信息输入到数据库中，进行资源整合，为其建立比较全面的客户档案。客户档案建设的内容应包括客户概况、经营情况分析、忠诚度分析、未来发展趋向、核心人员档案、现有物流技术条件等。在收集客户信息的过程中应注重对客户的交易全过程进行追踪，以便发现客户现有需求和挖掘潜在需求，帮助客户发现新的业务增长点。

第二，客户重要程度评价。运用上年度的营业数据来预测本年度占到客户总数目 5% 的“金牌”客户，并核查这些大客户对企业的物流服务是否多次提出过抱怨，派专人去核实抱怨处理效果，同时调查这些大客户今年是否也有很多物流服务的需求，派专人前去拜访。通过客户的行业背景、业务拓展范围来分析给第三方物流企业带来的价值，以此来区分重要客户和一般客户。

第三，“一对一”营销团队。“一对一”营销团队是“一对一”营销模式的核心力量，具有很大的弹性特点。该营销团队一般由物流专业高技能人才和物流咨询顾问组成，主要工作是与客户进行一对一的沟通、持续追踪客户的需求变化，为客户挖掘新的物流利益增长点，为物流方案的设计提供建设性的意见。第三方物流企业可以以企业总经理为公司全盘管理核心，为企业的每一位重要客户分别设置不同的营销团队进行一对一的物流服务和咨询。所有的营销团队同时受本物流企业各职能部门的领导，就使得各职能部门可以在各个营销团队之间进行资源的调配和实现共享。

第四，为客户提供个性化服务。第三方物流企业应关心客户的需求，注重客户关系的维护，并根据顾客的行为来预测顾客的物流需求，为其设计物流服务。应优先保证重要客户的货源，随时了解重要客户的销售与库存情况，及时给予物流支持。

单项实训三

制定物流项目营销策划书

在项目2单项实训三中，胡飞和海东合伙成立的五湖四海物流运输配送有限公司运作良好。近年来，以阿里巴巴的淘宝、天猫为代表的电子商务飞速发展，胡飞认为这给他的物流公司带来巨大商机，于是，他召集公司销售部成员开会，要求销售代表每个人选择一家电子商务公司开展物流项目营销。假定你是销售部业务员，请你任选一家你喜欢的电子商务公司（如淘宝网、天猫商城、1号店、京东商城、唯品会、凡客、当当网、苏宁易购、国美在线、亚马逊等），针对物流配送项目，按照图3-7第三方物流企业服务项目营销流程，制定一份营销策划书。

要求：

1）要素齐全。

2）营销思路有创意。

3）具有可行性。

4）完成时间：课后两周。

任务四 第三方物流服务项目招标与投标

【任务描述】 要求学生明白第三方物流项目招标与投标的主要方式和操作流程，学会项目的招标，学会编制投标书，具备投标的基本技能。

一、第三方物流项目招标与投标的概念

通过投标方式拓展商务是第三方物流企业商务拓展的常用做法。第三方物流项目招标投标是一种商品交易行为，它包括招标与投标两个方面的内容。招标投标是以货物、工程、服务为对象，在招标人与投标人之间进行的交易活动。

1. 第三方物流项目招标

所谓第三方物流项目招标，就是招标人（一般为第三方物流服务需求方）在购买第三方物流服务前，按照公布的招标条件，公开或书面邀请投标人（一般为第三方物流服务提供者）在接受招标文件要求的前提下前来投标，以便招标人从中择优选择的一种交易行为。

2. 第三方物流项目投标

所谓第三方物流项目投标，就是投标人（或第三方物流服务提供者）在同意招标人拟订的招标文件的前提下，对招标项目提出自己的报价和相应的条件，通过竞争企图为招标人选中的一种交易方式。这种方式是投标人之间的直接竞争，而不通过中间人，在规定的期限内以比较合适的条件达到招标人所要达到的目的。

二、第三方物流项目招标的方式

1. 公开招标

公开招标又叫竞争性招标，即由招标人在报刊、网络或其他媒体上刊登招标公告，吸引众多投标人参加投标竞争，招标人从中择优选择中标人的招标方式。按照竞争激烈程度，公开招标可分为国际竞争性招标和国内竞争性招标。

（1）国际竞争性招标

国际竞争性招标是在世界范围内进行招标，国内外合格的投标商均可以投标。采用国际竞争性招标应采用完整的英文标书，在国际上通过各种宣传媒介刊登招标公告。

（2）国内竞争性招标

国内竞争性招标是在国内范围内进行招标，在国内的各种媒体上登出广告，可用本国语言编写标书，公开出售标书，公开开标。在国内竞争性招标中应允许外国公司按照国内竞争性招标标准参加投标，不应人为设置障碍，妨碍公平竞争。

2. 邀请招标

邀请招标也称有限竞争性招标或选择性招标，即由招标单位选择一定数目的第三方物流服务提供者向其发出投标邀请书，邀请他们参加招标竞争。一般以选择3～10个投标人参加较为适宜，当然要视具体的招标项目的规模大小而定。虽然邀请招标的组织工作比公开招标简单一些，但采用这种形式的前提是对投标人有充分了解，而且，由于邀请招标限制了充分的竞争，因此招标投标法规一般都规定招标人应尽量采用公开招标。

邀请招标的特点是：①招标不使用公开的公告形式；②接受邀请的单位才是合格投标人；③投标人的数量有限。

与公开招标相比，邀请招标具有如下优缺点。

1）缩短了招标有效期。由于不用在媒体上刊登公告，招标文件只送几家，减少了工作量。

2）节约了招标费用。例如，减少了刊登公告的费用、招标文件的制作费用、投入的人力等。

3）提高了投标人的中标机会。

4）由于接受邀请的单位才是合格的投标人，所以有可能排除了许多更有竞争实力的单位。

5）中标价格可能高于公开招标的价格。

三、第三方物流项目招标的程序

第三方物流项目招标的一般过程包括发布招标公告、招标文件的编制和发放，投标、开标、评标、定标、签订合同，如图3-9所示。

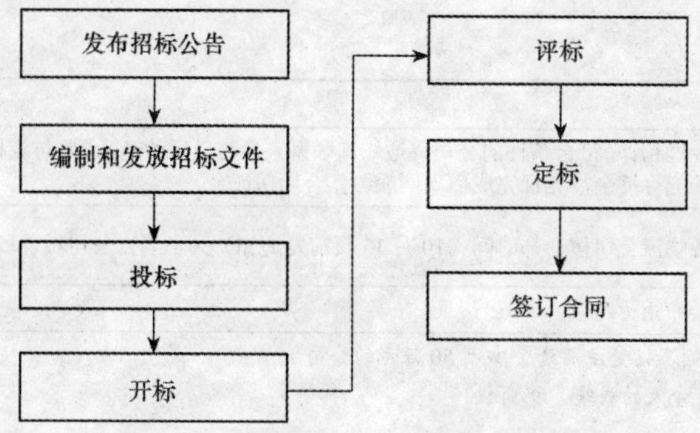

图 3-9　第三方物流项目招标的一般过程

1．发布招标公告

公开招标应当发布招标公告。招标公告应当通过报刊或者其他媒介发布。招标公告应当载明下列事项：①招标人的名称和地址；②招标项目的性质、数量；③招标项目的地点和时间要求；④获取招标文件的办法、地点和时间；⑤对招标文件收取的费用；⑥需要公告的其他事项。

对于公开的竞争性招标，一般要在投标开始前至少 45 天发布招标公告，即在国内外有影响的报刊上刊登招标广告或发布招标公告，邀请第三方物流服务提供者申请投标资格预审，或对不需资格预审的招标项目购买招标文件。

案例 3-17

关于王老吉药业 2014 年运输招标的通知

各运输承运商：

王老吉药业 2013 年销售业绩达成历史新水平，销售业绩的背后有赖于你们的物流服务，更有赖于你们的大力支持。而每年 12 月我们将提前作为新一年的开始，为明年做更好的准备。

2014 年王老吉药业运输量将比 2013 年有更大的提高，2014 年王老吉的招标工作拟在 9 月 15 日开始，我们诚意邀请贵公司参与我们 2014 年王老吉药业运输招标，为我们提供更优质、价廉的服务。

我们会发送运输承运商情况登记表、王老吉食品药品规格及报价表给贵公司。

招标时间安排如表 3-4 所示。

表 3-4　招标时间安排

日　期	事　项
9 月 15 日～9 月 25 日	1．各物流公司交（寄）单位基本数据，即法人授权书、企业营业执照、企业组织机构代码证、税务登记证、道路运输经营许可证、银行开户许可证、企业质量认证情况的复印件（需加盖贵公司红章）等，所提交文件必须保证真实性 2．准备竞标的演示数据，须用 PPT 制作，内容包括公司介绍，公司管理运作流程，针对王老吉产品运输的服务设置，人员及设备配置（软、硬件的描述）和项目负责人、联络人 3．服务承诺 4．报价表（全年价且含保险）

续表

日　期	事　项
9月25日～10月15日	经过初评，符合条件的公司将通知其联系人参与最后的竞标（参与竞标的公司需要交纳5000元的竞标押金，竞标完成后退回或缴作合同保证金）
10月15日～10月20日	各物流公司按通知时间（10月15日前发通知）到王老吉公司做现场演示并提交报价表
10月30日	公布招标结果

（根据管理规范本次招标不接受注册资金少于50万元的公司）

有您的支持，我们才有今天的成绩，祝商祺！

联系方式：

广　州　电　话：020-××××××××

　　　　传　真：××××××××

　　　　联系人：×××

　　　　邮　箱：××××××@yahoo.com.cn

北　京　电　话：010-××××××××

　　　　传　真：××××××××

　　　　联系人：×××

　　　　邮　箱：×××@ztb.org.cn

广州王老吉药业股份有限公司营销中心营运部

2013-9-15

案例3-18

广州中远物流公路运输业务招标公告

中国远洋物流有限公司是中国远洋运输（集团）、中远太平洋有限公司（恒生指数成分股，HK1199）合资组建的规模和实力居市场领先地位的现代物流企业，是我国最大的中外合资第三方物流企业之一。中远物流华南区域公司广州中远物流拟对属下公路运输业务进行招标，欢迎资质符合的公路运输企业参加投标。

一、招标线路

广州白云区大朗——广州、广东省主要城市，月总运量约10 000立方米（城市及运量详见招标书）。

广州开发区东区——广东省主要城市及全国部分城市，月总运量约10 000立方米（城市及运量详见招标书）。

二、投标单位资质要求

1）投标单位必须是依法成立并合法存在的企业法人，有权以自己名义从事公路运输业务，并能以自己的名义开具国家统一规定的运输发票。

2）注册资金100万元人民币以上。

3）自有营运车辆10部以上。

4）四证（营业执照、道路运输许可证、组织机构代码证、税务登记证）齐备。

5）已购买第三者责任险。

三、招标书购买时间

招标书购买时间为2013年8月28日～2013年9月1日。

四、购买地点

广州中远物流有限公司

广州市体育东路116～118号财富广场东塔30-32楼

联系人：×××

电　话：020-××××××××

五、标书售价

标书售价为100元/份（标书售出恕不退回）。

六、注意事项

1）购买标书时请带备《企业法人营业执照》、《税务登记证》、《道路运输经营许可证》、《组织机构代码证》等合法证件复印件和公司简介一份，资质不合要求的单位请勿扰。

2）投标单位报名时提交的证件复印件需加盖公章。

3）投标的具体时间和地点在我公司的《招标书》中明确。

2. 资格预审

（1）资格预审通告

招标人或招标投标中介机构可以对有兴趣投标的法人或者其组织进行资格审查，此时应当通过报刊或者其他媒介发布资格预审通告。资格预审通告应当载明下列事项。

1）招标人的名称和地址。

2）招标项目的性质、数量。

3）招标项目的地点和时间要求。

4）获取资格预审文件的办法、地点和时间。

5）对资格预审文件收取的费用。

6）提交资格预审申请书的地点和截止日期。

7）资格预审的日程安排。

8）需要通告的其他事项。

（2）资格预审的内容

资格预审的主要内容有以下几项。

1）投标人的基本情况。例如，企业的性质、组织机构、法人地位、公司章程、主要领导成员等，若为联合投标，对合伙人也要审查。

2）项目经验及业绩。主要考核投标人是否承担过类似标的项目的经验，投标人以往取得的成绩、获得的荣誉等。

3）财务状况。一般要求投标人提交近几年经审计过的财务报表，如资产负债表、损益表、过去几年的营业额、往来银行及由银行提供的信用状况资料、保险公司提供的保险证明信、上一财政年度的平均营运资金、向银行抵押贷款的能力、对未来两年财务情况的预测等。

4）人员及设备能力。这项内容主要包括企业技术人员、高级专家和管理人员及其他人员拟投入本项目的人员的基本情况，拥有的主要设备的类型、数量、能力等。

5）企业的信誉。主要审查已经履行及正在履行的合同情况和所完成项目的质量评定、企业的资质等级等。

6）其他方面。例如，招标人要求提供的其他方面的资料。

3. 编制和发放招标文件

招标人或者招标投标中介机构根据招标项目的要求编制招标文件。招标文件一般应当包括下列内容。

1）投标人须知。其目的是使投标者了解在投标活动中应遵循的规定和注意事项，内容包括：投标方式、投标的要求条件、有关投标程序方面的说明、投标者应遵循的规则及报价要求、附加说明等。

2）招标项目的性质、数量。

3）技术规格。招标文件规定的技术规格应当采用国际或者国内公认的法定标准。招标文件中规定的各项技术规格，不得要求或者标明某一特定的专利、商标、名称、设计、型号、原产地或生产厂家，不得有倾向于或排斥某一有兴趣投标的法人或者其他组织的内容。

4）投标价格的要求及其计算方式。

5）评标的标准和方法。

6）提供服务的时间。

7）投标人应当提供的有关资格和资信证明文件。

8）投标保证金的数额或其他形式的担保。

9）投标文件的编制要求。

10）提供投标文件的方式、地点和截止日期。

11）开标、评标、定标的日程安排。

12）合同格式及主要合同条款。

13）需要载明的其他事项。

招标人或者招标投标中介机构应当按照招标公告或者投标邀请书规定的时间、地点出售招标文件。招标文件售出后不予退还。除不可抗力原因外，招标人或者招标投标中介机构在发布招标公告或者发出投标邀请书后不得终止招标。

招标人或者招标投标中介机构需要对已售出的招标文件进行澄清或者非实质性修改的，一般应当在提交投标文件截止日期 15 天前以书面形式通知所有招标文件的购买者，该澄清或修改内容为招标文件的组成部分。

案例 3-19

深圳市 ZX 通讯公司 0311 国内公路运输年度招标文件

投标邀请书

深圳市 ZX 通讯股份有限公司（以下简称 ZX 通讯）是中国通信设备制造行业的上市公司，常年需与各类物流企业合作，采购国内国际海陆空运输。现以公开、公正、公平为原则，就“0311 国内公路运输年度项目”组织招标。

鉴于贵公司在行业内的良好声誉和相应实力，特邀请贵公司参加投标。

一、投标截止时间及投标地址

11 月 25 日下午 6:00 前快递或派人送达：深圳市科技园南区 ZX 通讯 A 座二楼招标部×先生。邮编：518057。（如派人送标，请放在 ZX 通讯大厦 A 座大厅前台）

二、须提交的投标文件及要求

1）投标书，须填妥经法人代表或经授权的代表人签字，加盖单位印章。要求正本1份，副本5份。

2）服务部分介绍要求正本1份，副本5份。

3）报价表，填妥经法人代表或经授权的代表人签字，加盖单位印章。单独密封，内附报价表Excel电子文档。要求正本1份即可。

4）廉洁共建协议书，经法人代表或经授权的代表人签名，加盖单位印章。

5）投标人认为有必要提供的其他资料。

三、招标方评标办法

第一，招标方根据项目特点成立评标小组，评标小组在评标时采取内部公开开标、公开评标的方法。评标内容包括以下部分。

（1）服务部分（评标权重约占30%，请按顺序提供详细资料，要求见项目信息及要求，请勿遗漏）

1）企业实力。

2）网点建设。

3）服务承诺和水平。

① 专门服务小组。

② 提货响应速度和手续。

③ 按要求时限承运（强制项）。

④ 信息跟踪反馈。

⑤ 司机管理。

⑥ 100%签单返回（强制项）。

⑦ 出险或其他异常情况、理赔处理措施。

⑧ 提供30万元的银行履约保函或履约保证金（强制项）。

⑨ 上一年度合作考核成绩。

（2）商务报价（评标权重约占70%）

第一，评标小组根据以上因素打分评定中标人，中标人为4家，每个片区1家，每个投标人至多中标1个片区。

第二，招标过程中，招标、投标双方可就投标产品及商务报价等请对方答疑。

第三，本项目为一次性密封报价，投标人的报价直接影响其中标机会，请各投标人谨慎报价。

第四，招标方一般在投标截止后10个工作日内，评定中标人并通知中标人，未中标人可能不被通知。

第五，对本项目，招标方不保证一定要接受价格最低的投标书，或一定要确定中标人。

四、投标注意事项

1）请按照招标文件要求投标，遗漏将直接导致评标扣分，严重的可能导致废标。如有任何其他建议，可另外列明。

2）要求用人民币报价。

3）须按招标文件要求的表格形式报价。

4）报价单必须单独密封，请用非透明包装统一密封并加盖骑缝公章，封面注明项目名称和收件人。

5）若投标人在投标后发现有错误，可用书面更正，该书面更正只要在投标截止时间前送达，便可被接纳。

6）投标人因投标活动所发生的差旅、办公、工本等相关费用均自行承担。

7）投标人应对涉及此项目的所有文件资料、信息严格保密。

8）投标人如放弃投标，请在收到招标文件的半个工作日内书面通知招标方。

9）中标人在签订合同时，若提出附加条件和不合理要求，招标方有权取消其中标资格，由此产生的一切责任由该中标人负责。

五、投标咨询

1. 业务需求咨询电话

质企中心计划部　0755　××××××××

2. 商务操作咨询电话

总裁办招标部　0755　××××××××

3. 相关说明

对招标和投标要件的咨询或澄清，招标方要求采用传真或电子邮件等书面方式，由招标部统一发出或收回。

4. 招标方工作时间

8:30～12:30，14:00～18:00；中午、周六和周日休息。

深圳市 ZX 通讯股份有限公司

20××年 11 月 19 日

项目相关信息和要求

一、项目相关信息

1. 运输内容

定标后 1 年内招标方深圳始发国内公路运输。

2. 预计年度运费总金额

预计年度运费总金额为 2400 万元人民币。全国范围共划分为 4 个片区，平均每个片区约 600 万元。

3. 深圳始发点

目前有南山科技园、莲塘鹏基工业区、布吉、西丽，根据货物的不同配置可能需在一个以上地点装车，如有新增始发点，招标方将另行通知，价格不再变化。

4. 目的地

国内各省的各级城市直至乡镇。并非所有网点均有运输任务或一定是最终运输目的地。招标方可能在少数货物的运输过程中，临时改变卸货目的地。

5. 各省份、省内运量、整车和零担预计权重

1）各片区省份发货预计权重表，如表 3-5 所示。

表 3-5　各片区省份发货预计权重

片　区	省　份	预计权重/%
一	北京	13
	河北	10
	黑龙江	13
	吉林	15
	辽宁	15
	内蒙古（东经 110°以东）	7
	山西	19
	天津	8
	小计	100
二	甘肃（含青海\宁夏）	13
	河南	19
	湖北	15
	湖南	15
	内蒙古（东经 110°以西）	8
	陕西	17
	新疆	10
	西藏	3
	小计	100
三	广西	14
	贵州	18
	四川	24
	云南	20
	重庆	24
	小计	100
四	安徽	15
	福建	8
	海南	3
	江苏	16
	江西	15
	山东	16
	上海	5
	浙江	8
	广东	14
	小计	100

2）省内运量预计权重：省会城市约占该省的 60%，其余报价点约占 40%。

3）整车零担预计权重：整车约占 45%，零担约占 55%。

二、服务要求

1. 对投标人操作实力和经验的要求

投标人应拥有足够的人员和设备，有操作国内公路运输的丰富经验，有良好的零担配载能力。

请提供企业的相关信息：员工人数、注册资金，办公面积、仓储面积、自有运输设备介绍，20××年深圳始发国内公路运费总金额，20××年至今合作中知名客户清单等。

注：本招标文件所要求提供的均为投标人公司的相关信息和数据，上级母公司、集团或合作伙伴的数据不得包含在内，否则一经发现，做废标处理。

2. 网点要求

国内网点覆盖全面，投标人总部对各网点的运作能有效控制；全部网点均能提供门到门的服务。请附表提交网点信息，格式如表 3-6 所示。

表 3-6 网点信息

网点		名称	与投标人关系（全资、合资、合作等）	详细地址	联络人	电话和传真	备注
省份	城市名						
黑龙江							
北京市							

3. 专门服务小组

投标人需配备能力和责任心强的业务、客服专门服务小组，选派技术好、责任心强的司机负责运送招标方的货物，以保证日常接货、运输、跟踪查询和应急处理的畅通及时。

4. 提货响应速度和手续

接到通知后两小时内到达提货地点，按招标方现场人员指挥进行装车，并办理书面交接手续。装完车后，整车立即发出，不得转交其他运输商承运或配载其他托运人的货物；零担货必须在 24 小时内发出。

5. 时限要求

按要求时限送达货物（时限如表 3-7 所示，即附件：报价表），不接受的做废标处理。

6. 信息跟踪反馈

招标方有权在任何时间获知货物在途情况和每单货物的到货信息。要求中标人每天至少两次登录招标方专用软件系统，反馈准确的货物跟踪信息。要求货物到达目的地的前一天中标人应与收货人联系，以备收货人接货。

7. 司机管理

要求有有效的司机管理系统，有稳定的司机队伍，建立有规范的司机档案管理。

8. 签单返回

原始送货单签单回收率达到 100%。

9. 出险理赔服务

货物在途出险后，中标人必须于第一时间通知招标方，并向当地有关部门报案，办理有关索赔单证。如由于索赔单证不齐全而造成招标方索赔失败，由中标人承担全部责任并赔偿损失。因不可抗力造成货物停滞，不论有无出险，中标人须于第一时间通知招标方，征询处理意见；如有必要，招标方可要求中标人在当地临时调车保证货物按时送达目的地。

10. 履约保证

诚信合作是双方合作的基本原则，如发现中标人在计重、结算等环节弄虚作假，取消其供应商资格，5 年内不再合作。为保证投标的规范和规避合同执行中招标方的风险，要求中标人提供30万元的银行履约保函或履约保证金（招标方不支付利息）。

11. 服务素质和态度

中标人的员工在与招标方客户接触时，必须注重维护招标方形象，不得与招标方客户发生争执。

12. 保密要求

双方合作期间及合作终止后，中标人必须严守招标方的一切相关机密，包括商业、技术、公司政策、客户名录、发货情况等。中标人如违反上述条款并给招标方造成严重后果的，包括直接或间接的经济损失、恶劣影响等，中标人必须承担由此而给招标方造成的一切损失。

三、车辆要求

1）承运招标方国内公路货物运输的整车标准车辆，必须是载重量为5000千克的半封闭或全封闭，有良好的防潮、防晒、防盗措施的车辆；整车的规格为货厢长（内径）7.5米，货厢宽度（内径）2.35米，货厢高度（内径）2.4米；整车的载货标准容积为36立方米。整车应按此车型报价。

2）必须提供完好、安全的车辆，承运招标方货物的所有车辆必须加装防盗网。

3）招标方有权对中标人的车辆状况进行检查，如不合格，可要求另派车辆。

四、投标商务要求和信息

1）上一年度参加过本项目投标的，本次报价水平不能高于上一年度投标价，否则做废标处理。

2）所有网点报价均为门到门的全包价格。

3）所有报价均不包含国内货物运输保险费，不含两头的装车费和卸车费。如到达目的地后，需招标方承担卸货费的，中标人办理相关手续，先予垫付，再向招标方报销。具体手续为：卸货费100元以下的，须由收货人在签收单上签字确认；卸货费超过100元的，中标人必须先知会招标方发货主管，得到招标方发货主管同意后方可操作。

4）到达时间从提到货开始计时，至收货人签收为止。

5）不设最低收费。要求设最低收费的，做废标处理。

6）对于零担货物，运费的结算体积=装车前实际体积，对于零担重货（蓄电池类），为便于结算，折算成计算体积计算，即1000千克=3立方米。对于整车重货（蓄电池类），则按5000千克为一整车。

7）对于整车货物，基本同线路至多个卸货点时，按最远卸货点的整车价格计算。对于整车货物偏离线路多点卸货的，如果卸车点多于3个（不含3个），招标方视实际情况，按每多一个点增加100～200元计算运费。

8）目的地为非报价点的，按该点所属县的价格结算。

9）投标人可根据自己的优势选择1～3个片区进行报价。

10）报价时，投标人必须对整个片区的所有网点报价，不得仅对该片区的部分网点报价，否则做废标处理。

五、违约处罚

1）中标人未能在接到招标方的发货通知后两小时内，没有特殊原因却不能及时到达，而影响招标方工作进度的，招标方按300元/次扣除中标人违约金。

2）中标人不能及时按招标方要求通报货运信息，或不能保证货运信息的连续性和准确性的，按300元/次扣除中标人违约金；如果中标人通报的货运信息出现假报、虚报，一经发现并证实，扣除中标人违约金500元/次。

3）中标人不得无故延迟到货的时间，否则招标方将从原定交货期后第二天起，按300元/天扣除违约金。由此造成招标方对客户违约、其他重大损失或恶劣影响的，招标方保留对中标人进一步处罚的权利。

4）中标人因配货不合理而给招标方货物造成损坏、交货时间拖延的，应赔偿招标方实际损失和由此造成的其他损失。

5）中标人不能及时向招标方提交上月设备签收单和运费清单，而影响招标方运费结算和财务计划的，按100元/天扣除违约金。

6）遗失收货人签字的签收单，每张扣 500 元，招标方有权视为货物遗失，扣除运费，并保留向中标人追偿货物实际损失的权利。

投 标 书

经审查ZX通讯招标文件，我方愿意按以下条款提供服务。

一、报价（人民币元）

详见附件报价表（报价表请单独密封）。

二、付款条件

月结，90天付款。（强制项，不能承诺者做废标处理）

三、提供发票

我方提供发票。

四、投标信息承诺

本次投标所提供的均为我公司的相关信息和数据，不含上级母公司、集团或合作伙伴的信息数据，来源真实。如有虚假，自愿接受招标方的任何处罚。

五、履约保证函

如我公司中标，将在签约时提供（请以√选）：

30万元的银行履约保证函

30万元的履约保证金

单位名称（盖章）：

单位法人代表或被授权代表签字：

日期：　　年　　月　　日

（如非法人代表签字，须附法人代表授权委托书）

廉洁共建协议书

甲方：______________________

乙方：深圳市ZX通讯股份有限公司

随着国内通讯行业的快速发展及ZX通讯逐步走向国际市场，ZX通讯的业务量成倍增长，ZX 通讯对各供应商在合作中的大力支持表示衷心的感谢。为建立一种更好的伙伴关系，规范双方的商务行为，为广大供应商建立一个公平、公正、公开的竞争环境，甲乙双方共同签署此《廉洁共建协议书》。

在此，甲方应对乙方做出如下承诺。

第一，在过去的商务活动中，是否有对乙方有关人员用礼金、回扣、礼品等形式进行贿赂活动。如果有，请向乙方陈述清楚，乙方将为甲方保密，并不影响与甲方的合作；如隐瞒类似情况，一经乙方审计部门查实，取消甲方供应商资格。

第二，在过去的商务活动中，乙方相关人员有无卡、拿、要、索贿等现象。如果有类似情况，请向乙方检举、揭发，乙方保证为甲方保密。

第三，严格遵守乙方对分承包人（供应商）的管理规定，接受乙方相关人员对甲方所供货物的技术监督和质量检查。

第四，遵守乙方的商务洽谈原则，决不与个别人员进行幕后交易。

第五，不向乙方相关人员提供任何形式的回扣、手续费、礼金、佣金、有价证券、礼品等，正当的扣款、返还款等应在合同中注明。

第六，不向乙方相关人员提供娱乐活动和任何形式的无偿服务。

第七，不以任何理由宴请乙方相关人员。

第八，不向乙方相关人员提供免费旅游及报销私人的飞机票、车船票等。

第九，对乙方相关人员在商务活动中出现的卡、拿、索要等违纪现象不予理睬并及时反馈给乙方审计部门。

第十，在商务活动中，甲方如违反了上述承诺，乙方可视情节轻重给予相应的经济处罚，直至取消供应商资格，并追究其法律责任。

本协议一式两份，双方各执一份。

甲方盖章：　　　　　　　　　　乙方盖章：

甲方代表签字：　　　　　　　　乙方代表签字：

日期：　　　　　　　　　　　　日期：

附件：报价表，如表 3-7 所示。

表 3-7　报价表

片区一：北京、天津、河北、山西、黑龙江、辽宁、吉林、内蒙古（东部）						
序号	到站地名		整车		零担	
	省（直辖市）	市（县）	报价/（元/车）	到站时限/天	报价/（元/立方米）	到站时限/天
1	北京市	东城区		4		5
2	北京市	西城区		4		5
3	北京市	朝阳区		4		5
4	北京市	海淀区		4		5
5	北京市	大兴区		4		5
6	北京市	昌平区		4		5
7	北京市	丰台区		4		5

续表

序号	到站地名		整车		零担	
片区一：北京、天津、河北、山西、黑龙江、辽宁、吉林、内蒙古（东部）						
	省（直辖市）	市（县）	报价/（元/车）	到站时限/天	报价/（元/立方米）	到站时限/天
8	北京市	门头沟区		4		5
9	北京市	房山区		4		5
10	北京市	通州区		4		5

片区二：湖南、湖北、河南、陕西、甘肃、宁夏、青海、新疆、内蒙古（西部）、西藏

序号	到站地名		整车		零担	
	省（直辖市）	市（县）	报价/（元/车）	到站时限/天	报价/（元/立方米）	到站时限/天
1	湖南省	长沙市		2		3
2	湖南省	浏阳市		2		3
3	湖南省	长沙县		2		3
4	湖南省	望城县		2		3
5	湖南省	宁乡县		2		3
6	湖南省	株洲市		2		3
7	湖南省	醴陵市		2		3
8	湖南省	株洲市		2		3
9	湖南省	炎陵县		2		3
10	湖南省	茶陵县		2		3

片区三：云南、贵州、广西、四川、重庆

序号	到站地名		整车		零担	
	省（直辖市）	市（县）	报价/（元/车）	到站时限/天	报价/（元/立方米）	到站时限/天
1	云南省	昆明市		3		6
2	云南省	安宁市		3		6
3	云南省	富民县		3		6
4	云南省	嵩明县		3		6
5	云南省	呈贡县		3		6
6	云南省	晋宁县		3		6
7	云南省	宜良县		3		6
8	云南省	禄劝县		3		6
9	云南省	石林县		3		6
10	云南省	寻甸县		3		6

片区四：江西、福建、江苏、浙江、上海、安徽、山东、海南、广东（另表）

序号	到站地名		整车		零担	
	省（直辖市）	市（县）	报价/（元/车）	到站时限/天	报价/（元/立方米）	到站时限/天
1	江西省	南昌市		2		3
2	江西省	新建县		2		3
3	江西省	南昌县		2		3
4	江西省	进贤县		2		3
5	江西省	安义县		2		3
6	江西省	景德镇市		2		4
7	江西省	乐平市		2		4
8	江西省	浮梁县		2		4
9	江西省	萍乡市		2		3
10	江西省	莲花县		2		4

续表

片区四：广东						
序号	到站地名		整车			
	省（直辖市）	市（县）	1.5 吨车/（元/车）	3 吨车/（元/车）	5 吨车（即其他区域标准车，元/车）	到站时限/小时
1	广东省	广州市				8
2	广东省	花都市				9
3	广东省	番禺市				8
4	广东省	从化市				9
5	广东省	增城市				9
6	广东省	深圳市				3
7	广东省	珠海市				6
8	广东省	斗门县				6
9	广东省	汕头市				12
10	广东省	澄海市				12

4. 接受投标文件

招标文件要明确规定投标文件的投送地点和期限，如从招标公告或投标邀请书发布之日到提交投标文件截止之日，一般不得少于 30 天。投标人送达投标文件的，招标单位应检验文件是否密封和送达时是否符合要求，合格者发给回执，否则拒绝或作为废标。投标书递交后，在投标截止期限前，仍允许投标者通过正式函件调整报价及进行补充说明。

5. 开标

开标应当按照招标文件规定的时间、地点和程序以公开方式进行。开标由招标人或者招标投标中介机构主持，邀请评标委员会成员、投标人代表和有关单位代表参加。投标人检查投标文件的密封情况，确认无误后，由有关工作人员当众拆封、验证投标资格，并宣读投标人名称、投标价格及其他主要内容。投标人可以对唱标做必要的解释，但所做的解释不得超过投标文件所记载的范围或改变投标文件的实质性内容。开标应做记录，存档备查。

6. 评标与定标

评标应当按照招标文件的规定进行。招标人或者招标投标中介机构负责组建评标委员会。评标委员会由招标人的代表及其聘请的技术、经济、法律等方面的专家组成，总人数一般为 5 人以上的单数，其中受聘的专家不得少于 2/3。与投标人有利害关系的人员不得进入评标委员会。评标委员会负责评标。评标委员会对所有投标文件进行审查，对与招标文件规定有实质性不符的投标文件，应当宣布其无效。

评标委员会可以要求投标人对投标文件中含义不明确的地方进行必要的澄清，但澄清部分不得超过投标文件记载的范围或改变投标文件的实质性内容。评标委员会应当按照招标文件的规定对投标文件进行评审和比较，并向招标人推荐 1～3 个中标候选人。

招标人应当从评标委员会推荐的中标候选人中确定中标人。中选的投标者应当符合下列条件之一。

1）能够最大限度地满足招标文件中规定的各项综合评价标准。

2）能够最大限度地满足招标文件的实质要求，并且经评审的投标价格最低（但是投标价格低于成本的除外）。

案例 3-20

第三方物流服务供应商的评估

1. 考察

在对第三方物流服务供应商考察前，需要详细制定考察项目，表 3-8 是一个实例。

表 3-8　第三方供应商考察表

物流操作系统（仓储运输）	（1）MRP　（2）ERP　（3）SAP　（4）DRP　（5）其他
操作系统是否可以与 SAP 系统对接	（1）可以　（2）不可以　（3）定时　（4）即时
公司专职 IT 人员数目	（1）1～3 人　（2）4～5 人　（3）6～10 人　（4）10 人以上
是否拥有自己的网站	（1）拥有　（2）没有
是否已具有网上即时查询、下单功能	（1）已具有　（2）没有
目前仓储管理、运输管理系统功能	
持有危险品上岗证的操作人员数目	（1）3 人以下　（2）3～10 人　（3）11～20 人　（4）20 人以上
危险品管理运作时间	（1）1 年　（2）2～3 年　（3）3 年以上
产品出入库拣配管理	（1）库位管理　（2）货架管理　（3）过渡区管理　（4）其他
不同客户出库产品识别办法	（1）条形码扫描　（2）喷码　（3）人工记录　（4）其他
仓库是否做到“先进先出”	（1）已做到　（2）没做到
仓库的单据、报表统计方法	（1）系统生成　（2）人工统计
库存物资盘点方法	（1）盲盘　（2）明盘　（3）按批号盘点　（4）按位置盘点 （5）全盘　（6）抽盘
出库产品追溯方法	（1）货卡记录　（2）出库记录　（3）扫描记录　（4）其他
目前出入库操作准确率	（1）90%以下　（2）91%～95%　（3）96%～98%　（4）99%～100%
在招标的地区是否有运作仓库	（1）有　（2）没有
仓库安全防护措施与库存物资差异处理方法	
具有危险品运输许可证的车辆	（1）10 辆以下　（2）10～20 辆　（3）21～50 辆　（4）50 辆以上
实际业务操作使用社会化车辆比率	（1）20%以下　（2）20%～30%　（3）31%～50%　（4）50%以上
利用社会车辆的控制方法	（1）临时协议　（2）固定协议　（3）合同
运输分包商运输等级	（1）三级　（2）四级　（3）五级　（4）暂无级别
运输分包商是否具有危险品运输许可证	（1）已具有　（2）没有
运输业务的跟踪方法	（1）GPS　（2）网络　（3）手机　（4）其他
目前运输到达及时率	（1）90%以下　（2）90%～95%　（3）96%～98%　（4）98%以上
跨省送货单据返回时间	（1）3 天以内　（2）3～7 天　（3）8～14 天　（4）15～30 天
处理货损货差的索赔时间	（1）当场赔偿　（2）2 天内　（3）1 周内　（4）1 月内
异常情况处理响应速度	（1）0.5 小时内　（2）0.5～1 小时　（3）1 小时以上
目前招标的地区是否已有配送业务操作	（1）有　（2）没有
对于分包运输商的具体控制办法	

2. 评估

对于第三方物流的评估，需要根据项目的情况与要求制定评估办法。一般包括财务实力和稳定性、管理深度、业务经验、运作质量、发展和合作潜力、运输与仓储硬件及系统等。表 3-9 和表 3-10 是一个实例。

表 3-9　技术标的评价标准

评价项目	权重	内　容
财务实力和稳定性	9	（1）注册资金（2）近3年平均营业额（3）近年是否赢利
管理深度	15	（1）物流项目（仓储与运输）管理能力（2）主要项目人员的资质（专业组成、胜任能力、管理经验）
业务经验	7	服务范围（运输、仓储）
	7	业务深度（物流管理）
运作质量	7	目前项目的运作质量
发展与合作潜力	7	是否符合发展要求
运输车辆	10	数量
	10	适用性
仓库	10	安全性
	9	适用性
系统	2	硬件
	2	软件
	5	人员

表 3-10　某投标公司的考察与评分

考察项目	考察前评价内容与评分			现场考察内容与评分			投标方提供的数据（供考察比较）
	内容	权重	平均得分	要点与拟提出的有关问题	权重/%	评分（1～5分）	
财务实力和稳定性	（1）注册资金	2		资产净值是多少 近年业务的增长率 盈利能力如何 注册资金多少 其他表明财务实力与稳定性的证据	9		220万美元 5000万人民币
	（2）近3年平均营业额、业务增长率	4					
	（3）近年是否赢利	3					
管理深度	质量保证体系	4	3	ISO 9000证书的校对，实际运作是否有运输、仓储服务质量的监控与改进措施 运输、仓储管理制度是否健全、执行情况如何管理人员的专业经验、学历	4		
	改进体系	3	3		3		
	管理制度	4	4		4		
	人员资质	4	3		4		
业务经验	服务范围（运输、仓储）	7	3	是否有运输、仓储及第三方物流的能力与经验业务的层次方面，对业务仅仅是操作性的，还是具备良好的管理与监控能力	7		
	业务深度（物流管理）	7	4		7		
运作质量	目前项目运作的质量	7	3	目前运作质量与同行业的比较，是否有表明本企业运输、仓储等相关服务与运作质量的证据	7		
发展与合作潜力	企业的发展是否符合招标公司的发展要求	7	3	公司的物流联盟理念 公司发展是否充分考虑物流服务需求方的要求，如网点、管理能力、战略联盟等	7		
运输车辆	数量	10	2	自有车辆有多少（出示有关资料，如司机名单、保险单） 这些车辆是否适合，外协车辆多少，外协的管理（供应商选择与管理）	10		自有15辆，外协1500辆
	适用性	10	3		10		

续表

考察项目	考察前评价内容与评分			现场考察内容与评分			投标方提供的数据（供考察比较）
	内容	权重	平均得分	要点与拟提出的有关问题	权重/%	评分（1～5分）	
仓库	安全性	10	3	仓库的地理位置 仓库面积大小与可扩展性进出交通情况、仓库结构、库房高度等 机械设备 仓库管理系统 防水、防火、防盗 全国各地的网络分布	19		浦西 1万平方米
	适用性	9	3				
系统	硬件	2	3	计算机数量，是否有通讯系统、服务器 是否有 WMS、运输调度系统公司 IT 人员的资质	2		
	软件	2	3		2		自行开发的系统
	人员	5	3		5		
总分			274		100		

要求：① 重点考察本项目可提供的仓库和运输车辆。

② 考察该公司目前运作的仓库和运输车辆。

③ 拜访该公司总部或上海分公司。

④ 对标书中有疑问处进行检查。

评分标准：1——很不满意，2——不满意，3——基本满意，4——满意，5——很满意。

7. 签订合同

招标人或者招标投标中介机构应当将中标结果书面通知所有投标人。招标人与中标人应当按照招标文件的规定和中标结果经谈判后签订书面合同。

案例 3-21

中标公告：惠尔、宝供物流成功中标深圳华孚控股有限公司运输项目

深圳华孚控股有限公司运输招标工作于日前结束，惠尔物流和宝供物流成功中标。具体为惠尔物流中标余姚、上虞两条专线，宝供物流中标缙云、金华、宁波、宁海4条线路。

案例 3-22

物流项目招标组织程序

某物流项目招标组织程序如表 3-11 所示。

表 3-11　某物流项目招标组织的实例

工作目标	工作内容
项目确定投标邀请	召开招标碰头会
	对各公司进行调查
	准备初步邀请名单
	起草招标文件初稿，包括给投标方的邀请函
	制定预审评价标准，评标小组讨论通过
	发出邀请函
预审	投标候选人递交以下各类证明。 1）营业执照、税务登记证、专业证书、委托代理证书。 2）其他能证明合同履行能力的材料
	预审潜在投标方，筛选竞标者。 筛选标准包括法人资格、经验、技术竞争力、合同履行能力
发标书	发出招标书与合同文本
交标书	递交投标书（技术标）
评标过程控制	评标标准包括以下几个。 1）所有的投标将由招标小组进行公开评估。 2）评标要符合招标要求，如法人资格、合同履行能力等。 3）评标要在公开、公平、公正、可信赖的原则下进行。 4）评标要审慎地进行
技术标评审	专业化评审、评审小结
现场考察	分别对预审合格公司进行现场考察
	评分及小结
候选人陈述	投标方对投标书陈述及交纳押金
定标	招标小组决定中标方
合同的签订	通知、商洽并与中标方签订合同
业务交接准备	检查仓库设施、系统；进行人员培训
业务交接	办理业务交接手续

四、第三方物流项目投标的一般程序

1. 参加投标的一般程序

参加投标的一般程序如图 3-10 所示。第一步，获取信息。第二步，登记并购买招标文件。第三步，准备投标文件（分商务及技术两大部分）。第四步，开出保函和银行资信函。第五步，送交投标文件，并参加开标。第六步，对招标人提出的疑问进行澄清应答。第七步，若中标，则准备签约。

投标人在购买了标书之后，立即做标，即按标书中所列项目填上分项价格和总价，一般称为报价。报价是投标工作的中心环节，也是投标人中标的关键。无论哪一种项目的招标，报价时应共同注意以下事项。

1）熟悉标书的内容。对各项具体规定都要弄清楚，对于不清楚、不理解的部分可以向招标单位询问。

2）标书的编制须严格按照文件规定进行，要建立在科学的分析和可靠计算的基础上，要能比较准确地反映项目的“标的”，高了不利于竞争，低了又难以取胜，力争做到恰如其分。

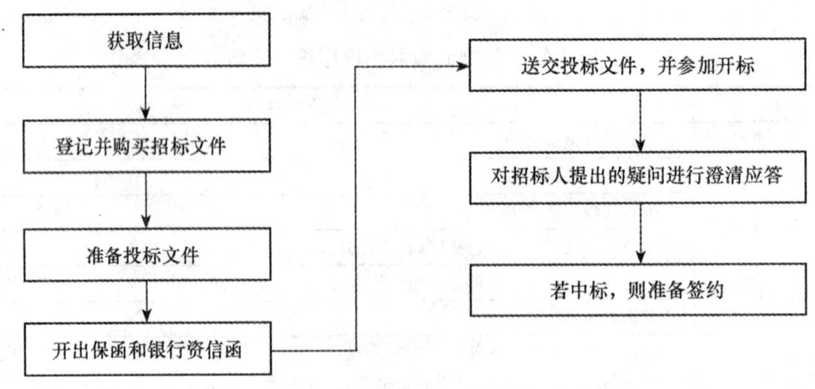

图 3-10 第三方物流项目投标的一般过程

3）标书的编制是一项政策性、技术性、专业性很强的工作，除了投标要及时、计算要准确之外，还要注意大多数项目的投标程序和背景，在办理各项烦琐的投标手续的同时，还要研究该项目的复杂性，要视具体情况制定竞争策略（包括适当调整报价）。

4）组成一个投标报价的业务班子。在班子成员中，既要有驾驭全局的主要负责人，又要有懂技术、财务管理、商务及法律等方面人才。因为投标从资格预审直到签订合同是一个全过程。在这个过程中，保持各个阶段的连续性，全面周到地考虑各种问题，对维护投标人的切身利益具有相当重要的作用。对于企业承包的招标，这个班子也就是中标后的项目管理班子。

2. 投标中应注意的几个问题

（1）明确投标目的

若投标是为创经济效益，投标前应详细地计算成本、开支、利润等，对大的项目、时间拖长的项目，还应将风险计算进去；将不利的因素统统计算之后，看是否投这个标。

（2）投标操作中应注意的问题

1）商务方面。

① 应从多渠道获得信息，包括概算、第三方物流项目的主要指标等。

② 开标前与项目单位、招标单位进行必要的接触，了解他们的需要。

③ 要正式购买招标书，并以购到的招标书中的指标来准备投标。

④ 在开保函方面，开户行级别、金额、天数等应合格。

⑤ 投标人应严格按照标书规定，做出合格的投标书。投标书由投标文件和资格文件组成。投标文件包括投标书格式函、投标保函、投标价格、技术响应书（对应招标书的技术规格要求）、正式样本（指印刷的样本）及试验报告（如果要求的话）。资格文件包括关于（投标单位）资格的声明函、证书和申请人银行出具的资信函。

⑥ 投标书正本一份，副本数份（如标书有规定）。投标书需要签字并盖章，每页都需要小签。

2）技术方面。

① 应达到招标书中各项指标的要求。

② 争取邀请用户进行考察。

③ 标书中的特殊要求应当得到满足。

④ 应交代物流设施的情况。

⑤ 对提供的物流解决方案做出必要的解释。

单项实训四

物流项目投标情境实训

在项目2单项实训三中，胡飞和海东合伙成立的五湖四海物流运输配送有限公司运作良好，他们打算继续拓展新的物流业务。假定你是该公司销售部业务员，请你上中国物流招标网（http://www.clb.org.cn），注册为会员。在这一网站的招标公告中寻找适合公司营运的物流项目，并按招标书的要求，准备一套投标材料。

要求：

1）严格按照招标文件要求分析客户需求。

2）整合公司内外资源制定大致的服务方案。

3）按招标文件要求制作初步的投标书。

4）完成时间：课后两周。

任务五 第三方物流方案设计

【任务描述】 要求学生理解物流方案的含义，分清方案的类别，掌握物流方案包含的主要内容，并能针对具体的物流服务项目需求设计适合的物流营运方案。

一、物流方案的含义与种类

1. 物流方案的含义

物流方案是从事物流活动的物流项目和物流运作的总称。它有两层含义：一是指某个具体物流活动形成的物流运作模式，如受客户委托，从事某产品具体物流活动而做出的规划和实施计划，或针对物流市场中的目标市场做出的面向社会的物流运作模式；二是指解决物流活动问题的方法和具体运作的描述而做出的标准业务操作流程（standard operator program，SOP）和具体规划等。

物流方案是针对客户物流需求而做出的物流服务的承诺、方法、措施及建议，既是计划书，又是可行性报告，更是作业指导书。物流方案具有目的性、系统性、专业性等特点。

2. 物流方案的种类

物流方案主要有3种：一是由客户企业进行物流服务招标，第三方物流企业投标而形成的物流方案；二是客户企业提出具体的物流服务要求或者物流服务意向，第三方物流企业通过分析这些具体要求和意向，针对客户的物流实际情况进行策划和设计的物流方案；三是第三方物流企业在研究物流市场时，自己发现物流市场机会，经过充分论证和实际考察，逐步形成一个具体的社会物流方案。其形式主要有物流项目建议书、投标书与合同、物流方案设计报告、物流园规划方案等。

（1）项目建议书

物流项目建议书是一种简单的物流方案，它是在客户的物流服务的框架要求之下所做出的关于基本上能满足物流服务要求的思想、初步的服务承诺、服务模式，以及能达到承诺所具有的服务优势、初步的服务报价等。项目建议书是进行物流商务拓展的重要措施之一。

案例 3-23

物流项目建议书提要

某物流项目建议书提要如图 3-11 所示。

五菱汽车有限责任公司柳州机械厂
供应链改造项目建议书

一、前言
二、柳州机械厂现行物流状况分析及改进方向
三、项目总体规划
四、项目效益分析
五、项目的实施
六、柳州机械厂的供应链长远发展战略
附录：柳州机械厂物流信息化规划

图 3-11　某物流项目建议书提要

（2）投标书与合同

大型客户选择第三方物流服务供应商时，一般会采取物流服务项目招标的方式。在招标书中，客户企业会提出详细的服务要求，如服务水平、服务质量、服务价格、服务建议、物流企业资质等。参加投标的第三方物流企业在经过详细分析、研究和评估招标书的内容后，制作物流服务投标书，这种投标书及中标后签署的合同，也是一种物流方案。

（3）物流方案设计报告

物流方案设计报告是针对工商企业的物流需求而设计的解决方案。这种方案针对性强、富有个性，能满足具体企业的物流需求。我国的许多企业大多数都具有一定的物流资源，它们在需要物流服务时，往往寻找具有一定规模和水平的第三方物流企业，并向第三方物流企业详细说明物流服务要求，由第三方物流企业和客户企业联合组成物流方案设计小组。方案设计小组主要由第三方物流企业负责，客户企业负责全力配合、提供相关资料和数据，经过方案设计小组人员多次协商研究后，做出客户企业物流方案建议书。物流方案建议书经过客户企业认可后，物流方案设计小组再进行技术细节设计，最后完成客户企业物流方案。

（4）物流园规划方案

物流园是一个地域概念，即选择某一地区，在此地区内规划各种物流基础设施，如集装箱堆场、仓库、保税仓、冷库等，吸引第三方物流企业进驻。物流园是多家第三方物流企业在某区域的集中布局的场所，由物流园的主办者进行经营管理。物流中心既是一个企业概念，又是一个地域概念；物流中心既可由一个物流企业经营管理，也可由数个物流企业经营管理，物流中心面向社会，为广大客户提供全面的综合物流服务。对物流中心的规划设计也是一个物流方案。

二、物流方案的内容

1. 物流方案的基本内容

物流方案是物流服务供应商提出的物流服务解决方案，客户提出的物流服务要求不尽相同，而且客户的产品或商品又千差万别，因此物流方案的形式和内容也不尽相同。为了满足客户物流服务个性化要求，为客户量身定做物流解决方案，提出的物流解决方案必然各有自己的特点。但从总体看，各种物流方案都是为提供合理的、低成本、高效率的物流服务而做出的，各种方案必有共性，即共同的基本内容。一般来说，其基本内容有以下几个部分。

（1）方案的基本目标

所有的物流解决方案都要以客户需求为中心，全心全意为客户服务，以与客户结成战略合作伙伴为宗旨。因此，在这一部分，应该把解决的具体目标阐述清楚，指明物流服务范围，做出物流服务承诺，并提出为达到承诺而采取的措施。使客户对方案的全貌有大致了解。

（2）资源与优势介绍

第三方物流企业给客户设计物流方案，必须把自己企业的资质、物流资源、物流服务优势等在方案中介绍清楚，使客户对第三方物流企业有深刻认识。例如，已有的车队、仓库类型、仓库数量、信息系统、管理团队、整合社会物流资源的能力、服务经验、已作过的成功案例等。这部分内容也是服务承诺实现的基本条件。

（3）物流服务模式

物流解决方案的核心是物流服务模式设计，对物流服务两个主要环节仓储与配送管理、运输方式及优化要进行详尽说明。一般可将物流服务模式分为几个主要环节，对这几个主要环节的业务流程、优化方法、控制手段、管理方式进行描述，使物流方案更加明确、更加细致、更加具有可操作性。在表达方式上，可以采用流程图加以说明。可以设计多种方式供客户选择。

（4）物流信息服务模式

充分利用IT技术，建设物流信息网络，是提供高水平、低成本物流服务的基础。物流信息服务模式主要根据客户的物流需求而定，以实用、节约为设计原则。如果客户不要求高水平的动态实时监控，就没有必要设计GPS、MIS（management information system，管理信息系统）等高水平的信息系统，否则，可能会造成巨大投资，从而提高物流成本。

（5）服务报价

对物流方案的每个环节，要给予详尽的服务价格说明。常见的报价方法有以下几种。

1）成本加利润。对每个环节的物流运作成本需要详细列出，分析要细致、准确。然后根据成本加上合理的利润给出服务报价。

2）根据市场行情给出报价。

3）根据经验报价。

服务价格在物流方案中占十分重要的地位，要谨慎对待。

（6）物流服务建议

好的物流方案，不但能满足客户提出的物流服务需求，而且能提出许多有益的建议，使物流服务成本进一步降低，服务效率进一步提高。第三方物流企业是专业的物流公司，在为客户提供物流服务时应有自己独特的技术和方法，这些内容可以以建议的形式提出，供客户选择。有些建议可能附加一些其他条件，有些客户不一定具备，需要客户加以斟酌。

（7）结束语

简单的结束语可以概括物流服务理念，表示进一步真诚合作的思想。

2. 物流方案的基本格式

物流方案的基本格式包括以下方面。

1）前言。介绍方案形成宗旨、服务承诺、本企业优势和成功的客户物流服务。

2）报价。按客户要求提出总体报价、分项报价及特殊操作费率等。

3）分环节方案设计。例如，运输方案、仓储方案、物流信息方案等，这部分是方案设计重点。

4）服务组织。介绍服务方案的组织机构、各类人员素质水平等。

5）服务质量。设计的服务质量保障体系，应使客户感到放心。

6）附录。

3. 物流方案的设计要求

一个具体的物流方案应达到这样的要求：对客户服务质量做出明确的承诺，对项目操作的技术经济可行性进行详细的分析论证；设定各业务环节的质量标准，形成标准化的业务流程，成为对具体业务环节操作的指导书；方案应成为与客户结成战略合作伙伴的基础。

三、物流方案的设计

1. 物流方案策划

在进行物流方案详细设计之前，一般先进行物流方案策划。物流方案策划是指在物流方案提案的基础上，全面提出物流方案的目标和达到方案目标的条件、办法、前提，然后进行总体规划，做出初步可行方案，通过对可行方案比较筛选，最后形成总体规划方案。

物流方案策划的程序如图 3-12 所示。

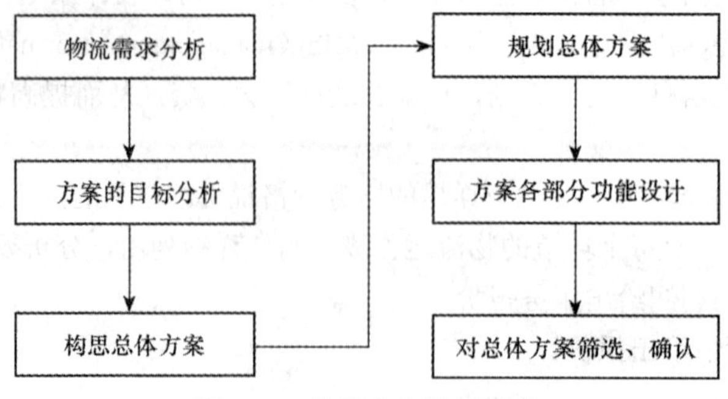

图 3-12　物流方案策划程序

2. 物流方案设计的原则

优秀的物流方案是针对某一物流需求而设计的，包含了物流理念、运作标准、服务质量及服务成本等各环节，这些环节形成了一整套独立的系统。因此，物流方案设计应遵循以下基本原则。

（1）目的性原则

物流方案设计的目标是追求方案实施后的物流总成本最小、客户服务质量高、总库存最少及运输时间短、配送及时、物流信息服务及时等。由于物流服务成本与服务质量之间存在“二律背反”关系，因此方案设计的根本目标就是要在低的总物流成本下达到高水平的服务质量。

（2）系统性原则

物流方案设计应遵循系统工程的集成与分解相结合的原则。集成是从局部到整体自下而上资源信息集中的过程，强调物流的整合性和一体化特征。方案的分解是从整体到局部、由上到下的过程，强调在物流方案全局战略规划和决策的前提下，通过物流方案目标分解来实现物流资源的合理配置，实现各环节的具体目标。要注意的是，各环节最优并不等于整个方案最优。集成与分解是相互依赖、相互促进、不断交互的关系，共同实现方案的优化设计。

（3）精炼化原则

将优良的物流资源和物流流程精炼化也是物流方案设计的原则。精炼化原则通过删除不能增值的环节、设计适宜的流程、选择合理的分包商，实现强强联合，集中精力致力于各自的核心业务，使设计的物流方案功能完善、灵活高效、反应快速。但是，精炼化不是简单化，而是避免设计的庞杂，抓住重点、突出重点、掌握要领。

（4）创新性原则

物流方案设计本身就是创新思维的产物，作为一种新型的管理模式，物流方案设计要坚持创新性原则。在设计方案时要突破陈规、大胆质疑现有的物流管理办法，采用新的、先进的物流技术，从新的角度和新的视野审视原有的物流模式和体系，进行创造性的创新设计。

3. 物流方案设计程序

物流方案设计程序如图3-13所示。

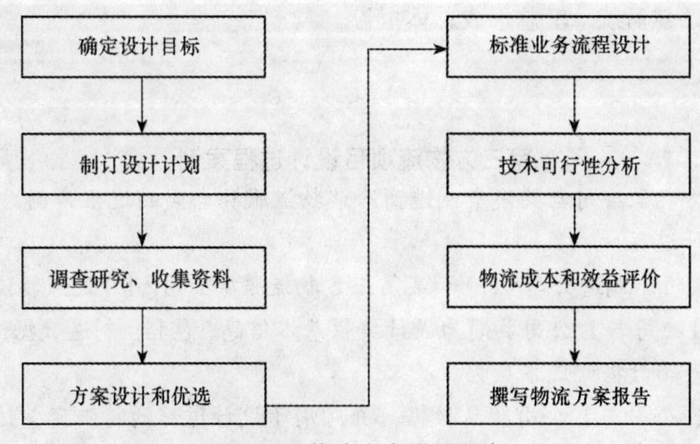

图3-13　物流方案设计程序

（1）确定设计目标

根据客户企业要求，确定物流方案设计的具体目标和要求。

（2）制订设计计划

落实设计人员，确定设计负责人，研究和制订工作计划和安排实施进度，将设计任务分解并落实到人，制定出详细的设计计划和实施方案。

（3）调查研究和收集资料

方案设计组在了解清楚客户物流需求的基础上，拟订调研提纲和计划。方案设计责任人负责组织有关技术人员赴现场实地调研，收集和整理各种有关数据和资料。调研工作非常重要，只有非常清楚地了解物流现状和要求，才能设计出好的解决方案。

（4）方案设计和优选

根据方案策划书，结合市场环境和调研资料，在对客户的物流现状分析前提下，提出若干可供选择的设计方案并对其进行比较和评价，从中选择、推荐出最佳的设计方案。

对设计方案有重大影响或有争议的问题，要同客户企业共同讨论确定。

（5）标准业务流程设计

标准业务流程设计包括整个物流业务所经历的所有流程。整体业务流程是指各环节业务流程的总和及其之间的逻辑关系，用一张清晰的流程图表示。分业务流程，如仓储业务流程、配送业务流程、运输业务流程等除用流程图表示外，还要附详尽的说明，使之成为各业务操作人员的操作标准。各种物流方案的不同，主要体现在SOP的不同上。

（6）技术可行性分析

对物流方案涉及的物流技术，尤其是自主创新设计的物流模式，要进行技术可行性分析论证，必须保证设计的方案在技术上是可以实现的。

（7）物流成本和效益评价

物流成本和效益评价又称物流方案的经济可行性分析。在设计物流方案时，对方案涉及的成本要认真估算，涉及的投资要在完成任务的前提下最小化。按物流方案运作所需要的成本标准，对各部分进行成本分解测算，然后综合各部分的成本进行整个物流方案成本估算。对经济上不可行的方案需要重新设计。

（8）撰写物流方案报告

在对物流方案进行技术和经济分析评价后，方案负责人组织设计组的成员分别编写详细的物流方案报告，然后统一汇总形成总体报告。

案例3-24

第三方物流项目设计过程案例

以某第三方物流公司与某汽车制造商洽谈物流服务合同的过程为例，说明物流服务项目的一般设计过程。

第一步，某汽车制造公司（G）和某第三方物流服务公司（L）达成物流项目的目标。

第二步，G公司与L公司共同为设计提供基本信息。包括：制造数据；零部件数据；包装信息；生产率数据；成本数据。

第三步，G公司与L公司确认数据，并对用于设计过程的特殊变量达成共识。

第四步，L公司的管理层根据上述数据与信息，用L公司的资源设计出几套方案。

第五步，G公司与L公司审阅设计，并根据要求做出修改。例如，收货路线、收货顺序、时间计划（起始时间）、按千米计算的运费和运行距离、装货规则、货物堆放规则、现场外的存储需要、排序与计量、货架回收问题。

第六步，L公司做出下列系统报告：挂车图；线路计划；设备使用表等。

第七步，G公司与L公司对最初可选的物流设计进行评估，在生产控制、物流和采购方面得到认可。

第八步，L公司投入资源进行物流设计。主要包括：拖挂车；栏杆；司机安排；人员安排；购买服务等。

第九步：L公司做出详细的作业计划。主要包括：每一条线路的计划；交接计划；原材料物流与销售物流的集运中心标准工作程序；标准转轨工作计划；挂车提供计划。

第十步，L公司提供各种方案的价格比较，包括资金需求。

第十一步，L公司获得G公司最后的认可，做出实施的时间计划。

第十二步，L公司通知所有参与物流系统实施的部门，组成工作组。

案例3-25

企业物流方案设计应用案例

本案例是由某大型工业企业与某物流企业合作完成的。由双方组成的工业物流方案组共同设计了此企业物流方案。本案例说明了如何进行企业物流方案设计，又给出了企业物流方案设计的最终结果。

一、总论

1. 公司甲与公司乙物流合作的必要性

（1）公司甲与公司乙的物流合作背景

现代物流在生产制造企业中是“第三利润源泉”，其提高效率、降低成本的作用已经得到各国生产销售企业的公认。发达国家对于企业物流的研究和运作起步较早，现在已经发展到供应链管理阶段。我国引入物流时间不长，但已取得了长足的进步。海尔物流在海尔公司发挥的作用有目共睹，现在海尔也在积极寻求合适的第三方物流服务商。

我国汽车制造企业如一汽、上汽等都在积极推进物流管理，并已取得实质性的进展，他们组建的第三方物流公司正在按现代物流的要求，有效地运作管理物流业务，提高企业生产效率和产品竞争力。

公司乙清楚地认识到本公司物流存在的问题，邀请具有丰富物流管理理论和实践经验，具有实力的物流公司甲对自己的物流进行诊断，提出整合公司乙物流资源的模式，设计其物流运作方案。

（2）公司乙的物流现状

公司乙的物流可分为供应物流、生产物流、销售物流和回收物流四大部分。生产物流指原材料和零部件进入车间后，由生产流程和工艺流程所决定的物流，生产物流目前比较先进，MRPII（manufacturing resource planning，制造资源计划）的应用使公司乙生产物流提升到了一定高度，保证了产品的质量和生产效率；其他三部分物流相对落后，阻碍了公司乙生产力的进一步提高。

公司乙的供应物流、生产物流和销售物流彼此相互独立，缺少有效的沟通和联络，由所属子公司分别管理，各子公司对自己的供应物流和销售物流进行分段管理，即把供应物流和销售物流切成若干段，各自为政，且运作模式落后、管理粗放导致物流资源和人力资源得不到充分合理的利用，物流成本居高不下，服务质量不高，极大地影响了公司乙产品的竞争力。

在公司乙的回收物流中，废旧物料主要是来源于汽车、航空、机电等几个部门，基本上是由各部门自行处理，缺少统一的指挥和调度，综合利用并没有发挥职能作用，无法控制各子公司的废料回收及销售，废旧物料的再利用和增值也无法实现，无形中给企业造成很大浪费。

（3）公司乙物流存在的问题

公司乙现有的物流模式落后于公司乙的发展现状，目前的分段管理模式使物流渠道不畅，管理方式复杂；公司乙没有统一的物流管理部门，对集团物流资源和生产资料不能进行合理配置，效率不高，成本居高不下。

供应仓储未实行规模化管理，管理技术落后，没有实行信息化的条码管理，各供应商在公司乙周围设置了若干个小仓库，纷纷向生产线供应零件，且管理杂乱、效率低下；运输管理不规范，物流平台太小，未在全国形成健全的物流网络，致使物流成本过高；公司的运输资源得不到充分利用，社会上的运输资源用得过多，造成浪费。

在回收物流方面，各子公司自行处理造成对废料回收管理的失控。各子公司无力对废旧物资加工利用，也不利于集团推行统一利废原则。各子公司过于看重自身的利益，缺乏大局观念，削弱了公司乙整体上的竞争力。

公司乙目前没有设立专门部门对集团的物流进行统一管理和协调，对物流成本没有核算、没有比较，购入的原材料和零部件的库存数量和规格、品种、型号不能实施有效的优化配置，造成较大的浪费。

2. 两公司关于物流合作的意向

公司甲物流项目组凭借先进的物流管理技术和经验，结合对公司乙物流资源的整合，提出组建新型的物流公司，全面提升公司乙的物流管理水平，加快公司乙企业改革的步伐。

物流公司的组建，可以实现公司乙主辅业务分离，使公司乙集中精力、财力、物力和人力提高产品的技术含量，增强其产品的市场竞争力。

物流公司的精心运作，可以降低公司乙物流费用20%以上，为公司乙提供新的利润空间。物流公司的现代化管理，可以从根本上治理目前物流管理的落后局面，提高物流效率和服务质量，树立公司乙的企业形象。

鉴于上述原因，在4个多月的调查研究的基础上，两公司签订了委托公司甲运作公司乙物流的意向书，双方组成了物流联合调研组，整合公司乙的物流，组建新的物流公司。根据物流合作意向书，在新的物流公司双方各占50%的股份，公司甲具体负责公司乙物流项目的运作，并明确下列事项。

（1）确定对公司乙的物流服务范围

供应物流：从供应商处取货、在途运输、库存管理和工位配送。

销售物流：公司乙的产品经过厂检后开始接货、在库管理、长途运输直至客户。

回收物流：废料的收集、挑拣分类、加工和出售。

大宗货物物流：统计采购货物的规格与数量、商定采购合同和安排运输。

进出口货运代理：接受委托、安排运输工具、报关报验和单据处理。

（2）两公司在合作中的作用

1）公司乙的作用。

第一，组建物流部，其行政上隶属于公司乙，属行政管理机构，负责整个项目的监控、管理和协调。对公司乙所有与物流相关的单位和部门均有管理权，负责制定相关的管理制度、工作程序，并监督贯彻；协调各服务单位与新物流公司的工作衔接；接受投诉并协调处理；代表公司乙对物流公司下达各种命令，对物流公司的工作进行指导和监督。物流部部长由物流中心监事会主席兼任。

第二，出任董事长，组织召集董事会研究决定物流公司的重大决策；聘任和解聘总经理；协调公司乙内部与物流公司的关系，整合公司的人员与资产。

第三，出任监事会主席，按公司章程监督公司的经营管理状况和各项制度的执行情况。

2）公司甲的作用。主要包括出任总经理，规划公司的发展战略，制定公司的管理制度、操作流程，负责日常的经营管理，保证日常业务顺利进行。

3. 组建物流公司的基础

（1）公司甲的承诺

为确保公司运作达到既定目标，公司甲做出以下承诺。

1）为新物流公司提出一整套科学的、操作性强的物流整合方案，提高公司乙物流操作效率，降低物流操作成本。

2）在物流方案的具体执行过程中，引入先进的现代企业制度和管理理念，全心全意地为公司乙物流服务，确保公司乙的物流渠道畅通、高效。

3）在物流方案顺利实施并步入正轨后，公司甲将对其可持续性发展提供各种优惠的合作条件与其他方面的支持，实现合作双方信息与资源的充分共享。

（2）公司乙的承诺

1）按本方案和相关法律的规定，支持新物流公司自负盈亏、独立经营，运用先进的经营理念管理公司。

2）按方案规定的物流服务范围，及时、有序地将相关物流业务交由物流公司管理。

3）公司乙支持物流公司只在该公司董事会的领导下和公司乙物流部门的监督下工作，公司乙各部门不许干涉物流公司的经营管理和日常工作。

4）公司乙将从全方位对物流公司的全面运转给予全力支持。

4. 经济效益初步估算

公司甲与公司乙携手开展的物流整合模式，对于公司乙今后进一步向更高目标迈进将产生积极的推动作用，同时为合作双方带来可观的经济效益。物流整合所带来的经济效益主要表现在三部分：一是供应、生产、销售部门的物流成本节约；二是废旧物资综合利用的收益；三是新创收的效益。根据公司乙各子公司某年销售收入情况，可以初步估算公司甲和公司乙物流公司正常运营以后的经济效益和物流成本的节约情况。

（1）供应物流收益分析

汽车供应年发生额达50亿元，该部分费用在汽车厂只体现供货价格和成本总额，看不出管理费用和运费的额度，这是汽车厂的物流管理模式决定的，各种管理费用和运费肯定要发生，供应商也绝不可能替代工厂承担该笔费用。物流公司承担了该部分业务后，合理科学地运作会节约大约 20%的物流费用，这是物流公司在供应物流上的收益。

（2）销售物流收益分析

销售物流的收益主要体现在降低成本上，因飞机销售、汽车储运等部分成本下降的空间较小，节约成本的主要渠道是在商品的长途运输和配送上。

1）公司乙销售物流成本可以下降的原因主要包括以下几点。

① 与社会上的运价相比较，公司乙的运输价格比社会上的运价偏高，存在着一定的下降空间。

② 解决回程货源，提高运营效率。公司甲具有覆盖全国的物流网络平台，具有解决回程货源的基本条件，在该平台的基础上稍加运作，回程货源问题将有希望解决。

③ 提高了效益。一般来说，运输价格下调后，运营者的利益肯定要受影响，但这只是表面现象，物流公司的运作方式与一般意义的价格下调有本质的区别。回程货源解决后，无须等待配货，运行效率提高了，每月可多运行 4000 千米，从而增加收入。另外，通过车辆返回拉货次数增加还可以增加一部分收入。

2）销售物流费用下降后，物流公司在该项目上获利。销售物流费用下降后，物流公司可以通过优化物流网络提高物流效率，提升运费的利润空间；通过健全物流网络平台，形成回程货源，在回程货配货环节上收取一定比例的管理费；广开货源，开发新的利润源。

（3）废旧物资物流效益分析

废旧物资物流效益分析预估，新增收益在 500 万元以上。

（4）其他环节的效益分析

根据实际情况而定。

（5）大宗货物物流

大宗货物采购是公司乙可能降低成本的最重要领域之一，由于分散管理，价格不统一、质量不统一、暗箱操作等问题比较突出，给集团带来了损失。大宗货物物流整合的目的是强化管理、降低成本。

综上所述，公司乙物流经整合后将每年节约或创利约 8000 万元。

二、物流公司的组建模式

1. 合资模式

模式一：依据公司乙物流资产人员调查表，将公司乙现有的与物流相关的资产和人员全部纳入物流公司。公司甲注入对等资金。公司日常物流业务受双方共同组建的管理机构管理。公司根据实际物流业务需要重新安排原公司乙人员岗位，实行竞聘上岗并有分流、安排富余人员的权力和机制。

模式二：依据公司乙物流资产调查表，结合公司乙现有物流业务和未来物流业务实际需要，选择使物流公司能够运作的物流资产，具体资产的取舍由合作双方协商确定。公司甲根据实际选择的公司乙资产的数量，经双方认可的评估机构评估以后，按照评估价值进行对等投资。该公司的高级管理人员由双方公司派出，其余人员由物流公司向社会公开招聘，择优录用，公司原有人员也可参加竞聘，同等条件下优先录用。

模式三：由双方派出高级管理人员组成物流公司，双方投入必要的启动资金。物流公司接管公司乙物流业务，根据业务需要对公司乙的物流资产采用租赁、买断等方式获得其资产的使用权或所有权。物流工作人员在同等条件下，优先录用原公司乙与物流工作相关人员。

2. 组织模式

（1）组织原则

物流公司必须确保对公司乙各子公司的物流服务质量，为此，建议公司乙成立物流部，其职能是监督、检查、协调物流公司的运营，并接受物流公司的报告和各种请求。

（2）组织机构与岗位设置

如图3-14所示，公司乙的管理分3层，各部门或岗位所需人数如图中数字所标，具体的人员设置情况及工作职责如下。

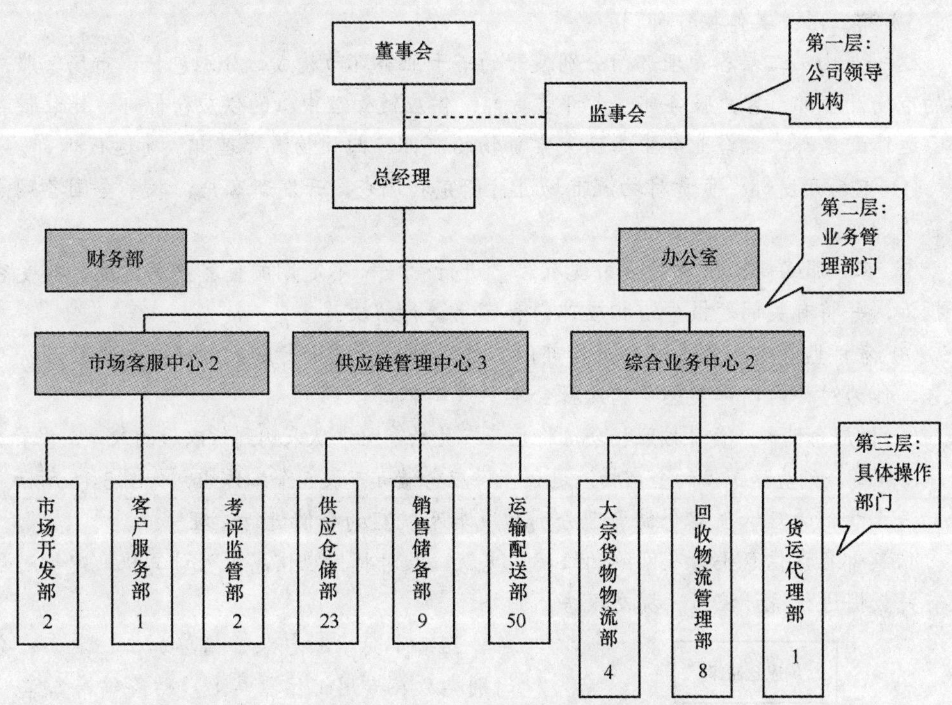

图3-14　物流公司组织结构

物流公司由决策机构和执行机构组成，董事会为物流公司的决策机构，重大决策由董事会形成决议后由总经理组织执行。总经理负责公司的经营管理。

物流公司的日常管理分3层。

1）第一层：公司领导机构。

总经理是执行此项目的最高指挥者和具体管理者，负责整个公司乙的经营管理，并对公司董事会负责，具有管理此项目的人、财、物的权力，负责与公司物流部的沟通和联系。

2）第二层：业务管理部门。

业务管理部门设置5个部门，分别为市场客服中心、供应链管理中心、综合业务中心、财务部及办公室。

① 市场客服中心：负责开发市场、寻找新客户、联系全国其他网点的回程货；对公司现有客户进行管理，不定期调查客户满意度，接受客户投诉；对公司各部门工作及社会资源进行定期考评并向总经理提交有关报告，作为对公司内部奖惩及淘汰社会车队或车辆的依据。

② 供应链管理中心：负责对公司乙供应及销售物流进行指挥、协调、计划和控制，以提高物流服务质量，提高效率及资源利用率，节省物流成本。

③ 综合业务中心：负责大宗货物的物流业务；废旧物资的回收、分拣、销售及相关物流业务；货运代理业务。

④ 财务部：略。

⑤ 办公室：略。

3）第三层：具体操作部门。

这一层由第二层各管理部门分别展开的若干业务环节构成，分别包括：市场客服中心的市场开发部、客户服务部、考评监管部；供应链管理中心的供应仓储部、销售储备部、运输配送部；综合业务中心的大宗货物物流部、回收物流管理部、货运代理部。

① 市场开发部：负责对物流市场进行研究和调查，开发新客户，联系全国各网点回程货。

② 客户服务部：负责对公司现有客户进行管理，不定期调查客户满意度，接受客户投诉，并将有关问题报告给相应部门和领导进行解决。

③ 考评监管部：负责对公司各部门工作及社会资源进行定期考评并向总经理提交报告，作为对公司内部奖惩及淘汰社会车队或车辆的依据。

④ 供应仓储部：负责按照指令，将生产有关的零配件从采购到货以后的入库、保管、出库、理货，到直送工位的全部物流过程。供应仓储部下设5个工作组，如图3-15所示。

汽车仓储管理和航空仓储管理分别对汽车及航空的仓储进行管理。

信息部负责信息平台及网络的维护、更新，及时将供应信息录入计算机，定期对供应有关数据进行统计汇总、提交报告、归档。

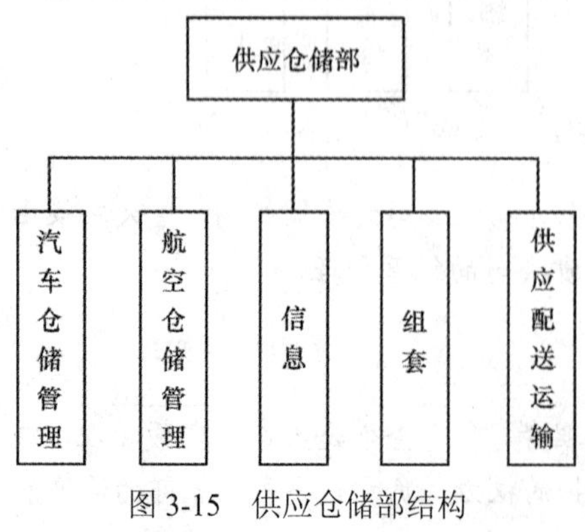

图3-15 供应仓储部结构

组套部负责拆包装、简单加工、配套，分门别类放在专用工位器具上，贴条码等工作。

供应配送运输部负责直送工位的运输配送过程。

⑤ 销售储备部：下设98人，按照接受到的指令，负责商品车下线以后的检验交接、入库、保管及必要的路试检查，车辆售前的安全检查和维修、保养，保证车辆的销售待发状态，一直到装车运输之前的全部物流过程。销售储备部下设4个组，如图3-16所示。

接车：负责车辆下线后的检验交接，并将商品车开回指定场地入库。

售前服务：负责根据实际情况对一定比例的车辆进行路试检查，做好车辆售前的安全检查和维修、配套、保养，保证车辆的销售待发状态。

库管：负责入库商品车的保养和维护。

信息：负责信息平台及网络的维护、更新，及时将供应信息录入计算机，收集和销售物流有关的信息和数据，定期对供应有关数据进行统计汇总、提交报告、归档。

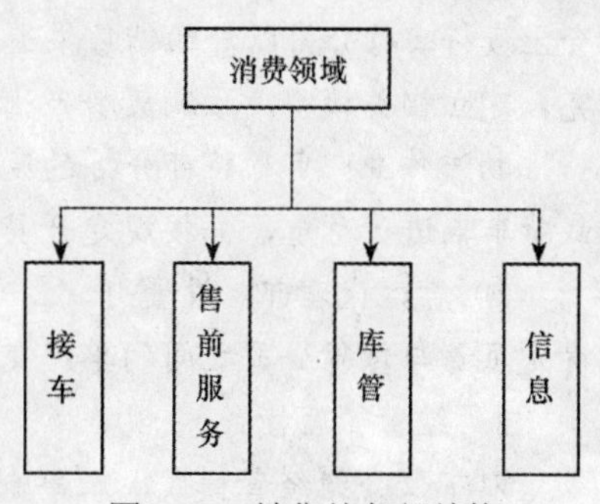

图 3-16　销售储备部结构

⑥ 运输配送部：设置 50 人，主要负责公司乙供应物流和销售物流所相应的运输业务。运输配送部下设 3 个组，如图 3-17 所示。

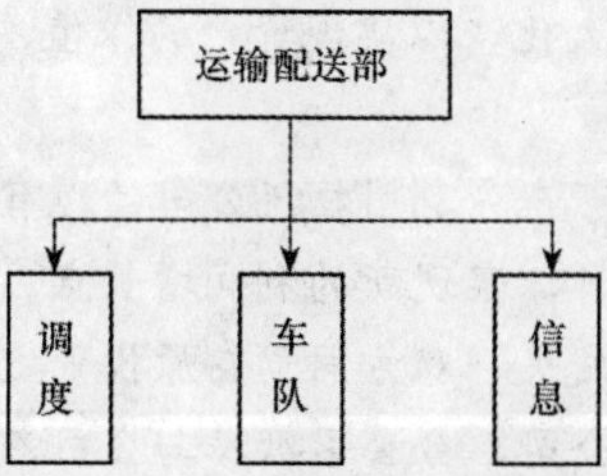

运输配送部
调度
车队
信息

图 3-17　运输配送部结构

调度：负责接受运输指令，对车辆进行及时的调度和发配，负责装车现场管理、处理相关事件，对在途车辆进行监控和发出相关指令。

车队：负责按照指令进行运输并对运输车辆进行管理、维修，保证运输车辆性能良好；另外，对外来社会车辆进行管理和日常监督。

信息：负责运输平台及网络的维护、更新，并及时将运输相关信息录入计算机，定期对运输有关数据进行统计汇总、提交报告、归档。

⑦ 大宗货物物流部：下设 4 人，负责集团内部大宗货物的仓储和运输等相关物流业务，并对相关数据进行统计汇总。

⑧ 回收物流管理部：共有员工 80 人。回收物流部下设 3 个组，如图 3-18 所示。

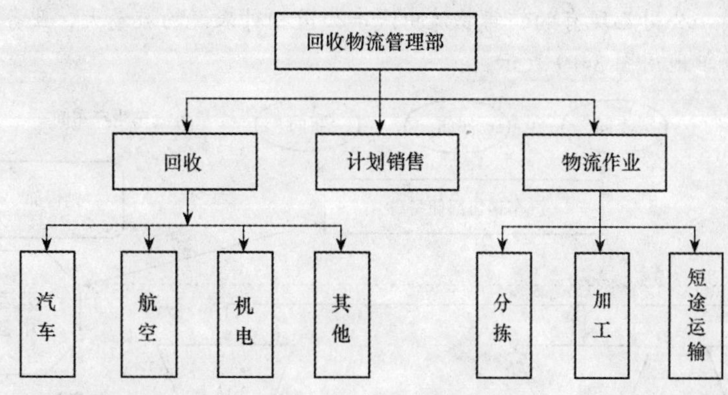

图 3-18　回收物流管理部结构

回收：主要是由驻各生产部门的人员组成，负责与各事业部协调配合，做好监督与监察，并将生产部门产出的废料按初步的分类要求堆放。其下设汽车、航空、机电和其他 4 个部门。

计划销售：负责定期将分拣后的废旧物资按不同类别、不同价值进行招标销售；研究各种废料再利用方法的可行性，与机电公司联合开发变废料为原料的产品，加强与社会上废料回收公司以外的销售渠道的联络；通过对集团内加工车间工艺及历史数据的研究，建立相关模型，预测废料产出量，对各事业部、各车间下达废料回收指标。

物流作业：负责将可分拣的废料由生产部门转移至就近的分拣场地；对所有出厂的载货车辆进行称重，并按规定开具出门条。其下设分拣、加工、短途运输三部分。

⑨ 货运代理部：设置 1 人，负责公司乙所有进出口货物的货运代理业务，具体职责是负责与订货公司之间的单据交换、沟通联系。

3. 经营管理模式

以下仅介绍经营模式，人事制度、分配制度和财务制度略。

物流公司根据《公司法》的规定，实行董事会领导下的总经理负责制，独立行使法人权利，承担法人义务和责任，并实行自主经营、自我发展、自我约束、独立核算、自负盈亏。投资双方以各自的投资额为限，承担相应的法律责任和义务。

各自的投资都是以实现盈利为目标，力求投资回报的最大化，以实现资产的保值、增值和保证企业的健康、持续、稳定的发展。

物流公司在做好公司乙物流方面的经营服务的基础上，可充分利用物流公司的现有资源和一切能力，扩大经营物流服务范围，开发新的物流项目，实现新的利润增长点。

针对物流市场开放度强的特点，为确保物流公司的健康发展，双方同意在原投资之外，社会物流部门、单位及各自的母公司或母公司所属的子公司、分公司欲参与公司乙物流的运营或相关业务，须经董事会讨论决定。

三、公司乙物流方案设计

以下仅介绍销售物流方案设计，供应物流、生产物流、回收物流和废弃物物流方案设计略。

1. 销售物流现状分析

（1）现有的销售物流体系结构

从整体看，公司乙现有的销售物流中汽车公司相对来说物流量大、业务集中，其总体构架可以简单地用图 3-19 表示。

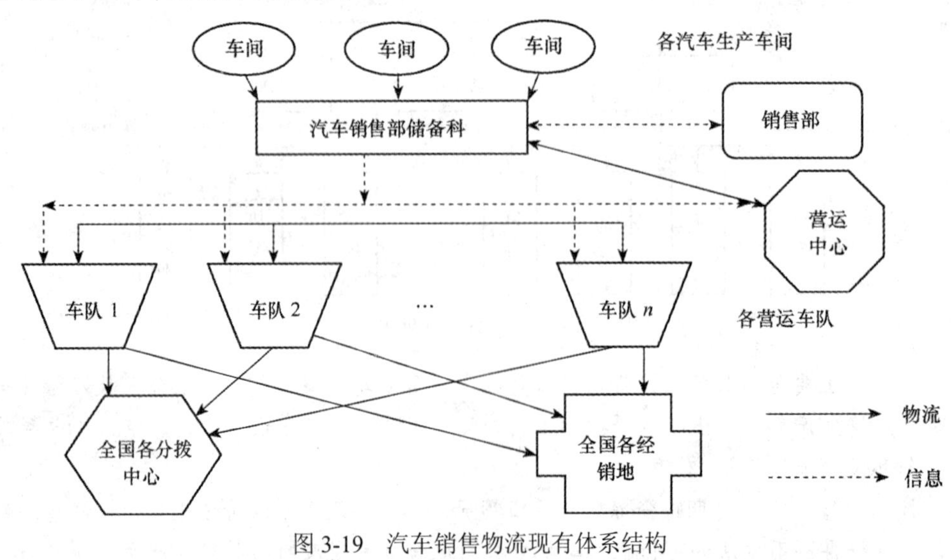

图 3-19 汽车销售物流现有体系结构

（2）现有销售物流资源情况

① 销售部储备科现有资源状况（略）。

② 营运公司现有资源状况（略）。

（3）现有销售物流流程

1）总体业务流程。公司乙的汽车销售物流并不是由一个部门独立完成的，而是由若干个部门经过若干次交接程序而最终实现的。其业务流程如图3-20所示。

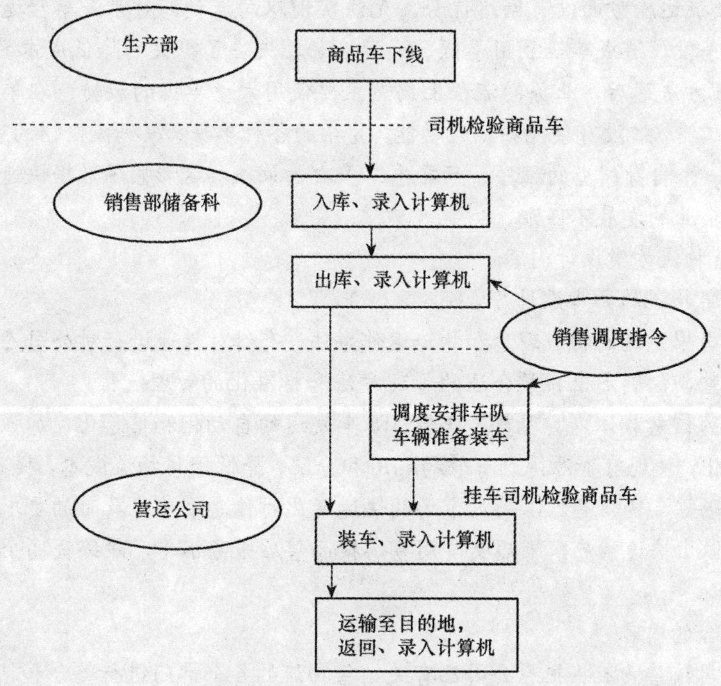

图3-20　汽车销售物流业务流程

为了将现有汽车销售物流中各部门的业务交接及各部门的职责范围明确区分开来，图中用虚线将各部门职责范围划分开。

商品车下线后由销售部储备科负责整车的接收，在接车人员确认整车性能完好后，由司机签字盖章，并从生产部门取得随车的流程卡，入库、录入计算机。由于储备科与销售部计算机联网，整车入库的信息可以立即被销售部门所掌握，销售部门在收到客户预付款后开出发票（送至公司乙中转库的则开出调拨单），并由销售部调度将其指令传达给营运公司。营运公司负责安排车队发派车辆到指定场地，营运公司现场调度凭发票或调拨单装车，并取得随车工具、备件、三包手册、合格证、技术服务手册及使用说明书等随车文件。挂车司机检查商品车无误，装车完毕后将车运至指定经销地。

2）各部门具体业务流程（略）。

（4）现存问题分析

1）汽车销售物流的相关部门纷杂，车辆众多，商品车的销售物流要经过企业内部和外部一系列独立核算的部门共同实现，这些部门都通过运费差价获利，降低了最终分到运输部门的利润水平，影响到运输部门的工作积极性，对运输部门进一步提高运输服务质量产生不良影响。

2）全集团现有的物流资源没有得到整合，资源浪费严重。例如，运输管理处自有车辆要与社会上众多车队一起参与汽车运输的竞争，连年亏损，资源得不到充分利用，造成资源的极大浪费。

3）大量采购社会资源，参与营运的外来车队 51 个，车辆共计 1568 辆，在内部管理及协调上有一些问题难以解决。监督机制十分不健全。

4）在物流运输方面没有网络优势，无法实现双向流动，对于汽车空返的现象没有有效的控制手段，造成车辆利用率低，资源浪费，失去了很大的降低成本的空间。

5）管理方法落后，业务的流程上仍然主要使用大量单据的流转；在单据录入时，完全依靠手工输入，没有条码扫描的功能，复杂的各种单据、编码被输错的可能性很大，同时又没有一个自身纠查的程序，只靠手工一次性录入，这影响了数据快速、准确的传递，与现代企业的发展不匹配。

2. 销售物流方案设计内容

（1）销售物流的初步设计

利用公司甲先进的物流理念和物流运作方法，有针对性地进行对公司乙现有销售物流资源进行整合，制定出科学合理的管理方法和标准化的管理流程。

以条码为信息载体，实现整车仓储、派车发送的自动化和信息化，加强财务上的透明化和公开化，使现有资源得到有效的利用和分配，降低销售物流成本，提高管理效率，充分共享和跟踪车辆信息，以满足市场的快速变化对信息准确、及时的要求，确保对客户需求变化做出快速响应，缩短交货周期，提高售后服务水平，最终提高企业的核心竞争力。

（2）整合的内容

物流公司销售物流将把原公司乙有关销售物流的各个部门进行整合和精简，取消冗余的组织机构，将业务职能相近的部门和业务人员进行整合，进一步提高工作效率，节省成本。改进后的销售物流组织结构内部有一些是与其他环节共用的部门，依次为以下几个。

1）销售物流部负责按照接受到的指令，进行商品车下线以后的检验交接、入库、保管及必要的路试检查，做好车辆售前的安全检查和维修、保养，保证车辆的销售待发状态，一直到装车运输之前的全部物流过程。

2）运输的职责由供应链管理中心下的运输配送部统一负责，具体负责接受运输指令，对车辆进行及时的调度、发配、装车现场管理，处理相关事件，对在途车辆进行监控和发出相关指令。

3）协调运输及仓储的计划职能由供应链管理中心的一名经理担任。

4）接受客户投诉，对社会车队进行考评等的职能由市场客服部负责。

5）信息部门负责运输平台及网络的维护、更新，并及时将运输相关信息录入计算机中，并负责定期地对运输有关数据进行统计汇总、提交报告、归档。

整合后的物流中心将更加人尽其才、物尽其用。原有人员进行培训后，竞争上岗。

公司乙通过把物流委托给第三方，节省了物流的设施和人员精力的投入，可以进一步把精力集中在核心技术上。改进后的销售物流业务体系如图3-21所示。

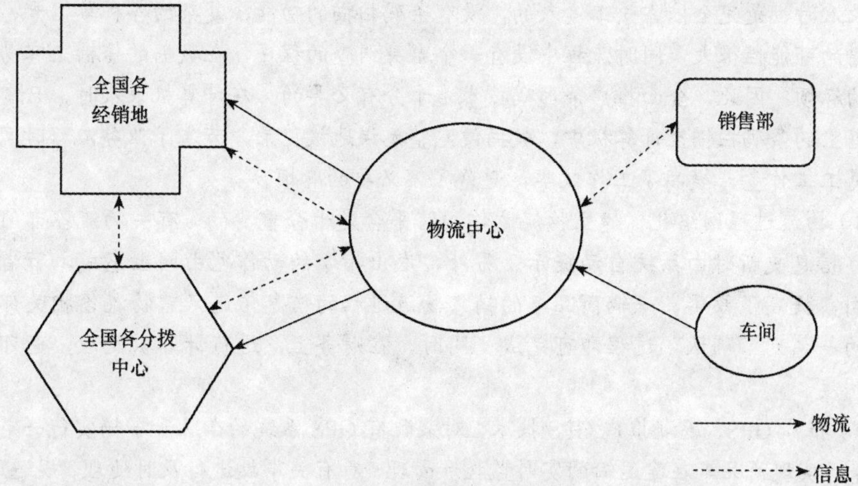

图3-21　汽车销售物流业务体系

3. 销售物流业务优化方案设计

针对公司乙销售物流存在的问题，物流项目组对销售物流中以下几个部门进行了优化。

（1）线路优化

公司甲可以依托其遍布全国的强大的网络优势，在公司乙的主要经销站点，为配送车辆调配回程货源。例如，公司甲现正在积极运作与广州本田合作的南车北调项目，这样可以大大提高运营车辆的利用率，降低成本，节省车辆的在途时间。

另外，公司甲有丰富的海运服务经验，可以经过严谨的计算，对适当的线路采取海陆联运等其他运输方式，以此节省物流成本。

（2）网络优化

对公司乙产品分拨网络进行系统优化，减少不必要的开销，提高分拨配送效率和客户服务水平，随着物流业务的发展，陆续在武汉、重庆、广州等地区设立地区性分拨中心，公司乙的产品先行运到各分拨中心，根据周围市场销售情况及时调拨，一方面大大缩减成品车对流动资金的占用，另一方面可以缩短客户付款以后的等待时间，及时回应客户的需求，提高客户满意度。对于可能发生的市场需求量变化，销售部门在各分拨中心之间进行产品的就近调拨，避免了从公司统一发货的高额运输成本，降低企业经营成本。

（3）业务上的合理化

1）排车自动化。由于在目前的管理中，对营运车辆的调度是人为进行的，而在对车辆进行调度时也存在着所谓的"优劣线路"，因此就不可避免地存在着一些问题。改进后，将营运车辆号全部录入计算机中，并实时对车辆的发车和返回情况进行录入，车辆的在途或可用等状况就可以轻松地从计算机中得知，调度时，对所有可用车辆进行计算机自动排号、自动分配线路，鼓励营运车辆减少在途时间，提高效率、公平竞争，也杜绝了管理上的漏洞。

2）整车条码化。目前，在整车物流中各环节的交接是依靠单据流转而实现的，在单据录入时，是完全依靠手工输入的，没有条码扫描的功能，复杂的各种单据号、编码被输错的可能性很大，同时流程中没有一个自身纠查的程序，在数据的传输上容易造成很大的麻烦。因此，全面推广条形码技术是十分有必要的。在计算机录入时，只需将有关单据上的条码扫描至计算机中，数据便完整无误地被记录，节省了业务流程时间，减少了员工工作量，提高了工作效率，避免了不必要的麻烦。

3）物流过程网络化。建立物流运作网络平台是十分重要的，有关物流各部门实现联网，信息更新时由系统自动提示。另外，发出指令的动作也由网上完成，节省了工作时间，提高了效率，一辆商品车的销售物流过程的信息传递只需物流各相关部门在网上的一系列“确认”过程即可完成。同时，在财务上，进行计算机处理，也可以增加透明度。

4）推广 GPS。逐渐推广 GPS 技术，对装配有 GPS 系统的车队和车辆实行一定的优先政策，实现商品车在途运输的实时监控和管理，对有关事故进行及时处理、规避风险，为客户提供高水平服务。

5）提高财务管理水平。相关运价的制定和修订要经过物流中心各部门集体开会，根据实际情况，再进行细致的市场调查后分析、研究决定。财务记账要根据实际发生的费用详细记录，并定期进行审核，杜绝坏账、假账的发生。

6）提高企业承诺水平。公司乙对顾客做出的承诺可以让顾客更放心地购买其产品。在条块分割的粗放管理模式下，由于公司乙对上下游企业监控乏力，无法保证众多的上下游企业服务水平，因此也难以向顾客做出承诺。通过第三方物流整合，公司乙对外只需面对物流服务商一家，便于统一管理，而物流服务商凭借丰富的经验、完善的网络、科学的考核管理指标体系可以保证生产以外各环节的服务质量，这样就提高了公司乙对客户的承诺水平，使顾客对公司乙的品牌更加认可。

改进后的业务流程将更加简便，加之物流各部门之间网络的铺设和办公的自动化，使得效率大大提高，成本进一步下降。图 3-22 是改进后销售物流的业务流程。

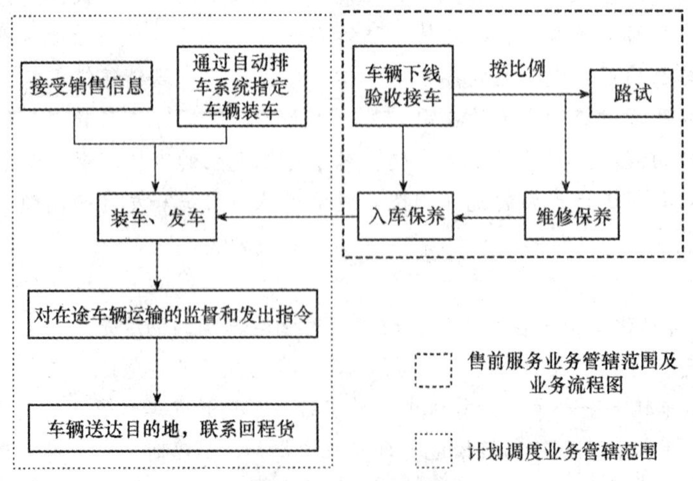

图 3-22　改进后公司乙汽车销售物流业务流程

单项实训五

1．牛奶、饮用水的配送方案设计

广东某职业技术学院现有学生宿舍20栋，每栋180间房，每间房住4人。有教工宿舍7栋，约400户。这些住户中有20%的学生和30%的教工订有牛奶，有30%的学生和70%的教工有饮用水的配送需求。假定牛奶和饮用水都可以由学院成立的后勤集团提供配送。现在要求你们代替后勤集团设计出牛奶、饮用水的配送解决方案。方案必须包含以下内容：

1）小区基本情况调查。包括人数、住户位置分布，能接受配送的时间、地点等。

2）拟采取的配送组织方式。

3）拟采取的管理办法。

4）方案的经济分析及预期的经济效益。

要求：

1）4～8人一组，团队协作，每组提交一份设计方案。

2）组长派人汇报陈述方案。

2．企业物流方案设计

选择制造业、流通业中的一家企业，了解该企业物流存在的问题，并按照现代第三方物流思想进行物流方案设计，提交可行的方案供该企业决策，并进行文案写作。文案内容包括以下几项。

1）封面、扉页。

2）物流公司简介。

3）客户物流方案设计。

4）物流公司承接物流业务的方案报价。

5）工作进度安排。

6）有关项目双方联络小组的建立。

7）物流合同范本。

8）其他必要材料。

练　习　题

一、多项选择题

1．第三方物流服务产品开发经常采取的战略有（　　）。

A．以客户需求为导向的服务产品开发战略

B．以管理为中心的服务产品竞争战略

C．以客户满意为目标的服务营销策略

D．以成本为核心的战略

2．以下能体现第三方物流服务营销的特点的有（　　）。

A．总有别人没有注意的解决之道

B．绝不能赚一笔是一笔，计划要有长远的预见性

C．方案要可行，不能过度承诺

D．做我们目前可能做到的，并在最好的时候思考改进

3．以管理为中心的服务产品竞争战略主要有（　　）3 种。

A．成本领先策略　　B．资源集中策略　　C．管理优先策略　　D．服务差异化策略

4．服务营销渠道策略是指第三方物流企业在选择采用何种营销渠道去拓展现代物流服务的策略。一般有（　　）3 种。

A．关系营销策略　　B．营销战略联盟策略

C．自行建立直销服务网络的策略　　D．利用他人服务营销网络的策略

5．属于第三方物流服务项目营销的特点的有（　　）。

A．专业化营销　　B．团队式营销

C．针对高层营销　　D．针对操作层营销

6．第三方物流企业营销理念创新，应坚持的观点有（　　）。

A．坚持需求导向　　B．以物流服务为中心

C．强调整体营销　　D．追求综合效益

7．邀请招标的特点有（　　）。

A．招标不使用公开的公告形式　　B．接受邀请的单位才是合格投标人

C．中标价格一定低于公开招标的价格　　D．投标人的数量有限

8．物流方案的表现形式主要有（　　）。

A．物流项目建议书　　B．投标书

C．物流规划书　　D．物流方案设计报告

二、填空题

1．物流方案的基本内容一般包括方案的基本目标、________、________、物流信息服务模式、________、物流服务建议、结束语。

2．物流方案是从事物流活动的________的总称。

3．第三方物流项目招标的一般过程包括发布招标公告、招标文件的编制和发放，________、________、________、________、签订合同。

4．邀请招标也称有限竞争性招标或________，即由招标单位选择一定数目的第三方物流服务提供者向其发出投标邀请书，邀请他们参加招标竞争。

5．按照竞争激烈程度，公开招标可分为________和国内竞争性招标。

6．全面创新第三方物流企业营销理念，包括 4 个要素：________、以物流服务为中心、________、追求综合效益。

7．物流市场分析包括物流市场调研、预测、________、________与定位 5 个过程。

8．现代第三方物流服务项目营销一般应具有以下特点：________、团队式营销、________。

9．服务营销渠道策略是指第三方物流企业在选择采用何种营销渠道去拓展现代物流服务的策略。一般有 3 种：自行建立直销服务网络的策略、利用他人服务营销网络的策略、________。

10．以管理为中心的服务产品竞争策略主要有 3 种：成本领先策略、资源集中策略、________。

三、案例分析题

大和运输公司的市场创新和物流革新

大和运输公司（YamatoTransport Co., LTD.）是日本最大的从事商品运输、配送的专业公司之一，创建于 1919 年 11 月 29 日，公司总部位于日本东京都中央区的银座。

1. “宅急便”市场的确立和大和运输公司的转型

大和运输公司早期是从事陆地运输的专业运输公司，1973年日本陷入第一次石油危机，企业委托的货物非常少，这对完全依赖于承运大宗货物的大和运输来说，无疑是一大打击，对此，大和运输提出了“小宗化”的经营方向，1976年开通了“宅急便”业务，即“户到户”特快递送服务，到1995年经过20年的发展，成为占有日本快递业最大市场份额的企业。

自大和运输公司创造了“宅急便”这一市场后，“宅急便”或“宅配便”得到了快速发展，迅速在日本成为庞大的专业物流服务市场。“宅急便”是在对应新型社会和经济环境下的一种新型的专业物流服务，它与原来的陆地运输最大的不同在于它构造了新物流服务的核心要素和本质内容。这种要素主要体现在“面向家庭的营销单位个别配送”、“混合装载”和“广范围的网络运输”。面向家庭的营销单位个别配送就意味着这种专业物流服务不是固定线路的货车运输，而是具有针对性、营销意味的配送服务，可以说这是专业运输公司应对时代变化和顾客需求的一种积极反应。混合装载和大范围的运输网络是专业物流公司强化和推动物流管理的必然结果，所以“宅急便”市场的形成也表明专业物流企业管理层面的提高，正是这些因素决定了大和公司不再是一个运输企业，而是一个真正意义上的专业物流服务提供商或物流管理中的第三方。

2. “宅急便”市场的竞争和高度化发展

大和运输公司开发“宅急便”市场后，立即引起了“宅急便”市场的竞争，当时一些大型运输公司像日本运通、西浓运输等公司都相继推出“宅急便”服务，而后者由于在运营能力、经营规模和运输网络上都要强于大和运输公司，因此，对大和运输公司的发展形成了强有力的挑战。

面对这些挑战，大和运输公司在经过对企业内外环境的分析后，决定全面转入“宅急便”的配送服务市场，转型为专业的“宅急便”服务公司。大和运输公司对威胁和机会进行分析后，认为要在“宅急便”市场立足，并真正成为日本最大的专业“宅急便”公司，就必须在服务的内容上下功夫，塑造自身的核心竞争力，以创造出更新、更大的市场需求和发展空间。具体讲，就是要在原来单纯强调小批量配送方式的基础上，增加各种服务，以扩大“宅急便”利用的范围，拓展新的需求，这种新的服务内容包括运输方式、装卸方式、信息技术等技术革新的各个方面。

基于上述考虑，大和运输公司在开展“宅急便”业务的初期就着力新技术和服务的开发，他们称之为“市场的自我增值”。这种增值系统的运作原理是，开始顾客只是将“宅急便”看作一种简单的配送服务；但是，对其便利性的服务特点得到认识之后，顾客的需求就会转化为主动的行为，并进一步享受“宅急便”服务的便利性，而且越来越多的人和企业开始成为“宅急便”市场的顾客群体。作为从事“宅急便”业务的企业，也进一步扩大服务领域和内容，从而又产生更好、更高的服务，反过来又强化了顾客关系的维系，如此反复，形成一种良性循环。例如，大和运输公司的滑雪板“宅急便”、高尔夫“宅急便”等都是因顾客的需求而产生的，特别是产地直送业务，即直接从产地采购商品配送到顾客指定的地方，这些都是大和运输公司差别化服务的表现，而且得到了顾客的认同和欢迎，成为大和运输公司在竞争中立于不败之地的原因和新利益的增长点，这是其他任何从事“宅急便”业务的公司所不能比拟的。

3. 拓展服务领域，完善服务系统

虽然大和运输公司开创了“宅急便”这种小单位物流配送服务及品牌，但是，由于其他企业的跟进，“宅急便”已经成为一种配送服务的统称。大和运输公司在激烈的竞争中，仍然位居首位，与其独创性的配送服务是分不开的。通常理解的“宅急便”主要是针对从家庭到家庭的小件货物配送，但是大和运输公司有效地拓展了这一服务领域，使其服务范围包含企业间、企业对家庭等小宗货物配送，现在，企业用户的小型货物配送已占绝大部分，从而使“宅急便”成为多样化、小批量时代企业和家庭用户都不可或缺的物流服务。

大和运输公司为了使委托企业能有效地从事经营活动，提高其经营管理业绩，服务的范围不仅仅局限于货物的运输和配送，还建立了支持多样化配送服务体系的物流信息系统（LIMP-COP），这是针对 B to B（business to business，企业对企业）、B to C（business to customer，企业对消费者）而开展的从订货、发货、查询到出库作业、商品保管、配送、运输等全过程的物流服务体系，大和各分公司和事业部之间通过构筑局域网，不同企业之间通过 Web-EDI 等标准化的联网实现所有参与者之间的信息共享，从而最大限度地降低物流费用，提高经营业绩。除了对委托企业给予大量的信息支持服务，对有关数据进行分析和处理以外，大和运输公司还开发其他各种服务活动，以充分对应客户企业的需求，如营业员的经营支持、人力资源服务和计算机辅助设计（computer aided design，CAD）服务等。

4. 创造新的需求

大和运输公司作为第三方物流企业，其业绩和经营战略都是令人瞩目的，该公司之所以能将原来普通的小件货物运输培育成巨大的“宅急便”市场，并在这个市场中独占鳌头，其原因在于它不仅仅将自己局限于一个从事单纯运输的企业，而是不断地赋予物流服务以新的涵义和内容，从而大大激发了整个社会对新型物流服务的需求。从大和运输公司的经营来看，该公司所提供的数据分析与处理、营业支持、人力资源服务、CAD 服务等形式的物流服务已经超越了通常所理解的商品保管、配送等的含义，而是如何通过自身的集中物流、集中信息的优势，为客户企业的经营服务，推动客户企业产销物之间的有效结合。从这个意义上讲，专业物流提供商在这个过程中起到了构建虚拟供应链的主导作用。

根据上述资料问答下列问题：

1）“宅急便”与原来的陆地运输有哪些不同？

2）大和运输公司认为如何才能在“宅急便”市场竞争中取胜？

3）该公司的市场自我增值系统的原理是怎样的？

4）大和运输公司进行了哪些物流服务革新？

5）该案例带给我们什么启示？

四、简答题

1. 第三方物流企业服务产品开发的含义是什么？
2. 你认为第三方物流企业服务产品开策略有哪些？请举例说明。
3. 简述第三方物流企业业务开发大致流程。
4. 简述第三方物流服务项目营销的特点。
5. 结合某实际第三方物流企业的项目营销，画出其项目营销基本流程。
6. 你认为开展第三方物流企业服务项目营销应树立哪些理念？
7. 第三方物流项目招标的方式有哪几种常见形式？
8. 请画出第三方物流项目招标的流程图。
9. 简述第三方物流项目的投标一般程序。
10. 常见的物流方案种类有哪些？各自的作用是什么？
11. 物流方案的基本内容有哪些？
12. 简述物流方案设计的基本步骤。

项目综合实训三

物流公司为某奶制品在全市进行物流配送项目的投标

1. 实训目的

掌握物流服务项目的投标程序。

2. 实训方式

4～8 人为一组，分组进行项目设计。

3. 实训内容及步骤

某市奶制品厂想在全市内进行“天天鲜奶”工程，即每天为全市市民提供新鲜奶。这项配送项目向物流公司招标。

4. 实训结果

1）每组提交一份投标方案。

2）组长派人汇报陈述。

案例分析

中邮快货如何取胜——河南局物流业务发展探析

“中邮快货，送全国!”中邮快货业务依托覆盖全国的六大区域集散网，正在形成自己独特的竞争优势。河南中邮物流公司把发展中邮快货业务作为工作的重点，2004 年，河南中邮快货业务完成收入 2511 万元，占其物流业务总收入的 47.18%，其中邮快货北方网、华东网、南方网出口业务量均居全国各省首位。2007 年 9 月，河南中邮快货省际网出口量突破 1000 吨，省内网出口量突破 2000 吨，累计实现快货出口量 7819 吨，收入累计完成 2533 万元，河南中邮快货出口量、收货量均居全国第一位。中邮快货在河南声誉鹊起，他们是如何做的呢？

一、因势利导树立形象

2007 年 6 月，与中原大地火热的天气同时出现的是一组令物流业窒息的新闻：河南省相继出现物流货运公司卷款“蒸发”事件，物流市场遭遇巨大的“信任危机”。恰在此时，来自中邮物流的宣传急剧升温：《大河报》刊登评论报道《永不蒸发的中邮物流》，各大城市的邮政网点悬挂起“中邮物流至诚至信，永不蒸发”等宣传横幅。与之相呼应的是河南中邮物流公司开展“依靠诚信服务，笑迎万家客户”夏季大营销活动，公开面向社会推出了以配送时限、代收货款返款时限、用户投诉理赔时限为主题的“三项服务承诺”，承诺到市邮件“次日递”、到县邮件“隔日达”，代收货款三日返款，如有损毁、丢失，取得相关材料的前提下 5 日内理赔到位。

乘势而上的宣传、营销使中邮物流在当地物流市场树立了良好的企业形象，为河南中邮快货业务的发展打下了坚实基础。2007 年以来，河南中邮物流公司加大了中邮快货业务宣传力度。在中邮物流公司下发 3000 份快货业务宣传海报的基础上，先后制作了 400 套河南中邮物流形象年册，印制了 3000 份中邮快货宣传册、30 000 份中邮快货宣传折页，下发到邮政各营业网点。

二、专职营销占领市场

河南中邮物流公司在实践中认识到，专职营销是物流业务发展壮大的必由之路。河南中邮物流公司以营销体系建设为重点，组建了省、市两级专业专职营销队伍。他们对全省 100 多名营销人员进行培训、考试，竞争上岗，筛选出37名营销人员，由省公司统一聘用为客户经理。省公司成立了由主管经营副总兼任主任的大客户服务部，任命了3名客户经理，负责全省大客户开发维护的指导、管理工作；分公司经理作为首席客户经理，负责组织开发辖区内大客户工作，按照收入规模配备1或2名专职客户经理，负责具体的市场开发和客户维护工作。河南中邮物流给予客户经理优厚的薪酬标准及严细的考核、晋升、奖励政策，客户经理、高级客户经理任务指标超计划部分按收入的8%提成奖励，上不封顶，并根据开发的客户级别按照相关的标准对其进行一次性奖励。2007年7月1日起，河南中邮物流在全省开展“走百家市场，访千家商户”地毯式宣传、营销活动，营销人员手持宣传折页、《物流需求调查表》和“三项服务”承诺书，深入到专业物流市场和工业园区。在郑州，他们对500多家经营商、代理商和生产商（经过排查筛选后确立）进行拉网式上门宣传、营销。对于年物流收入规模较大、谈判有一定难度的项目，省公司领导亲自带领营销人员前往市场、企业跟客户谈判。营业网点人员积极与网点所在地专业市场的管委会、工商行政部门接触，由他们召开有市场商户、市场管理人员和工商行政人员参加的推介会，向商户推荐中邮快货。

营销活动开展以来，全省累计新开发客户87家，深度开发客户51家，与46家客户达成了合作意向。其中新开发的87家客户中，年收入规模在100万元以上的1家，50万元以上的2家，30万元以上的6家，20万元以上的16家。宣传、营销在给河南中邮物流带来规模和效益的同时，也减少了社会物流企业频繁“蒸发”给相关管理部门带来的压力和商户的担忧。

三、突出重点扩大规模

河南中邮物流通过对全省各级市场的调研，认真分析客户的流量和流向，了解客户的潜在需求和进出货渠道等信息，有针对性地制定营销方案，并结合中邮物流集散网的实际运作模式与能力，结合当地市场特点和发展潜力，对全省物流市场进行了细分，重点抓好了省会郑州、各个地市本身及30强县局的发展。

郑州分公司以名牌产品的总经销、总代理为开发重点，大力引进接入项目。商丘、信阳、安阳、三门峡分公司在做好当地市场开发的同时，发挥地域及省内配送优势，加强与河北、山西、湖北、安徽、山东等临近省份的业务合作，目前全省已累计引进、接入年物流收入20万元以上的项目5个。洛阳、新乡、漯河、焦作等区域工业、经济较为发达的地市分公司，以中小型生产企业为主攻方向，相继开发出森隆兽药、神舟电脑、TCL电脑、森达鞋业等10家大客户。对30个乡镇工业发达、特色市场明显、物流潜力巨大的县局，实行计划单列、单独考核，进一步壮大了中邮快货业务发展规模。

为进一步促进地市分公司的发展，省公司总经理、副总经理、职能部室对分公司实行了分片包干，个人收入与分公司完成业务收入进度挂钩考核。对于发展长期滞后的地市分公司，省公司强行开放其市场，在不低于属地物流营销基本价格的前提下，通过其他分公司进驻开发反向业务，3～6个月内免费搭载上行车辆容间，3～6个月后，将开发的客户移交属地分公司。

在县局业务开发上，河南中邮物流实施以项目扶持县局业务发展的战略：一是由县局物流专业人员负责当地物流市场的调研与前期接入，将适宜网上运作、有合作意向的项目申报到市分公司，由分公司指派专人组织洽谈、签订协议；二是协议洽谈期间形成的相关费用由市分公司全额承担，签约后的客户交由县局维护，体现出了市分公司对县局业务发展的支持；三是由市分公司统谈项目，杜绝了县局执行资费标准不一，扰乱市场等行为，保证了项目开发的收益率；四是市分公司加强了对客户的直控能力，分公司能够及时了解客户动态与需求，督促县局做好维护服务工作；五是增强了县局对分公司的归属感和向心力。

四、搞好支撑赢得客户

河南中邮物流公司在抢抓机遇、加快发展的同时，强化了内部管理。对代收货款慢、配送时限慢、用户投诉理赔不及时等突出问题采取“人盯人，人盯目标，盯紧人，盯紧目标，一盯到底，严格考核”的严密监控手段，提高了对质量指标的监控管理能力。

他们确定了“三项服务承诺”规定。一是省辖市之间互寄的手机等高附加值邮件确保次日上午递，普通零担邮件次日 18:00 前递，市到县隔日达。邮件延误一日，退运费的 20%；延误二日，退运费 50%；延误三日，退还全部运费。二是代收货款，邮件寄达地为省辖市的在收件人收到邮件后两日返款，县级三日返款。如邮政方面原因造成货款不能按时返回的，按银行同期活期利息补偿发货人。三是异常理赔，凡因河南中邮物流原因造成货物损毁、丢失的，在相关证明资料齐备后，5 日内按规定赔付客户。针对承诺条款，河南中邮物流注意总结推广部分公司在优化作业组织管理的方法，加强员工服务意识教育，同时采取重点监控、帮扶办法，加强对配送投递服务质量差的分公司的监控工作。2007 年 6 月，河南中邮快货及时配送率在全国位次出现下滑，省公司召开专题会议，研究制定应对措施。在组织管理上，通过管理机构的调整，加强了对信息人员的领导；在对应措施上，明确专人负责，采取“人盯人，盯死人，一盯到底”的严密监控手段，确保邮件配送投递信息的及时反馈。省公司规定，专职信息管理人员每天根据集散网信息系统中的“及时配送率表格”提供的未投邮件明细，由专人通过电子邮件形式下发到各分公司。要求各分公司根据每天“未投邮件明细表格”中所列的未投邮件明细，在预计配送时间内将未投物流邮件配送完毕。对于到达地市的邮件，要求当天投递完毕后必须当天更改投递信息；县局当天投递完毕的邮件，必须在当天通过传真、电子邮件等方式将投递的明细提供给地市分公司，由地市分公司在当天将信息更改完毕。根据国家局公布的数据，2007 年 7 月以来，河南中邮快货及时配送率直线提升，始终保持在 80%以上，高出 66.57%的全国平均水平，排名已上升到全国第 4 位，信息反馈率达到 98%以上，8 个一体化项目信息反馈率达到 100%，用户投诉率仅占 0.09%，排全国第 3 位，有效地解决了用户投诉、理赔问题。“三项服务承诺”受到了广大客户的普遍赞扬，塑造了“诚信中邮物流”品牌形象。河南中邮物流已成为河南物流市场服务最好、信誉最好、规模最大的企业之一，得到了当地政府的大力支持。

案例讨论：

1）中邮快货在业务拓展方面采取了哪些有效措施？

2）中邮快货取胜的秘诀对我们开展物流项目营销有什么启示？

项目4 第三方物流运作管理

学习目标

通过本项目的训练和学习，学生应掌握第三方物流业务运作管理的主要内容和操作规范，具备第三方物流营运管理的能力。

主要知识点

第三方物流企业仓储、运输、配送、装卸搬运、流通加工及包装等业务运作管理的主要内容和操作规范，常见的物流增值业务及操作规范。

关键技能点

第三方物流仓储、运输、配送、装卸搬运、流通加工及包装各环节的流程及操作要点。

任务一 第三方物流运输管理

【任务描述】 要求学生理解第三方物流企业运输管理的特点，掌握运输业务管理的主要内容，具备第三方物流企业运输营运现场操作管理技能。

一、第三方物流企业运输管理概述

1. 第三方物流企业运输管理的概念

第三方物流企业运输管理就是对整个运输过程的各个环节——运输计划、发运、接运、中转等活动中的人力、运力、财力和运输设备，进行合理组织、统一使用、调节平衡、监督执行的过程，以求用同样的劳动消耗，运输较多的“物”，提高劳动效率，取得最好的经济效益。

2. 第三方物流企业运输管理的特点

（1）专业化水平更高

第三方物流企业是专业的物流企业，其优势在于“专”。别的非物流企业3天才能完成的运输项目，第三方物流企业由于“专”的特质，在2天或者更短的时间内就能够完成，因而才有利润的空间。

（2）系统性更强

第三方物流企业运输管理不但要求对传统运输工具的合理运用进行管理、提高运输效能，而且必须结合现代信息技术，对运输源、物流客户、客户需求、服务项目、运输单证等进行综合管理，尤其是对客户的即时需求进行合理的调配，做到效益最大化。

（3）信息化要求高

运输决策做出之前，不再是只有一个运输任务要求第三方物流企业去做，而是在多种运输任务的基础上，第三方物流企业如何有效运用其运力，开发运输潜力，制定出最经济、最合理的运输方案。

（4）小批量运输管理将是管理的重点

由于小批量运输的成本相对大批量而言成本更高，因此客户企业就将它推给了第三方物流企业，成为第三方物流企业的运输业务的重点。又由于小批量运输操作的复杂性，这也就成了第三方物流企业加强运输管理的重点。

案例4-1

多批次、小批量冷链运输管理

目前在冷链物流领域出现了一种新型的管理方式，采用可远程监控的智能温控集冷单元来解决小批次多批量不同温度产品混合运输的冷链难题。

这种智能温控集冷单元完全脱离传统冷藏设备，体积更小，灵活性更强，自带冷源，并可远程监控。每个智能温控集冷单元均可以设定温度，满足不同温度要求温感货物的运输需要。每个智能集冷单元拥有独立存储空间，独立隔热保温系统，可实现小批量货物混合运输。智能温控集冷单元采用拼装组合方案，可以满足不同客户对不同尺寸规格的要求，灵活多变，运输成本低，是中小批量多批次货物运输的最佳载体。

组合式智能温控集冷单元采用普通货车即可，满足不同温度敏感型货物的混合运输，极大减小冷链运输成本。自带干冰制冷源，各自独立控制，配备冷链温度监控系统。灵活实用的集冷单元及无缝覆盖的监控系统保证货物的运输安全，为冷链最后一公里提供有力保障。

3. 第三方物流企业运输管理的主要内容

第三方物流企业运输管理的主要内容包括运输决策、运输过程管理和运输后管理三部分。

（1）运输决策

运输决策是指在运输作业进行之前所做出的有关运输方式、运输工具、运输线路、运输时间、运输成本预算、运输人员的配备和运输投保等多种方案和最佳方案的选择过程。这一过程还包括为做出决策所必须进行的客户资源、服务项目及运输源的管理等工作。它是整个运输管理的前期工作。

（2）运输过程管理

运输过程管理包括对发运、接运、中转和运输安全的管理，以及对伴随货物流动而进行的人员流动、资金流动的管理。发运管理包括落实货源、检查包装标记、安排短途搬运、办理托运手续等工作。接运管理则包括对交接手续、接卸货物、仓位准备、直拨等作业的管理。中转管理除注意中转的衔接外，还应在加固、清理、更换破损包装等方面加强工作，以提高运输质量。运输过程管理是整个运输管理的核心。

（3）运输后管理

运输后管理包括运费结算和账务处理、索赔和处理他人索赔、运输设备的维修与回库等。

二、第三方物流运输业务管理

1. 第三方物流企业货物发运

第三方物流企业货物发运指第三方物流企业作为发货单位，与承运企业协商，根据双方认可的计划和合同，通过一定的运输方式，将货物从发货地运达目的地的具体业务工作。由于这项工作是整个运输工作的第一道业务环节，因此，对整个运输过程中的时间、运量、质量、费用及安全性等运输经济指标起着决定作用。

第三方物流企业货物发运一般包含货物的组配、制单、办理运输手续、送单、通知、费用结算等环节，如图 4-1 所示。

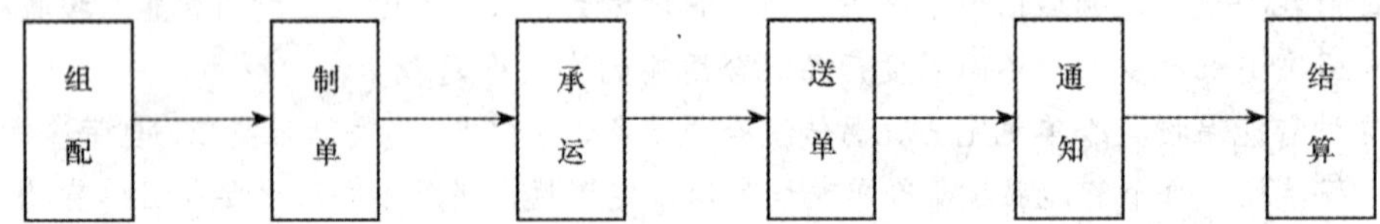

图 4-1　货物发运流程

1）组配。组配就是根据货源、运力的情况，将待运的各种货物按照性质、重量、体积、包装、形状、运价等因素合理装配在一定容器的运输工具里。组配是发运业务的第一道环节，也是一项技术性很强的工作，直接关系到运输工具的利用程度、运费的高低和货物的安全，因此，组配时要遵循以下原则。

① 安全性原则。各种货物性质各异，组配要注意不将性质相互抵触的货物拼装在一起，重货和轻泡货要合理配载，在确保货物安全的前提下提高运输工具的运载量。

② 合理运输原则。在可能情况下，能直达则不中转，能整车则不发零担，能水运则不陆运。

③ 节约费用原则。精心测算轻重货物的重量和体积，提高运输工具载重量和容积的利用率；在合装整车过程中，要注意不同运价的货物的装配比例，合理组装，减少运费支出。

④ 先急后缓原则。一般情况下应按货物调拨供应单的先后顺序组配，但对客户要求紧急运送的货物应优先组配。

2）制单。制单的主要任务是填写货物运单和运输交接单。所制作的单据是托运单位和第三方物流企业之间办理托运和承运手续的依据，也是第三方物流企业安排运力、办理货物交接和计费的原始凭证，一经签订便具有契约性质，所以，双方都要对所填写内容认真负责。

案例 4-2

铁路运输货物运单

铁路运输货物运单如图 4-2 所示。

GF-90-0403			××铁路（集团）公司						
货位：			货物运单				承运人/托运人装车		
货物指定于　月　日搬入							承运人/托运人施封车		
运到期限　日			托运人→发站→到站→收货人				货票　第　号		
托运人填写					承运人填写				
发站		到站（局）			车种车号			货车标重	
到站所属省市					施封号码				
托运人	名称						经由	铁路货车篷布号码	
	住址			电话					
收货人	名称						运价里程		
	住址			电话					
货物名称	件数	包装	货物价格	托运人确定重量/千克	承运人确定重量/千克	计费重量	运价号	运价率	运费
合计									
托运人记载事项					承运人记载事项				
注：本单不作为收款凭证，托运人签约须知见背面	托运人签字或盖章 年　月　日			到站交付日期戳			发站承运日期戳		

图 4-2　铁路运输货物运单

案例 4-3

物流中心货物托运单/客户签收单

某物流中心货物托运单/客户签收单如图 4-3 所示。

××物流配送中心货物托运单 / 客户签收单 托运单号：00000001				
发货单位： （　　）配送中心		货运代理： 运输方式：		
收货人：		收货人地址：		
联系电话：				
运输类型：（　）加急配送　（　）常规配送　到货时间：　日　时　分				
品　名	数　量	箱　号	总件数	收货方签收总件数

图 4-3　某物流中心货物托运单 / 客户签收单

<table>
<tr><td colspan="3">备注：双方交接签收时，应仔细检查核对，一经签收，则视同外包装完好无损。</td></tr>
<tr><td>发货人签字：
日期及时间：</td><td>承运人签字：
日期及时间：</td><td>收货方签收：
日期及时间：</td></tr>
<tr><td colspan="3">异常情况描述：
相关人员（签字）：</td></tr>
</table>

第一联：发货人留存 第二联：承运人留存 第三联：费用结算 第四联：收货人留存

图 4-3　某物流中心货物托运单 / 客户签收单（续）

案例 4-4

水路运输船票

水路运输船票如图 4-4 所示。

<table>
<tr><td colspan="15">××省水路货物运单
（代　托　运　单）</td></tr>
<tr><td colspan="6" rowspan="2">货物于　　年　　月　　日
集中于：</td><td colspan="4">交接清单号码</td><td colspan="5">运单号码</td></tr>
<tr><td colspan="4"></td><td colspan="5"></td></tr>
<tr><td rowspan="2">承运单位</td><td colspan="2" rowspan="2"></td><td>船名</td><td></td><td rowspan="2">起航港</td><td rowspan="2"></td><td rowspan="2">到达港</td><td rowspan="2"></td><td rowspan="2">运距</td><td rowspan="2"></td><td colspan="2" rowspan="2">到达日期</td><td colspan="2" rowspan="2">收货人签字</td></tr>
<tr><td>船号</td><td></td></tr>
<tr><td rowspan="3">托运人</td><td colspan="2">全称</td><td colspan="2"></td><td rowspan="3">收货人</td><td>全称</td><td colspan="4"></td><td colspan="2" rowspan="3">承运人章</td><td colspan="2" rowspan="3">（章）</td></tr>
<tr><td colspan="2">地址电话</td><td colspan="2"></td><td>地址电话</td><td colspan="4"></td></tr>
<tr><td colspan="2">银行账号</td><td colspan="2"></td><td>银行账号</td><td colspan="4"></td></tr>
<tr><td rowspan="2">货名</td><td rowspan="2">件数</td><td rowspan="2">包装</td><td rowspan="2">价值</td><td colspan="2">托运人确定</td><td colspan="2">计费重量</td><td rowspan="2">等级</td><td rowspan="2">费率</td><td rowspan="2">金额/元</td><td colspan="4">应收费用</td></tr>
<tr><td>重量/吨</td><td>体积</td><td>重量/吨</td><td>体积</td><td>项目</td><td colspan="2">费率</td><td>金额/元</td></tr>
<tr><td></td><td></td><td></td><td></td><td></td><td></td><td></td><td></td><td></td><td></td><td></td><td>运费</td><td colspan="2"></td><td></td></tr>
<tr><td></td><td></td><td></td><td></td><td></td><td></td><td></td><td></td><td></td><td></td><td></td><td>出仓费</td><td colspan="2"></td><td></td></tr>
<tr><td></td><td></td><td></td><td></td><td></td><td></td><td></td><td></td><td></td><td></td><td></td><td>养河费</td><td colspan="2"></td><td></td></tr>
<tr><td></td><td></td><td></td><td></td><td></td><td></td><td></td><td></td><td></td><td></td><td></td><td>空驶费</td><td colspan="2"></td><td></td></tr>
<tr><td></td><td></td><td></td><td></td><td></td><td></td><td></td><td></td><td></td><td></td><td></td><td></td><td colspan="2"></td><td></td></tr>
<tr><td></td><td></td><td></td><td></td><td></td><td></td><td></td><td></td><td></td><td></td><td></td><td></td><td colspan="2"></td><td></td></tr>
<tr><td>小计</td><td></td><td></td><td></td><td></td><td></td><td></td><td></td><td></td><td></td><td></td><td></td><td colspan="2"></td><td></td></tr>
<tr><td colspan="11">运杂费合计（大写）　人民币　拾　万　仟　佰　拾　元　角　分整</td><td colspan="3">小　计</td><td></td></tr>
<tr><td colspan="7">运到期限（或约定）</td><td colspan="4" rowspan="2">托运人（公章）
年　　月　　日</td><td colspan="3" rowspan="2">核算员</td><td rowspan="2"></td></tr>
<tr><td colspan="3" rowspan="2">特约事项</td><td colspan="4" rowspan="2"></td></tr>
<tr><td colspan="4">承运日期　　年　　月　　日
起运港承运人章</td><td colspan="3">复核员</td><td></td></tr>
</table>

第一联：货物托运单（起运港存查）；第二联：货物提单（收货单位盖章交到达港存查）

图 4-4　水路运输船票

案例 4-5

公路干线运输通知单

某第三方物流企业干线运输作业通知单如图 4-5 所示。

<table>
<tr><td colspan="6">运输作业通知单</td></tr>
<tr><td colspan="3">订单编号：020140611C01</td><td colspan="3">业务单号：F20140611-12</td></tr>
<tr><td colspan="6">托运客户：</td></tr>
<tr><td colspan="3">始发站：</td><td colspan="3">目的站：</td></tr>
<tr><td colspan="6">托运人：</td></tr>
<tr><td colspan="6">取货地址：</td></tr>
<tr><td colspan="3">联系方式：</td><td colspan="3">取货时间：</td></tr>
<tr><td colspan="6">收货人：</td></tr>
<tr><td colspan="6">收货地址：</td></tr>
<tr><td colspan="3">联系方式：</td><td colspan="3">收货时间：</td></tr>
<tr><td>序号</td><td>名称</td><td>箱体包装规格</td><td>单位</td><td>数量</td><td>备注</td></tr>
<tr><td></td><td></td><td></td><td></td><td></td><td rowspan="3"></td></tr>
<tr><td></td><td></td><td></td><td></td><td></td></tr>
<tr><td></td><td></td><td></td><td></td><td></td></tr>
</table>

图 4-5　公路干线运输通知单

案例 4-6

代运商品委托书

某第三方物流企业代运商品委托书如图 4-6 所示。

<table>
<tr><td colspan="6">××商业储运公司
代 运 商 品 委 托 书　　No:12345456</td></tr>
<tr><td colspan="6">委托日期　　年　　月　　日</td></tr>
<tr><td>商品名称</td><td></td><td>包装种类</td><td></td><td>包装体积</td><td></td></tr>
<tr><td>件数</td><td></td><td>重量</td><td></td><td>存货地点</td><td></td></tr>
<tr><td rowspan="3">收货方</td><td>到站</td><td></td><td>收货人全称</td><td colspan="2"></td></tr>
<tr><td>收货人地址</td><td colspan="2"></td><td>电话</td><td></td></tr>
<tr><td>开户银行及账号</td><td colspan="4"></td></tr>
<tr><td rowspan="2">委托人</td><td>单位</td><td></td><td>姓名</td><td>住址及电话</td><td></td></tr>
<tr><td>开户银行及账号</td><td colspan="2"></td><td>预付金额</td><td></td></tr>
<tr><td>保价金额</td><td></td><td>财会签章</td><td></td><td>管理人签字</td><td></td></tr>
</table>

图 4-6　代运商品委托书

运输交接单是第三方物流企业内部或与接运方或中转方之间货物交接的凭证，也是收货方掌握在途货物情况及结算货款的依据。

案例 4-7

货运员交接手续表

货运员交接手续表如图 4-7 所示。

××集团公司铁路运输公司到卸货物交接簿											
年		发站	车号	品名	货票件数	实卸件数	货位	交付时情况说明	交付员	接收中核对实际	接收员
月	日										

图 4-7　货运员交接手续表

不管是制作货物运单还是运输交接单，都是一项严肃认真的工作，一定要逐项填写，做到正确、清楚。

3）承运。转包给其他运输企业运输的货物，要根据制好的单据办理托运手续，待其受理后，方可根据指定的时间和货位送货，办理交接手续。第三方物流企业在送货时，必须保证货物包装完整、标志清楚。水路发运需按船期办理托运，对泊位装船的，一般将货物送到港口仓库或船上办理交接手续；对锚地装船的，因无固定泊位，需将货物送到船上。

4）送单。领货凭证、付费收据、运输交接单、货物调拨供应单、补运单、货物供应凭证等随货同行的单据，应在办完托运手续后及时发给接收方，以便其收货时清点验收。铁路整车发运一般采用单货同行的方式，铁路零担与航空运输多采用承运方代递方式；公路发运由司机或押车人员随车代交；而水运由于速度较慢，经常采用邮寄方式。

5）通知。货物发运后，应立即向收货方通报发站、到站、发运车好、运单号、件数、重量、发运日期等情况，以便收货方及时做好接收货物准备工作，或是中转方做好充分接转货物的衔接工作。

6）结算。在货物发运后，发货方根据不同的发运方式，向收货方或承运方核算和收付代垫运杂费和其他费用。

案例 4-8

某公司物流中心财务结算流程

1）总公司与客户签署《货款结算书》，指定公司的结算账号、结算方式、结算纪律。

2）根据客户的付款信息，及时查验银行账户的到款情况，并做好相应的记录（包括备查账、进销存的日账款结算）和资料保存。

3）每日做好银行存款明细账，并定期与总公司、银行进行对账，每月月末将银行存款明细账及银行单据寄回总公司财务部。

案例4-9

集装箱（零担）发运工作规范实例

集装箱发运是指用集装器具或捆扎的办法，把裸装物品、散装物品、体积较小的成件物品组合成一定的规格的集装单元进行发送的形式。

零担发运是指发运的货物，其重量和体积不足以单独使用一节整车皮或一个集装箱，而按其性质所采用的与其他商品拼装运送的发运形式。按发运形式，零担又分为直达零担、中转零担和沿途零担3种。

要注意的是，填制货物运单应按各类商品运价号分项填写，性能不同的货物不能做一票托运。

某第三方物流企业集装箱（零担）发运工作规范如表4-1所示。

表4-1　某第三方物流企业集装箱（零担）发运工作规范

序号	名称	工作规范
一	发送和制单	1. 采用集装箱、零担方式发送货物时，应先填制代运商品委托书，并在当日移交制单员，不得延误班期。 2. 集装箱、零担发送制单员以一个委托单位、一个收货单位、一个到站，填制“铁路运单”，由统一收货人办理中转“一箱多批”或“合装整车”的集装铁路运输。“铁路运单”上必须加盖“一箱多批”或“一车多批”字样，便于中转单位有准备地接箱、接车和安排货位。 (1)“铁路运单”填写的内容包括以下几项。 1）发、到站和发、收货人（填明收货人名称、地址、电话、邮编）。 2）货物名称（不同运价号的分列品名）。 3）包装种类和运输号码。 4）货物的数量和重量。 5）保价投保金额或保险投保金额。 (2）填写时必须用钢笔，不得乱写简化字和同音字，书写内容必须正确无误，填好后加盖公章。 (3）填制好“货物运单”后，制单员应按下列要求填制“市内货物搬运托运单”和货签。 1）按每个出货地点分别填写。 2）非正常情况下的搬运应批注
二	现场员的工作规范	1. 制单托运后，现场员应经常检查发运情况并联系催运，对抢险、救灾、季节性物资和上级指定的急运物资更应积极联系，督促尽快运出。 2. 现场员对因各种原因造成废票的单据逐单查实原因后，及时换票，重新托运和做其他相应的处理。 3. 现场员应经常去车站货场联系和了解现场情况，如发现货损货差、包装不固等情况应主动协助承运方和货主追查原因，当场解决，疑难问题应向领导反映。 4. 现场员在现场改票或批注情况，必须加盖私章或公章，回单位后在存查联上同时改票和批注，以便备查。 5. 现场员必须填好“工作日志”，做到现场情况有记载

案例4-10

某第三方物流企业公路发运工作规范

1．接单

接发货计划后，核对该计划的收货单位名称、收货地址、电话、联系人是否填写清楚，如有不详，须马上更正。核对实物库存。对照发货计划内容，核对发放产品的型号是否齐全、数量能否装够。如需两地以上卸货，必须与承运车辆协商解决。个别型号体积大，无法搭配，需单程运输的须报上级领导签字确认方能执行。发货计划经核实确认无误后，组织车辆发货。原则上要求自运输计划下发之时起 72 小时内完成运输任务。

2. 安排计划

根据运输计划由部门主管按区域管理制度、自主发运计划分配发运任务。在合理时间安排调配车辆，填写派车单，在计划发放数栏填写型号、数量及装货车号。

3. 装车

所有司机必须听从物资管理部有关人员指挥，在指定的装车点装车。装车前，公路发运部检查车辆所带篷布、绳索及捆绑用保护材料的种类及每种材料的数量是否齐全。对于准备不齐者，发运部有权拒绝安排装车。装车完毕，物流信息部及片区负责人必须仔细清点所装的型号、数量与计划是否相符，并同发运部办理好相关手续。

4. 发运与跟踪

必须根据国家关于车辆管理的有关规定带齐车辆运输所需的一切手续及证明材料，运输途中必须注意交通安全，保证运输质量。

货物发出后，发运部片区负责人及时整理好每日的“计划跟踪表”同时监控运行情况，如根据货物预定到达期及时打电话到收货单位查询到货情况，如未能如期到达的，应找物流信息部查明原因，提出补救措施、处理办法，报上级领导。督促物流信息部准时缴交产品送货单回执。

5. 运损货物的处理

因运输原因出现损坏，按以下方式处理：物流信息部必须在收货单位签收货物之日起 10 天内将收货单位的货物损坏情况及证明材料反馈到发运部；发运部收到损坏证明材料后，证明需要做出赔偿处理的，应及时处理并赔偿。

2. 第三方物流企业货物接运

货物接运是指货物从发运地到收货地后，收货单位根据货物到达的站、港通知，同物流企业办理的货物点验接收工作。

货物接运主要有接运准备和办理接运手续两个主要环节。

（1）接运准备

根据发货预报或到货通知，联系有关业务部门，根据车次、船号、到达日期，以及货物品名、数量，组织人力、物力和仓库货位，能直拨的尽量直拨，减少转运环节，不能直拨的接运单位应及时取回提货凭证和其他随货同行单据，提前做好接货准备工作。

（2）办理接运手续

1）向到达站、港递交有关接运手续，交付费用。

2）根据提货凭证，到站、港的站台或仓库接收、点验货物。点验主要是检查包装是否完好，数量、质量是否单货相符。如有不正常情况，应立即会同有关承运单位做好相关记录，分清发转、收三方的责任。由于货物发运方式不同，因此，具体的接运手续和方法也有所差异。

案例 4-11

到货通知单

某第三方物流公司的到货通知单（提单）如图 4-8 所示。

××市商业储运公司运输部 到货通知单（提单）							
发货单位：						年　月　日	
发站			车号			残损货	
清单号码	包装	规格	详细品名	件数	实重/千克	件数	实重/千克
合计							
卸地：			月台		存放：		
提货人					篷布费		
制单人					发货人		

图 4-8　到货通知单（提单）

案例 4-12

铁路接运的 4 种情况

铁路接运主要分为以下 4 种情况。

1）发站装车到站收货。由于接、发都由车站负责，因此，接运时接运单位只与车站发生付费、点验及事故处理、责任划分的关系。

2）专用线装车到站收货。这种方式涉及货物运输单位、收货方和承运单位三方，所以，收货单位领货时，必须会同到站理货员共同检查车牌、车号及车体状况；如有异状，提货人员应与车站理货员取得一致意见后，方可拆封、卸货。卸货过程中如发现有不正常情况，如短缺、破损，不管原因如何，都应取得到站的有关货物短缺、破损的记录，以便划清三方各自的责任。

3）发站装车专用线收货。与专用线装车到站收货的接运手续大致一致。

4）专用线装车专用线收货。这种情况虽然与车站无直接关系，但也应要求到站派人共同拆封、监卸。此外，收货单位应在办完货物交接的规定天数以内，将运输交接单注明收货情况、加盖公章后寄回，或者押运员带回发货单位或中转单位。对于收货时接收的发货单位的自备装车器物，应填写运输证明书，以便及时办理回运。

就站、港直拨和商品入库接收来的货物有以下两种安排方法。

1）就站、港直拨。商品接收单位在收到发货预报后，要立即通知商品调拨或部分直拨，必须在商品运达前开出商品调拨供应单交接收单位，以便接运单位组织运力。接收单位在办理直拨时，要认真检查商品的数量和包装，对破、散的商品应当场加固、维修，同时涂去旧标记，换上新的标记。

2）办理商品入库。未能直拨的商品，则应根据业务部门开具的商品入库单和随货同行单据，送往仓库，点交、验收。

（3）集装箱（零担）接运实例

1）基本流程。第三方物流企业运输的集装箱接运、零担接运流程分别如图 4-9 和图 4-10 所示。

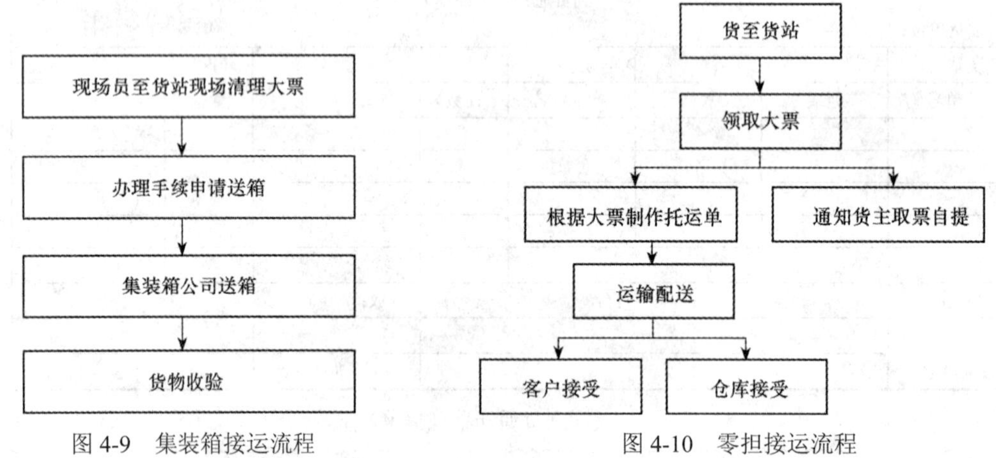

图 4-9 集装箱接运流程

图 4-10 零担接运流程

2）接运工作规范。第三方物流企业集装箱（零担）接运工作规范如表 4-2 所示。

表 4-2 某第三方物流企业集装箱（零担）接运工作规范

序号	名称	工 作 规 范
一	接受与支付	1．对车站计划交付第三方物流企业业务范围以内的集装箱、零担、整零商品，由驻货站集装箱、零担现场员按车站规定的时间和要求到货站交付组办理票据接受手续。 2．接受现场员根据铁路运单一票一单和仓库地点，分别填制一式七联托运单，第一联受托方盖章存查；第二、第三联搬运方盖章回单，二联结算运费，三联留存审查；第四联承运单位调度部门备查；第五联车站结算杂费；第六、七联作中转结费和随货同行。填制内容不得混淆，易碎品和性质特殊的商品要注明注意事项，无随货同行的单据必须在托运单上注明“无清单”字样。 3．一般货物的件数在 50 件以上必须先通知进货仓库，将进货通知单送交各库保管员。 4．直拨航运的中转货必须加制航路运单和代办保险，航运公司办理托运手续
二	现场工作	1．对到达的集装箱，首先由承运单位验箱验封，接收现场员接受铁路运单后，对箱、封无异状的，应持单验箱号、封号并联系收货人办理交付；对箱、封有异状的，必须及时与铁路部门取得联系，在铁路部门编制记录后，才能办理交付。 2．零担接收现场员应做到每票商品逐票验收、人货见面，详细检查商品件数、品名与票据是否相符合，包装是否完整，商品是否有雨湿、污损等情况；如发现有问题应及时同车站有关方面联系，索取货运记录，在 5 日内交商务科，作为办理索赔和分析责任的依据。 3．收货人要求办理货物自提，接受现场员制单后应按货物自提的有关规定验收“领货凭证”和提货人身份证及单位介绍信（无合同单位应先结算费用），然后才能给予办理手续，接受现场员还必须填写工作日志和登记货物自提的登记簿，以便备查。 4．接受现场员应与铁路、运输部门、收货单位密切配合，搞好集装箱“门到门”的接受手续，协助处理有关问题
三	统计（含集装箱运量）	1．统计员根据商品发送/到达货物明细表等原始凭证，统计运量和商品待运期及营业收入、利润和个人工作量等。 2．统计工作必须达到下列要求。 （1）统计数字真实，必须按统一指标、统一口径、统一时间逐日统计。 （2）统计数字及时，运量统计不超过第二天，星期日及节假日的运量统计在假日后的第一个工作日统计。按统计制度做好集装箱商品运量统计核算“五日报”和“集装箱商品运量运出、运进完成情况月度统计表”，并按规定时间将上述报表报统计室汇总。 （3）统计员对已统计完毕的原始单据必须加盖“已统”标记，防止重统和漏统，并将单据整理成册，存档保管

3. 第三方物流企业中转业务管理

中转运输是指货物在从发地到收地的运输过程中，由于受购销数量、自然地理位置和交通线路等影响不能直达，必须经两种或两种以上运输工具换装，才能运达目的地的运输业务。由于中转运输连接着收货方和发货方，在运输过程中起着承先启后的作用，因此，中转的好坏直接影响着货物运送时间的长短、费用的高低、货物的安全和运输的经济效益。

（1）中转业务的主要内容

1）衔接中转运输计划。中转业务涉及中转单位车辆、仓位、时间、人员的安排，是一项计划性很强的工作。为了密切收、发、转三方之间的联系，中转单位可通过同收、发单位签订中转合同，用契约的形式来巩固和稳定各方的协作关系。

2）接收中转货物。中转运输单位在收到发货预报和相关部门的发货通知后，应尽量衔接运力，争取就站、港直拨。同时，还应准备有一定的仓库货位，以保证转运货物受阻时，可顺利入库，不压车、船。

3）发运中转货物。为减少货物待运期，发运中转货物应按货物到达顺序，先来先转；对救灾、支农、鲜活易腐和市场急需的货物应优先转运；对已经破散的包装必须修补、加固或更换之后才能发运，不得破来破转；接收的中转货物如发现收货标记有错串时不能将错就错，应留下查清更正后处理，并在中转交接单中批注清楚；货物中转后，应按规定将货物运单和运输交接单得留存联统计、归档、成册，以备查询。

（2）货物中转运输工作规范实例

表 4-3 所示为某第三方物流企业的货物中转运输工作规范。

表 4-3　某第三方物流企业货物中转运输工作规范

序号	名称	工作规范
一	中转运输形式	中转运输形式有：整车到达零担转出；零担到达整车转出；铁路到达水路转出；水路到达铁路转出；铁路到达公路转出；水路到达公路转出；水路到达水路转出等
二	到达接收和转运注意事项	1．以快为主，快中求好，快中求省。 2．合理选择运输方式，选择距收货单位最近的中转点。 3．手续清楚、齐全，到达接受中转货物应有验收记录，中转时要按照规定填写中转交接单。 4．先到先转
三	中转货物的管理	1．中转货物的接收：按照中转运输协议和有关到货通知，对运来的中转货物和需要进仓分运及加工整理的中转货物要及时做好仓位安排和货物验收工作。 2．中转货物的验收。 （1）中转货物在进仓收货和发运转出的过程中，要严格执行“四查”：查品名件数、查标记、查包装、查中转交接单和货物是否相符，如有货损货差情况，应及时与托运人联系，同时告知商务查询员进行处理；发现中转货物无随货同行单据，保管员在接受货物时与制单员联系，由制单员查明底单并签署清楚，再行中转。 （2）进仓货物必须当日填写“中转货物进出仓登记簿”、“仓库吞吐量日报表”。 3．合理堆放中转货物。 （1）中转货物进出量大、流动性大、品种复杂，保管员应指导和配合进货人员进行堆码，做到重不压轻，大不压小，木箱不压纸箱，流汁、易碎物单独放置，标记向外，箭头向上，既要有利于充分利用库容，还要有利于进出货物。 （2）露天存放货物必须加苫垫物并遮盖好篷布。 （3）验收货物无误后，保管员应在货垛上用粉笔标明收货单位、车（票）号、件数，同时在托运单或到货通知单有关联上注明存放仓库区、排、收货日期、收货人姓名、经收人姓名，再签托运单给送货人。 4．中转货物保管：按照储存性仓库的保管规范和出入库手续管理。 5．加强安全管理：为保证货物安全进出，必须按要求留出柱距、顶距、墙距和通道。爱护和管理好消防设备，及时清理易燃物品，保持库内外清洁，做好防火安全保卫工作

续表

序号	名称	工作规范
四	中转货物的转运	1．为加速货物周转，中转仓对已收毕的货物单据应及时送有关环节，组配发送，急运货物随收随发，其他货物原则上不得超过24小时。对整批到达须分运的货物应根据整批货物随货同行单据、发货单位、收货单位、到货日期、车船号码，分割成到货通知单并正确向收（发）货单位收取费用。 2．中转时要按规定填写中转交接单，认真核对品名、件数、标记，对标记脱落的要补贴，做到单货同行，单货相符，做到货物破来不破转，错来不错转。 3．对自提货物必须严格检查“三证”，即领货凭证、提货人单位介绍信和提货人本人身份证（非提货人身份证不得代替使用），经核对无误后，由提货人在提单上注明工作单位、身份证号、车辆号码，并签名盖章，然后到财务处办理交费手续，方能发货。保管员应会同提货人到货位核对件数，点数交件，提货人在搬货上车过程中，保管员应坚持货物上车后的现场检查，开出门证，汽车一车开一张出门证，出门证上要签上提货人姓名，登记出货车辆号码
五	单据管理	保管员必须保管好货物台账、托运单、到货通知单、出入库凭证、出门证等账表单据，按月装订后，交商务科票据保管员收存，以便备查
六	统计	1．统计员根据货物进出登记簿、货物发货明细表、到货通知单及保管员货物进出日报表等原始凭证统计运量、待运期货物进出品次、件数、吨位、平均库存等数据来考核衡量个人的工作量。 2．统计工作必须达到下列要求。 （1）统计数字真实，必须按统一指标、统一口径、统一时间逐日统计。 （2）统计及时，发、到运量数第二天必须统计，星期日及节假日的运量统计在假日后的第一个工作日统计。 （3）按时交货物运量“五日报表”，“月货物进出表”必须于当月25日交公司统计员，以便统一汇总

案例4-13

马士基物流拖车服务标准操作流程（SOP）

马士基物流拖车服务按以下1）～8）步进行。

1）客户接受马士基报价。

2）客户确定装货时间之后须将拖车和订舱单传给马士基物流。

3）在收到客户订单之后，马士基物流会根据订单的装货时间安排车辆。

4）车辆安排后传真确认通知书给客户。

5）装货、发货、通关。

6）装货后，还柜至相应码头或卸货至相应仓库，马士基物流会将设备交接单或收货证明传真给客户。

7）报关完毕，马士基物流会出具付款通知给客户。

8）客户安排付款。

单项实训一

A单位有100台电视机（35千克/台，3800元/台）从广州运给上海B单位全程为1190km，运价为0.4元/吨千米。2014年9月15日起运，约定2日内到达。由运输公司C负责装卸，装卸费为5元/台，保价费率为7‰，该电视机计费重量为100千克/台。请填写表4-4货物托运单和表4-5货票。

表 4-4　X X 省汽车货物运单

托运人（单位）：　经办人：　电话：　地址：　运单编号：

发货人		地址		电话		装货地点			厂休日	
收货人		地址		电话		卸货地点			厂休日	
付款人		地址		电话		约定起运时间	月日	约定到达时间　月日	需要车种	
货物名称及规格	包装形式	件数	体积长×宽×高（厘米）	件重/千克	重量/吨	保险、保价价格	货物等级	计费项目	计费重量	单价
								运费		
								装卸费		
合计							计费里程			
托运记载事项				付款人银行账号		承运人记载事项			承运人银行账号	
注意事项	1．托运人请勿填写栏内的项目。 2．货物名称应填写具体品名，如货物品名过多，不能在运单内逐一填写须另附物品清单。 3．保险额保价货物，在相应价格栏中填写货物声明价格。							托运人签章 年　月　日	承运人签章 年　月　日	

说明：1．填在一张货物运单内的货物必须是属于同一托运人。对于拼装分卸货物，应将每一拼装或分卸情况在运单记事栏内注明。易腐蚀、易碎货物、易泄露的液体、危险货物与普通货物及性质相抵触、运输条件不同的货物，不得用同一张运单托运。托运人、承运人修改运单时，须签字盖章。

2．本运单一式 2 份：1 受理存根；2 托运回执。

表 4-5　X X 省汽车运输货票　　　甲 NO.00001

托运人：　车属单位：　牌照号：

装货地点								发货人		地址		电话
卸货地点								收货人		地址		电话
运单（）货签号码		计费里程						付款人		地址		电话
货物名称	包装形式	件数	实际重量/吨	计费运输量		吨·千米运输			运输金额	其他费收		运杂费小计
				吨	吨·千米	货物等级	道路等级	运输（）		费目	金额	
										装卸费		
运杂费合计金额（大写）：												
备注									收货人签收盖章			

开票单位（盖章）：　开票人：　承运驾驶员：　年　月　日

说明：本货票适用于所有从事营业性运输的单位和个人的货物运输费结算；本货票共分 4 联：第一联（黑色）存根；第二联（红色）运费收据；第三联（浅蓝色）报单；第四联（绿色）收货回单经收货人盖章后送车队统计。

任务二　第三方物流仓储与配送管理

【任务描述】 要求学生了解第三方物流企业仓储作业基本程序，掌握仓储业务工作规范；掌握配送作业的基本程序和工作规范；能够独立处理仓储与配送现场业务操作。

一、第三方物流企业仓储作业基本程序

第三方物流企业仓储作业基本程序如图4-11所示。

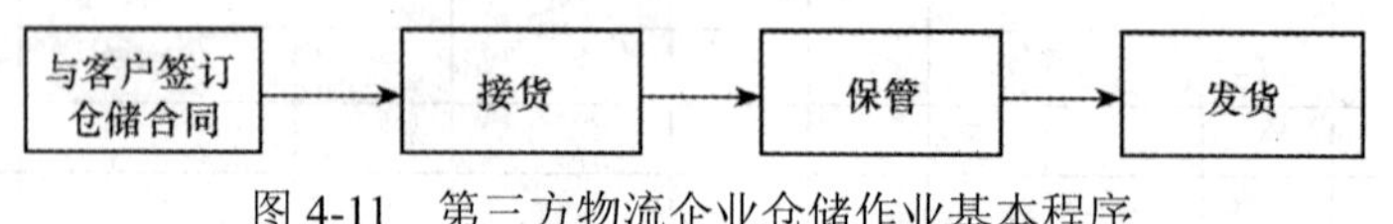

图4-11　第三方物流企业仓储作业基本程序

1. 与客户签订仓储合同

与客户签订仓储合同是第三方物流企业商务拓展的成果。关于仓储合同的内容，参见本书项目6。

2. 接货

接货是根据客户需求和发运单位、承运单位的发货或到达通知，进行货物的接收及提取，并为入库保管做好一切准备工作。接货工作的主要内容如下。

1）发货单位、承运单位的联络工作。

2）制订接货计划。

3）办理接货手续。

4）到货的处理。

5）验收。其主要工作有核证、检查和检验。核证即对货物的有关证件进行核实，如对品名、产地、认证材料、出产日期、装箱单据、发接货手续进行核对；数量验收，即清点及检查到货量、单位包装量及按数量指标检查其他内容；质量验收，仓储的接货一般只做外观质量检查，内在质量由货主负责。

6）入库。通过验收的货物，可办理入库手续。

3. 保管

保管即根据货物特征及进出库的计划要求，对入库货物进行保护、管理的工作环节。仓库依据组保管卡进行保管，主要有以下几方面的内容。

1）与接货单位及发货单位的联系、联络工作。

2）根据货物特点，制订保管计划。

3）办理入库、出库手续。入库、出库手续及由此产生的凭证是保管的重要基础工作，也是进行财务分析和统计分析的基本信息点。入库手续主要包括凭证的签收处理、建立保管账目等，出库手续主要包括各种出库凭证的核对及处理、通知备货出库等。

案例 4-14

仓储业务的货物入库流程

某第三方物流企业仓储业务的货物入库流程，如图 4-12 所示。

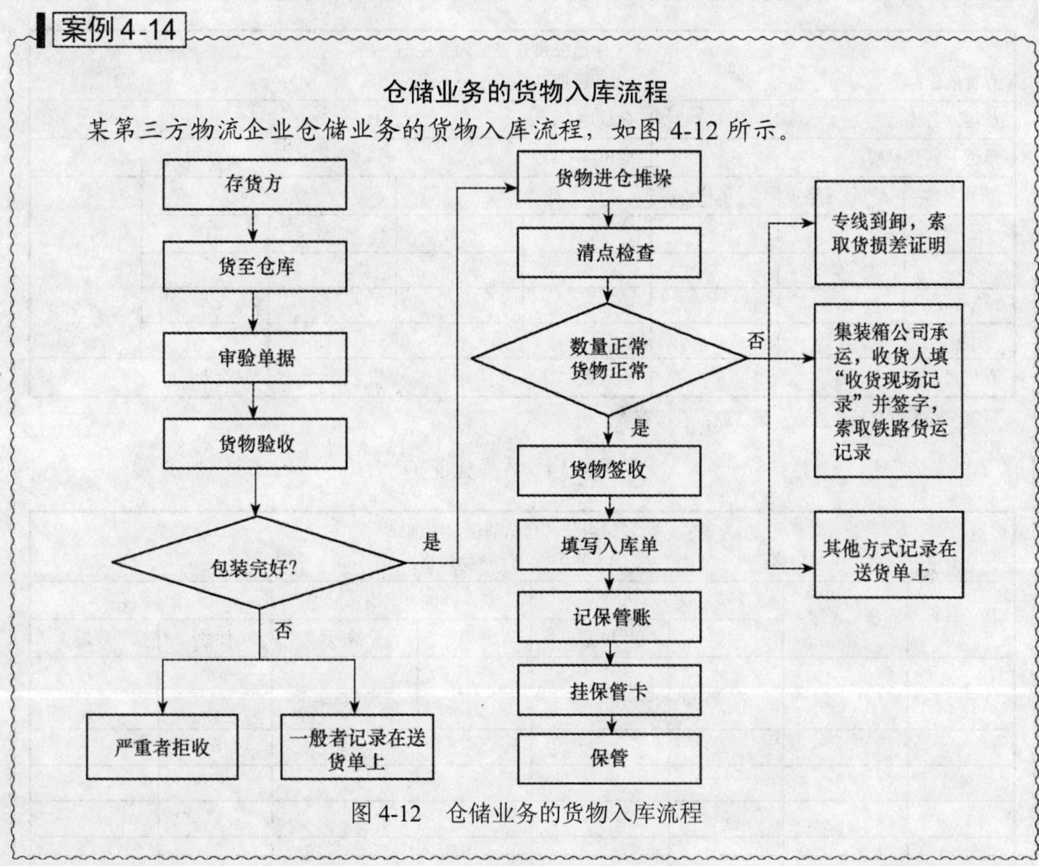

图 4-12　仓储业务的货物入库流程

案例 4-15

保管业务的相关凭证

某第三方物流企业保管业务所使用的相关凭证主要有：组保管卡，如图 4-13 所示；入库凭证，如图 4-14 所示；保管明细账，如图 4-15 所示。

<table>
<tr><td colspan="14">××储运公司仓储部　　组保管卡</td></tr>
<tr><td colspan="4">委托单位:</td><td colspan="4">仓间:</td><td colspan="6">编号:</td></tr>
<tr><td colspan="2">货号</td><td colspan="2">品名</td><td colspan="3">规格</td><td colspan="3">等级</td><td colspan="4">单位</td></tr>
<tr><td colspan="2">年</td><td rowspan="2">凭证字号</td><td rowspan="2">摘要</td><td colspan="2">入　库</td><td colspan="2">出　库</td><td colspan="2">结　存</td><td rowspan="2">发货人</td><td rowspan="2">核对人</td></tr>
<tr><td>月</td><td>日</td><td>件</td><td>数量</td><td>件</td><td>数量</td><td>件</td><td>数量</td></tr>
<tr><td></td><td></td><td></td><td></td><td></td><td></td><td></td><td></td><td></td><td></td><td></td><td></td></tr>
<tr><td></td><td></td><td></td><td></td><td></td><td></td><td></td><td></td><td></td><td></td><td></td><td></td></tr>
<tr><td></td><td></td><td></td><td></td><td></td><td></td><td></td><td></td><td></td><td></td><td></td><td></td></tr>
<tr><td></td><td></td><td></td><td></td><td></td><td></td><td></td><td></td><td></td><td></td><td></td><td></td></tr>
<tr><td></td><td></td><td></td><td></td><td></td><td></td><td></td><td></td><td></td><td></td><td></td><td></td></tr>
<tr><td></td><td></td><td></td><td></td><td></td><td></td><td></td><td></td><td></td><td></td><td></td><td></td></tr>
<tr><td colspan="12">保管员</td></tr>
</table>

图 4-13　组保管卡

××储运公司仓储部入库凭证							
存货单位：			日期： 年 月 日 NO：				
承运方名称：			存放地点： 仓 排 号				
承运工具及号码：			运单编号：				备注
货物名称	型号规格	单位	应 收		实 收		
			件数	细数	件数	细数	
存货代表：			承运人			签收人：	

第一联：存货单位存查；第二联：仓库存查。

图 4-14 入库凭证

××储运公司仓储部保管明细账							
计量单位：	包装规格：		每件综合吨重：		货物规格：		
证 号	摘 要	收 入		付 出		结 存	
		件数	数量	件数	数量	件数	数量

图 4-15 保管明细账

4. 发货

发货是一项细致的工作，在这一环节，一定要对发货工作的实际情况进行检查，控制仓库出口的差错。发货的检查工作主要有以下几项。

1）确定按传票规定量发货，既不多发，也不少发。第三方物流企业往往管理多家企业的库存，对于相冲突的库存发货，一定要认真权衡发货量。

2）确认应发货的对象。有时要求发货的客户并不一定就是发货的对象，特别是当客户的某个部门来取货时，尤其应当注意。

3）确认发货的品种。必须对要发货的货物进行核对。

4）检查所发货物的质量。既要保证所发货物的质量，避免因质量问题引起纠纷，同时也尽量减少因返货、退货等所造成的运输浪费。

5）确定发货时间和发货顺序。

6）核对运货车与发放品是否一致。

案例 4-16

仓储业务的货物出库流程

某第三方物流企业仓储业务的货物出库流程如图 4-16 所示。

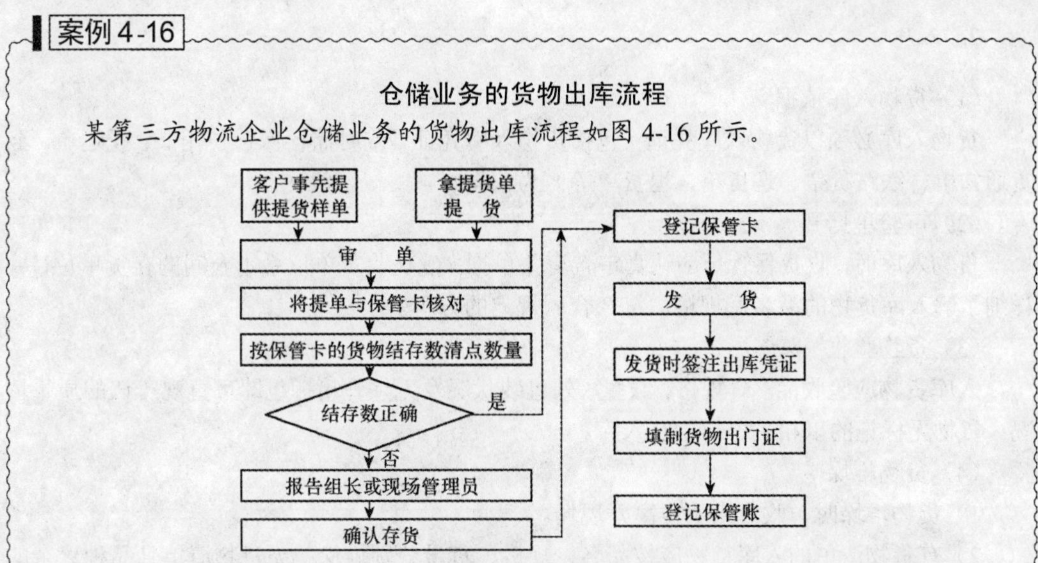

图 4-16　仓储业务的货物出库流程

二、第三方物流企业仓储业务工作规范

1. 受托与受理

（1）货物长期储存保管的受托

1）货物长期储存保管是指储存保管期在 3 个月以上的货物储存保管业务。

2）货物长期储存保管一般采用定仓间包面积的形式或定仓间包号吨位的形式受托于存货方。

3）受托货物长期储存保管业务，必须签订书面合同。一般采用经工商管理部门认可的格式合同文本。合同条款必须载明下列条款：储存货物品类和名称；储存仓位，储存面积；月租金率或日租金率；仓租结算方式和时间；租用期限；进出库手续；违约条款。

4）合同由第三方物流企业授权的委托人签订，加盖合同专用章或公司公章才有效。

5）合同期限由双方约定。

6）签订合同注意事项，主要包括：①受托储存保管的货物不得违反普通仓库存放货物品种的规定；②仓租价格的确定不得违反国家物价政策，受托办理整理、拣选、装卸搬运、调温去湿等作业，应另立合同或在合同中以补充条款的形式注明并另行收费；③合同文本的制作填写必须准确、清晰、完整；④详细了解受托储存保管货物的性质和储存要求；⑤合同签订后要及时通知租用仓间的班组相关人员和仓储企业财务科。

（2）货物临时储存保管的受托

1）货物临时储存保管是指储存保管期在 3 个月以下的货物储存保管业务。

2）双方仍需签订租赁合同。

3）仓租价格由双方协商确定，但不得低于货物长期储存保管的日租金率。

4）委托书的委托单位存查联即为货物进仓的依据，货物进仓后经保管员签字即为该进仓货物的出库凭证，如存货方需分批出库的，应另提供出库凭证样本。

2. 入库

（1）货物入库依据

货物入库必须以货物入库凭证（包括货物入库凭证、临时储存保管委托书、托运单、到货通知单、铁路货票、送货单、退货单等）为依据。

（2）审验单据

货物入库时，收货保管员应认真审查有关单据，确认收货单位系本仓间的存货单位，并详细了解入库货物的品名、规格，符合合同规定的方可验收。

（3）货物验收

入库货物应验收品名、规格、数量、外包装状况及无须开箱拆包即可直观辨认的质量情况。货物无标记的以相关资料验收入库。

（4）货物堆垛

1）货物堆垛时，收货人不得离开现场。

2）有货物清单的入库货物应按品名、规格、货号分别堆垛；无货物清单且品种繁杂的货物可混合堆垛。

3）有标志的货物应按标志规定堆码。

4）货物堆码一般采用交叉搭码的方式，以确保货垛安全。

5）地面库房、底层库房货物一般不得触地。

6）货物只能在规定区域内堆码，不得堵塞消防通道和其他通道。

7）货物垛高不得超过货物外包装上堆码标志的规定和仓间地面的承载能力；垛顶与屋架横梁、楼顶、照明灯的距离必须大于50厘米；货垛与仓间外墙的距离必须大于30厘米；与内墙、柱的距离必须大于10厘米。

8）包装破损、雨淋水湿、退货及有其他异常的货物应剔除，并另行堆放。

（5）清点

1）分类堆码的货物，按货物入库凭证逐笔清点；未分类堆码的货物，按货物入库凭证清点总件数，待入库清单到库后，及时按清单分类堆垛并逐笔清点。

2）有异常的货物按件点数，必要时拆箱点清细数。

（6）货物入库签收

1）入库货物与入库凭证相符合且无异常的货物，收货保管员在入库凭证上签注本人姓名、收货时间、加盖保管专用章。

2）入库货物与入库凭证所列数量不符或到货有异常的，应在入库凭证上按实签注所收货物的品名、规格、数量及异常情况，签注收货人姓名、收货日期。对数量不符和货物有异常的，按下列要求处理：①由公司专用线到卸的，在完成签收的同时，应索取货损货差证明；②由集装箱承运公司承运的，由收货人填制“收货现场记录”，承运人签字认可后作为索取相关货运记录的凭证；③其他方式来货，应暂停签收并立即通知存货方处理。

3）货物入库签收完毕后，应及时将入库凭证副本及货损货差证明、货运记录等凭证交付存货单位。

4）货物入库时无入库凭证的，应通知存货单位立即送入库凭证至保管方。

5）货物入库时存在的各种问题应及时通知存货单位。

（7）挂、记保管卡

按签收货物的品名、规格、货号、数量、入库凭证单号逐垛挂/记保管卡，相同货物堆放多处时，必须多处挂/记保管卡，并按要求填记。保管卡必须挂在货垛醒目位置。

（8）入库登记

货物入库验收后，当日未签注入库凭证的，应进行入库货物到货登记；当日签注入库凭证的，主管保管员应登记保管账，由带班保管员签注的，在次日将入库凭证交主管保管员记账。

3. 出库

1）货物出库应以存货方与保管方约定的出库凭证为依据，出库凭证一般为提货单、出库单、调拨单、托运单、转仓单。

2）发货人在发货前确认出库凭证与约定的出库凭证样单相符，且印鉴清晰、字迹清楚、无涂改、无水迹，所列出库货物与库存货物一致；否则，不予发货。

3）发货前，提货人应在出库凭证上填写本人姓名和身份证号码，发货人应查对提货人身份证与登记无误，如提货人无身份证，则需经公司仓储负责人签注“准予发货”字样的出库凭证，方可发货。

4）发货时，发货人应按保管卡的货物结存数清点货物数量，确认无误后按货卡内容逐项登记，向提货人点件或点垛交货。若保管卡结存数与货物实际数量不符，应找本组人或通知仓储公司业务科派员认证并签字，然后根据出库凭证内容逐项填写保管卡，再向提货人点件或点垛交货。

5）提货人对货物质量、数量有异议的，应当场点验，质劣或短少的，应调换和补足，但一般不得开拆原货物包装。

6）发货完毕后，发货人应在出库凭证上填写出库日期并签名，加盖发货人保管专用章和付讫章。

7）货物签发后应填制货物出门证，出门证一式三联：第一联为提货人出库证明，第二联为仓储公司留存存档，第三联与出库凭证一起装订备查。货物出门证必须按项填写有关内容并与出库凭证有关项目一致。一张出库凭证所列货物需分批出库的，应分批分车按实际出库数量开具。出门证只能本人使用，不得转借。

8）按出库凭证或按实际出库货物数量登记保管账，出库后登记保管账应在第二个工作日结束前完成。

9）货物尚未签收入库，存货单位即要求发货的，除遵循上述规定外，还必须派人员到现场监督发货，并在出库凭证上签字，以确认发货要求属实。

4. 换货

1）换货是指经存货单位允许、换货人持有关凭据将有问题货物退至仓库，并同时提出等量的同种货物的进、出库业务。

2）换货以存货方与保管方约定的书面凭据为准。

3）换货凭据必须载明所换货物的品名、型号、规格、每件细数、数量，加盖存货方印章，开票人签名。

4）换货凭据一般由存货方编号，存货方未编号的由仓库保管员编号。

5）退至仓库的货物按“入库”程序验收，无外包装的，以货物的主要部件情况按实验收。

6）退至仓库的货物应另行堆垛存放。

7）换货出库必须开具出门证，出门证“单证号码”栏填写换货凭据编号，其他程序按出库手续办理。

8）换货的账务处理：退至仓库货物另行立记账，换货出库的货物视同正常货物出库记账。

5. 立/记账、登记

（1）立/记账

1）保管账是仓库保管员负责建立、记录的反映所保管已签收入库的货物入库、出库、在库的数量及其变化的记录。

2）所有已签收入库的货物必须立/记保管账，不得以单代账。

3）保管账必须装订成册，账册封面应载明本账所列货物的存放地点或仓间号、保管员姓名、记录期。账册应该连续编制页码，首页是本册的目录页，应准确标明本册所列货物品种、规格、型号所处页码。

4）保管账不得随意涂改、撕页、毁损，未经公司负责人批准，保管账不得外借。

5）保管账立账、记账以保管员签注的入库凭证、出库凭证为依据，账务记录的调整以仓储公司业务科和存货单位认可的依据，如货物短溢表、更正单等为依据。

6）开户立账方法及说明。保管账的开立账，以存放货物的品名、型号、货号、等级、规格、重量或体积、存货方单位为标志分别立账开户，其中一项有异，则必须另行开户，退货、以旧换新的入库货物均应另行开立账户。每个单独立账开户首页必须准确登录货号、品名、型号、等级、规格、每件细数、每件重量体积、存放货位、存货方单位全称等内容。

7）记账方法。按会计中明细账处理办法处理。

（2）登记

1）登记是指到货登记，是仓库保管员负责建立、记录的入库货物中尚未办理入库手续的货物的入、出、存、转入库变化的记录。

2）所有未办入库手续的入库货物必须进行登记，不得以单代记录。

3）到货登记必须成册装订，封面应载明本册登记货物的存放库号、保管员姓名、记录期，账页应编制连续页码。

4）登录的依据为签发的送货单、托运单、到货通知单、铁路货票、收货记录等。

5）到货登记不得随意涂改、撕页、毁损，未经公司负责人批准不得外借。

6）到货登记方法及账务处理方法：按会计中明细账登记、处理办法处理。

6. 对账、盘存

1）对账是保管方与存货方关于库存货物账务的核对工作，盘存是库存货物与保管账务的核对工作。

2）对账每季度至少一次，盘存每半年至少一次，盘存一般在对账之后进行。如存货方需要，保管方应积极配合对账、盘存。

3）保管员岗位变动，必须进行对账、盘存。

4）对账方法：对账由保管员与存货单位有关人员实施；对账应逐笔进行；账账相符的，应在保管账册上注明对账日期，双方签名或盖章；账账不符的，应立即进行复查，若仍然不符，必须做出书面记录，双方对账人员签名，报送仓储公司业务科。

5）盘存方法。盘存由保管员与该班班长实施；盘存方法可用以实对账的方法，即首先对所管货物按区、排序号逐垛盘点，做出记录，然后与保管账"结存"栏数字核对；也可用以账盘实的方法，即根据保管各账户的结存数来核对库存货物；核对过的货垛应做出明显标记；盘存应将所有库存货物全部核对，并查明货物质量劣变的情况，如霉变、锈蚀、临近保质期等，以及货物数量。账实相符的，应在保管账册上注明盘存日期、盘存人姓名；账实不符的，最迟应在盘存后次日书面报告公司业务科；保管员变动前的盘存，由该班班长、原任保管员、接任保管员具体实施，公司业务科派员监督，并做出盘存货物短溢表，该表由参加盘存人员签名后，作为交接依据和接任保管员建账依据。

7. 统计

（1）统计原则

统计是按照统一计算口径和规则，对仓储业务中产生的各种数据记录进行汇总综合和分析。统计资料和报表必须真实、准确、及时。

（2）统计依据

以签发的入库凭证、出库凭证、换货凭证等原始资料为依据。

（3）主要统计报表

一般需完成的统计报表有"货物进出仓日报表"、"货物进出仓统计表"、"生产动态分析汇总表"、"仓储经济指标完成情况统计表"等。

8. 结算

1）结算是保管方与存货方的有关仓租计算、交缴的清算活动，是仓储工作经济效益迅速、准确实现的保证。

2）结算工作由仓储公司财务科结算专员负责，主要工作包含应缴仓储费、收取租金两个环节。

3）结算的依据：生效的仓储合同、临时储存货物委托书和受理合同，以及该存货方货物存放班组的"货物进出仓统计表"。

4）结算一般每月 1 次，每月 20 号为结算日，也可按合同确定的结算日期和计算时限进行。

5）清算应在结算日之后的 5 天内完成，按各存货单位分别计算的仓租款及当月应交、累计欠交的清单及时报告仓储公司经理室。

6）仓租的收缴采用电话通知存货单位上门交付和结算员前往存货单位收取两种形式。收缴时应将发票、应交款单位的"货物进出仓统计表"副本一起交付存货单位签收，发票存根联交会计记账，收取的支票、汇票、现金当日交存银行。

7）合同临满之期，临时储存货物全部出库之前，存货单位应办理结算；未办理结算的，存货所在班组应暂停发货。

8）结算员未经批准，不得随意减少收费和冲抵租金。

9. 查询

1）查询是调查处理保管方与存货方之间在货物入库、在库保管、发货出库过程中发生的各类问题的工作，查询的目的是维护双方经济利益，确保存货方储存货物安全无损。

2）查询工作的原则是遵守国家法律、法规，参照公认惯例，实事求是，迅速及时。

3）查询工作由仓储公司业务科统一管理。货损事故、收发货差错金额在2000元以上差错事故和"货物短溢表"的确认等由业务科组织查处，其他问题由所在保管班组长会同保管员查处。

4）查询的主要问题包括：对账、盘存中发现的账账、账实不符；发货过程中发现的多发、串发、错发、冒领；存货单位、提货人、承运人提出的有关货物数量、质量的异议；货物入库过程中发现的实际到货数量与单证不符、货物质量及包装质量问题；库存货物的非正常质量变化问题。

5）查询环节：对出现问题的货物进行清查盘存；收集并审查出现问题货物的存库保管方面的所有单证；准确落实出现问题货物的品名、规格、型号、每件细数、差错数量或残损数量及入库出库时间；了解掌握出现问题的发货人、收货人、提货人、托运人、承运人的名称或姓名、地址、车号等情况；确定出现问题的时间、环节；询问有关当事人、知情人，收集、复印、核对有关单证；与有关单位协商，以书面形式对财务、货物问题做出"处理意见书"该意见书应取得有关单位有代表权人的签名和公章；将处理意见通报其他有关单位和部门；查询终结，有关材料应装订整理，由仓储公司业务科存档。

6）查询结果的处置：账账不符的，根据"处理意见书"调整账务；账实不符的，根据查询"处理意见书"制作"货物溢短表"，调整保管账；保管方责任造成损失的，"处理意见书"明确由保管方负责的，由仓储公司业务科做出书面报告，经公司领导批准，交财务科进行赔付。赔付后，依据存货单位的收赔单证调整保管账；因保管责任，造成差错及引起直接经济损失的，公司业务科会同管理科提出对责任人的处罚意见。

10. 库房日常管理

1）库房日常管理是库房保管员对所管理的库房及其设备设施和储存货物进行检查、整理、养护所进行的例行工作。

2）保管员上班时，应对库房及其门、窗、锁、进出通道、货垛进行安全检查，如果发现异样，应立即向仓储公司管理科报告。下班时必须关闭门窗和其他进出库通道，锁好库门，切断电源。

3）库房及所辖卫生区必须保持整齐清洁，不得堆放破旧包装材料和杂物，工作时间内应对进出库通道、当日进出货的存放位置进行清扫，每月必须进行一次大扫除。相同零星货垛要随时归并，腾出货位。散货应按品名、规格集中存放。

4）每周进行一次货物储存质量安全检查，一经发现霉腐、生锈、虫蛀、鼠咬、雨湿及危及货物安全的情况，应立即向班长反映，并报告公司业务科，由公司业务科商请相关商品养护部门采取措施来解决问题。

11. 设备设施管理和维护

1）主要设备设施包括库房及配套设施、装卸搬运设施、养护设施、维修设施。

2）原理原则：统一调配、分级管理、归口使用、统一维修。

3）管理负责人：仓储公司归管理科，班组为各班班组长。

4）所有设备设施统一由仓储公司管理科确定使用班组，并建立财产管理账。

5）分配到各班组管理使用的设备设施，公共部分由班长负责管理，其余的应落实到具体使用库房或使用人。

6）日常维修由各班长向仓储公司管理科报告。管理科对所有保修请求，应及时反映。

7）日常维修所需材料，由管理科提出计划，向仓储公司报告，获准后方可采购。

8）设备设施的购置、报废由管理科根据业务工作需要和设施使用状况提出报告。

三、第三方物流的配送管理

1. 第三方物流的配送服务方式

配送是以现代送货形式实现资源最终配置的经济活动。按客户订货要求，在配送中心或其他物流结点进行货物配备并以最合理方式送交客户。配送是第三方物流企业的一种运输形式，但与一般运输相比，管理要求更高。因此，第三方物流的配送更容易体现出专业化优势。第三方物流企业的配送服务方式主要有以下形式。

（1）定时配送

定时配送是指按规定时间和时间间隔进行配送。定时配送的时间、每次配送的品种及数量由配送货物的供给与需求双方通过协议确定，再交由第三方物流企业来承担。

定时配送又可分为小时配、日配、JIT配等方式。小时配是指接到送货请求后，在1小时内将货物送达的配送方式。日配是在接到送货请求后，在24小时内将货物送达的配送方式。JIT配是指按照双方协议的时间，准时将货物配送到客户的方式。

（2）定量配送

定量配送是指按事先协议规定的数量进行配送。这种方式数量固定，备货工作有较强的计划性。

（3）定时定量配送

定时定量配送是指按规定配送时间和配送数量进行配送。这种方式兼有定时、定量两种方式的优点，是一种较精密的配送方式。这种方式的管理和运作以配送双方事先约定的时间和数量作为依据来配送，也常常采用“看板方式”来决定配送的时间和数量。

（4）定路线配送

定路线配送是指在规定的路线上，制定配送车辆到达的时间表，按运行时间表进行配送。客户可以按照第三方物流配送企业规定的线路及规定的时间选择这种配送服务，并在指定位置及时间接货。

（5）即时应急配送

即时应急配送是完全按客户突然提出的配送要求，随即进行配送的方式。这是对各种配送服务进行补充和完善的一种配送方式。

（6）共同配送

共同配送是为了提高物流效率，对许多客户一起进行的配送方式。这种方式是第三方物流企业经常采用的配送方式。通过共同配送，可以降低配送成本，也可以使车辆满载，减少上路车辆，改善交通环境；通过共同配送，还可以减少车辆行驶里程，减少配送网点及设施，节约运力资本。

（7）快递

快递即快速配送服务的配送方式。快递服务范围和地区广泛，服务时限会因服务区域不同而变化，是一种面向社会的广泛服务方式。

2. 第三方物流企业配送业务的一般流程

第三方物流企业配送业务的一般流程如图 4-17 所示，它第三方物流企业配送的一般流程。但要注意的是，不同的第三方物流企业配送的流程会有所差异。各个第三方物流企业可以根据图 4-17 进行适当调整。

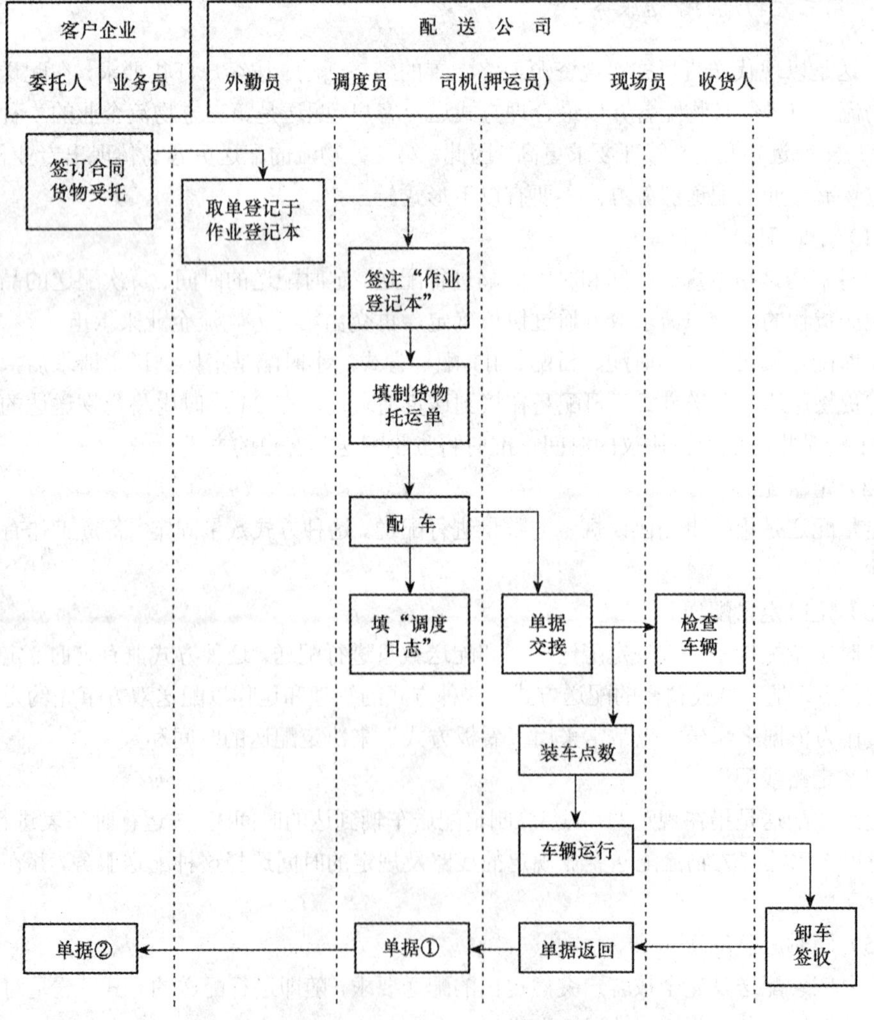

图 4-17　第三方物流企业配送业务的一般流程

案例4-17

SF快递派件流程图

SF快递派件流程如图4-18所示。

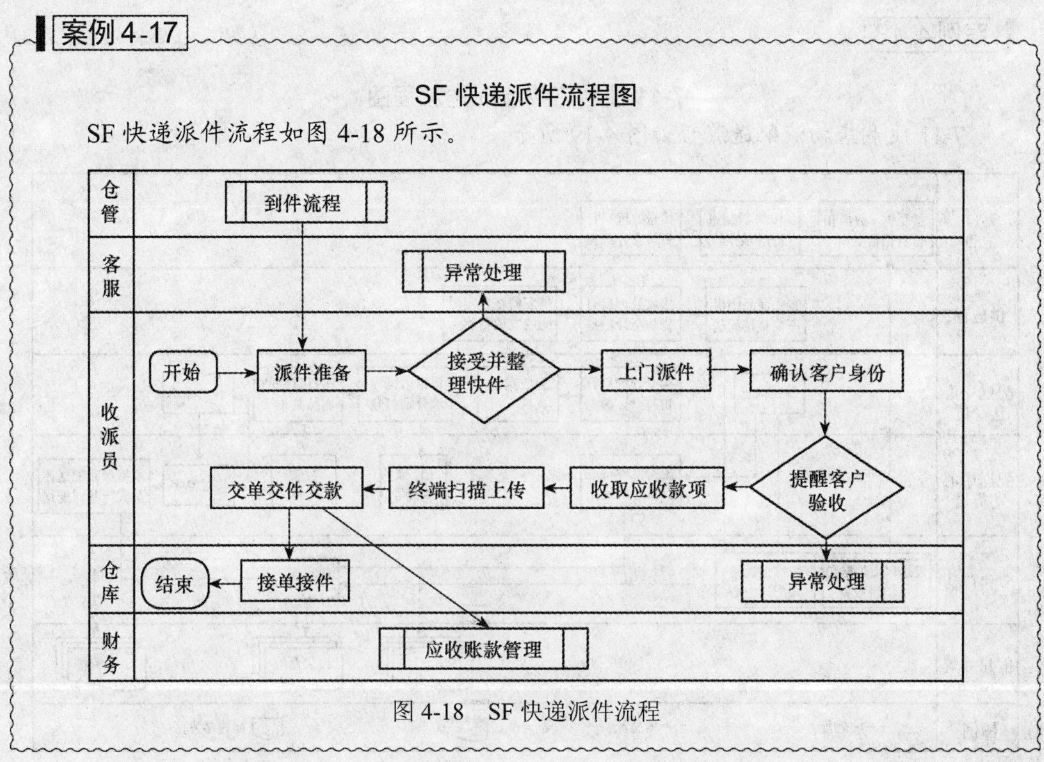

图4-18　SF快递派件流程

SF派件流程说明如表4-6所示。

表4-6　SF派件流程说明

编号	流程活动	流程活动说明
001	派前准备	准备好需要使用的操作设备、单证等
002	快件交接	领取属于自身派送范围的快件，当面确认件数
003	检查快件	逐个检查快件，如有异常将异常件交回处理人员
004	快件登单	通过手工或系统，对交接的快件完成派件清单的制作
005	快件排序	根据快件派送段地理位置、交通状况、时效要求等合理安排派送顺序
006	送件上门	将快件安全送达到客户要求的地点
007	核实身份	查看客户或客户委托为签收人的有效身份证件
008	提示客户检查快件	将快件交给客户进行检查
009	确认付款方式	确认到付快件的具体付款方式
010	收取资费及代收款	向客户收取到付资费及代收款业务
011	指导客户签收	指导客户在客户签字栏签全名
012	信息上传	客户签收后，立即使用扫描设备做派件扫描
013	返回派送处理点	妥善放置无法派送的快件
014	运单及未派送快件的交接	清点已派送快件的运单、无法派送的快件数量，核对与派送时领取的快件数量是否一致
015	信息录入	将已派送快件的相应信息准确、完整、及时地录入系统
016	交款	将当天收取的款项交给派送处理点的相应处理人员

案例 4-18

7-11 便利店物流配送流程图

7-11 便利店物流配送流程如图 4-19 所示。

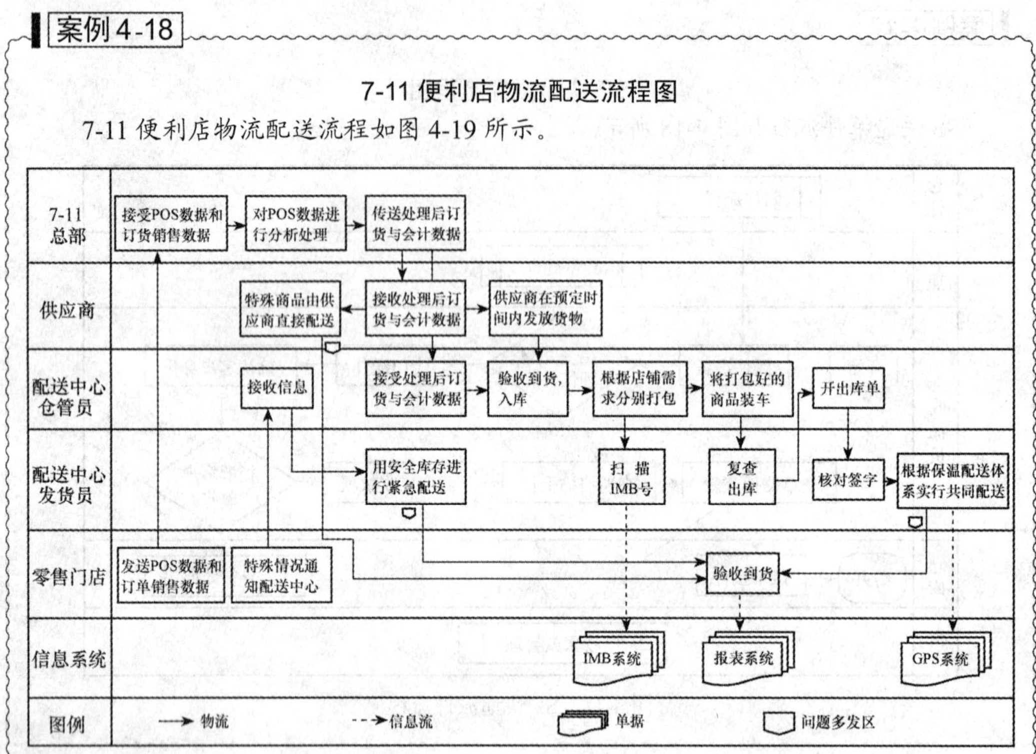

图 4-19 7-11 便利店物流配送流程图

3. 第三方物流企业配送工作规范

（1）货物的受托

1）接收承运业务应与委托人签订“货物运输合同”或“货物运输协议”。前者适用于长期、多批次、多到站的货物运输业务，后者适用于一次性运输业务。

2）业务员应对所签合同内容的合法性、真实性、可操作性准确把握，防止失信于人或受制于人，以免给企业利益与信誉造成损失。

3）业务员所签合同必须经部门负责人审阅签字，然后加盖合同章方可生效。

（2）接单

1）外勤员根据合同约定或客户通知委托方相关运输单证，逐票填写“作业登记本”，然后将已登记的单证交调度员。

2）调度员根据运输单证核对“作业登记本”上的记录是否属实。若无误，调度员在“作业登记本”调度栏签名，以示单据交接完毕；若不属实，应立即与外勤员追查原因，并报告负责人。

（3）制单

1）调度员根据已接收的运输单证填制货物托运单一式三联，第一联为存根联，第二联为结算联，第三联为统计联。

2）调度员在开出该单后，应将该单与相应的其他运输单证一起装订，以便交付。

3）制单的方法按会计凭证填制要求制作。

（4）配车

调度员根据制妥的货物托运单，按照运输线路，在不违背客户货物运输要求的前提下，进行组配。

（5）调车付运

1）调度员根据货物托运单及组配结果进行调车，并根据调车情况填写调度日志。

2）调用签有“参运合同”的车辆承运货物的，该车司机必须在相关运输单证和货物托运单、调度日志上签名后，调度员方能将有关运输单证，以及货物托运单第二、第三联交付承运司机。

3）调车注意事项。

① 调用其他车辆承运货物的，调度员必须严格审核该车必须具备的证件及司机的有效身份证件，并实地检查车辆，确定无误后才与之签订“货物运输协议书”，并要求司机在货物托运单、调度日志上签名。

② 调用其他车辆承运货物的，调度员必须指定押运员，押运员在货物托运单、调度日志上签名后，调度员方能将有关运输单证及货物托运单第二、第三联交付押运员。

③ 特殊情况下调用其他车辆，不派押运员押运的，必须由当班经理签名批准。

④ 押运员与司机的责任划分：司机负责整车件数的准确及货物外包装完好。押运员负责货物品种的准确，并协助司机交接货物，负责签收、返回及保证签收单的清洁完好。未指派押运员的，上述责任由司机承担。

4）调度员在配车时，估计可能发生超限情况时，应在付运前向承运人明示，征得同意。

5）当日未完成调车承运的运输单证，调度员应据实填制调度日志，与接班人办理交接。

6）统计员于次日根据调度日志在作业登记本上注明派车情况。

（6）车辆检查

1）现场员必须对装载车辆进行装车前的检查，以确保车辆达到配送运输的要求。

2）对不符合标准的承运车辆，现场员应督促整改。否则，不准装车并报告调度员。

（7）提货

1）指派有押运员的，押运员为提货人，否则为承运车司机。

2）提货人提货时，必须遵守发货单位的规章制度，正确履行提货手续。提货人对发货单位发出的货物，应按照提货单核对品种、规格、数量，检查外包装质量，并对接收的货物负责，提货过程中若发现货物有异样或数量不符，品种规格错误或重量偏差，应当场告知发货单位保管员或装卸工进行清点检查，并立即通知现场员。现场员接到通知后，应及时到达现场，进行处理，必须保证所提承运货物单货相符。

3）发货单位退单时，提货人应立即通知现场员。现场员查实后，报告调度员。提货人将未提提货单交还调度员，调度员据此更改相应的运输单证、调度日志；或现场员查实后，收回未提提货单，更改相应的运输单证，并签名确认，随后将未提提货单交还调度员，由调度员更改调度日志。

4）所提承运货物一经与发货单位交接完毕，提货人即对所提货物负完全责任。

（8）装车

1）装卸工负责货物装车，在车边向提货人交清件数，装卸操作造成货物包装破损，由装卸工负责。在装车过程中必须听从现场员、押运员或司机的指挥。

2）货物装车必须遵守下列标准：①装载堆码货物不得倒置或倾斜；②严禁性质互抵的货物混装；③轻放轻拿，严禁大货压小货，重货压轻货；④不同到站的货物必须按先远后近的顺序装车，并将货物分界处做明显标志隔离。

3）现场员、司机或押运员有责任监督装卸工装车，并确保货物符合装车标准。

4）因车容有限甩货，提货人应将甩货立即交现场员查实。现场员根据甩货做如实记录后，相应地更改相关运输单证，落实所甩货物的保管责任，随后向调度说明情况及处理结果。调度员根据现场员报告填制“调度日志”。

5）装车完毕后，装卸工和押运员应协助司机捆扎油布。

（9）送货

1）起运前，调度员或司机应通知收货人送货车辆到达时间。

2）起运前押运员或司机必须确保单证齐全无误、货物苫盖捆扎正确。

3）送货过程中，车辆发生颠簸、碰撞、水湿、捆扎不当造成货物破损，由司机负责。

4）货物不能在规定时限内送交收货人时应提前报告。

5）车辆运行中，司机、押货员应定时开门检查货物装载情况，非厢式车运行应检查绳索、油布是否捆扎牢固，若不符合要求，应及时处理。

6）中途因故停车时，汽车必须停靠在安全有保障的地方，同时，司机或押货员应下车巡视，以确保货物安全。

7）遇车辆发生故障，应立即报告，并就近检修。若不能及时修好，应组织其他车辆驳接或按指示办理。

8）遇突发事件，应全力保护人身、货物和车辆安全，立即报告负责人及向当地公安机关报案，并索取报案证明。

9）估计非正常工作时间到达卸货地，应在正常工作时间内通知收货人到达时间，以便收货人组织卸货。

（10）卸车

1）货物到达卸货地点后，应按随车运输单证核对收货人是否为正确的收货人，若有疑问应暂停卸货，立即报告，听候通知。

2）卸车时，按运输清单逐件逐品种交货，防止错卸、少卸、多卸。由收货人组织卸车时，应提醒收货方轻拿轻放，并声明因野蛮卸车造成货物损坏的，承运方不承担赔偿责任。

3）交货地点为车厢边，另有约定的除外。

4）多点送货的车辆，在一点卸车后应重新整理货物捆扎油布，方能继续运行。

（11）签收

1）货物卸完后，司机或押运员应当即要求收货人签收，并要求收货人在签收栏内写明“按单全部实收”或“实收货物××件”，签署收货人姓名、收货日期，加盖收货人公章，有指定收货人收货的，应由指定收货人签收。同时注意签收日期的准确性。

2）若出现货损货差且确属承运人责任，司机或押运员应当场用现金向收货人予以赔偿。不能及时赔偿的，应报告并按指令办理。

3）货物规格品种不符，影响签收，应立即报告并按指令办理。

4）签收单应妥善保管，不得丢失、污损，需要传真回总部的，应及时传回。

（12）签收单的返回

1）司机或押运员在完成运输或押运任务后，应在规定时间内将签收单和货物托运单第二、第三联交给统计员，交单时司机应在单上签名。

2）统计员在收到签收单和货物托运单后，应严格进行检查，检查内容包括：收货人签署的品种、件数、规格是否相符；收货是否签名，是否加盖收货单位公章，收货日期是否准确；单据是否清洁、完好。

3）对完整的签收单，统计员应即时在“作业登记本”中做核销登记，并在货物托运单上签字确认后，将第二联交还承运人或押货员，对不完整的签收单交当日调度员，调度员应安排交单人限时重签。

4）应交而未交的签收单统计员应责成当日调度员查询，并要求调度员限时收回签收单。

（13）运费和押运费的结算

1）对签有“货物运输合同”的委托方结算运费，统计员应根据合同约定时间进行结算。结算前，应根据相应的签收单、托运单填制正式发票，并将运费发票、签收单、货物托运单第二联交委托方代表，由委托方代表在“发票登记本”上签收，并写明发票号、发票金额、签收单号码及签收日期。

2）对签有“货物运输协议”的委托人，应根据签署协议，接受提货单或货物后，统计员根据协议约定开出运费发票，向委托人收费，另有约定的除外。

3）与承运方的运费、押运费结算办法如下。

① 对签有“参运合同”的运费结算，承运人向调度员提交有统计员审核签字的货物托运单第二联，调度员根据“调度日志”核对后按“运价结算标准”，开出内部结算单一式三联。

② 承运人将内部结算单第二联及货物托运单第二联交值班经理审核无误后，值班经理在复核处签名，然后返还承运人。

③ 承运人将内部结算单第二联及货物托运单第二联交统计员，统计员在“作业登记本”中做核销登记后，按结算联金额付运费给承运人。

④ 统计员对有商务赔偿或其他原因需扣运费的承运人，应在结算运费时预先扣除该部分运费。

⑤ 对签有“货物运输协议”的运费和押运费结算，调度员根据“货物运输协议”的协议条款及“押运费标准”开出内部结算单一式三联，由押运员在经手人栏签名后，第二联交押运员，第三联交统计员。

⑥ 押运员持内部结算单第二联交值班经理审核无误后，值班经理在复核处签名，然后返还押运员。

⑦ 押运员持结算单第二联向统计员领取运费和押运费，统计员在“作业登记本”中做核销登记。

单项实训二

1. QQ仓储公司货物入库准备

QQ仓储公司2014年11月25日收到光阳贸易有限公司的入库通知单，其中包括有500台42英寸SONY彩色电视机、300台242升海尔电冰箱、500箱饼干、1000箱快食面、600箱可口可乐饮料、400 箱矿泉水、500 袋洗衣粉等商品，需入库存放。

要求各岗位人员全力合作，准确熟练地做好货物入库前的各项准备工作。具体事项如下。

1）通过阅读入库计划书和查看现场，熟悉入库的货物，并掌握好库场实际情况。

2）编制仓储计划。

3）安排并准备好货位。

4）准备好苫垫材料、作业用具、验收工具和账、卡、单等工具和用具。

5）制定卸货的装卸搬运工艺。

6）制定货物入库准备工作方案书。

2. 神马配送中心业务处理

神马配送中心向两个不同门店配货，已完成拣货作业，等待货品出库。出库单的具体内容如表 4-7 和表 4-8 所示。

表 4-7 门店一出库单

货品条码	货品名称	单位	规格	数量
6926026535261	恒大冰泉	瓶	500 毫升	5
6926026535311	百事可乐	瓶	600 毫升	8
6925303773038	统一酸菜牛肉面	桶	137 克	10

表 4-8 门店二出库单

货品条码	货品名称	单位	规格	数量
6928537100045	康师傅香辣排骨	碗	63 克	5
6926026535311	百事可乐	瓶	600 毫升	10
6922343185145	金麦郎大碗面	碗	117 克	10

假设你是配送中心负责配货和包装作业的人员，请分别完成以下工作任务。

1）按配货作业的流程来完成配货作业任务。

2）选用合适的包装材料、运用恰当的包装方法和技术对货物进行包装。

3）分别总结配货和包装作业的要领及注意事项。

任务三 第三方物流装卸搬运、流通加工及包装管理

【任务描述】 要求学生掌握第三方物流装卸搬运、流通加工及包装管理的主要内容，能根据装卸搬运、流通加工的合理化原则，根据包装管理的改进措施熟练进行第三方物流企业的装卸搬运管理、流通加工管理及包装管理。

一、第三方物流的装卸搬运

1. 装卸搬运特点

装卸是指物品在指定地点以人力或机械装入或卸下运输设备；搬运指在同一场所内，对物品进行水平移动为主的物流作业。装卸搬运具有以下特点。

（1）具有“伴生”性和“起讫”性的特点

装卸搬运的目的总是与物流的其他环节密不可分的，不是为了装卸而装卸，因此与其他环节相比，它具有“伴生”性的特点。而且在运输、储存、包装等环节，一般都以装卸搬运为起始点和终结点，因此它又有“起讫”性的特点。

（2）具有提供“保障”性和“服务”性的特点

装卸搬运保障了物流其他环节活动的顺利进行，具有保障性质；而且装卸搬运过程不消耗原材料，不排放废弃物，不大量占用流动资金，不产生有形产品，因此它具有提供服务的性质。

（3）具有“闸门”和“咽喉”的特点

装卸搬运制约着物流其他环节的业务活动，如果这个环节处理不好，整个物流系统将处于瘫痪状态。

2. 装卸搬运合理化的原则

在第三方物流业务运作过程中，装卸搬运贯穿于物流业务全过程，有的甚至是最主要的业务，如港口码头、车站、堆场等。为了提高装卸搬运的效率，使物流活动合理化，应遵循以下原则。

（1）减少环节，简化流程，降低装卸搬运作业次数

虽然装卸搬运是第三方物流运作过程中不可避免的作业，但是应该将装卸搬运的次数控制在最小的范围内。通过合理安排作业流程，采用合理的作业方式，通过合理布局仓库内结构及合理设计仓库等实现物品装卸搬运次数最少化。

（2）移动距离（时间）最小化

搬运距离的长短与搬运作业量大小和作业效率是联系在一起的，在货位布局、车辆停放位置、出入库作业程序等设计上应该充分考虑物品移动距离的长短，以物品移动距离最小化为设计原则。

（3）提高装卸搬运的灵活性

物品所处的状态会直接影响装卸和搬运的效率，在整个物流过程中物品要经过多次装卸和搬运，前道的卸货作业与后道的装卸或搬运作业关系密切。如果卸下来的物品零散地码放在地上，在搬运时就要一个一个搬运或重新码放在托盘上，这样就增加了装卸次数，降低了搬运效率。如果卸货时直接将物品堆码在托盘上，就可以实现装卸搬运作业的省力化和效率化。同样，在进出库作业中，利用传送带和装卸机装卸货物也可以达到省力化和效率化。因此，在组织装卸搬运作业时，应该灵活运用各种装卸搬运工具和设备，前道作业要为后道作业着想，从物流起点包装开始，应以装卸搬运的活性指数最大化为目标。货物码放状态与装卸搬运灵活性程度的关系如表 4-9 所示。

表 4-9　装卸搬运活性指数

编号	物品码放的状态	活性指数
1	零散放在地面	0
2	放入箱内	1
3	装码到托盘、送货小车上	2
4	装载到台车上	3
5	码放到传送带上	4

（4）单元化

单元化是指将物品集中成一个单位进行装卸搬运。单元化是实现装卸搬运合理化的重要手段。在物流作业中应广泛使用托盘，通过叉车与托盘的结合提高装卸搬运的效率。单元化不仅可以提高作业效率，而且可以防止损坏和丢失，数量的确认也会更加容易。

（5）机械化

机械化是指在装卸搬运作业中用机械作业代替人工作业。机械化是实现省力化和效率化的重要途径。通过机械化改善物流作业环境，将工人从繁重的体力劳动中解放出来。当然，机械化的程度除了技术因素外，还与物流费用的承担能力等经济因素有关。机械化的原则同时也包含了将人与机械合理地组合到一起，从而发挥各自的优势。在许多场合，简单机械的配合同样可以达到省力化和提高效率的目的。

（6）合理利用重力

利用重力是指借助货物本身的重力实现货物的移动。常用的方法有，将物品放到有一定倾斜度的滑辊、货架及滑槽上，在物品自身重力的作用下产生移动。

案例 4-19

联华公司先进实用的装卸搬运系统

联华便利物流中心总面积为 8000 平方米，由 4 层楼的复式结构组成。为了实现货物的装卸搬运，配置的主要装卸机械设备主要为电动叉车 8 辆、手动托盘搬运车 20 辆、垂直升降机 2 台、笼车 1000 辆、辊道输送机 5 条、数字拣选设备 2400 套。在装卸搬运时，操作过程如下：对来货卸下后，把其装在托盘上，由手动叉车将货物搬运至入库运载处，入库运载装置上升，将货物送上入库输送带。当接到向第一层搬运指示的托盘在经过升降机平台时，不再需要上下搬运，将直接从当前位置经过一层的入库输送带自动分配到一层入库区等待入库；接到向 2～4 层搬送指示的托盘，将由托盘垂直升降机自动传输到所需楼层。当升降机到达指定楼层时，由各层的入库输送带自动搬送货物至入库区。货物下平台时，由叉车从输送带上取下托盘入库。出库时，根据订单进行拣选配货，拣选后的出库货物用笼车装载，由各层平台通过笼车垂直输送机至一层的出货区，装入相应的运输车上。

先进实用的装卸搬运系统为联华便利店的发展提供了强大的支持，使联华便利物流运作能力和效率大大提高。

二、第三方物流的流通加工管理

1. 流通加工的含义与主要类型

（1）流通加工的含义

流通加工是指物品在从生产地到使用地的过程中，根据需要施加包装、分割、计量、分拣、组装、检验等简单作业的总称。

流通加工是为了提高物流速度和物品的利用率，在物品进入流通领域后按客户的要求进行的加工活动，即在物流生产者向消费者流动的过程中，为了促进销售、维护产品质量、实现物流的高效率所采取的使物品发生物理和化学变化的功能。

流通加工是第三方物流企业常见的业务。

（2）流通加工的常见类型

流通加工形式多种多样，常见的主要有下列类型：

1）以保护物品为主要目的的流通加工。例如，水产品、蛋产品、肉产品的保鲜、保质、冷冻加工、防腐加工等；丝、麻、棉织品的防虫、防腐加工等。又如，为防止金属材料的锈蚀而进行的喷漆、涂防锈油等措施，运用手工、机械或化学方法除锈；木材的防腐朽、防干裂加工、水泥的防潮、防湿加工；煤炭的防高温自燃加工等。

2）为适应多样化需要的流通加工。为了满足客户对产品多样化的需要，同时又保证高效率的社会化大生产，可将生产出来的产品进行多样化的改制加工。例如，木材改制成枕木、方材、板材加工等。

3）为了方便消费、省力的流通加工。例如，根据需要将钢材定尺、定型，按要求下料；将木材制成可直接投入使用的各种型材；将水泥制成混凝土拌合料，使用的时候只需稍加拌搅即可等。

4）为提高产品的利用率的流通加工。例如，钢材的集中下料可充分进行合理下料、搭配套裁、减少边角余料，从而达到加工效率高、加工费用低的目的。

5）为提高物流效率、降低损失的流通加工。例如，自行车在消费地区的装配加工可防止整车运输的低效率和高损失；用木材磨成木屑的流通加工，可极大提高运输工具的装载效率；集中煅烧熟料、分散磨制水泥的流通加工，可有效地防止水泥的运输损失，减少包装费用，也可以提高运输效率；石油气的液化加工，使很难运输的气态物转化成容易输送的液态状，也可以提高物流效率。

6）为衔接不同运输方式、使物流更加合理的流通加工。例如，散装水泥中转仓库把散装水泥装袋、将大规模的散装水泥转化成为小规模散装水泥的流通加工，就衔接了水泥厂大批量运输和工地小批量装运的需要。

7）为了实现配送进行的流通加工。例如，混凝土搅拌车可根据客户的要求，把沙子、水泥、石子、水等各种不同材料按比例要求装入可旋转的罐中。在配送路途中，汽车边行走边搅拌到达施工现场后，混凝土已经均匀搅拌好，可直接投入使用。

2. 第三方物流企业流通加工的合理化运作

流通加工是第三方物流企业的常见业务，在实际运作过程中，不仅要做到避免各种不合理流通加工形式，而且要通过科学管理，使流通加工合理化，为第三方物流企业带来经济效益。第三方物流企业在进行流通加工业务设计时，可以考虑以下做法。

（1）将流通加工与配送相结合

将流通加工设置在配送点中，一方面按配送的需要进行加工，另一方面流通加工又成为配送业务流程中分货、拣货、配货的环节，加工后的产品直接投入配货作业，这就无须单独设置一个加工的中间环节，使流通加工与中转流通巧妙结合在一起。同时，由于配送之前有加工，可使配送服务水平大大提高。这种做法，在煤炭、水泥等产品的物流中已经表现出较大的优势。

（2）将流通加工和配套相结合

在对配套要求较高的流通中，配套的主体来自各生产单位。但是，完全配套有时无法全部依靠现有的生产单位，通过第三方物流企业适当流通加工，可以有效促进配套，大大提高流通的桥梁与纽带的能力。

（3）将流通加工与合理运输结合

流通加工可以有效衔接干线运输与支线运输，促进两种运输形式的合理化，利用流通加工，在支线运输转干线运输或在干线运输转支线运输这本来就必须停顿的环节，不进行一般的支转干或干转支，而是按干线或支线运输的合理要求进行适当加工，从而大大提高运输及运输转载水平。

（4）将流通加工和合理商流相结合

通过流通加工有效促进销售，使商流合理化，是流通加工合理化的考虑方向之一。例如，通过简单地改变包装加工，形成方便的购买量，通过组装加工解除用户使用前进行组装、调试的难处，都可以达到有效促进商流的目的。

案例 4-20

联华生鲜食品加工配送中心

联华生鲜食品加工配送中心是我国国内目前设备最先进、规模最大的生鲜食品加工配送中心，总投资为 6000 万元，建筑面积为 35 000 平方米，年生产能力为 20 000 吨，其中肉制品为 15 000 吨，生鲜盆菜、调理半成品为 3000 吨，西式熟食制品为 2000 吨，产品结构分为 15 大类约 1200 种生鲜食品；在生产加工的同时配送中心还从事水果、冷冻品及南北货的配送任务。

三、第三方物流的包装作业管理

1. 包装作业

包装作业是指将货物装入包装容器，按统一规定的标准进行合理包扎的操作过程。货物从供应方到需求方的过程中，总要经过一定的环节，如装卸搬运、储存等，这些环节都会对包装产生一定的损坏，第三方物流企业在进行物流活动的时候，应尽量减少物流环节，以减少对包装的损坏。

包装作业的类型主要有以下几种。

（1）拼装

拼装是指把不同品种、规格、牌号的货物拼凑合装在一个包装物内。由于货物种类繁多，第三方物流企业为了提高运输效率和满足客户要求，经常将多种货物进行拼装。拼装时必须注意以下几点。

1）凡性质不同、相互之间有不良影响的货物不能拼装。例如，洗衣粉、肥皂等货物含有碱性，不可与小五金类货物进行拼装，以免金属制品被侵蚀，也不可与茶叶等食品进行拼装，防止食品串味，影响食用。

2）运价等级不同的货物不能拼装。不同运价的货物混装在一起，对第三方物流企业来说，不论是运输成本还是在运输过程中的管理都是不利的。

3）过重或体积过大货物不可拼装。一般拼装货物应保持适当重量和合适体积。几种货物拼装时，也应按上轻下重的原则拼放，或视可挤压的程度合理拼装。

（2）分装

分装是指由于业务需要，将整件包装中的货物拆整为零，按一定规格数量分为若干小包。在进行分装时，必须根据货物的性质，选定适当场所，准备充分。

（3）加固、换装

加固或换装是指物流过程中某储运环节发现有破损的货物包装不利于运输和储运时，及时进行加固处理或改换新包装的包装作业。例如，盛液体货物的陶瓷器皿、容器有裂纹或渗漏时应立即倒换另装，木箱包装有松脱或裂折则应进行修整。

2. 包装运作管理的主要内容

第三方物流企业包装运作管理的主要内容包括包装计划管理、包装质量管理和包装费用管理等。

（1）包装计划管理

对第三方物流企业而言，包装计划管理的主要内容包括两个方面。

1）根据货物性质、运输距离及库存条件来预算合理的包装费用。

2）根据物流需要选用合适的包装材料和包装地点，使物流过程衔接一致。

（2）包装质量管理

包装质量管理是指第三方物流企业在提供服务的过程中，全面控制影响包装质量的各种因素，建立严密的质量责任制和质量检查制度，协助各方力量，使包装质量符合标准并满足客户需要。

（3）包装费用管理

包装费用管理是指第三方物流企业对货物在运输、保管等物流过程中，为保护货物的使用价值进行包装所花费的必要费用的管理。包装费用管理主要包含以下几点。

1）购进包装物的费用核算。

2）包装物修理、报废和出售的核算。

3）对包装物的回收利用管理。

3. 包装管理的主要问题及改进途径

（1）包装管理存在的主要问题

1）包装不足。包装不足问题主要表现在以下几个方面。

① 包装强度不足，从而使包装防护性不足，造成被包装物的损失。

② 包装材料的品质不足，不能很好地承担运输及保护的作用。

③ 包装容器的层次与容积不足。

④ 包装成本过低，不能保证有效的包装。

2）包装过剩。包装过剩问题主要表现在以下几个方面。

① 包装物强度设计过高，如包装材料截面过大、包装方式大大超过强度要求等，从而使包装的防护性过高。

② 包装材料选择不当、选择过高，如本来可以用纸板，却采用镀锌、镀锡材料等。

③ 包装技术成本过高，包装成本的支出大大超过减少损失可能获得的效益，则说明包

装成本在货物成本中的比例过高，损害了消费者利益。

3）包装模数问题。包装模数是关于包装基础尺寸的标准化及系列尺寸选定的规定。包装模数标准确定之后，各种进入流通领域的货物便需按模数规定的尺寸进行包装。按模数包装之后，各种包装货物可以按一定规定随意组合，这有利于小包装的集合，有利于集装箱用托盘的装箱、装盘。包装模数如能和仓储设施、运输设施的模数尺寸统一，则有利于运输和保管。因此，包装模数问题是物流现代化的基础问题。模数问题的解决有利于第三方物流企业效率的提高，便于运输、仓储。

（2）包装管理的改进途径

1）包装的轻薄化。由于包装只是起保护作用，对货物的使用价值没有任何意义，因此，在强度、寿命、成本相同的条件下，更轻、更薄、更短小的包装可以提高装卸的效率。而且轻薄短小的包装一般价格比较便宜，如果是一次包装，还可以使废弃物量减少，从而提高第三方物流企业的效益。

2）包装的单纯化。为了提高包装作业的效率，包装材料及规格应力求单纯化，包装规格应标准化，包装的形状和种类也应单纯化。

3）包装的大型化和集装化。包装的大型化和集装化有利于物流系统在装卸、搬运、保管等过程中的机械化，有利于加快这些环节的作业速度，从而加快全物流过程的速度，有利于减少单位包装，节约包装材料的包装费用，有利于对货物的保护。

4）包装模数与物流模数的协调化。物流模数是指以模数包装的最大设计尺寸为基础，研究与货物流通有关的集装器具（如托盘、集装箱）、运载工具（如铁路货车、轮船、飞机、起重机、叉车、搬运车）、装卸搬运机械有关的尺寸，形成模数，以便包装模数相互配合和相互协调。包装模数与物流模数的协调有利于运输和保管，提高物流运作效率。

5）采用通用包装，使包装可以多次、循环利用，按标准模数尺寸制造瓦楞纸、纸板及木制和塑料制通用外包装箱，这种包装箱无须专门的安排即可返回使用。由于其通用性强，无论在何处落地，都可转用于其他包装。因此，第三方物流企业需加大对通用包装的运用和研究。

6）采用周转包装。有一定数量规模并有固定供应渠道的货物，可采用周转包装、多次反复使用的办法。第三方物流企业可以就货物的产地和供需双方的地理位置，采用合适的周转包装，以此来降低包装成本。

7）包装的再生利用，即对废弃的包装再生处理。转化为其他的用途或制成新材料。第三方物流企业是专业化的物流企业，因而包装的数量和次数相当多，那么包装的废弃物也相当多。如果将这一部分废弃物变废为宝，不仅可以增加收益、增加对资源的利用率，还可以减少环境污染。无论对企业本身，还是对整个社会而言，包装的再生利用都是相当有必要的。

案例 4-21

泡沫填充袋保障运输

Thomson 公司是一家世界领先的计算机教学公司，该公司专门生产计算机领域的文本教材、在线课件等教学材料。Thomson 公司在提高包装品质方面下了功夫，为占地面积为 88 万平方英尺的工厂中的 8 条主要包装生产线都引进了一套 SpeedyPacker 自动向包装袋内填充泡沫的系统。通过这项改变，Thomson 公司对存放包装材料的空间需求减少了 4800 平方英尺（1 平方英尺≈0.0929 平方米），降低了劳动力成本，并使包装产品所需的时间缩短了 25%。该种保护性的、在包装袋内填充泡沫的包装也提高了包装区域的生产能力和吞吐量，还减少了产品因为损坏而被退回的事件的发生。因为泡沫体积最大可以膨胀 280 倍，形状与其内容物相一致，形成了一个保护性的衬垫。

单项实训三

搬运装卸劳动力调配

有 A、B、C 三个装卸搬运任务，基本要求如下。

A：短途装卸搬运甲—乙—丙—丁—戊—甲，往返一次，甲、乙、丙、丁、戊地各需装卸工人 5 人、6 人、5 人、3 人、6 人。

B：短途循环装卸搬运甲—乙—丙—丁—甲，往返 4 次，甲、乙、丙、丁各需装卸工人 7 人、5 人、3 人、4 人，计划派出车辆 6 辆。

C：B 任务调整继续，派出车辆 3 辆，往返 8 次。

要求：确定每次任务需派出的最少装卸工人数，并说明安排的方法。设随车人数定额为 6 人/车。

任务四　第三方物流增值服务

【任务描述】　要求学生掌握第三方物流增值服务的含义、特征和模式，掌握第三方物流的金融服务内容和代理服务内容，能根据客户企业的需求进行增值服务的选择。

物流增值服务是第三方物流企业的核心竞争力所在，对竞争日益激烈的物流企业而言，一方面必须提供新的附加业务，扩大业务范围，另一方面也必须不断推陈出新，为客户提供独家的、或者至少是特别的服务内容——增值服务，以增强企业的核心竞争力。

一、增值服务的含义、特征及发展模式

1. 增值服务的含义

物流增值服务是指在基本服务的基础上对货主提供独特的或特别的活动，使供需双方能够通过共同努力提高效率和效益。

增值服务是相对于基本服务而言的，两者的对比如表 4-10 所示。

表 4-10　物流基础服务与物流增值服务的对比

项　目	物流基础服务	物流增值服务
服务主要内容	完成仓储、运输、装卸搬运及包装等基础物流功能服务	完成基础物流功能上的延伸服务
资源类型	资产和劳动密集型	技术和知识密集型
服务特点	满足客户物流基本要求	满足客户个性化的物流需求

续表

项　目	物流基础服务	物流增值服务
顾客满意度	一般	较高
与客户的关系	较松散	较紧密
服务收益	低附加值	高附加值
经营模式	粗放型，标准化服务	个性化，混合经营
行业饱和度	高	低

2. 增值服务的特征

增值服务能针对不同客户的特征，提供个性化、创新化、超常规化的服务，因此，创新、超常规、满足客户个性化需要是物流增值服务的本质特征。

由于增值服务是相对于基本服务而言的，因此又具有从属性，即从属于物流基本服务。除此之外，增值服务还具增值性和进化性。增值性是指物流增值服务的利润应高于或远远高于基本服务的利润。进化性是指经过一定时期的激烈竞争，增值服务也会“沉淀”下来变成基本服务。

3. 增值服务模式

目前国内第三方物流企业提供的增值服务包括以下几种。

（1）承运人型增值服务

承运货物运输的快运公司、集装箱运输公司，最适宜从事此类增值服务。例如，从收货到递送的货物全程追踪服务；被客户退回的商品回收运输服务；运输设备的清洁或消毒等卫生服务；信誉好的承运人甚至可以为客户提供承运人的评估选择、运输合同管理等服务。

（2）仓储型增值服务

拥有大型仓储设施的仓储企业可以考虑下列增值服务：材料及零部件的到货检验；材料及零部件的安装；提供全天候收货和发货服务；配合客户营销计划进行制成品的重新包装和组合，如不同产品捆绑促销时提供商品的再包装服务；满足客户销售需要而提供的成品标记服务，如为商品打价格标签或条形码、或便利服务，如为成衣销售提供开箱加挂衣架重新包装的服务，对于超市型客户而言，这种服务很有市场；商品退回的存放并协助处理追踪服务；为食品、药品类客户提供低温冷藏服务等。

（3）货运代理型增值服务

货运代理型增值服务包括：订舱、租船、包机、包舱、托运、仓储、包装；货物的监装、装卸、集装箱拼装拆箱、分拨、中转及相关的短途运输服务；报关、报验、报检、保险；多式联运、集装箱拼箱等。

（4）金融型增值服务

企业在物流活动中，运用金融工具使物流产生的价值增值。物流企业与金融机构联合起来为资金需求方提供融资等。

（5）信息型增值服务

以信息技术为优势的物流服务商可以把信息技术融入物流作业当中，例如，向供应商下订单，并提供相关财务报告；接受客户的订单，并提供相关财务报告；利用对数据的积累和整理、对客户的需求预测，提供咨询支持服务；运用网络技术向客户提供在线的数据查询和在线帮助服务。

案例 4-22

SLC 基于供应链一体化的物流增值服务

上海实业外联发国际物流有限公司（以下简称 SLC）作为一家专业从事保税物流的国际物流服务提供商，专为进出口物流提供全面优质的第三方物流服务，为客户提供整套进出口物流解决方案，并提供物流、信息流、资金流等一站式服务。

处于外高桥保税区内的美国德尔福（上海）动力推进系统有限公司（简称德尔福）旗下的 4 家在上海的汽车零部件制造企业，都采用外包物流的模式，寻找最佳的第三方物流服务供应商。2005 年德尔福通过对几十家物流服务商的评估、筛选，最终选定 SLC 为其提供第三方物流服务。SLC 公司是如何在激烈的竞争中取胜的呢？它的秘密武器是什么呢？

汽车物流是集现代运输、仓储、保管、包装、配送及信息系统于一身的综合性物流，是沟通原材料供应商、生产厂商、批发商、零售商、物流公司及最终用户满意的桥梁。随着汽车消费需求的个性化、供应全球化、贸易电子化和交货迅速化，对汽车物流提出了新的挑战，要求汽车物流网络化、专业化、便捷化、高效化。了解这些市场信息的 SLC 公司通过一系列讨论、研究，成立了德尔福项目组，为德尔福“量身定制”了基于供应链一体化的物流增值服务，主要包括下列 4 个有效的解决方案。

（1）看板管理

德尔福汽车零配件生产线用料需求采用“看板”的管理方法，根据“看板”上反映的生产线用料信息向 SLC 下达配料需求，根据这个特点，SLC 独立开发了 EC（electronic commerce，电子商务）电子信息数据传送平台，将 WMS 与德尔福的 QAD 系统进行对接，对方只要用扫描枪扫描配料需求“看板”，WMS 就能反映出对方的配料需求，完全做到了订单处理自动化，节约了时间。

（2）精确配送

为了确保德尔福汽车零配件生产线的正常运转，SLC 利用自己丰富的业务经验和仓库先进的 WMS，对仓库内部所有货物进行精确管理，确保收、发货员在最短的时间内准确无误地完成分拣，实现精确配送，减少库存。

（3）JIT 制度

JIT 是指按照顾客的要求，按必要的时间、必要的数量、生产或提供必要的产品或服务。这意味着在生产的每一个过程或工序上不会出现闲置的零部件，从而也就不会产生库存，这种管理方法也称零库存管理法。

德尔福为了实现零库存，加快其库存资金的周转，减少其工厂收货区卸货车辆的拥挤，对 SLC 公司提出了严格的准时要求，不允许在物流过程中浪费时间和空间。于是 SLC 公司为德尔福提供了 JIT 配送，根据德尔福零配件生产线的配料需求规律，倒测各项物流节点所需时间，拟定了拣货、验货、卸货、运输、联络等诸多环节的时间表，并严格按照约定的时间将货物送达指定目的地，365 天，每天 24 小时不间断，周而复始。

（4）分拨服务

为了满足德尔福公司对售后服务时间的要求，SLC 提供将海外进口汽车零部件先出库后完税的分拨形式，保证其货物在最短的时间内送抵目的地，快速满足其用户的需求。

案例 4-23

DFDS 运输公司的增值服务

DFDS 运输公司是丹麦的一家公司，经过多年的发展已经从传统的航运公司发展成为一个综合物流公司。它提供“门到门”的服务，向欧洲的主要客户提供第三方物流解决方案。该公司现在集中精力致力于两个主要市场：计算机市场和汽车零部件市场。它们的主要客户包括 Digital Equipment、ICL、Olivetti、Apple Computers、Ford Motor Co.、General Motors 和 Toyota 等。

DFDS 运输公司为计算机行业的客户开发了一种北欧的物流解决方案，运用在哥本哈根的配送中心为在丹麦、芬兰、挪威和瑞典的顾客直接配送。这种方式使有相同服务要求的顾客能分享配送中心设施、信息系统和运输能力。与单个客户依靠自己所提供的物流解决方法相比，DFDS 运输公司有较高的服务成效和较低的总成本。DFDS 运输公司还为计算机行业提供了另一种增值服务，如按顾客的要求装配计算机、检查装备和在客户所在地安装计算机等。

在 DFDS 运输公司提供增值服务方面，如为 Olivetti 检测和组装计算机，对 Olivetti 的好处有几个方面：仓库的减少可以节约资金并且减少操作成本，存货成本已经减少 30%，存取成本至少降低 10%，总的物流成本减少 10%以上；另外一个好处是可以将从非欧盟国家进口的货物贮存在自由贸易区，从而推迟海关关税、增值税的缴纳，直到产品出售为止。

二、第三方物流的金融服务

1. 第三方物流金融的概念

物流金融指在面向物流业的运营过程中，通过应用和开发各种金融产品，有效地组织和调剂物流领域中货币资金的运动。这些资金运动包括发生在物流过程中的各种存款、贷款、投资、信托、租赁、抵押、贴现、保险、有价证券发行与交易，以及金融机构所办理的各类涉及物流业的中间业务等。简单地说，物流金融是为物流产业提供资金融通、结算、保险等服务的金融业务，它伴随着物流产业的发展而产生。

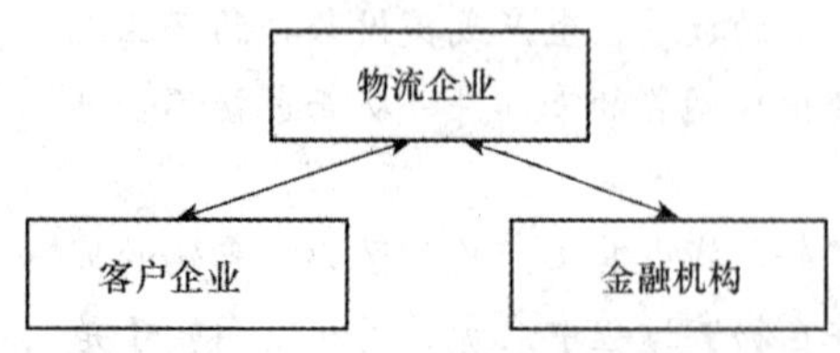

图 4-20　物流金融业务关系

在物流金融中涉及 3 个主体：物流企业、客户企业（通常是有贷款需求的企业）和金融机构。物流企业与金融机构联合起来为资金需求方企业提供融资，物流金融的开展对这三方都有非常迫切的现实需要。物流金融业务关系如图 4-20 所示。

物流金融是物流与金融相结合的复合业务它不仅能提升第三方物流企业的业务能力及效益，也可为企业融资，提升资本运用的效率。对于金融机构来说，物流金融的功能是帮助金融机构扩大贷款规模、降低信贷风险，协助金融机构处置部分不良资产、有效管理客户。

2. 第三方物流金融服务的意义

物流金融服务能有效发挥第三方物流企业的信息优势与管理优势，既解决了中小企业的融资困难，拓宽了银行开展金融业务的渠道，也增加了自己的服务效益，使供应链中物流、信息流、资金流运作更为协调。第三方物流金融服务的意义主要表现在以下几个方面。

（1）增强了第三方物流企业的竞争力

物流业在经济发展中扮演着重要的角色，现在的物流服务已经超出了传统意义上的运输、仓储。要提高我国物流企业的核心竞争力，就必须改变目前功能单一，增值服务薄弱的状况，提高满足客户的个性化物流需求的能力。我国第三方物流企业为了生存和发展，纷纷在物流活动中提供金融服务，以提高企业竞争力。例如，中储物流从 1999 年就开始与银行合作，开展仓单质押业务，现已与工商银行、建设银行、农业银行等十几家金融机构合作、每年为客户融资 10 亿元以上人民币。广东南储仓储管理有限公司为企业仓单融资一年就达 40 亿元。

（2）给银行带来新的业务和利润空间

当前银行的贷款资产质量不高、呆坏账比例居高不下，如何提高贷款质量、控制贷款风险，发展新的业务成为银行关注的首要问题。中小企业虽然有大的融资市场，但由于中小企业自身的原因，银行不可能满足中小企业的融资需求。物流企业的仓单抵押、信用担保就成为银行新的利润源泉。例如，深圳发展银行 2000 年就与一家物流企业合作为企业进行质押贷款，一年银行的授信全部收回。

（3）金融服务成为物流企业的新利润源

企业竞争的结果导致物流服务的利润下降，迫使物流企业开辟新的服务领域，金融服务就成为一个提高企业竞争力，增加利润的重要业务。UPS 认为对卡车运输、货代和一般物流服务而言，激烈的竞争使利润率下降到平均只有 2%左右，已没有进一步提高的可能性，而对于供应链末端的金融服务来说，由于各家企业涉足少，目前还有广大空间，于是包括 UPS 在内的几家大型第三方物流商在物流服务中增加了一项金融服务，将其作为争取客户、增加企业利润的一项重要举措。

3. 第三方物流金融服务模式

第三方物流企业开展金融服务的模式有多种多样，但是归结起来有 3 种基本模式。

（1）仓单质押模式

仓单质押贷款是制造企业把商品存储在物流企业仓库中，物流企业向银行开具仓单，银行根据仓单向制造企业提供一定比例的贷款，物流企业代为监管商品。开展仓单质押业务，既可以解决货主企业流动资金紧张的困难，同时保证银行放贷安全，又能拓展仓库服务功能，增加货源，提高效益，可谓一举三得。

首先，对于制造企业而言，利用仓单质押向银行贷款，可以解决企业经营融资问题，争取更多的流动资金周转，达到实现经营规模扩大和发展，提高经济效益的目的。

其次，对于银行等金融机构而言，开展仓单质押业务可以增加放贷机会，培育新的经济增长点；又因为有了仓单所代表的货物作为抵押，贷款的风险大大降低。

最后，对于物流企业而言，一方面可以利用能够为货主企业办理仓单质押贷款的优势，吸引更多的货主企业进驻，保有稳定的货物存储数量，提高仓库空间的利用率；另一方面又会促进仓储企业不断加强基础设施的建设，完善各项配套服务，提升企业的综合竞争力。图 4-21 为仓单质押业务过程。

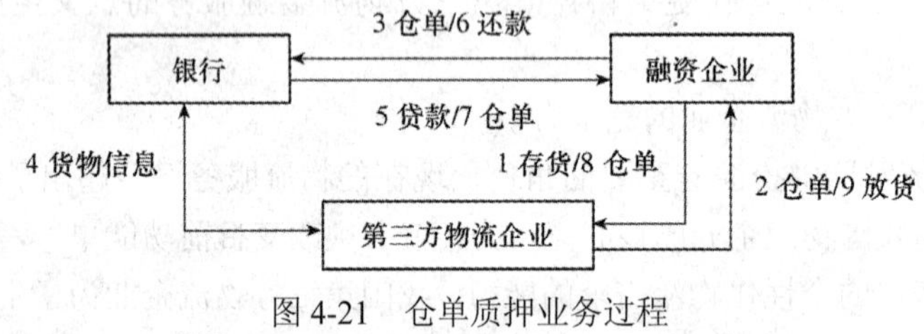

图 4-21　仓单质押业务过程

仓单质押贷款的主要操作方式有现有存货质押贷款、异地仓库监管质押贷款、买方信贷 3 种操作方式。

现有存货质押贷款是指货主企业把质押品存储在第三方物流企业的仓库中，然后凭借仓单向银行申请贷款，银行根据质押品的价值和其他相关因素向客户企业提供一定比例的贷款。这一过程中，第三方物流企业负责监管和储存质押品。

异地仓库监管质押贷款是在仓单质押的基本模式上，对地理位置的一种拓展。第三方物流企业根据客户不同，或利用遍布全国的仓储网络，或整合社会仓库资源，甚至是客户自身的仓库，就近进行质押监管，极大降低了客户的质押成本。

买方信贷或称保兑仓，它相对于企业仓单质押业务模式的特点是先票后货，即银行在买方客户（通常是经销商）交纳一定的保证金后开出承兑汇票，收票人为生产企业（制造商），生产企业在收到银行承兑汇票后按银行指定的仓库发货，货到仓库后转为仓单质押。这一过程中，生产企业承担回购义务。

保兑仓业务流程如图 4-22 所示。

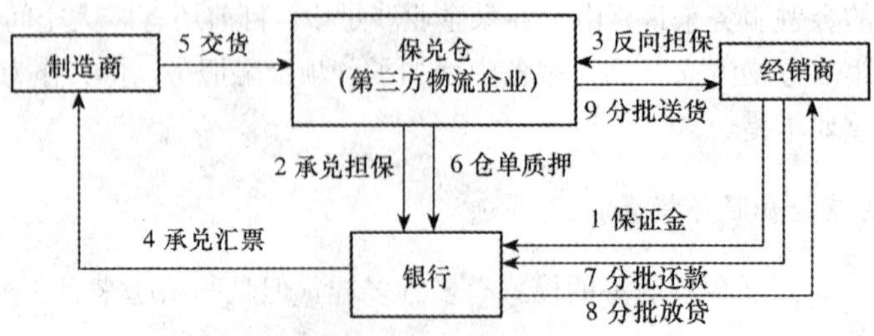

图 4-22　保兑仓业务流程

在实际操作中，为了保持货物的流动性，第三方物流企业可以允许融资企业置换仓单，即交付新仓单，用以置换原有仓单融资企业也可以对同一批货物，分为多个仓单质押，分别交纳保证金，偿还部分贷款后即可取走相应的货物。

另外，也可以对货物的实体进行质押，融资企业将货物置于第三方物流企业控制之下即可获得贷款，由物流企业替银行对相应货物进行特别监管，融资企业提货时应有银行的允许。在保持质押物的名称、质量、状况不变，数量不低于一定量的前提下，质押物相对地动态流动。即银行根据贷款金额确定库存总量下限，第三方物流企业按要求对货物的库存总量下限进行监控。融资企业在一定范围内可以自由进行货物的出入库，但是当货物库存总量低于下限时，第三方物流企业拒绝发货。融资企业只有补充相同的物品验收入库或者归还部分贷款，得到银行同意后才能取货。这种模式对于生产企业的正常生产、销售影响最小，但是需要第三方物流企业具有更高的管理水平。

（2）统一授信模式

统一授信就是银行把贷款额度直接授权给物流企业，再由物流企业根据客户的需求和条件进行质押贷款和最终结算。物流企业向银行按企业信用担保管理的有关规定和要求提供信用担保，并直接利用这些信贷额度向相关企业提供灵活的质押贷款业务，银行则基本上不参与质押贷款项目的具体运作。该模式有利于企业更加便捷地获得融资，减少原先质押贷款中一些烦琐的环节；也有利于银行提高对质押贷款全过程监控的能力，更加灵活地开展质押贷款服务，优化其质押贷款的业务流程和工作环节，降低贷款的风险。统一授信业务过程如图4-23所示。

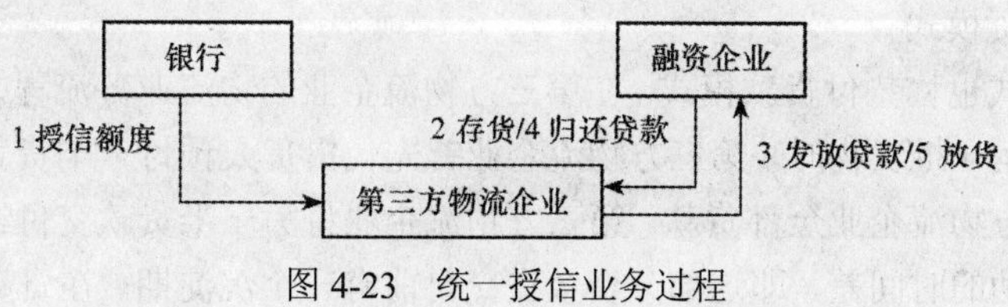

图4-23　统一授信业务过程

案例4-24

ZG物流公司的金融业混营物流增值服务

金融业混营物流增值服务是指质押担保融资。这一融资方式的大致过程如下。

（1）银行作为信用贷款的提供方，ZG物流公司作为融通仓储服务的提供方，生产经营企业作为资金的需求方和质押物的提供方，三方协商签订长期合作协议。

（2）生产经营企业在协作银行开设特殊账户，并成为提供融通仓储服务的ZG物流公司的会员企业，生产经营企业采购的原材料或待销售的产成品进入ZG物流公司设立的融通仓储，同时向银行提出贷款申请。

（3）ZG物流公司负责进行货物验收、价值评估及监管，并据此向银行出具证明文件。

（4）银行根据贷款申请和价值评估报告酌情给予生产经营企业发放贷款。

（5）生产经营企业照常使用和销售其融通仓储内产品。

（6）ZG物流公司确保销售产品的收款账户为生产经营企业的协作银行开设的特殊账户的情况下予以发货。

（7）生产经营企业以其所得贷款还贷。

（8）如果生产经营企业不履行或不能履行贷款债务，银行有权从质押物中优先受偿。这一资金融通方式由于有质押物作担保，较小风险。另外，ZG 物流公司还可以为货主代收货款，这样就可以增加现金流动，杜绝三角债的形成。

ZG 物流公司“混业”的物流增值服务模式流程如图 4-24 所示。

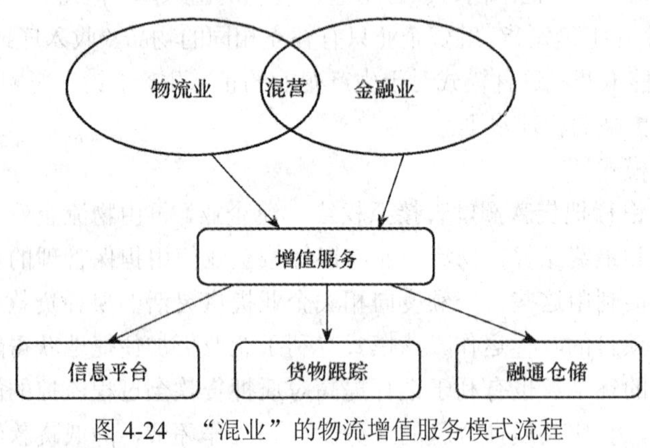

图 4-24 “混业”的物流增值服务模式流程

（3）直接融资模式

直接融资模式也称垫付货款模式。在第三方物流企业的物流业务流程中，当第三方物流企业为发货人承运一批货物时，第三方物流企业首先代提货人预付一半货款；当提货人取货时则交付给第三方物流企业全部货款。第三方物流企业将另一半货款交付给发货人之前，产生了一个资金运动的时间差，即这部分资金在交付前有一个沉淀期。在资金沉淀期内，第三方物流企业等于获得了一笔不用付息的资金。第三方物流企业用该资金从事贷款，而贷款对象仍为第三方物流企业的客户或者限于与物流业务相关的客户。在这里，这笔资金不仅充当交换的支付功能，而且具有了资本与资本运动的含义，这种资本的运动是紧密地服务于物流服务的。这不仅加快了客户的流动资金周转，有助于改善客户的财务状况，而且为客户节约了存货持有成本。

三、第三方物流的代理服务

1. 代收、代付服务

第三方物流企业可以为客户企业进行代收、代付服务，给客户企业带来便利，减轻其资金压力。

（1）第三方物流的代收服务

国内货物代收的主要是货款。该服务是指在合同约定的时限与佣金费率下，第三方物流公司为发货方承运、配送货物的同时，向收货方收缴款项转交发货方。

代收货款常见于 B to C 业务，目前很多中小型第三方物流服务供应商已经广泛开展。这种方式把消费者采取邮购方式的风险降到最低点，能够激发消费者的邮购热情，让消费者足不出户就可以放心地订购本地、异地甚至国际商品。对第三方物流供应商而言，由于发货方与第三方物流供应商的合作关系通常都是采取战略合作伙伴关系，其主要的盈利点就在于能将客户与自己的利害关系连在一起，使其客户群的基础越来越稳固。此外，代收货款模式的资金在交付前有一个沉淀期，在资金的这个沉淀期内，第三方物流供应商还等于获得了一笔不用付息的资金。因此，可以说第三方物流企业代收货款业务的经营模式是三方受利，被人们称为“快递蛋糕上的奶油”，其经济利润不言而喻。

国际货物代收的主要是运费，即运费是通过第三方物流企业转账结算的。

（2）第三方物流的代付服务

第三方物流企业涉及的关系方较多，在开展业务过程中常有需要替货主垫付费用的情况发生，即代付。代付费用主要包括运杂费、港杂费等。

2. 代理商品检验检疫服务

第三方物流企业代理客户开展商品检验检疫服务，可以更好地安排各个环节的工作，提高整个物流过程的效率，并为自己带来新的收益。第三方物流企业在代办商品检疫检疫服务注意以下事项。

1）第三方物流企业要有专门的、持有“代理报检员证”的报检人员负责办理代理报检手续，提高报检手续办理的有效性和准确性。

2）第三方物流企业要将相关文件和单证准备齐全，尽量一次报检成功。

3）第三方物流企业要有专业人员全程跟踪商品检验检疫过程，及时与客户企业沟通，对检验检疫机构提供情况说明，协助检验机构完成抽样和检验检疫等工作。

4）第三方物流企业报检员安排的报检时间要与货物物流环节相协调，充分考虑报检后商品检疫机构安排的等待检验时间，尽量使货物到达时能及时进行检验。

3. 代理通关服务

我国海关法规定“进出境运输工具、货物、物品，必须通过设置海关的地点进境或出境”。因此，货物通关是国际贸易企业进出口商品的必要环节，也是第三方物流增值服务的项目之一。第三方物流通关服务应注意以下事项。

1）第三方物流企业必须及时了解国内外相关政策及其变化，避免因失误而影响通关，或因没有了解最新的进出口制度而给客户企业带来损失。

2）第三方物流企业要安排具有资质的专业人员负责代理客户企业的报关手续，提高报关手续办理的有效性和准确性。

3）第三方物流企业的报关员要在报关前将所有报关资料和单证准备好，尽量一次通关成功，节省时间。

4）第三方物流企业的报关员安排的通关时间要与货物物流环节及商品检验进程相协调，充分考虑报关后海关的工作进程安排，尽量使货物能及时获得放行，不影响客户企业合同的履行。

5）第三方物流企业要帮助客户企业做好通关货物的预归类工作。由于现实操作中有些企业因为与海关在货物的归类问题上产生分歧，导致海关对其通关货物实施货物查验或送海关化验中心进行检验，从而导致通关延误。第三方物流企业可以在报关前向海关提出通关货物的预归类申请，避免与海关在货物归类问题上可能产生的分歧。

单项实训四

货物质押融资

石材公司的张总最近有些急躁。到年底，董事会给他安排了明年的经营任务：市场份额要比今年增加30%，利润目标也要同比增长。要提高市场占有率，就得有价格战的准备，可利润目标又不低，石材是有限资源，国外矿山即使在大量采购时给的折扣也不高，那只好再从海运、港口、堆场环节考虑了。要储备充足的存货，需要不菲的资金，如何在公司现有状况下完成董事会的任务呢？

正在“上火”呢，承接公司物流业务的第三方物流公司的陈总打来了电话：“老张，明天周末，好久没见，出来坐坐。”张总愁眉不展地说：“是想来坐坐。我正为钱的事发愁呢！”就把他的苦恼告诉了陈总。陈总听完说：“现在我们公司有一个新的增值业务，完全有办法解决你的资金来源……”

陈总会给张总建议什么物流增值业务来解决资金问题呢？请你告诉张总，并画出该物流增值业务的业务流程图。

任务五　第三方物流企业运作管理实例体验

【任务描述】 要求学生通过广东BG储运有限公司上海分公司的BW业务运作管理手册来了解第三方物流的运作管理规程。

本任务介绍广东BG储运有限公司上海分公司的BW业务运作管理手册，以此为例来说明第三方物流的运作管理规程。

一、引言

为了确保业务操作都达到公司的要求和标准，满足或超越客户的需求，制定本手册，明确上海分公司团队的工作目标，每一个岗位的职责，每一项业务操作流程和程序，业务操作的衡量指标与考核，使业务运作的管理和操作规范化、程序化、标准化，从而保证业务运作的质量，提高工作效率，提高客户服务的满意度，最大限度支持客户的生意发展。

“贯彻落实”将是一个关键，每一个岗位的员工必须接受培训和严格贯彻执行本手册，在业务操作的每一个环节和步骤履行其岗位的职责，按照手册中的业务程序进行业务操作，以保证每一次业务运作达到衡量指标。

二、组织结构与岗位描述

上海营运点的组织结构为直线职能式结构，如项目2的图2-12，涉及了营运点负责人、仓库主管、运输主管、仓管员、计算机统计员、运输业务员等岗位。详细的组织结构与岗位设计见项目2任务三的组织结构设计实例。

三、运输业务

1. 业务内容与服务项目

（1）业务内容

1）船运到达接货：接收 BW（武汉）从武汉用船运到达上海广信码头的啤酒，卸船、短驳入白洋淀仓库。

2）发运短驳：接上海 BW 的发运指令，从仓库提装啤酒短驳到码头装船。

（2）服务项目

服务项目包括码头卸船、入库短驳、发运短驳。

2. 客户要求

客户要求包括：卸船速度为 500 吨/天；提供每天 24 小时服务；单证及时、准确率为 100%；接货残损率少于 5‰。

3. 衡量指标

衡量指标包括：卸船速度为 600 吨/天；货物到达进仓及时率大于 98%；运输工具质量及格率为 100%；发运及时率大于 99%；运力资源保证率为 100%；残损率小于 4‰。

4. 操作程序

（1）船运到达接货

1）流程图，如图 4-25 所示。

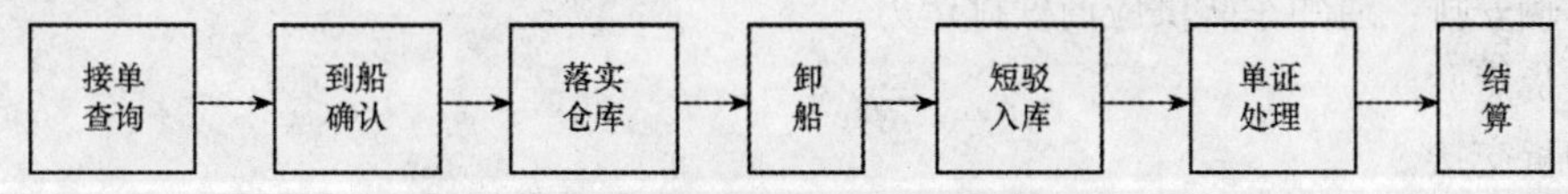

图 4-25　船运到达接货流程

2）操作程序。

① 目的：规范运作，保证船运到达入库的各项指标达到或超过客户要求。

② 责任：运输主管对船运到达后及时入库负责；码头对及时卸船及卸船残损负责；短驳车队对短驳造成的残损负责；仓库对装卸造成的残损负责；运输员对码头交接件数负责。

③ 范围：适用于上海分公司 BW 船运到达入库作业。

④ 步骤。

接单查询：接 BW（武汉）邮件预报；密切与码头、船运方联系了解预到达时间。

到船确认：与码头联系确认船运到达情况（到达时间、船号）。

落实仓库和短驳：运输主管与仓库联系，落实入库时间；运输主管与短驳车队落实短驳车辆安排；做好人员安排；仓库主管准备足够的地台板。

卸船：安排短驳车辆送地台板到码头；运输员指挥装卸工按要求堆码，挑出残损货品，吊机卸船；卸完船后，业务员、码头方和船运方凭《船运委托书》做好交接（注意：密切注意天气的变化，下雨时要及时盖好篷布，不要淋湿货物）。

短驳入库：码头叉车装车；运输员与司机、码头方以《码头、车队发运交接表》进行交接；仓管员以《仓库、车队入库交接表》与车队进行交接；入库完毕后，仓管员做《货位卡》，发放单号并把到达入库信息输入计算机系统。

单证处理：码头监卸运输员把《委托书》和《码头、车队交接表》汇总到仓库，《船运委托书》作为向客户结费的凭证；（码头）装卸作业单结费联交给码头；短途运输作业单结费联交给车队；（仓库）装卸作业单结费联交给仓库。

结费：根据到达情况做结费汇总表（包括委托书号、品名、件数），将收费汇总表交给BW确认；分公司将收费汇总表寄回给财会部；财会部开发票向BW收费。

（2）发运短驳

1）流程图，如图4-26所示。

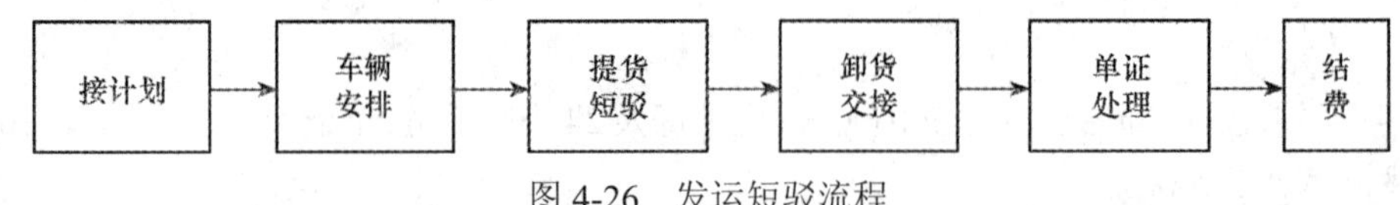

图4-26　发运短驳流程

2）操作程序。

① 目的：规范运作，保证发运短驳的各项指标达到或超过客户要求。

② 责任：运输主管对短驳及时负责；码头对及时卸车负责；短驳车队对短驳造成的残损负责；运输员对提货件数、品种负责。

③ 范围：适用于上海分公司BW发运短驳作业。

④ 步骤：

接计划：接上海BW发运通知（品种、件数、发运码头、船号）。

车辆安排：通知车队供应商安排运力。

提货短驳。

卸货交接。

单证处理。

结费。

5. 检查与考核

（1）检查

1）逐级检查。

① 运输主管：对码头装卸、短驳的运输业务的运作结果负责，包括公路运输，货物到达和中转运输的发运；必须检查下级员工的业务操作，并对其操作结果进行确认，同时必须直接管理合同车队的具体操作。

② 业务员：根据《合同商管理系统》的规定对供应商的车辆进行检查，保证提货时车辆符合客户公司的有关规定。

检查中发现问题，必须及时解决，如不能解决，必须立刻向上级请示汇报。

2）工作计划与检查。

① 运输主管必须制定周－月－年度工作计划，向负责人报告，接受分公司经理的检查。

② 逐级向上报告工作计划和逐级向下检查工作计划的实施结果。

3）检查时必须做好记录。

（2）考核

1）业务考核办法。业务考核办法主要有自评和分公司考评两种。

① 自评。每月 1 日前统计员按照公司营运管理部制定的“业务营运检查考核系统”统计好上一个月的各项业务考核的数据，由运输主管审核后提交给分公司经理。

② 分公司考核。每月 4 日前分公司组织运输部人员对自评结果进行检查考核，并归入分公司的业务考核结果，上报公司营运管理部。

2）业务考核内容。业务考核内容主要有以下几项。

① 运输业务运作的衡量指标，如表 4-11 所示。

表 4-11　运输业务运作的衡量指标

衡量指标	衡量标准	计算方法
运输时间可靠性	大于 98%	用每月承运客户总数为分母，按时到达签收的单数为分子，计算结果的相对百分比
残损率	0	用每月承运货物的总件数为分母，签收结果的残损总件数为分子，计算结果的相对百分比
准时回单率	大于 98%	用每月承运客户的总单数为分母，签收后按时返还到客户公司的单数为分子，计算结果的相对百分比
运输工具质量及格率	100%	用每月承运车辆的总数为分母，车况合格的总车辆数为分子，计算结果的相对百分比
到达入库及时率	大于 99%	用货物中转运输到达的票数为分母，货物到达后 48 小时内完成进入仓库的总票数为分子，计算结果的相对百分比

② 业务信息系统的数据录入，要求：及时率为 98%；准确率为 100%；完整率为 100%。

③ 业务单证处理（填写、传递），要求：及时率为 98%；准确率为 100%；完整率为 100%。

④ 业务成本控制，每项业务运作的每月支付单位成本必须低于成本控制指标。

（3）考核记录

考核记录主要包括到达量、运输成绩和运输中存在的问题等几个方面。

1）到达量，如表 4-12 所示。

表 4-12　到达量记录

年度/月份	07/01	07/02	07/03	07/04	07/05	07/06
到达量/吨						

2）运输成绩，如表 4-13 所示。

表 4-13　运输成绩

达标率	07/01	07/02	07/03	07/04	07/05	07/06
入库及时率						
残损率						
及时回单率						
交接记录合格率						
事故次数						

3）运输中存在的问题（不达标原因逐票列表分析），如表4-14所示。

表4-14　运输中存在的问题

序号	不达标项目	原因说明	整改措施	负责人	完成时间	目标

四、仓储业务

1. 业务内容与服务项目

（1）业务内容

① 为BW服务的仓库是固定租用15000平方米，共4个库房；属平房仓库。

② 接收从BW发来的各种成品、纸箱等货物，存储和养护。

③ 根据BW的指令，凭有效的提货单进行发货。

④ 仓库的管理实行GMP管理。

（2）服务项目

服务项目包括：进出库装卸；刷唛；商品养护；相关单证、报表管理。

2. 客户要求

客户要求包括：提供每周7天，每天24小时服务；仓库温度控制在22～25°C；单证及时、准确率为100%；信息录入及时、准确率为100%。

3. 衡量指标

衡量指标包括：库存准确率为100%；在库残损率为0；质量保证能力（GMP评估）大于95%。

4. 操作程序

（1）入库操作程序

1）目的。

① 保证货物入库操作按照规定的程序进行。

② 了解入库货物的质量和包装状况，采取适当的养护措施，保证货物安全、完好地入库。

2）责任：仓库管理人员应保证入库的货物货单相符，数据准确，包装完好。

3）范围：适用于BG上海分公司BW仓库。

4）步骤。

① 货物在防雨、防风沙的装卸区域安全卸货。

② 货物入库前，运输部通知仓库将要入库货物的品种、规格、数量及预计到达时间，仓库管理人员做好相应的接货准备，包括安排装卸力量、准备所需的手推车、安排货位等。

③ 送货车辆到达仓库后，仓库员应检查货车车况和货物装载情况是否良好，如发现车况异常或货物严重损毁，应报告仓库主管处理，并及时通知客户。

④ 接收货物入库。具体程序如下。

仓管员凭送货司机的实际板数与司机交接货物，并开《仓库与车队交接表》。

仓库员按照 BW 的货物验收标准，逐件验收货物，并组织装卸工进行装卸和堆码作业，要求装卸工文明作业，轻拿轻放、堆码整齐，不得倒置。堆垛方法及堆高按客户的标准执行。不同生产日期的货物应分开堆码，但同一船的货物可堆码在一起。

残损货物放入划定的更换包装区域，进行更换包装操作，内货完好并能拼整成箱的，作为完好货物签收，不能拼整成箱的货物，完好的存放在更换包装区，损毁货物通知 BW 仓库主管确认和处理。

⑤ 货物入库后，仓管员及时清点货物，记录货物残损情况，并在《短途运输作业单》上签收。

⑥ 建立货卡，记录进仓日期、进仓单号、数量、品名、包装，并将其悬挂于货堆上。

所有货物入库后，仓管员开具一式四份的仓库进货单，列明地区仓库名称、包装、数量（应收数量）、仓库收货日期、发票号码、生产日期号码，在备注栏写明实收数和破损数量。填写完毕后，加盖收货专用章并签名。第一、第二联交 BW 仓库主管，第三联交运输公司，第四联仓管员自己留存作入账用。在台账上做好登记工作。

5）货物验收标准。

① 货物验收标准原则上以包装是否完好无缺、箱口封条是否开封为基础。

② 下列货物不得进入正常排位：箱口开封；内包装破裂，成品渗漏；外包装严重变形，造成内包装变形；纸箱破裂划痕长度大于 4 厘米；罐装啤酒瓶身凹陷，有划痕。

（2）出库操作程序

1）目的。

① 保证发货按规定的程序进行。

② 保证发放的货物正确和合格，防止不合格货物被发放到客户手中。

2）责任：仓库管理人员应保证出库货物数量准确，包装完好。

3）范围：适用于 BG 上海分公司 BW 仓库。

4）步骤。

① 货物出库应在防雨、防风沙的装卸区域内装卸。

② 经销商或任何其他人到仓库提货，都需凭《仓库发货单》。发货单由 BW 仓库主管开具，一式五联，第一、第五联由 BW 仓库主管留存，提货人持第二、第三、第四联提货。提货单须有 BW 发货专用章、BW 仓库主管签名及提货单位公章方为有效。

③ 仓管员审核提单的有效性，确认无误后，凭单在台账上登记，并核销库存数量。

④ 检查提货车辆是否清洁，有无防雨措施，达到要求后方可装车。

⑤ 发货：仓管员按照先进先出（以生产日期为准）的原则，按照提单列明的品种、数量发放货物。仓管员需在每箱货物上加盖 BW 销售章。

⑥ 发货时如发现残损货物，需更换包装后才予以发放。损毁货物移入更换包装区，通知 BW 主管确认并处理。

⑦ 发货后仓管员在提货单上签字，并加盖仓库发货章，提货人也需在提单上签名。

⑧ 立即复核库存余额，并在货卡上登记发货日期、发放数量、结存数、提单号码及去向。

⑨ 赠酒和奖励酒的发放由 BW 主管统一安排，仓管员协助进行。

（3）更换包装操作程序

1）目的：保证啤酒的残损外包装得到及时更换，确保货物符合质量要求。

2）责任。

① 更换包装操作必须由 BW 主管认可或授权的人员进行。

② 更换包装人员应受过 BW 更换包装的培训，明确要求，具备资格。

③ BW 为更换包装提供标准和所需包装材料，并为包装人员提供培训。

④ BW 主管对更换包装后的损毁酒进行确认，并做出处理。

3）范围：适用于 BG 上海分公司 BW 仓库。

4）步骤。

① 更换包装操作应在划定的更换包装区域内进行，更换包装区必须铺设地台板。

② 发现残损啤酒时，先将残损啤酒移入更换包装区域进行清理，并根据残损情况做出不同处理。

对外箱封口胶脱落而开口的，如外箱完好，无变形、裂缝，且内货完好，无破裂、变形的，用封口胶重新封口。

外箱裂缝超过 4 厘米的，更换外箱。

外包装严重变形导致内包装变形或内包装破裂，造成啤酒渗漏的，先开箱对啤酒进行清理，将内包装完好的啤酒和内包装破损或变形的啤酒分开，然后将完好啤酒按规定数量拼整成箱，重新包装。

③ 更换包装时，必须保持货物内、外包装的整洁，如内货外包装有污染的，需清洁后在装箱。货物装箱时不得倒置。

④ 更换包装后的货物可作为完好货物进入库存或发放。

⑤ 不足一箱而不能拼整的完好啤酒，也需装箱，存放在更换包装区。

⑥ 更换包装操作完毕后，及时清理现场，损毁啤酒及废包装通知 BW 主管确认并处理。

⑦ 对更换包装操作必须保持完整记录，包括更换包装啤酒的品名、规格、生产日期、进仓单号、待更换包装箱数、更换包装后完好箱数、损毁啤酒细数、不足箱完好啤酒细数等。

（4）货物在库养护

1）目的。

① 确保货物在库缺损率为 0。

② 确保仓库的管理水平不断提高。

2）责任。

① 各仓库主管组织每周一次对货物的储存状况进行检查，及时发现问题进行整改，保证货物在库的完好。

② 各仓库责任仓管员每天负责检查所储存货物的状态，保证货物的完好。

3）范围：适用于分公司所有的仓库。

4）步骤。

① 库内货物的养护工作，由仓储部主管统筹负责，日常工作由成品养护小组成员负责执行，确保货物安全。

② 在库货物的养护工作应贯彻“以防为主，防治结合”的方针，并落到实处。

③ 根据仓库所在地域的条件、气候及所储存货物的特性，加强温湿度控制，切实防止货物霉变、渗漏、虫蛀、鼠咬、等残损情况的发生。

④ 仓库主管必须每周一次对库内货物的储存状况进行检查，并填写《仓库周检表》。

⑤ 对能自行解决的问题立即加以解决，对不能解决的问题及时报告本分公司仓储部主管协助完成。

⑥ 仓管员应每日进行检查，确保仓库的储存条件与货物要求一致，达到 GMP 管理的要求。

（5）仓库清洁卫生

1）目的：确保库房内部及所储存货物清洁。

2）责任。

① 仓储部主管不定期检查并指导所有仓库的环境卫生工作。

② 各仓库主管应确保仓库卫生清洁。

③ 各仓管员应按要求做好其责任仓库的清洁工作。

3）范围：适用于分公司所有的仓库。

4）步骤。

① 每天一小扫，包括仓库地面清除垃圾、杂物，用鸡毛扫掸去货物上的灰尘。

② 每周一中扫，包括：用拧干的湿地拖擦地面和地台板，对商品包装的清洁一般应使用干布或鸡毛扫清洁，避免货物受潮或污染；对仓库内部的管道进行清扫，对墙角和天花板上的蜘蛛网进行清除。

③ 每月一大扫，包括擦洗仓库的门窗及周边管道，对天花板进行清扫，对仓库四周的排水渠进行清洗，清除积水和垃圾，杜绝蚊蝇的孳生。

④ 每隔 3 个月清除灯罩与灯泡上的灰尘。

⑤ 清洁时应避免溅湿货物，若货物被溅湿或地面上有积水应立即擦干。

⑥ 所有清洁工作在《仓库 GMP 每日自我检查表》上记录。

⑦ 清洁工具的使用和保管。

清洁用水应该是干净的自来水。

扫把：扫把在使用前应进行清洁，以避免将灰尘垃圾带入库内，扫把在使用后亦要进行清洁，避免垃圾藏在扫把中，扫把在不使用时应挂于指定的位置，不能置于地面。

拖把：拖把在使用前要清洗干净，避免将脏物带入仓库，在使用后应将拖把洗干净并在太阳底下晒干，避免孳生昆虫，并挂于指定地方。

垃圾桶和垃圾铲：垃圾桶和垃圾铲应在清洁后才带入仓库，以避免将垃圾带入库内；使用后垃圾桶和垃圾铲应清洗干净并在指定位置晾干，不能用货物包装箱作为垃圾箱以避免引起混乱。

⑧ 分公司质监员与仓储部主管应不定期检查各仓库的清洁工作。

（6）仓库温湿度控制

1）目的：确保库内的温湿度与货物的储存条件相适宜。

2）责任。

① 仓管员应每天对库内温湿度进行检查和记录，确保其温湿度在允许的范围内。

② 质监员应负责每年一次对仓库内的温湿度计进行有效性鉴定，并不定期地对各库区的温湿度进行抽查，确保库内的温湿环境适应商品的要求。

③ 各仓库主管应对不符合温湿度要求的仓库按程序要求及时进行申报改良。

3）范围：适用于分公司所有的仓库。

4）步骤。

① 所有的仓库使用温湿度计必须经过有效性鉴定。

② 仓库温湿度应当保持在允许范围内。温度 22～25°C，相对湿度＜85%。

③ 仓管员每天 9:30、14:00 和 22:00 对仓库的温湿度进行检查并填写《仓库温湿度记录表》。

④ 当仓库的温湿度超过货物储存条件的上下限时，仓管员应在 1 小时内报告主管，根据仓库的实际情况采取相应的措施，调节仓库内的温湿度。

⑤ 气候潮湿的情况下，每个通风窗的通风板应当关闭，防止潮湿气流进入库内。

⑥ 每次雨停后应及时将库房四周的积水清扫干净，减少库外湿气对库内的影响。

⑦ 天气干燥的情况下，应当将通风板开启，以便通风。

⑧ 若库内湿度较大，或温度没有在允许范围内可考虑打开库门并在库内使用大功率风扇排风，或使用空调机，促使潮气尽早散发，温度保持在允许范围内。但在使用时应注意两点：每台风扇连续使用时间不得超过 2 小时，定期检查空调机；必须有专人看管，电源未关不得离场，以避免火灾或其他意外事故的发生。

⑨ 若发现货物外包装受潮，应当及时擦拭，并视情况进行翻堆（重新堆码），每一件受潮货物在出库前必须得到整改，确保所有出库商品是干爽和完好的。

⑩ 潮湿气候下的进出仓作业，门口篷布不能长时间开启，应当有专人在门口负责升放篷布，当小推车或叉车须进出门口时将篷布开启，其他时间将篷布关闭，尽量减少潮湿气流进入库内。

⑪ 若在潮湿气候的情况下清洁地面，必须将拖把拧至无水珠滴下，使地面保持干燥。

⑫ 当库内温湿度超过允许范围时，仓库主管应设法在 24 小时内将问题解决。

⑬ 分公司质监员应不定期对仓库的温湿度进行抽查，若发现温湿度超过货物的储存标准，应及时知会仓库主管，共同对仓库的温湿度进行调节。

（7）害虫防治管理操作程序

1）目的：确保仓库区域内无任何害虫的孳生。

2）责任：仓库主管及仓管员应确保完成害虫的防治工作。

3）范围：适用于分公司所有的仓库。

4）步骤。

① 所有仓库的门窗必须密封，防虫网必须完好，确保害虫无法进入库内。

② 所有的仓库各墙角相应的地面应放置粘鼠胶。

③ 仓管员每天对库内的粘鼠胶进行有效性检查并在《仓库 GMP 每日自我检查表》上予以记录，若发现粘鼠胶表面肮脏则立即进行更换，其他情况下的粘鼠胶更换周期为 45 天。

④ 仓库周围的沟渠应当干净，对可能孳生害虫的环境必须每月喷洒一次杀虫剂。

⑤ 若在库内喷洒杀虫剂，用量必须严格遵守说明，而且必须保证 3 米以内无货物。

⑥ 所使用的杀虫剂应当得到客户认可，如凯素灵 25%可湿性粉剂、溴氰菊酯、顺式氯

氰菊酯，应当注意交换使用，以免害虫产生抗药性。

⑦ 为防止害虫的食物来源，禁止在库区内和库外 1 米以内进食。

⑧ 分公司聘请专业的白蚁防治机构进行白蚁防治工作，本分公司各仓库若发现白蚁的踪迹，应立即报告仓储部主管，仓储部主管立即通知专业机构前往处理。

⑨ 在白蚁纷飞的繁殖季节期（即每年的 4～8 月），仓储部主管应及时督促白蚁防治合同商对本分公司所有的仓库建筑的周边环境进行全面的普查与防治。

⑩ 在检查过程中发现白蚁或其他虫害，应第一时间对受害货物进行有效隔离，并立即使用有效的杀虫剂杀灭可发现的害虫，做好现场挽救工作，同时通知白蚁防治合同商进行根治处理。

（8）货物盘点操作程序

1）目的。

① 确保库存的货物与进仓单上所列的项目一致。

② 确保进仓单与统计账目及电脑数据一致，达到无混批、短少、残损等现象。

2）责任。

① 仓库主管必须按时组织盘点工作，及时处理盘点过程中发现的问题。

② 各仓库责任仓管员应按要求做好仓库盘点工作，认真复核，及时上报。

③ 各仓库统计员应认真审核各项数据，并按时完成单据的登记工作。

3）范围：适用于分公司所有的仓库。

4）步骤。

① 每天一小盘：仓管员在每天清洁仓库的同时，抽检库存货物，对前一天进出仓的货物进行盘点；盘点时需核对货物的进出情况与记录的一致性，复核货物的品名、代码、批号、数量、库排位是否填写准确无误。

② 每周一中盘：仓管员在每周一必须对仓库进行盘点；仓管员对责任仓库储存的货物进行盘点、利用仓库货物卡与货物进行核对，检查货物的品名、代码、批号、数量、库排位是否与进仓单相符。

③ 每月一大盘：仓库主管必须在每月月底制订下月盘点计划，仓管员根据盘点计划对责任仓库储存的货物进行盘点；仓管员用统计代账联与仓库货卡进行复核，并全面复核货物的品名、规格、批号、代码、数量、库排位是否与代账联货卡三者相符。

④ 仓管员若在盘点过程中发现单货不符、残损、混批、短少等异常现象应及时做好记录并立即上报，对每日及每周所发现的问题应及时填写《仓库盘点表》其明细账目可从货卡上摘抄。

⑤ 每月一大盘，仓管员从统计处取得进仓单明细项目，于盘点前填好，作为盘点的依据，在盘点中将发现的问题及时记录在《仓库盘点表》中。

⑥ 仓库统计员应根据仓管员每次的盘点结果对代账联、货卡及计算机所储存的资料进行复核。

⑦ 仓库主管必须对每次盘点过程中发现的单、货、系统不符，混批，短少，残损等人为责任事故进行分析、处理，及时整改。

（9）货物批次号管理操作程序

1）目的：确保进仓单上的批号与货物的批号一致，达到有效的质量跟踪。

2）责任。

① 仓库主管、仓管员及装卸员应保证所有进出仓的批次正确。

② 仓管员在每日自我检查过程中，认真检查库存成品的批号及进仓单的一致性。

3）范围：适用于分公司所有的仓库。

4）步骤。

① 货物入库。

仓管员在货物入库前，核对进仓单上的批号与货物是否一致，按单据批次分清货物，安排入库。

货物入库堆码，仓管员监督装卸员逐件检查货物批号是否完好无误。

堆码时，货物的批次号必须一致朝外，以便日常的检查与管理。

在进仓过程中发现货物批号与进仓单不符，仓管员应第一时间将混批货物分开堆放，并做好记录，然后报告仓库主管。

仓库主管应立即与客户联系，得到明确的答复后，方可按照客户的指令安排相应的进仓工作。

② 库内管理。

仓管员在每日的自我检查过程中，应抽检库内货物的批号，是否混批。

仓库主管组织或参与盘点时，应抽查库内货物批次号与进仓单、货卡的一致性。

仓管员在抽检过程中发现混批，必须立即对此票商品进行逐件检查，将属于混批的货物分开堆放，在货卡的备注栏注明混批货物件数，并立即向仓库主管报告。

仓库主管接到报告后必须立即前往现场进行调查核实，报告客户进行处理。

③ 货物出库。

仓管员核对提单有效性，检查提货单上所列批次号是否与原进仓单、货物一致。

仓管员要求装卸员在装车过程中逐件检查货物的批次号，确保进入车厢货物的批号正确。

对于不同批次号的货物，仓管员应与提货人交接好，对于车厢内不同批号的货物，应用干净纸皮隔开。

在装车的过程中，若发现混批现象，应立即停发，对该批货物进行逐件检查，将其分开堆放，并立即报告仓库主管。

仓库主管接到报告后，应立即上报客户，按客户的要求进行处理；若与客户联系不上，应将混批的货物堆放于仓库的指定区域，并用明显的标志隔离。

对于批号无误的货物继续进行发放，对于批次号有问题的货物，仓管员必须在货卡上注明相应的数量（在提货单备注栏注明少发原因交提货方确认）。

发货后，仓管员应及时在《货物批次号有问题记录表》做好相应的记录。

5. 检查与考核

（1）检查

1）逐级检查。

① 营运点负责人：对白洋淀 BW 的仓储业务运作结果负责，必须有计划地检查仓储主管及仓管员等岗位的工作过程和结果，寻求提高的措施并监督实施。

② 仓储主管：直接对白洋淀 BW 的仓储业务运作结果负责，必须检查仓库的进库、出

库、货物在库养护、货物的库存管理等方面的操作，确保下级员工的每一次操作都是正确的，并对其操作结果进行确认，同时必须间接管理装卸队。

检查中发现问题应及时解决问题，如不能解决，必须立刻向上级请示汇报。

2）工作计划与检查。

① 仓储主管必须制订周/月/年度工作计划，向营运点负责人报告，接受上级的检查。

② 逐级向上报告工作计划和逐级向下检查工作计划的实施结果。

3）检查时必须做好记录。

（2）考核

1）业务考核办法。

① 自评：每月一日前仓库统计员按照公司营运管理部制定的“业务营运检查考核系统”统计上一个月的各项业务考核数据，由仓库主管审核后提交给分公司经理。

② 分公司考核：每月4日前分公司组织营运部人员对运作点的自评结果进行检查考核，并归入分公司的业务考核结果，上报公司营运管理部。

2）业务考核内容，如表4-15所示。

表4-15 考核内容及要求

业务运作	衡量指标	要求
仓储业务	库存准确率	100%
	仓库利用率	70%（平房仓）；60%（楼房仓）
	在库残损率	0
	质量保证能力（GMP评估）	大于95%
业务信息系统的数据录入	及时率	98%
	准确率	100%
	完整率	100%
业务单证处理（填写、传递）	及时率	98%
	准确率	100%
	完整率	100%
业务成本控制	每项业务运作的每月支付单位成本必须低于成本控制指标	

3）考核记录。

① 运作小结列表，如表4-16所示。

表4-16 运作小结

仓库名称	项目	年度（2007）					
		01	02	03	04	05	06
白洋淀	库存准确率						
	客户租用面积						
	仓库利用率						
	仓库单证传递及时率						
	仓库单证传递完整率						
	仓库单证传递准确率						
	进出库能力						
	进出库量						
	残损率						
	分数						
	客户信息、报表传递						

② 运作中存在的问题，如表 4-17 所示。

表 4-17 运作中存在的问题

序号	不达标项目	原因说明	整改措施	负责人	完成时间	目标

单项实训五

情境实训

XH 物流公司是一家第三方物流企业，该公司业务部于 2014 年 7 月 21 日电话形式接到北京鼎升汽车有限公司加急零担运输任务。所需运送的货物为中华钢轮备胎螺栓，塑料包装箱，规格为 60 厘米×40 厘米×20 厘米，200 箱，单件重量为 25 千克。提货时间：2014 年 7 月 22 日下午 14:00～17:00。其中 100 箱运往成都高新区科园南五路 4 号成都市宝成中华汽车销售公司，客户联系人张媛，联系电话：13812345678，028-12345678；客户要求货物 2014 年 8 月 1 日 16 点前运达。另 100 箱运往西安市雁塔区南二环东路 109 号西安市联合中华汽车服务有限公司，客户联系人关心月，联系电话：13516002381，029-88525113，货物运达时间为 2014 年 7 月 31 日。货物受理员王小帅，司机李洪，车牌号京 A01234。

现假设你是 XH 物流公司此次零担运输业务的物流员，请完成以下任务。

1）列出 XH 公司完成该零担业务所涉及的岗位。

2）替 XH 公司设计该零担业务的运输单据，并填写。

练 习 题

一、多项选择题

1．属于第三方物流运输管理的特点的有（　　）。

A．专业化水平更高　　B．系统性更强

C．信息化要求高　　D．小批量运输管理将是管理的重点

2．第三方物流公司的设备管理包括（　　）。

A．购进　　B．维护和保养　　C．赠予

D．报废　　E．改造

3．货物发运前进行组配的原则有（　　）。

A．安全性原则　　B．合理运输原则　　C．节约费用原则　　D．先急后缓原则

4．第三方物流企业的配送服务方式主要形式有（　　）。

A．定时配送　　B．快递

C．定时定量配送　　D．共同配送

5．关于装卸搬运的活性指数描述正确的是（ ）。

A．零散地放在地面为0　　B．放入箱内为2

C．装码到托盘、送货小车上为1　　D．码放到传送带上为4

6．包装作业类型主要有（ ）。

A．拼装　　B．分装　　C．捆扎　　D．加固、换装

二、填空题

1．第三方物流企业运输管理的主要内容包括________、________和运输后管理三部分。

2．零担发运按发运形式分为直达零担、________、________3种。

3．第三方物流企业货物发运一般包含货物的_____、制单、办理运输手续、送单、通知、______等环节。

4．第三方物流企业仓储作业基本程序是与客户签订仓储合同、________、________、发货。

5．货物出库应以存货方与保管方约定的出库凭证为依据，出库凭证一般为提货单、出库单、________、________、转仓单。

6. 对账是保管方与存货方关于库存货物账务的核对工作，________是库存货物与保管账务的核对工作。

7．第三方物流企业包装运作管理的主要内容包括________、包装质量管理和包装费用管理等。

8．创新、________、________是物流增值服务的本质特征。

9．第三方物流企业开展金融服务的3种基本模式是________、________、直接融资模式。

三、案例分析题

1．中联糖果批发公司主要经营各类水果糖的批发业务，公司首先从供应商处采购散装糖，公司对部分散装糖进行简单的分袋包装，加工成各类喜庆用糖。由于公司注重市场营销，其客户相对稳定，并且有相对稳定的组货方式，其中甲企业要求每周提供1000千克糖果，配送时间不做严格要求；乙企业定时会将一周订货计划发送给中联糖果批发公司，订单中对时间和数量有明确要求。

根据以上资料，回答下列问题（单项选择题）：

（1）根据经营权限和服务范围，中联糖果批发公司的配送模式为（ ）。

A．配销模式　　B．物流模式　　C．外包型配送　　D．共同配送

（2）中联糖果批发公司按客户订单要求将各种糖果配备齐全，送入发货点是配送的（ ）功能。

A．集货　　B．分货　　C．配货　　D．配装

（3）根据配送组织的两大要素，中联糖果批发公司对甲企业的配送活动属于（ ）。

A．定时配送　　B．定量配送　　C．定时定量配送　　D. 定时定线配送

（4）根据配送组织的两大要素，中联糖果批发公司对乙企业的配送活动属于（ ）。

A．定时配送　　B．定时定量配送　　C．定时定线配送　　D．即时配送

2. TECHPLASTUS联合公司包装管理的合理化

TECHPLASTUS联合公司是《财富》杂志上排名500强的塑料容器生产商。其产品主要是装食物的塑料容器，容器必须由两个组件组成：盒与盖。公司原先的作业方式是将配套好的盖和盒，以一对的形式包装储存。传统的操作过程要求首先分别生产盒与盖，然后在生产线上完成盒与盖的配套包装过程，再将其送到仓库中。随着业务的发展，产品的品种从80种增加至500种，而这些产品的盒与盖又有许多是可以相互匹配的。这样，传统的操作过程使得产品库存迅速增加，同时，缺货的现象却又经常发生。仓库操作人员经常需要从现有库存中打开包装，拿出产品，并进行重新的装配，使产品满

足已有订单的需求。这样一方面使工作的效率降低，同时也常常不能满足客户的需求，产品库存的精确性也受到了影响。

TECHPLASTUS 联合公司的解决方法是在生产线末端重新设计包装过程，将盒与盖进行独立的包装，并独立地进入到仓库中的一个配套装配工作区，而不先进行盒与盖的配套。每天收到客户订单时，再根据需要将所需的盒与盖放入包装线，两者被压缩包装在一起，并按顾客的要求打上标签，然后成品被放上拖车运走。需求量大的盒与盖，平时可以多装配一些，然后包装入库储存，再进行大量库存的打标签和装运。TECHPLASTUS 联合公司用于包装线的投资不到 2 万美元。把配套包装作业放到仓储过程中完成，使流动资金的周转效率大大提高，顾客的满意度得到提高，同时库存的精确度也达到一个更能接受的水平。

根据以上资料，回答下列问题：

（1）结合案例，说明包装的功能。

（2）分析 TECHPLASTUS 联合公司传统的包装过程中存在的问题。

（3）TECHPLASTUS 联合公司包装管理合理化的意义是什么？

（4）TECHPLASTUS 联合公司是如何提高仓库的空间利用率、库存的精确度的？

（5）TECHPLASTUS 联合公司把配套包装作业放到仓储过程中完成，为什么可以提高流动资金的周转效率？

3．阿迪达斯的流通加工

阿迪达斯公司在美国有一家超级市场，设立了组合式鞋店，摆着的不是做好了的鞋，而是做鞋用的半成品，款式花色多样，有 6 种鞋跟，8 种鞋底，均为塑料制造的，鞋面的颜色以黑、白为主，搭带白颜色有 80 种，款式有百余种，顾客进来可任意挑选自己所喜欢的各个部位，交给职员当场进行组合。只要 10 分钟，一双崭新的鞋便可制作完成。这家鞋店昼夜营业，职员技术熟练，鞋子的售价与成批制造的价格差不多，有的还稍便宜些。所以顾客络绎不绝，销售金额比邻近的鞋店多 10 倍。

根据以上资料，回答下列问题：

（1）阿迪达斯为何采用这种销售方式？

（2）阿迪达斯的流通加工环节有什么特点？

（3）为什么这样的销售方式却没有增加成本？

（4）阿迪达斯的该模式是否可推广到其他产品的销售上？

（5）你作为一个消费者会对这样的产品质量放心吗？

四、简答题

1．简述第三方物流企业运输管理的基本内容和主要特点。

2．描述第三方物流企业运输管理的发运工作主要环节。

3．结合某第三方物流企业的运输业务，谈谈运输管理业务应遵从哪些基本规范。

4．简述第三方物流企业仓储作业基本程序。

5．简述第三方物流装卸搬运的基本特点。

6．简述第三方物流的流通加工的常见类型。

7．第三方物流企业包装运作管理的主要内容有哪些？

项目综合实训四

制定第三方物流企业运作管理规范

1. 实训目的

使学生掌握第三方物流企业运作管理操作规程，并根据第三方物流企业经营状况制定初步的操作规范。

2. 实训方式

4～8 人一组，分组进行，采取物流公司现场调研、事后讨论分析、制作文案等方式。

3. 实训内容及步骤

（1）每小组自主联络参观当地一家第三方物流企业，如某运输公司、仓储公司、货代公司等。参观前做好调研准备，拟定访谈提纲，准备好记录的工具，如数码相机、录音笔、笔记本等；调研时要关注调研的关键问题，做好记录。

（2）调研完毕，小组长组织本组成员讨论，绘制公司主要岗位的操作流程图。

（3）结合所调研的公司情况，为该公司制定各岗位操作规范。

4. 实训结果

每小组提交一份报告。主要包含：①调研提纲 1 份；②调研现场照片 3 张，小组讨论的情景照片 1 张；③每组所拟定的公司主要岗位的操作流程图 1 套；④每组制定的各岗位操作规范 Word 文档 1 份。

案 例 分 析

K 物流公司营运操作指南

一、营运操作指南的说明

1. 与营运操作指南的相关文件说明

本操作指南是根据 K 物流公司同客户签署的标准流程编制的。

在操作过程中出现的质量问题遵循以下合同约定：K 物流公司与客户签署的《物流服务合同》，合同号××××，有效期为××××。

2. 本操作指南适用的岗位

现场主管、制单文员、信息跟踪员、营运司机。

3. 营运操作指南的使用

1）培训材料：所有项目小组人员、营运的司机必须在使用营运操作指南培训后才可以操作业务。

2）日常工作的指南：所有项目小组人员和营运司机，每人保留一份营运指南，作为日常工作的参考。

4. 营运操作指南的修订

1）营运操作指南在以下情况下修订：应客户要求可以修订；在实际工作中发现更好的模式且达到客户认可的。

2）营运指南的修订权在物流公司的营运操作部。

二、营运操作指南

1. 提前一天的作业预测（责任岗位：现场主管）

现场主管作业前一天应在 17:00 之前预测次日车辆需求及货物走向，并按预测信息预配车辆和现场员。

预配时请注意以下几点。

1）每天预配车辆不少于 3 辆。

2）通知被预备车辆备足彩条布或塑料纸。

3）车辆配备双司机，保证昼夜轮流驾驶。

4）车型要求：大型金属全封闭货车。

2. 接单、审单（责任岗位：现场主管）

现场主管接《客户公司发货单》后进行审核，审核内容包括分送的地点、起运时间、预计到达时间、提货地点、联系人、货物描述、数量、重量、尺寸及货物外形描述。并根据实际需求协同公司营运部增补车辆。

3. 车况检查（责任岗位：现场主管）

现场主管负责具体监管现场装车，并对车辆及辅助设施进行装车前检查。检查内容包括车厢内是否干燥、清洁，有无异味、杂物、漏洞，有无备足彩条布或塑料纸。如发现车况不符，应立即予以调换或增补。

4. 装车现场管理（责任岗位：现场主管）

现场主管负责对顾客提供的产品进行检查，并对司机的行为和服务规范进行管理，包括以下几个方面。

1）操作规范管理。严格按《物流公司营运操作指南》执行作业。

2）文明作业管理。凡进入厂区执行作业的工作人员应统一工作制服，佩带公司胸卡，禁止穿背心、拖鞋。

3）现场配车管理。现场主管应根据卸货地点顺序指挥车辆司机按先后顺序停放并等候装车。

4）现场货物交接管理。现场主管应同司机、库房发货人检查外包装是否完好。对外包装的明显损坏的应提出调换要求，如对方坚持放行，应请对方在货运单证《工作单》、《货物托运单》、《客户公司发货单》上做相应记录，并当场与库房发货人签字确认，以明确责任方。同时，清点发货数量是否与《客户公司发货单》上相符，核对产品型号，如有出入，应提请补足，更换或在货运单证上注明。

5）货运单证签收管理。现场主管填制以下货运单证并按要求与相关人员当面签字确认。其中，《工作单》是公司内部表单，由仓库发货人与现场主管当面签字确认；《货物托运单》也是公司内部表单，由司机、仓库发货人与现场主管当面签字确认；《物流发货单》是客户表单，由仓库发货人与现场主管当面签字确认，该单第一联在签字后即可取下自行留存。

6）货物单证转交。现场主管应将《货物托运单》（第二、第三、第四联）、《分拨工作单》（内部表单，用于和联盟网点货物交接时使用，第二联）、《客户公司发货单》（第二、第三联）交付司机与车随行。

7）信息反馈管理。现场主管确定车辆离开后在《客户公司发货单》第一联上注明发车时间和预计到达时间，即将《客户公司发货单》传真收货方，并电话确认传真接收情况；同时，将公司内部表单《货物托运单》（第一联）、《工作单》、《分拨工作单》（第一联）和《客户公司发货单》（第一联）传真营运部。

5. 制单（责任岗位：制单文员）

营运部制单文员根据现场传真将所有相关信息录入《物流公司物流信息管理系统》，同时将《分拨工作单》传真联盟网点（制单文员通知联盟网点加盖公章后回传以示确认受理分拨委托），并通知对方用加盖公章后的《分拨工作单》提货有效。

6. 在途信息跟踪与反馈（责任岗位：信息跟踪员）

车辆离开后，信息跟踪员运行在途跟踪程序，并于每日 16:00 之前与司机确认在途情况，当晚制作反馈电子邮件（该邮件含发车时间、预计到达时间及其他信息），并于次日早上 9:30 之前逐笔电话核实车辆在途情况，根据实际情况修整电子邮件，于 10:00 之前向客户、收货方、联盟网点三方发送精确的电子邮件。如有异况，预测相关可能，随时通知联盟网点。

7. 驳送方式

（1）驳送方式一：直驳（通常指不受交通管治的地段）（责任岗位：司机）

司机按卸货先后顺序在到货前半小时通知不同地点的收货方协助接车，并当场与收货方验收货物，无误后，提请收货方在《客户公司发货单》第二联上签字和盖章（签字和盖章缺一无效，第三联由收货方留存），在《货物托运单》第二联上签收，并将有效联带回公司。

（2）驳接方式二：转驳（通常在交通管制地段需要转驳）（责任岗位：司机和联盟网点）

第一步，司机通知接车时间。司机在到货前半小时通知联盟网点准备好中型货车，准备货物转驳。货抵联盟网点指定地点。

第二步，联盟网点提货。联盟网点持加盖公章的《分驳工作单》向大车司机提货，并通知收货方做好接车准备。

第三步，联盟网点接收货物签单。联盟网点（等同第一收货方）货物验收无误后应在《货物托运单》"收货单位验货签收"栏内签章确认，由司机带回。此联为大车司机与物流公司的结算联，须妥善保管。

第四步，司机与联盟网点单据交接。大车司机向联盟网点转交其他货物单证，分别为《分驳工作单》（第二联，该联收货方签章后将作为联盟网点与物流公司的结算凭证）、《客户企业发货单》（第二、第三联）。

第五步，转驳和单证回收。联盟网点转驳完毕，与收货方当面签收货运单证并将以上有效联在一周内用快递邮回或请大车司机带返。

8. 联盟网点通讯录

联盟网点通讯录的格式如表 4-18 所示。

表 4-18　联盟网点通讯录

分送区域	联盟网点名称	转驳地址	联系电话	联系人

9. 运输时效要求

运输时效要求的格式如表 4-19 所示。

表 4-19　运输时效要求

地点	整车	零担
广州	发货第 2 天 12:00 前	发货第 2 天 12:00 前
北京	发货第 3 天 12:00 前	发货第 3 天 12:00 前
…	…	…

案例讨论：

1）K 物流公司营运操作指南主要包含哪些岗位的操作指南？

2）结合 K 物流公司的营运操作指南，谈谈规范物流运作管理的重要意义。

项目5 第三方物流信息系统构建

学习目标

通过本项目的训练和学习，学生应理解物流信息系统对物流企业经营的重要意义，了解常见的第三方物流信息系统的种类及主要功能，掌握第三方物流信息系统的设计思路，了解第三方物流信息系统中所涉及的主要技术，能够构建第三方物流信息系统。

主要知识点

第三方物流信息系统的种类、构建第三方物流信息系统的基本原则、构建第三方物流信息系统的技术。

关键技能点

学会使用第三方物流信息系统，能够进行第三方物流信息系统结构和功能的框架设计。

任务一　第三方物流信息系统认知

【任务描述】 要求学生了解物流信息系统的种类、目标和基本特征。

德国著名的第三方物流 Circle 公司物流服务部副总裁莱尔德（Laird）曾经说过：“一般来说，客户的第一利润来自于自身核心业务成本的节约。第二利润是通过物流公司调整供应链为他们节省出来的成本，这种做法被证明非常有效。第三利润则是通过加强信息的流通来加快资金流转速度，这部分利润的获得，物流公司也功不可没的。”莱尔德指出了第三方物流对货主利润产生的重要性，而第三方物流要赢得货主的信任，完善的物流供应链和先进的信息管理系统是必不可少的。

一、物流信息系统的定义

物流信息系统同管理信息系统一样，没有统一的定义。这主要是由于管理信息系统发展到今天，其集成度已经非常高，如 ERP（enterprise resource planning，企业资源计划）系统，可以将企业的各种资源集中起来进行统一管理。各种资源都是为企业的效益最大化服务的，物流资源也是这样，所以，实际上，物流信息系统和管理信息系统之间是互相融合且密不可分的。

一方面，由于任何企业在经营过程中必然伴随着物流、信息流和资金流，因此任何企业的管理信息系统必然涉及物流子系统，虽然名称不一定是物流，如库存、采购、销售、运输管理模块等，但都属于物流业务。另一方面，专业的第三方物流企业，其物流信息系统也并不只局限于对物流业务的管理，其中也包含着对资金和信息的管理。

可以说，在非物流企业，物流信息系统是作为企业管理信息系统的子系统存在的，而在专业的第三方物流企业里，物流信息系统是企业管理信息系统的具体应用和特殊形式。

所以物流信息系统属于管理信息系统的范畴，是计算机管理信息系统在物流领域的应用。广义上来说，物流信息系统应包括物流过程的各个领域的信息系统，包括运输、仓储、货代、海关、码头、堆场等信息系统，是一个由计算机、应用软件及其他高科技的设备通过全球通信网络连接起来的纵横交错的、立体的、动态互动的系统。而狭义上说，物流信息系统只是管理信息系统在某一涉及物流的企业中的应用，即某一企业（非物流企业或专业第三方物流企业）用于管理物流的系统。

第三方物流信息系统就是第三方物流企业用于管理其业务的管理信息系统。

二、第三方物流信息系统的目标

1. 物流信息系统的最终目标

物流信息系统的最终目标是提高对客户的服务水平和降低物流的总成本，遵循速度（speed）、安全（safety）、可靠（surely）、低费用（low）的 3S1L 原则，即以最少的费用提供最好的物流服务。

案例 5-1

美国某公司物流信息系统的作用

美国有一家汽车公司建成了一套将私人运输方式与合同运输方式合为一体的系统，并将定位系统和订货系统集成化，从而为零担货物提供快捷、可靠的运输服务。从公司遍布于全美国的 18 个配送中心出发，第二天就可以将货物交到绝大多数客户手中，其中，大约有 80%的运送任务是在夜间完成的，因为夜间运输可以减少由于白天交通拥挤和客户公司中拥挤现象造成的时间耽搁。

2. 物流管理信息系统具体目标

1）实现对货物的跟踪。依据信息跟踪系统对货物处于哪个位置、何种状态、何时到达等进行跟踪，从而使货主对自己的货物动态了如指掌，运筹帷幄。

案例 5-2

第三方物流企业的实时跟踪运输系统

某第三方物流企业的实时跟踪运输系统如图 5-1 所示，该企业应用实时跟踪运输策略，采用顺序提货，来满足“零库存”的制造要求。

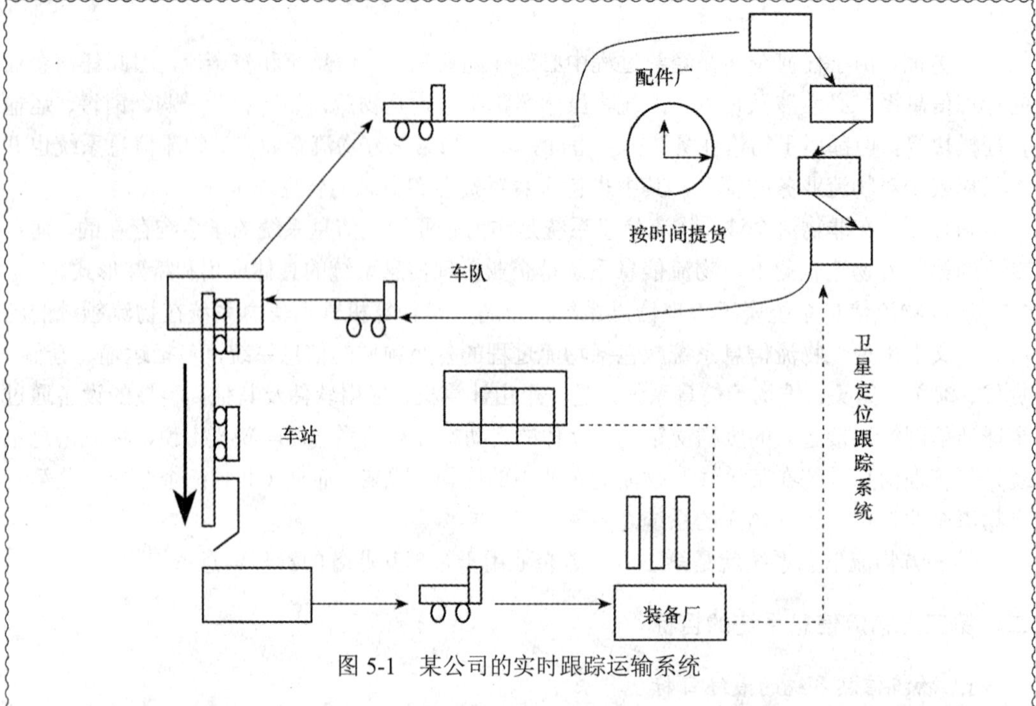

图 5-1　某公司的实时跟踪运输系统

图 5-1 显示了公司如何在实时跟踪系统的支持下，采用按时间顺序安排的公路运输从供应商提货并利用公路—铁路多式联运来满足“零库存”要求。

2）库存适当化。依靠信息系统和严密的库存管理，压缩库存，并防止积压或脱销。

3）调节需求和供给。第三方物流企业把订货信息和库存信息及时反馈给生产计划、需求预测等部门，使生产、销售、物流形成一系列的连贯活动，提高工作效率。

4）提高工作精确度和作业的准确性，控制错发货、错配货、漏配送等事故的发生，实现物流合理化，降低物流总成本。

三、第三方物流信息系统的种类

1. 按第三方物流企业的服务范围分类

按第三方物流企业的服务范围分类，第三方物流信息系统可分为专项第三方物流信息系统和综合第三方物流信息系统。

1）所谓专项第三方物流信息系统，是指仅能提供单一或基本物流服务功能的第三方物流企业的物流信息系统。例如，运输信息系统、仓储信息系统、配送信息系统、订货信息系统、货物追踪系统、车辆运行管理系统等。

2）所谓综合第三方物流信息系统，是指能够提供综合一体化物流服务功能的第三方物流信息系统。例如，宝供物流公司的综合物流信息系统、捷利物流公司的综合物流信息系统等。

2. 按物流系统所采用的技术分类

根据物流系统实现所采用的技术不同，第三方物流信息系统可以分为以下 3 种类型。

1）基于物流企业内部局域网的系统。此种系统比较简单，以实现物流供应链某一环节的功能为主，服务的范围主要在某一城市区域，无法扩展到城市以外更广阔的区域。

2）企业广域网和 Internet 相结合的系统。此种系统利用增值网络，将企业分布在不同地理区域的机构有机地结合在一起，形成企业的广域网络，同时结合 Internet 的技术，随时随地向客户和公司管理层提供所需要的各种信息，从而可以充分保证物流供应链各环节的有机结合。

3）企业内部局域网和 Internet 相结合的系统。此种系统将企业内部的局域网和 Internet 有机地结合在一起，充分利用 Internet 技术所带来的便利，以较低的成本和能够迅速扩张的能力，为公司的管理层和协作伙伴及客户提供各种信息。该系统一般的网络结构如图 5-2 所示。

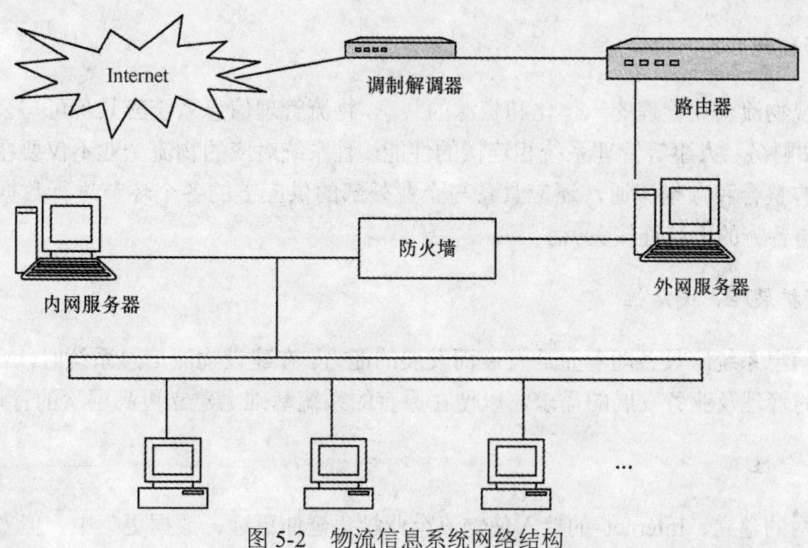

图 5-2　物流信息系统网络结构

案例 5-3

第三方物流管理信息系统的构成

如图 5-3 所示，第三方物流管理信息系统一般由外部信息源、信息通信通道、防火墙、内部信息系统构成。

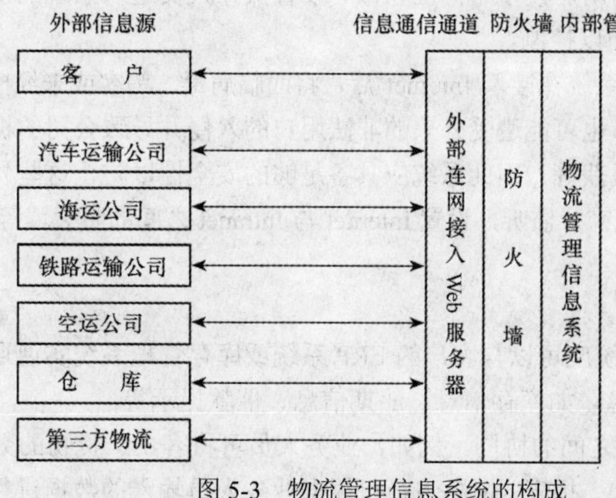

图 5-3　物流管理信息系统的构成

外部信息源是指供应链上的各节点，如客户、汽车运输公司、海运公司、铁路运输公司、空运公司、仓库等。

信息通信通道是外部信息与内部信息连接的通道，也就是企业的通信网络。

内部信息系统是指企业内部的信息系统。

四、第三方物流信息系统的基本特征

第三方物流信息系统应具有以下基本特征。

1. 开放性

为实现物流企业管理的一体化和资源的共享，物流管理信息系统应具备可与公司内部其他系统，如财务、人事等管理系统相连接的性能。且系统对应的物流企业不仅要在企业内部实现数据的整合和顺畅流通，还应具备与企业外部的供应链的各个环节进行数据交换的能力，实现与各方的无缝连接。

2. 可扩展性、灵活性

物流信息系统应具备随着企业发展而发展的能力。在建设物流信息系统时，应充分考虑企业未来的管理及业务发展的需求，以便在原有的系统基础上建立更高层次的管理模块。

3. 安全性

广域网的建立、Internet 的接入使物流企业触角延伸更远、数据更集中，但安全性的问题也随之而来，特别是随着网上支付的实现、电子单证的使用，安全性成为物流管理信息系统的首要问题。

1）内部的安全性问题。资料的输入、修改、查询等功能应根据实际授予不同部门的人适当的权限，如资料被没有权限的人看到或修改容易造成企业商业机密的泄露或数据的不稳定，公司的客户资料被内部非业务员看到并泄露给企业的竞争对手，都会给企业造成极大的损失。这可以通过对不同的用户授予不同的权限、设置操作人员进入系统的密码、对操作人员的操作进行记录等方法加以控制。

2）外部安全性问题。系统在接入 Internet 后，将面临病毒、黑客或未经授权的非法用户等的攻击而导致系统瘫痪，也可能遭受外来的非法用户的入侵并导致公司的机密泄露，甚至数据在打包通信链路上遭截获等，因此系统应具备足够的安全性以防止这些外来的侵入，可通过对数据通信链路进行加密、监听，设置 Internet 与 Intranet 之间的防火墙等措施来实现。

4. 协同性

1）与客户的协同。系统应可以与客户的 ERP 系统或库存管理系统实现连接。系统可定期给客户发送各种物流信息，如库存信息、船期信息、催款提示等。

2）与企业内部各部门之间的协同。例如，业务人员可将客户、货物的数据输入系统，并实时供商务部门制作发票、报表，财务人员可根据业务人员输入的数据进行记账、控制等处理。

3）与供应链上的其他环节协同。例如，第三方物流应与船公司、拖车公司、仓储、铁路、公路等企业通过网络实现信息传输。

4）与社会各部门的协同。即通过网络实现与银行、海关、税务机关等实现信息即时传输。与银行联网，可以实现网上支付和网上结算，还可以查询企业的资金信息；与海关联网，可实现网上报关、报税。

5. 动态性

系统反映的数据应是动态的，可随着物流的变化而变化，能实时地反映货物流的各种状态，支持客户、公司员工等用户的在线动态查询。

6. 快速反应

系统应能对用户、客户的在线查询、修改、输入等操作做出快速和及时的反应。在市场瞬息万变的今天，企业需要跟上市场的变化才可能在激烈的市场竞争中生存。物流管理信息系统是物流企业的数字神经系统，系统的每一神经元渗入到供应链的每一末梢，每一末梢受到的刺激都能引起系统的快速、适当反应。

7. 信息的集成性

物流过程涉及的环节多、分布广，信息随着物流在供应链上的流动而流动，信息在地理上往往具有分散、范围广、量大等特点，信息的管理应高度集成，同样的信息只需一次输入，以实现资源共享，减少重复操作，减少差错。

8. 支持远程处理

物流过程往往包括的范围广、涉及不同的部门并跨越不同的地区。在网络时代，企业间、企业同客户间的物理距离都将变成鼠标距离。物流管理信息系统应支持远程的业务查询、输入、人机对话等事务处理。

9. 检测、预警、纠错能力

为保证数据的准确性和稳定性，系统应在每个模块中设置一些检测小模块，对输入的数据进行检测，以把一些无效的数据排斥在外。例如，集装箱箱号在编制时有一定的编码规则（如前 4 位是字母，最后一位是检测码等），在输入集装箱号时，系统可根据这些规则设置检测模块，提醒并避免操作人员输入错误信息。

单项实训一

第三方物流信息系统认知实践

在本校物流信息系统实训室上机，练习中海物流信息系统（或其他本校配置的物流软件）的使用。

要求：

（1）对软件的各功能模块进行操作，掌握信息流和单据的处理。

（2）完成规定的模拟作业，输出结果。

任务二 第三方物流信息系统的构建

【任务描述】 要求学生领会第三方物流信息系统的战略地位，掌握构建第三方物流信息系统的基本原则和技术，能够设计、构建和评价第三方物流信息系统。

一、第三方物流信息系统的战略地位

第三方物流信息系统是第三方物流企业参与市场竞争的关键，是提高客户服务水平的基础。物流信息系统是现代物流的核心，是物流现代化的标志。物流信息系统对实现物流企业各要素的合理组织与高效利用，降低经营成本，产生经济效益起着重要作用。同时，物流信息技术的不断发展，促使物流信息系统不断更新，推进了物流的变革。从供应链管理的角度来讲，物流信息系统可以提高供应链活动的效率，增强整个供应链的经营决策能力。

案例 5-4

宝供的 IT 服务为客户提供价值

1. 实时把握物流运作信息，提升工作效率，加快资金周转

EDI 或 B2B 对接使客户在实际业务发生后 30 分钟内，在自己的系统查看到最新的运作结果，客户财务部门也可以依据系统返回的签收结果及时开出结费发票。

2. 降低成本，取得竞争优势

信息畅通有利控制和降低库存，并减少成本（包括人力成本及其他隐性成本）。

3. 度身定做，适合客户需求

帮助重点客户规划、设计和实施物流管理系统包括报表系统，提供强大的经营数据辅助分析，实现决策管理数据化。

4. 与时俱进，提供增值服务

引进先进的 WMS，支持现代中心仓库需求；开发全面订单管理（total order management，TOM）系统，为客户提供订单管理、运输、仓储一体化服务。

图 5-4 显示了宝供物流的信息化之路。

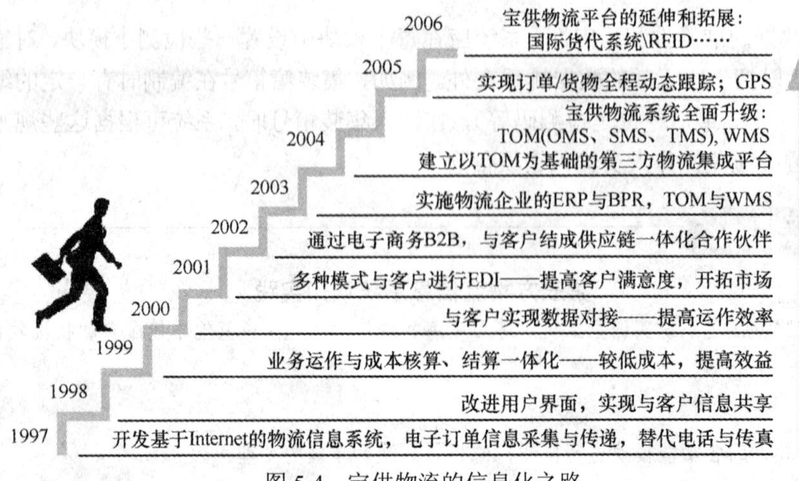

图 5-4 宝供物流的信息化之路

二、构建第三方物流信息系统的基本原则

1. 可靠性原则

1）在正常情况下运行的可靠性，实际上是系统的准确性、稳定性。首先，一个好的物流信息管理系统在正常情况下能达到系统设计的预期精度要求；其次，在系统的环境发生一定程度的变化时，系统仍能正常运行。

2）非正常情况下系统的可靠性，实际上是指系统的灵活性。它是指在硬件的个别电路或元器件发生不大的故障，软件的某一部分受到病毒的侵袭和运行环境发生超出正常允许的变化范围的情况下仍能正常运行的性能。

2. 完整性原则

1）要求功能的完整性，就是根据企业的时间需要，制定的目标功能是完整的。

2）为了保证开发系统的完整性，要制定出相应的规范，如数据格式规范、报表文件规范、文档资料规范等，保证系统开发过程中的完整性。

3. 经济性原则

1）开发费用低。即是指软件的开发过程中所用的费用要低，效果要好。

2）运行效益好。即是指系统运行维护费用低，能给用户带来的经济效益，用户使用比较满意。

三、构建第三方物流信息系统的技术

第三方物流信息系统通常建立在现代信息技术基础上，一般利用的技术主要有：①EDI；②Internet；③GPS；④地理信息系统；⑤射频技术；⑥条码技术。

案例 5-5

基于 EDI 和 POS 系统的典型第三方物流管理系统结构

基于 EDI 和 POS（point of sale，销售终端）系统的典型第三方物流管理系统结构如图 5-5 所示。

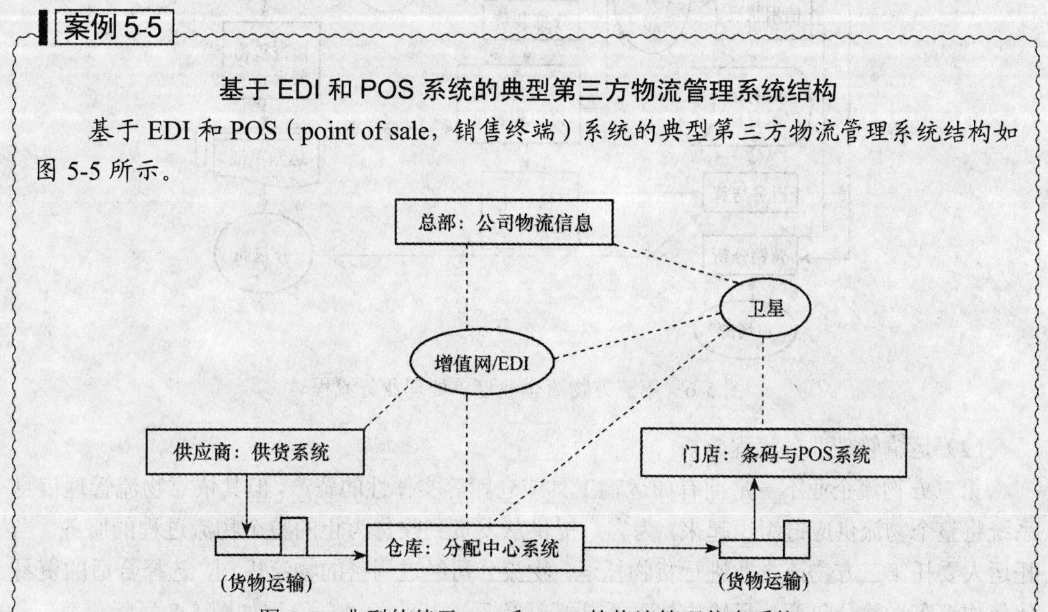

图 5-5　典型的基于 EDI 和 POS 的物流管理信息系统

四、第三方物流管理信息系统的分析与设计

1. 第三方物流企业业务流程分析

第三方物流企业通过物流管理信息系统将整个物流过程整合起来，为客户提供从发货到收货整个物流活动的服务，其中订单处理、运输、仓储是最主要的业务。下面将以订单处理、运输、仓储的业务活动过程为主线，贯穿于物流供应链的各个环节，分析物流服务的全过程。

（1）订单处理业务流程分析

第三方物流企业在服务于客户的过程中，从托运人处接受订单或网上受理订单便开始了业务处理过程，订单处理过程逐步演变为物流各环节的单证处理而贯穿于整个物流供应链的各环节，因此，订单的业务流程也反映了物流供应链的业务流程。

托运人通过 Internet 或其他通信手段（如传真、语音信箱、电话等）向第三方物流服务企业委托货物托运，第三方物流企业接到客户订单后，其业务处理流程如图 5-6 所示。

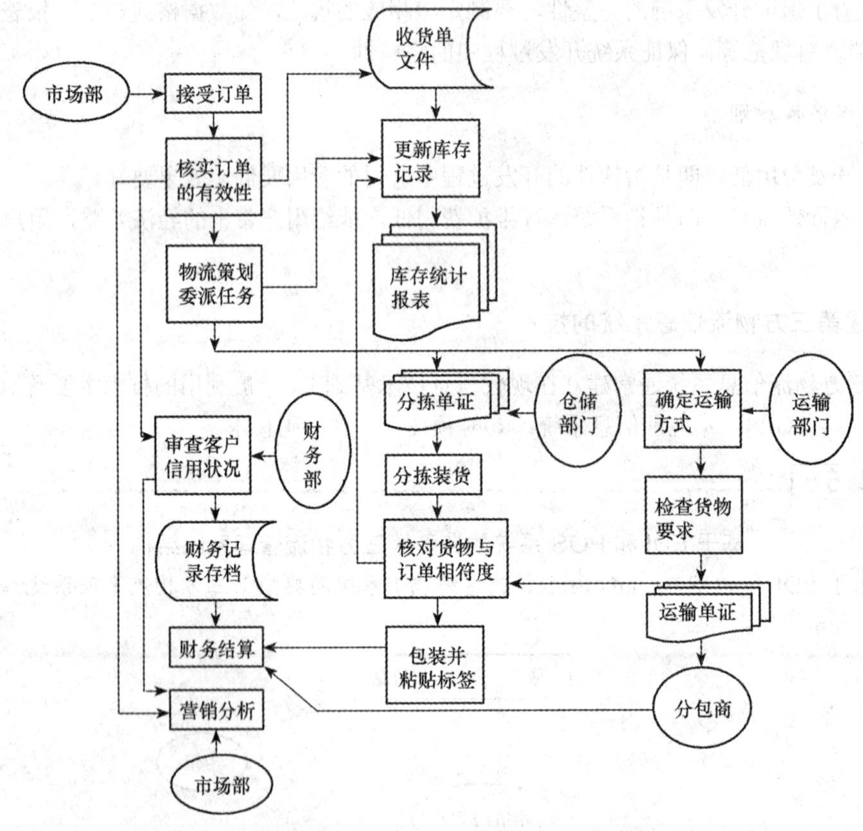

图 5-6　第三方物流企业订单处理业务流程

（2）运输管理业务流程分析

第三方物流企业不一定拥有如运输工具或仓库等实体性的资产，但其依靠物流管理信息系统将整个物流供应链组织起来，为客户提供从发货到收货为止的整个物流过程的服务。当托运人委托第三方物流企业进行货物托运，物流公司经过周密的物流规划，选择合适的贸易伙伴如汽车运输分包商，运输方接到委托托运单后，其业务处理流程如图 5-7 所示。

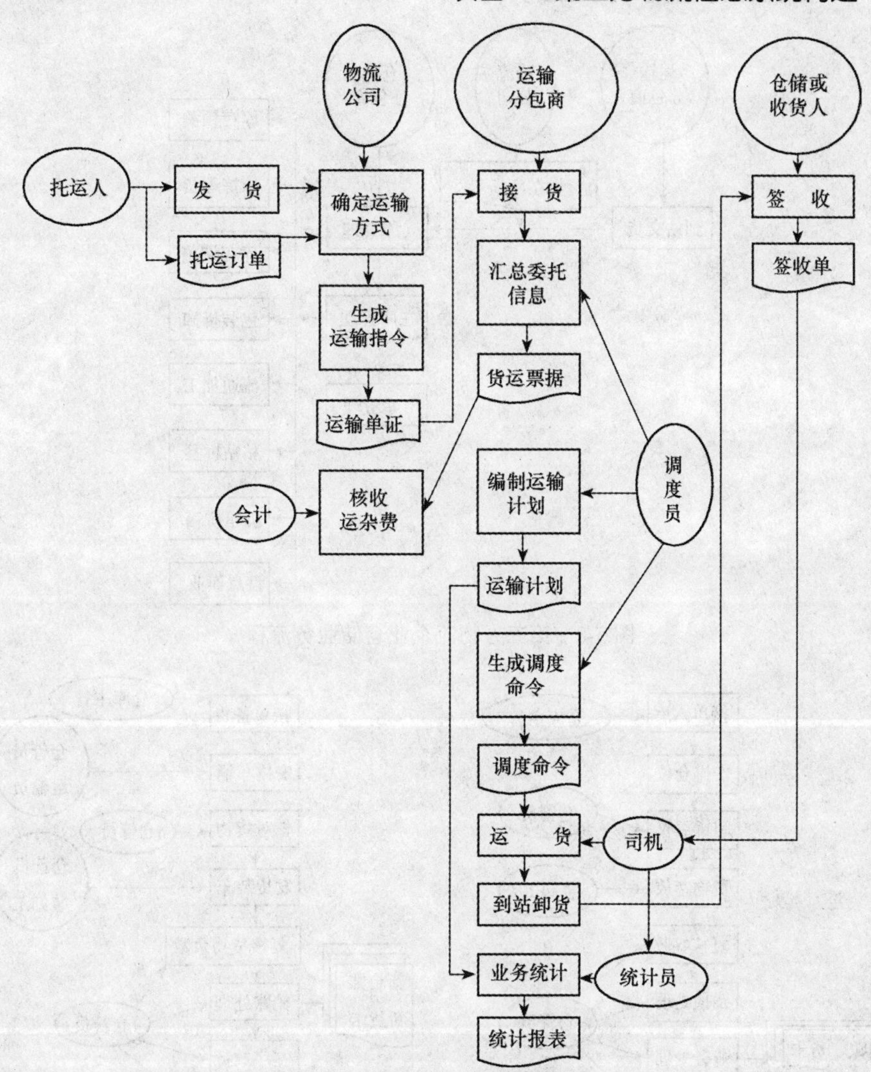

图 5-7　第三方物流企业运输业务流程

（3）仓储管理业务流程分析

仓储的主要作业围绕着仓库作业进行，因此信息系统的设计要以货物的入库、出库和在库管理为主。在库管理指的是对库中作业的管理，即针对货物包装、拆卸、库中调配再加工等物流服务的管理。

在第三方物流企业的运营管理中，当运输分包商将货物交由仓储分包商，便开始了入库管理、在库管理和出库管理的作业流程。其仓储业务流程如图 5-8 所示。其中货物入库作业流程和出库作业流程如图 5-9 和图 5-10 所示。

现有的数据流程分析多是通过分层的数据流程图（data flow diagram，DFD）来实现的。它是系统分析员与用户交流思想的工具。DFD 的绘制一般采用结构化的方法，自顶向下、由整体到局部、由粗到细逐层分解。因而绘制第三方物流管理信息系统的 DFD 时，先画出顶层的 DFD，再逐层细化。顶级数据流程图说明了系统的总的处理功能、输入和输出，如图 5-11 和图 5-12 所示的分别是第三方物流系统的顶级 DFD 及系统 DFD。

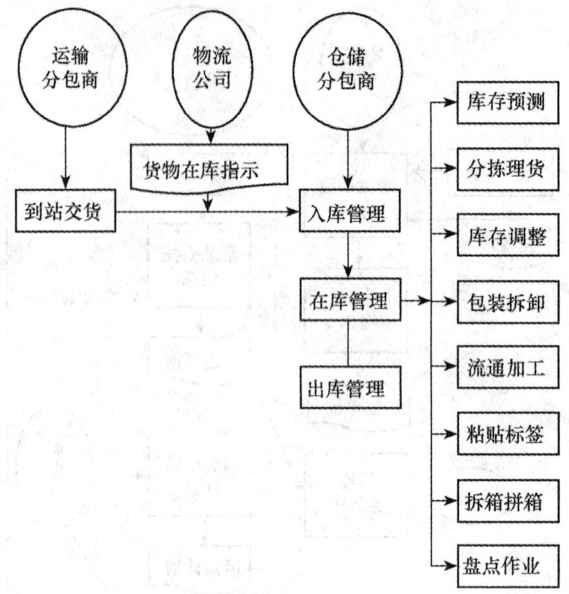

图 5-8　第三方物流企业仓储业务流程

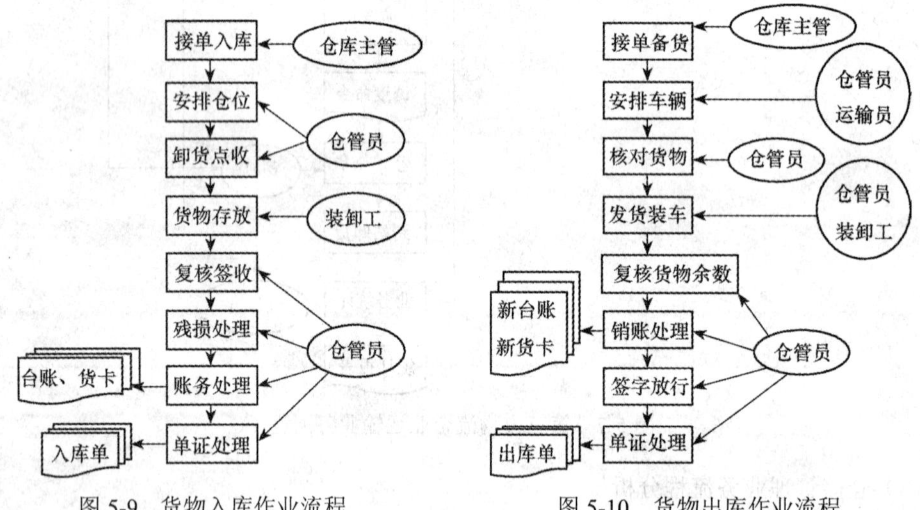

图 5-9　货物入库作业流程　　图 5-10　货物出库作业流程

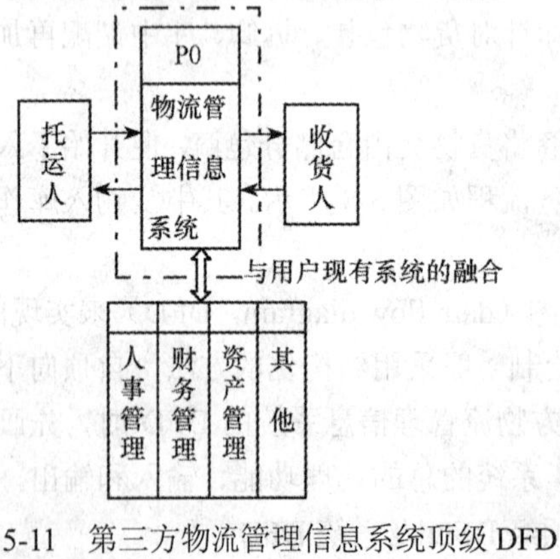

托运人
P0 物流管理信息系统
收货人
与用户现有系统的融合
人事管理
财务管理
资产管理
其他

图 5-11　第三方物流管理信息系统顶级 DFD

2. 第三方物流管理信息系统的功能需求分析

处于第三方物流中的不同管理层次的物流部门或人员，往往需要不同类型的物流信息。因此，开发一个第三方物流管理信息系统应从以下几个功能层次进行分析。

（1）数据库管理层

数据库管理层用于数据处理。由于物流信息具有分布面广、信息量大、信息种类多等特点，因此大量物流信息需要以数据库的形式加以存储。

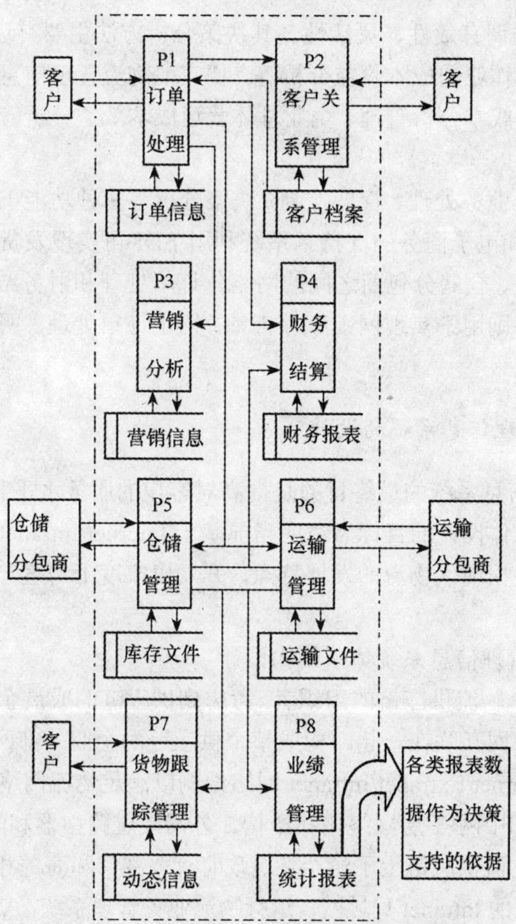

图 5-12　第三方物流管理信息系统 DFD

第三方物流管理信息系统的数据库涵盖了客户、货物、仓储等信息及各种运输方式的货运、费用和动态信息，对这些信息往往采用表单的方式进行分类存储。

（2）业务处理层

业务处理层用于处理日常工作。第三方物流企业从接受订单开始，便为客户提供运输、仓储等服务，因此应包含的业务处理功能为：订单业务处理、运输业务管理、仓储业务管理。运输业务管理包括接单管理、发运管理、到站管理、签收管理，还包括运输过程中的装箱单、关单、联运提单、海运提单等单证管理；仓储业务管理按作业要求包括入库管理、在库管理、出库管理及货物盘点管理。

（3）管理控制层

管理控制层要求建立物流管理信息的特征值体系，制定评价标准，建立评价模型，并根据有关信息监测物流供应链的运作情况。特征值体系包括成本、客户服务、生产率及质量指标等，相应地物流管理信息系统在该层包括运输成本控制、仓储成本控制、企业总体营运成本控制、客户服务和业绩统计管理等。

（4）决策分析层

决策分析层通过建立各种物流系统分析模式，协助管理人员鉴别、评估和比较物流战术上的可选方案。相比较管理控制层，决策分析层把更多的精力集中在评估未来物流战术上的可选方案方面，因而强调有效性、灵活性。其决策分析方法主要有运输日常工作计划安排、有关运输、仓储等业务作业的成本收益分析等，相应地物流管理信息系统在该层包括运输路线智能优化管理、仓储成本分析管理、企业总体营运成本效益分析管理及客户资信分析预测管理等。

此外，开发一个集业务处理、管理控制、决策分析等多种功能于一身的第三方物流管理信息系统还需要 EDI 和电子商务的支持。系统利用 EDI 可实现发货人、收货人、第三方物流服务商、运输分包商、仓储分包商之间的网络化订单处理和财务结算处理，以加快信息的传输速度。而电子商务则用于实现网上库存查询、网上订单处理、网上运输车辆跟踪查询等功能。

3. 第三方物流管理信息系统的设计

第三方物流管理信息系统的最终目的是提高对客户的服务水平和降低物流的总成本。从广义的角度来说，其总体设计的目标为适应当前基于 Internet/Intranet 的网络信息结构，以电子商务为发展方向，根据现代物流的发展特点，开发出广度上与客户相连，深度上具有决策支持功能的信息系统。

（1）第三方物流管理信息系统体系结构设计

第三方物流是整个物流供应链的组织者，考虑到供应链的成员企业各自拥有相应的企业内部网，这些企业内部网互联在一起即构成整个供应链的企业外部网。因此，第三方物流管理信息系统可采用 Internet/Extranet/Intranet 网络结构以满足物流网络化管理的需要，整个网络系统分外网、内网和中网 3 层网络拓扑结构。外网经过路由器和防火墙接入 Internet，通过电子商务系统实现物流供应链上下游企业、政府有关部门和海关相互之间的数据交换；内网是物流企业内部运作的 Intranet 局域网，运行物流业务管理系统，实现物流企业内部管理的信息化；中网则是用防火墙隔离内网与外网的中间地带，用于阻隔非法入侵及组建 VPN 的安全访问措施。系统在结构上采用典型的浏览器/应用服务器/数据库服务器分布式 3 层体系结构，数据库服务器提供数据库的管理与服务；应用程序集中于应用服务器中，专注于应用业务处理；客户端通过浏览器以 Web 方式与用户交互，从而满足企业电子商务应用的需求。

采用 B/S（browser/server，浏览器/服务器）模式并结合 Internet 应用构建电子商务环境下的物流管理信息系统，可使第三方物流企业内外信息环境成为一个统一的平台，资源得到进一步整合，进而实施全球物流供应链的管理。

（2）第三方物流管理信息系统的功能模块设计

根据第三方物流管理信息系统设计的总体目标和功能需求分析，兼顾结构化程序设计的思想，可将第三方物流管理信息系统设计成由相对独立、功能单一的若干模块组成，每一模块完成特定的功能。根据第三方物流企业的运营特点，规划出如图 5-13 所示的第三方物流管理信息系统的基本功能结构图。

1）基本信息模块。包含对系统的基本或公用的信息（如区域资料、计费资料、货主资料）进行管理，还提供相关信息的查询功能。

2）订单管理模块。订单管理是整个物流管理的起点，货主首先通过 Internet 网络，将托运或托管的货物清单送到物流管理部门，由其审核客户信用度后，再进行物流服务的策划。主要完成的功能有订单处理、物流策划和订单查询。

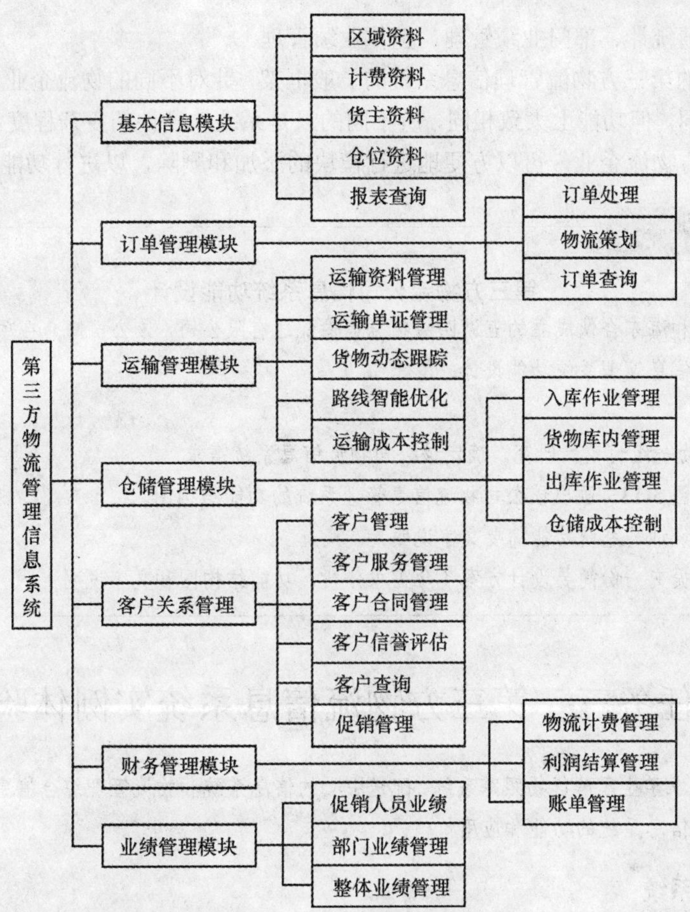

图5-13　第三方物流管理信息系统的功能结构

3）运输管理模块。运输是物流管理中的核心环节，主要包括运输资料管理、运输单证管理、货物动态跟踪管理、路线智能优化管理、运输成本控制管理等。

4）仓储管理模块。仓储管理子系统要根据企业的实际仓储状况进行设计，一般包括货物检验、入库管理、货物在库移动、取货单管理、流通加工及出库管理等。其中，出入库使用先进的RF技术和激光识别条码技术对货物的条码进行扫描和校对，并一次性将数据传入系统，使仓库货物的进库、出库、装车、库存盘点、货物的库位调整、现场库位商品查询等数据实现实时双向传送，由此提高效率、降低仓储的成本。主要有以下管理环节：入库作业管理、货物库内管理、出库作业管理、仓储成本控制管理。

5）客户关系管理模块。系统的设计思想应体现以人为本的管理理念，注重对客户及信息的跟踪管理，以制定出合理的销售策略，帮助第三方物流企业获取客户、赢得市场。主要内容有客户管理、客户服务管理、客户合同管理、客户信誉评估管理、客户查询、促销管理。

6）财务管理模块。系统应侧重于对每一项业务进行成本和利润的核算，通过资金流信息来控制物流的运作。财务管理主要用于管理物流业务中和费用相关的各种数据，并建立物流系统与专业财务系统的接口。主要有物流计费管理、利润结算管理、账单管理。

7）业绩管理模块。系统通过提供预算分析、业绩评估及按各种标准进行的业绩统计，使经营者充分了解企业的整体运营状况，并迅速地获取企业的各项统计指标。主要管理模式有销售人员业绩统计、部门业绩管理、整体业绩管理。

以上给出的第三方物流管理信息系统的一般框架，针对不同的物流企业，信息系统的侧重点会有所不同，但功能上大致相同，所不同的只是系统软硬件的复杂程度。对于业务侧重点不同的第三方物流企业，可以方便地进行模块的添加和删除，以进行功能的重组。

单项实训二

第三方物流公司信息系统功能设计

请为胡飞和海东合伙成立的五湖四海物流运输配送有限公司（该公司简介在项目2单项实训三）进行物流信息管理系统功能设计。

要求：

（1）4人为一组讨论、研究，确定该公司物流信息系统需求。

（2）参照图5-13，画出该公司物流信息管理系统的功能结构图。

（3）对所设计的系统功能简要文字说明。

（4）每组提交一份简要设计方案（含需求分析、功能结构图和文字说明）。

任务三　第三方物流信息系统实例体验

【任务描述】 要求学生了解货物跟踪系统、配送中心的信息系统和物流管理综合信息系统等第三方物流信息系统的功能和应用价值。

一、货物跟踪系统

1. 系统及目标

货物跟踪系统是指企业利用物流条码、EDI、Internet、GPS等技术及时获取有关货物运输状态的信息（如货物品种、数量、货物在途情况、交货期间、发货地和到达地、货主、送货责任车辆和人员等），提高物流运输服务效率的信息系统。

其目标是为客户和物流公司员工提供货物在各操作环节的及时动态信息。

2. 系统结构

系统结构如图5-14所示。

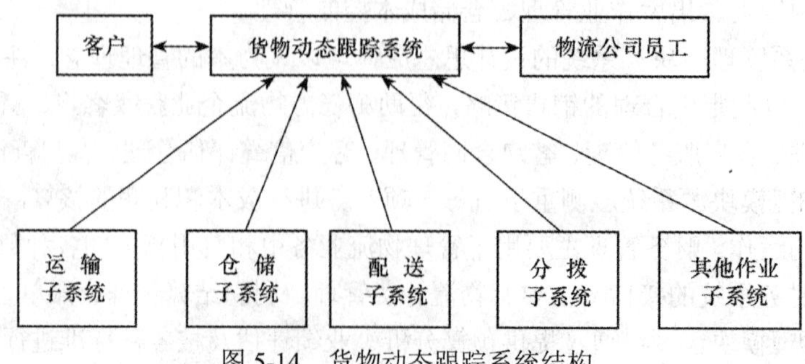

图5-14　货物动态跟踪系统结构

3. 主要功能

货物跟踪系统可把货物在物流各操作环节的动态信息，通过多种方式及时反馈给客户和物流公司的管理层，使得客户和物流公司员工都能及时了解货物的动态，提前做好相应的准备工作。

（1）动态信息产生、汇总

各作业系统将货物在本操作环节所产生的动态信息，通过 EDI、Internet、GPS 等系统，将信息汇总到货物跟踪系统。

（2）动态信息反馈

货物跟踪系统将根据客户、货物品名、批号等条件，对各作业系统产生的动态信息进行分类汇总，根据客户的不同要求，将动态信息及时反馈给客户存放于 Web 服务器，客户可通过 Internet 查询。

（3）动态信息比较

将从各作业环节提取的信息和接受客户委托时的计划做对应比较，了解各操作环节可能存在的问题，做好预防工作，当出现问题时，可以及时采取相应的补救措施，以保证对客户的服务质量。

案例 5-6

苏宁云商货物跟踪系统输出结果

苏宁云商货物跟踪系统输出结果如图 5-15 所示。

订单提交	支付完成	商品出库	收货完成	安装另约
2014-10-01 17:40:26	2014-10-01 17:41:47	2014-10-02 22:00:39	2014-10-03 17:05:47	2014-11-01 18:00:00

操作时间	物流追踪
2014-11-01 18:00:00	安装服务已另约【2014-11-01】，如需维修/保养请点击这里预约服务
2014-10-03 17:05:47	送货服务已完成，欢迎您再次光临
2014-10-02 22:00:39	【苏宁广州城南物流库】已发货出库
21:07:36	您的订单已完成拣货
18:13:37	您的订单已完成打印发票
2014-10-01 17:55:42	您的发货清单【苏宁广州城南物流库】已打印，待打印发票
17:42:17	您的订单审核通过，已分给出货仓库
17:41:47	您的订单已支付完成，等待审核确认
17:40:26	您的订单已提交，请尽快完成支付

图 5-15　苏宁云商货物跟踪系统输出结果

二、配送中心的信息系统

1. 系统目标

系统的目标是解决配送中心订货、库存、采购、发货等一系列信息及时准确传递的任务，并收集各种表单，以及关于物流成本、仓库和车辆等物流设施、设备运转等资料，帮助物流管理部门有效地管理物流活动。

2. 系统结构

系统结构如图 5-16 所示。

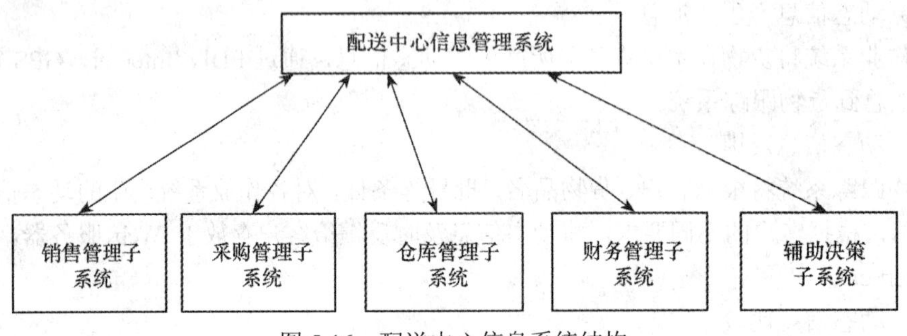

图 5-16 配送中心信息系统结构

3. 系统主要功能

（1）销售管理系统

销售管理系统的主要职能是处理订单，如采取配销模式，还应包括客户管理、销售分析与预测、销售价格管理、应收款及退货处理等系统。

（2）采购管理系统

如果采取物流模式，采购管理系统的主要职能是接受进货及验收指令；如果是配销模式，采购管理系统的主要工作是面对供应商的作业，包括供应商管理、采购决策、存货控制、采购价格管理、应付账款管理等系统。

（3）仓库管理系统

仓库管理系统的功能包括储存管理、进出货管理、机械设备管理、分拣处理、流通加工、出货配送管理、货物追踪管理、运输调度计划等内容。

（4）财务管理系统

财务会计部门对销售管理系统和采购管理系统所传送来的应付、应收账款进行会计操作，同时对配送中心的整个业务与资金进行平衡、测算和分析，编制各业务经营财务报表，并与银行金融系统联网进行转账。

（5）辅助决策系统

辅助决策系统除了获取内部各系统业务信息外，关键在于取得外部信息，并结合内部信息编制各种分析报告和建议报告，供配送中心的高层管理人员作为决策依据。

案例 5-7

苏宁电器广州配送中心简介

1. 配送中心概况

苏宁电器广州配送中心面积为 20 000 平方米，共有 6 个仓库，分别为空调库、白色家电库、黑色家电库、手机数码库、以旧换新仓库和综合库，是苏宁华南第一大配送中心，辐射两广及港澳地区。配送中心通过信息系统反馈的信息流来控制和调节苏宁在华南的物流，实现库存优化，提高运输车队的货物运输能力和服务质量。

苏宁广州配送中心既是调度中心也是信息中心，客户订单与商家的供应信息在此汇总管理，产品的入库、分拣、运输、装卸都在此进行调度，配送中心的组织结构如图5-17所示。

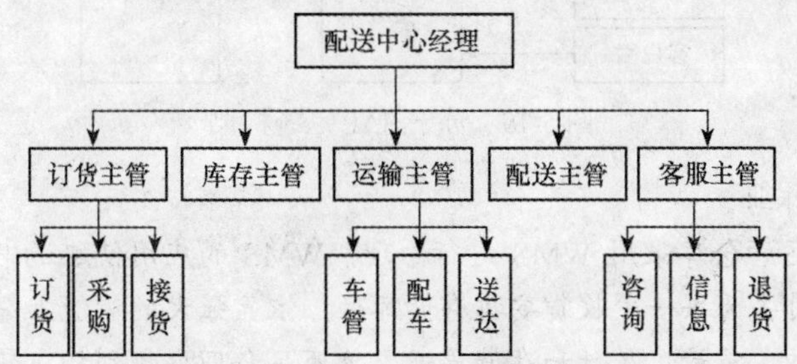

图5-17　苏宁（广州）配送中心组织结构

2. 配送中心的作业流程

收到订单后，首先按订单性质进行“订单处理”，之后根据处理的订单信息，进行“拣货”作业。拣货完成，一旦发现拣货区剩余的存货量过低时，则必须由储存区进行“补货”作业。如果储存区的存货量低于规定标准时，便通知销售商补货。从仓库拣选出的货品经过整理之后即可准备“发货”，等到一切发货准备就绪，便可将货品装在配送车上，向用户进行“送货”作业。另外，在所有作业进行中，可发现只要涉及物的流动作业，就一定有“搬运”作业。如图5-18所示。

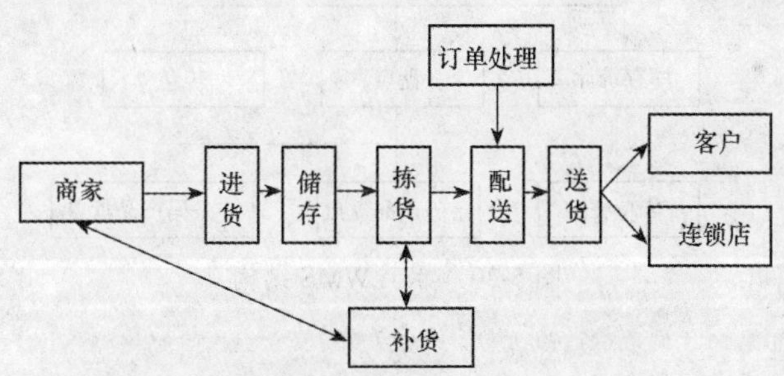

图5-18　苏宁（广州）配送中心作业流程

3. 配送中心各作业流程的信息化应用及管理

从2005年开始，苏宁电器相继引进SOA（service-oriented architecture，面向服务的体系结构）系统、WMS、TMS（terminal management system，终端远程维护管理系统），是国内引进这些系统比较早的公司之一。几年来通过对国外有丰富运用信息化系统经验的公司的研究、学习及自身摸索，目前苏宁电器在信息化应用上处于国内领先地位。

（1）订单处理作业

苏宁公司在2005年7月开始引进了SAP（system applications and products in data processing，企业管理解决方案）系统，在订单处理环节，苏宁电器利用SOA实现了服务共享、统一管理，成立专门的网络中心系统，该系统能够将门店销售信息，销售商供货信息及时反映到配送中心，而配送中心也建立了专门的子系统，接收来自企业总平台的相关信息，避免了很多制单作业，使得配送中心在订单处理方面处于国内领先水平。

SAP 系统架构如图 5-19 所示。

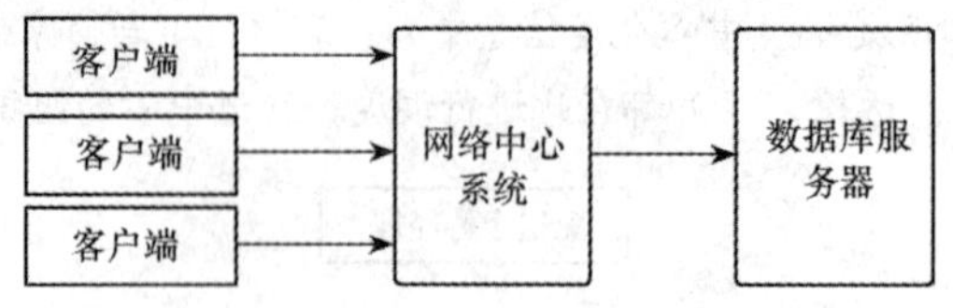

图 5-19　苏宁 SAP 系统构架

（2）仓库内作业

苏宁广州的运营仓库采用 WMS 进行管理，WMS 的应用使配送中心不再需要完全依靠仓库工作人员去为每一次收货安排存储库位。依靠强大的智能上架规则，系统就可以按照商品的体积、重量、属性和存储要求，将商品合理安排到相应的库位，提高了仓库的上架效率，同时保证了库存商品的合理布局和仓库空间的合理运用。

WMS 提供真正的多仓支持。无论仓库或配送中心位于何处，都可以通过 WMS 进行集成的管理。系统可以建立从企业、区域到配送中心的多层组织架构，并在此架构上提供仓库管理的高度透明性。WMS 架构如图 5-20 所示。

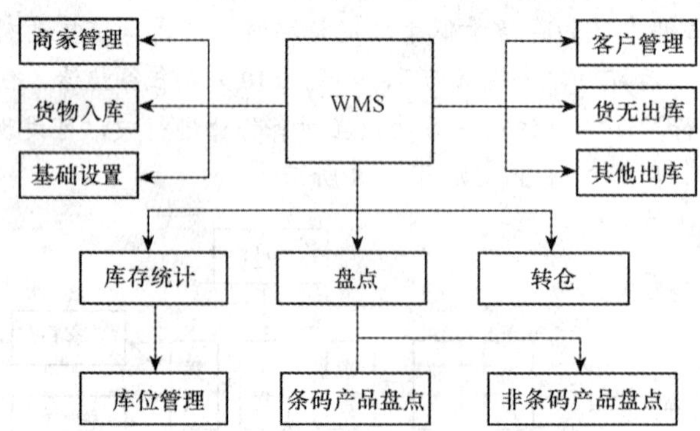

图 5-20　苏宁 WMS 结构

（3）库外作业

广州配送中心运用 TMS 对车辆、商品运送进行跟踪管理，TMS 解决了苏宁短途和长途配送车辆使用的难题。在优化路线排程计划、减少配送总里程、减少单位配送时间等方面发挥巨大作用。相关管理层通过 TMS 的运用，把人员从人工派工的不利局面中彻底解脱出来，极大提高了运输部门的总体工作效率，减少了配送中心运输总成本。

TMS 架构如图 5-21 所示。

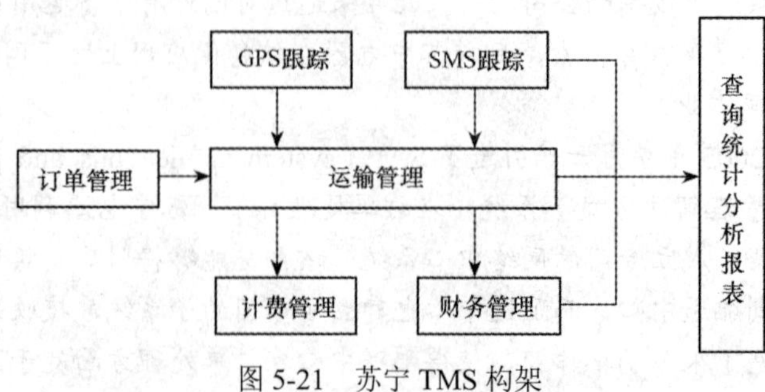

图 5-21　苏宁 TMS 构架

三、物流管理综合信息系统

1. 系统目标

系统目标是解决物流供应链各环节的作业问题及各环节之间有机衔接的问题。

2. 系统流程

系统流程如图 5-22 所示。

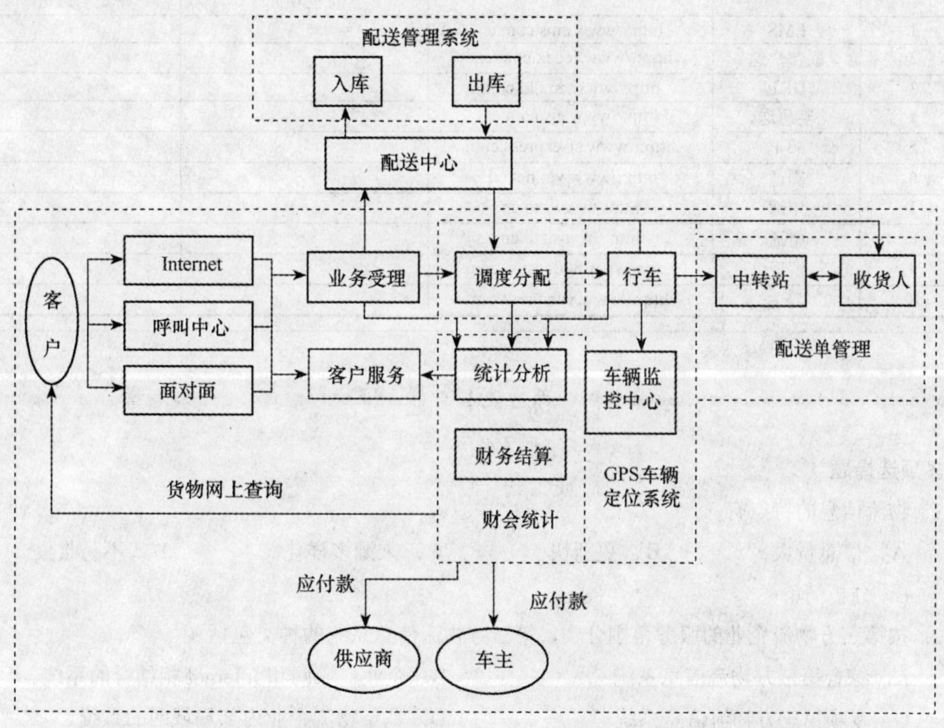

图 5-22　物流管理综合信息系统的流程

3. 系统主要功能

物流管理综合信息系统覆盖物流业务的全过程，包括业务受理、仓库管理、调度分配、统计分析、财务结算、配送管理等。

通过该系统，对车辆管理可以利用各种通信平台、GPS 技术，结合地理信息系统，实现对移动目标（车辆）的位置、状态的监控管理，报警求助和信息咨询；对客户管理可以通过呼叫中心（call center）的自动语音应答、话务员热线电话服务、自动传真回复等功能为客户提供优质服务；最后，将所有的一切相关信息通过物流综合信息管理系统进行相应的业务处理，得出企业所需的数据和报表，满足物流企业计划、监控、服务、核算、分析、预测和决策等企业管理多方面的需求。

单项实训三

快递公司货物跟踪查询系统体验实训

目前，国内外快递公司基本都建立了货物跟踪查询系统，请登录表5-1中至少3家公司网站，体验这些公司货物跟踪查询系统，并比较差异，填写完成表5-1中的“特色功能”和“不足与改进”两栏。

表5-1 快递公司货物跟踪查询系统差异比较

序号	快递公司	网站	货物跟踪查询系统	
			特色功能	不足与改进
1	EMS	http://www.ems.com.cn		
2	联邦快递	http://www.fedex.com/cn/		
3	DHL	http://www.cn.dhl.com		
4	宅急送	http://www.zjs.com.cn		
5	顺丰	http://www.sf-express.com		
6	圆通	http://www.yto.net.cn/		
7	申通	http://www.sto.cn		
8	中通	http://www.zto.cn		
9	汇通	http://www.800bestex.com		
10	韵达	http://www.yundaex.com		

练 习 题

一、多项选择题

1．物流信息的特点有（　　）。

A．信息量大　B．更新快　C．来源多样化　D．不易收集

E．分析简单

2．按第三方物流企业的服务范围分类，第三方物流信息系统的种类包括（　　）。

A．综合第三方物流信息系统　B．企业广域网和Internet相结合的系统

C．专项第三方物流信息系统　D．基于物流企业内部局域网的系统

3．以下属于第三方物流信息系统基本特征的有（　　）。

A．可扩展性、灵活性　B．动态性　C．协同性　D．安全性

4．构建第三方物流信息系统的基本原则包括（　　）。

A．可靠性原则　B．经济性原则　C．完整性原则　D．全面性原则

5．构建第三方物流信息系统的常用技术包括（　　）。

A．Internet　B．GPS　C．RFID　D．条码技术

二、填空题

1．构建第三方物流信息系统的基本原则主要有________原则、________原则、________原则。

2．第三方物流信息系统通常建立在现代信息技术基础上，一般利用的技术主要有EDI、Internet、________、地理信息系统、________、条码技术等。

3．第三方物流信息系统应具有以下基本特征：开放性、可扩展性、灵活性、安全性、协同性、动态性、快速反应、________、________、检测、预警、纠错能力。

4．按第三方物流企业的服务范围分类，第三方物流信息系统可分为专项第三方物流信息系统和________第三方物流信息系统。

5．物流信息系统的最终目标是________和________，遵循速度、安全、可靠、低费用的3S1L原则，即以最少的费用提供最好的物流服务。

三、案例分析题

日本安达尔公司的产品在长野工厂交给日本通运公司，这是供应链中3家货运公司的第一家；货物从进入供应链开始，所有供应链上的企业都可以得知货物在途中的信息。

从长野到成田机场，卡车运输由日本通运公司选定的藤津物流公司承担，第一站到达承运人的室内集装箱仓库，然后装入日本通运公司选定的航空公司的飞机；这一段停留时间不超过12小时；安达尔公司事先订好了货物中转次数，飞机一起飞，电子邮件就通过Internet发送出去，通知下一个接货环节。

如果目的地是美国，日本通运公司就要通知安达尔公司在美国的集装箱处理商BAX全球公司及地面承运人，当货物还在太平洋上空的时候，日本通运公司就事先向美国海关报关，并提前安装接货设备，一般只需3小时。BAX全球公司选择离用户最近的机场，接到货后BAX全球公司通过电子邮件通知安达尔公司和运输公司准备下一个接货环节。

BAX全球公司的货运飞机起飞后，通过电子邮件通知运输公司，再由运输公司通知其车队准备接货；这个运输公司在全球范围配备高科技运输车队，由安装全球卫星定位系统的拖车拨运，运输公司接到货物直接送到用户的车间拆卸，在那里有安达尔公司的人员在场监督。

在这个运送过程中，BAX全球公司的运输公司通过GPS和电子邮件向安达尔公司通告交货过程，通过Internet每一个小时更新一次货物进展情况。运输公司的卡车卫星定位系统，每隔100英尺（1英尺≈0.3048米）就能标记新的所有位置。整个运送过程都在严格的监控之下。

根据上述资料回答以下问题（单项选择题）：

（1）日本通运公司所从事的运输业务应属于（　　）。

A．航空运输　　B．国际多式联运　　C．第三方物流　　D．公路运输

（2）本案例中描述电子商务的过程属于（　　）。

A．B to C　　B．B to B　　C．G to B　　D．C to C

四、简答题

1．第三方物流信息系统的作用有哪些？

2．第三方物流信息系统的应用技术包括哪些？

3．第三方物流信息系统的主要类型有哪些？

4．结合实际，谈谈第三方物流信息系统的建设思路。

项目综合实训五

某高校后勤服务中心商店第三方物流信息系统设计

1．实训目的

掌握第三方信息系统的设计。

2．实训方式

分组进行、项目设计。

3．实训内容及步骤

背景：某高校组建了校园网，学生和教职工在学校通过任何一台联网的计算机都可以访问校园网。现学校后勤服务中心商店拟通过校园网面对学生与教职工开展商品、日用品的网上订购及配送业务。

1）基本情况调查。主要包括顾客的基本情况业务需求分析。

2）主要功能模块设计。

3）第三方信息系统设计方案的可行性分析。

4. 实训结果

1）每组提交一份设计方案。

2）组长派人汇报陈述。

案 例 分 析

LJ公司物流信息系统初步设计

一、需求分析

LJ 公司供应链与物流改革在很大程度上依赖先进的信息系统的支持，针对 LJ 公司的物流需求、物流环境及未来的发展，我们认为，信息支持系统需要具备以下重要功能。

1）电子商务化的电子采购管理。

2）严格的供应商管理。

3）实现最佳库存量管理。

4）实现针对五菱汽车的 VMI（vendor managed inventory，供应商管理库存）。

5）自动补货功能。

6）精确到箱及部件的分拣。

7）JIT 配送。

8）产成品库存管理。

9）外协厂家货物的储存和交割。

10）仓内加工处理。

11）合理的货物分销配送。

12）物流过程的货物和订单跟踪。

13）客户和供应商的在线查询。

14）物流状态的实时统计查询。

15）物流过程费用结算。

16）各种单证表格的提交和处理。

17）绩效考核和辅助决策。

二、总体设计

LJ 公司配送中心的信息化建设首先是建立以配送中心资料处理为中心的物流管理信息平台，平台采用 Internet/Intranet 标准的网络架构，支持配送中心的数据采集、数据共享、库存控制、订单管理、即时配送、财务结算、统计结算、客户查询、成本控制、绩效管理等基本功能。

三、网络构成

根据配送中心的信息管理要求，网络构成的主要部分有以下几个。

1）数据采集——所有库存货物实行条码化管理。

2）局域网络——配送中心内部的局域网络。

3）商业逻辑——配送中心管理信息系统。

4）网络接入——信息系统接入 Internet 的通道。

5）门户网站——配送中心的对外公开的网站。

6）数据交换——信息系统之间标准化单证的传输工具。

7）联机管理——供货商对配送中心信息系统的联机操作。

8）客户查询——提供给客户查询信息系统的方式。

9）远程登录——从外网登录信息系统查询和维护的开放端口。

四、信息模型

信息模型如图 5-23 所示。

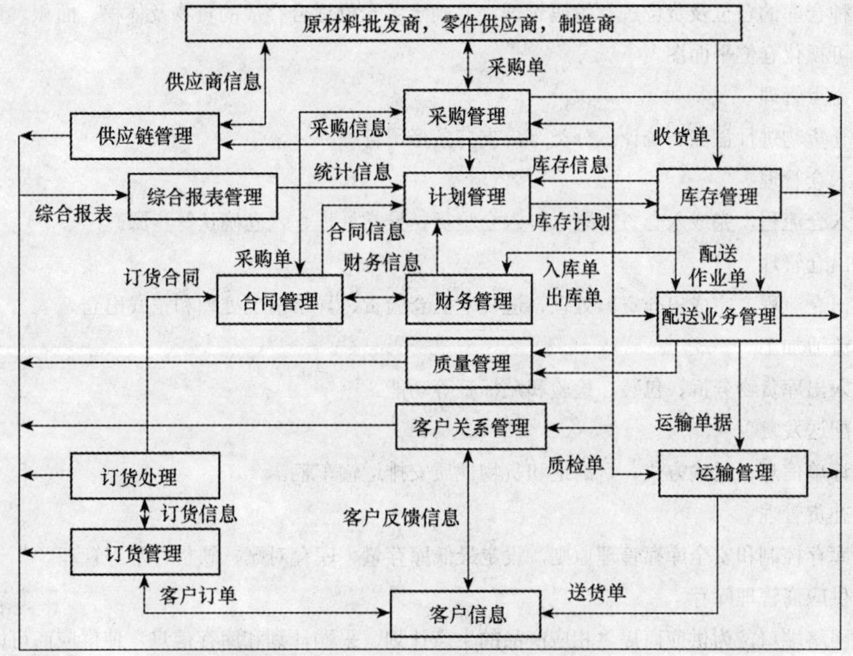

图 5-23　LJ 公司物流信息系统信息模型

五、系统功能

根据目前 LJ 公司的物流需求，其作业环节可以分为进货、验收、入库、货位分配、加工、分拣、出仓验货、装卸和发货等；其操作过程分为入库、在库和出库 3 个部分；而其物流管理功能包括采购管理、订单管理和账务管理；物流辅助功能有数据交换、客户查询、报关管理等。其中保管各个功能均作为相对独立的模块在统一的信息平台上按照设定的流程应用。

1．采购管理

与 LJ 公司采购部现行采购系统相比，采购管理模块主要是侧重于物流运作的需要，两个系统功能并不重叠。主要包括以下部分的功能。

（1）零配件管理

对 LJ 公司所有零配件进行编码，建立零配件数据库，包括品种、规格型号、质量状况、主要用途、主要生产厂家等各种信息。

（2）供应商管理

建立零配件供应商数据库，对供应商实施动态的管理。建立供应商的完整信息，并将该供应商所供应的零配件品种进行详细登记。建立供应商和零配件品种两个数据库之间的联系，即查找任何一个供应商，均能准确地知道该供应商能提供哪些产品，查找任何一种零配件品种，也能准确知道哪些供应商能提供。

（3）合同管理

对合同中关于物流的约定提供查询功能。便于对可能出现的问题进行及时有效的处理。

2. 仓库管理

仓储管理系统是物流管理的基础业务，主要功能如下。

（1）仓库资料管理

对仓库的货位、编码、状态资料的管理。

（2）仓位及货位管理

对各种仓库的仓位及货位进行编码管理，并确定各仓位适合存放的货物及体积、面积、重量等参数，形成可视化仓位平面图。

（3）盘点管理

对在仓货物进行盘点、统计、分类等，支持条形码管理。

（4）入仓管理

按照入仓流程，完成入仓资料录入、入仓验货、异常处理、入仓确认等步骤。

（5）出仓管理

按照出仓流程，完成出仓资料处理、选货、出仓验货、异常情况处理和正式出仓。

（6）流通加工

完成入出库货物分拆、包装、检验和贴标签等功能。

（7）配送发货

根据订单信息、运输方式、目的地和货物性质安排运输车辆。

（8）补货管理

根据库存控制和安全库存管理原则，设定最低库存量、库存对账、缺货警示等管理。

（9）供应商管理库存

通过网络端口，为供应商提供相应产品的生产计划、采购计划和库存信息，使供应商可以自行安排补货计划，在保证生产的前提下支持供应商的最佳库存方案。

3. 配送管理

配送业务是物流管理的核心业务，主要功能如下。

（1）配送计划录入

将 LJ 公司生产车间、绰丰及其他提货人发来的配送请求录入到系统中，并对配送计划进行确认。

（2）库存查询

对库存情况进行查询，并根据查询结果确定是否正常配送、补货或者改变配送计划等。

（3）选货组配调度

根据货物的存放仓库和货位制订选货计划，并将选出的货物根据其不同属性、体积等进行组配。直接通过系统或辅以通话装置向相关仓库下达选活备料指令。

（4）制定配送任务

根据配送计划中货物的送达地、货物的种类、货物的体积、货物的数量、车辆的运载能力、配送点的分布及客观条件的限制等因素，在保证运输费用最省的情况下，制订实施配送的计划，并下达配送任务。

（5）验货装车

根据货物送达地、运输车辆的运载能力和货物的先进后出原则进行验货装车作业。

4. 运输管理

运输管理系统主要完成以下功能。

（1）运输工具管理

包含所有运输工具（自营、外协）信息的管理及自营运输工具基本成本的核算，车辆资料、车辆维护计划管理、维修管理、油耗管理、证件管理、购置和报废记录、驾驶员档案、保险状况及记录等。

（2）线路管理

对固定的运输路线进行登记管理，如线路起点、终点、里程、收费、所需时间等。

（3）订单处理

接收承运公司以传真、电子邮件、Web-EDI、远程登录等方式发来的运输需求。还可以建立柳州及附近地区的航班时刻表、火车时刻表和轮船班期表，以便制订联运计划。

（4）货物跟踪

结合GPS技术实现对运输车辆和所载货物的跟踪。

（5）运输统计

运输车辆的行车统计、货物运输量的统计等。

（6）运输费用

运输过程中发生的各种费用的管理。

（7）成本分析

对运输工具的消耗分析、效率分析，运输成本和利润分析。

5. 订单管理

信息系统根据订单信息制订配送计划，分解到各个岗位，按照优化的操作流程，完成货物的选拣、加工、分拣、验货、装车等出仓过程。并根据需要完成资料处理、分析、单证打印。

6. 账务管理

除了对配送中心往来账务的管理之外，系统将配送中心的统计分析和报表管理纳入账务管理的范畴。通过对系统数据库内容的提取，可以进行货物周转率分析、仓库周转率分析、库存货物价值分析、仓库ABC分析、仓库缺货率分析、出货销售分析、配送效率分析、配送失误分析、库存损失率分析，以及作业成本分析、人力使用率分析和绩效考核等方面的统计分析，并产生各类报表、报告、单证和票据。

7. 查询管理

查询功能分为操作查询、经理查询和客户查询几个级别，分别可以通过局域网、专线连接和Web等方式实现有权限下的查询功能，查询的内容包括库存报表、出入仓记录、费用清单，以及作业的操作流程。LJ公司的生产、销售、财务、管理、决策等部门均可以按照设定的访问级别，通过公司24小时开放的门户网站获取仓库货物信息，客户也可以通过客户服务中心查询订单的处理状况和货物到达计划。

8. 数据交换

系统为上下游企业的未来供应链管理提供符合国际标准的EDI功能。通过此功能，LJ公司的各个部门、分供方、客户可以实现相互之间的标准单证传输，确保有效单证传输的开放性、安全性、可用性和可靠性。当然，系统仍然提供客户模式的单证传输，电子邮件、E-Fax等方式的文本传输和电子通知。

案例讨论：

（1）结合该案例，说明第三方物流信息系统设计的主要步骤是哪几步。

（2）谈谈LJ公司开发设计第三方物流信息系统对该公司经营管理有何重要意义。

项目6 第三方物流服务管理

学习目标

通过本项目的训练和学习，学生应了解第三方物流分包管理的意义、分包合同关系、分包商的选择方法；熟练掌握第三方物流服务合同的订立程序、合同的履行、变更和解除及合同的管理和纠纷的解决办法；掌握第三方物流客户服务的基本技能。

主要知识点

第三方物流服务的分包管理、合同管理和客户服务。

关键技能点

第三方物流分包商的选择、服务合同的订立和客户服务的技能。

任务一　第三方物流服务分包管理

【任务描述】　要求学生理解物流分包管理的意义与作用，学会客观地评价物流分包商，能根据业务发展选择合适的分包商，掌握整合物流分包商资源的技能。

一、物流分包管理

案例6-1

上海招商新港物流有限公司物流分包的教训

上海招商新港物流有限公司是新加坡港务局参股的合资物流企业。1997年，该公司成立时，参照新加坡一家物流公司的运作体系，结合中国的实际情况，建立了比较先进和完善的物流服务体系，并得到了一些跨国客户的认可。1999年，这家成立不到两年的公司就已经吸引了数家跨国客户。当该公司为业务快速发展而自豪的时候，分包商管理的问题凸现出来，在1999年6～8月的3个月中，连续出现了几次重大的质量事故，引发服务品牌危机。

1999年6月，上海招商新港物流有限公司在将某跨国电器商的200台传真机运往杭州途中，由于防雨措施不力，200台传真机被雨淋，外包装严重损坏，收货人拒收；1999年7月，该公司将某亚太地区著名饮料经销商的产品运往常州的途中，80箱饮品全部被雨淋，收货人拒收货物；1999年8月，该公司为某著名纸业公司进行转仓服务时，由于突降暴雨，大量复印纸因淋湿报废，造成客户投诉。

事后，上海招商新港物流有限公司对肇事的分包商进行了调查，发现这3次事故均由同一运输分包商造成，且这家分包商是近年才发展起来的运输车队，其管理水平非常原始，没有任何质量保证体系和管理规范，其司机也没有接受任何培训，对司机的管理也极其分散。很显然，依靠这样的分包商，是无法为客户提供良好的物流服务的。

这个事件给了上海招商新港物流有限公司很大教训：忽视对物流分包商的管理，对第三方物流服务而言，无异于自杀。从此，上海招商新港物流有限公司将分包商的管理纳入管理体系，服务质量也大为改善。

1. 第三方物流企业的分包商

第三方物流企业的分包商是指承接第三方物流企业转包出的物流业务的服务提供商。

2. 物流服务分包商的分类

物流服务分包商可以按以下两种方法对物流服务分包商进行分类。

（1）根据提供服务的功能不同分类

根据提供服务的功能不同，可以将物流服务分包商分为运输分包商、仓储分包商、货代分包商、装卸搬运分包商、流通加工分包商、配送分包商、物流信息服务商等。

（2）根据双方在合作中的定位不同分类

根据双方在合作中的定位不同，可以将物流服务分为公共平台型分包商、可以整合的分包商、战略联盟型分包商3种。

1）公共平台型分包商。公共平台型分包商的特点是提供网络化的服务，服务特点是规模大、标准化程度高。典型的公共平台型分包商包括拥有网络的车队，公共型仓储系统、公共型配送系统、大型海运、邮政及大型快递公司等。公共平台型分包商一般规模很大，品牌好，拥有大量的直接客户，对第三方物流提供者没有依赖性。一般的第三方物流提供者只能利用他们的标准化服务，很难要求他们提供个性化的服务。在合作关系上体现为一般性合作，第三方物流提供者一般不能介入他们的管理。

2）可以整合的分包商。可以整合的分包商指自身规模小、管理能力和独立开发市场能力比较弱，对第三方物流提供者具有依赖性的一类物流服务分包商，如大量的小型车队、没有形成网络体系的仓储企业等。对于可以整合的分包商，第三方物流提供者可以将他们纳入自己的管理和运作体系，作为第三方物流服务中个性化部分的重要执行者，如第三方物流提供者在客户企业内的装卸搬运、运输、包装等操作层业务，都可借助于这类物流分包商完成。

3）战略联盟型分包商。战略联盟的一个很重要的基础是合作双方实力相当，并呈现某种互补性。根据互补形式的不同，可以将战略联盟型分包商分为能力互补型和地域互补型两种。

能力互补型的分包商不同于可以整合的分包商，这类分包商一般规模中等，具有相对独立的客户群，但实力与公共平台型分包商相比还有很大差距，这类分包商对同第三方物流提供者的合作具有浓厚的兴趣。

地域互补型分包商本质上也是第三方物流提供者，只不过其网络覆盖范围在另外的区域。这类分包商是第三方物流提供者在业务扩张中经常会使用的。从合作关系看，这类战略联盟型的合作一般体现为比较平等的关系，但在服务质量和工作流程上会采取共同的标准，在市场开拓过程中，一般也采用联合营销的方式。

二、物流分包商的选择

在第三方物流的服务中，物流分包商的服务质量、服务成本、服务水平都直接影响着第三方物流企业运作成功与否，物流分包商所提供服务的价格和质量决定了最终服务产品的价格、质量和顾客满意度，从而决定了第三方物流企业的市场竞争力、市场占有量和市场生存力。第三方物流的分包商包括但不限于各类运输企业或车队、仓储企业、装卸搬运企业、包装企业、流通加工企业、物流信息服务企业等，这些分包商为现代第三方物流的高效运作提供运作资源支持和保障。

1. 物流分包商选择的基本原则

对物流分包商的选择，一般遵从“QCDS”原则，即质量（quality）、成本（cost）、交付（deliver）与服务（serve）并重的原则。

在这四者中，质量原则是最重要的，首先要确认分包商是否建立了稳定有效的质量保证体系，能否保证物流服务的质量。其次是成本，通过双赢的价格谈判实现成本的节约。再次，在交付方面，需确认分包商是否具有物流所需要的特定设备设施和物流运作能力、人力资源是否充足、有没有扩大产能的潜能。最后，还需查看分包商的物流服务记录，评估分包商的服务水平和服务能力。

2. 物流分包商的选择流程

物流分包商的选择大致分 5 个阶段：准备、识别、选择、建立和评价，如图 6-1 所示。

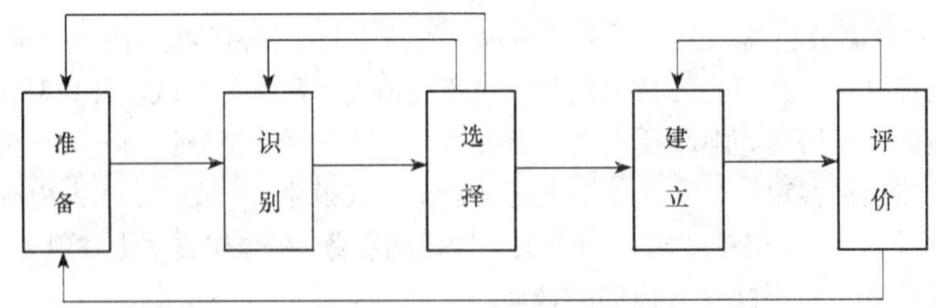

图 6-1　物流分包商选择流程

1）准备：为第一阶段，主要任务是确定物流分包需求，做好相关的选择准备工作，根据需要，可成立专门的选择评估小组。

2）识别：为第二阶段，主要任务是识别潜在的分包商，确定选择的标准和选择方法。

3）选择：为第三阶段，主要任务是与潜在的分包商接洽，对分包商进行评估和选择。对分包商的选择可分为初选和复选。

4）建立：为第四阶段，主要任务是与分包商建立正式分包关系，签署必要的合同等文件，建立必要的文档，并按分包合约开展物流服务。

5）评价：为第五阶段，主要任务是对分包关系进行评估，确定是保持目前的关系，还是进一步建立关系或减少甚至取消分包合约。

3. 对物流分包商的分析与评估

（1）物流分包商信息的收集

第三方物流企业可以通过各种公开渠道和公开的信息获得物流分包商的联系方式。例如，通过分包商招标、通过接受分包商的主动问询、通过专业媒体广告宣传或 Internet 搜索等，有时也可通过参加行业协会举办的各种专业会议、论坛和物流行业组织的各种商贸活动来达到收集分包商信息的目的。案例 6-2 就是收集物流分包商信息的典型事例。

案例 6-2

某中外合资物流企业寻找分包商的办法

某中外合资物流企业，成立仅几年，业务开展得很出色。这一企业与众不同的做法是国内举办的各种物流研讨会都派人参加。一方面学习先进的物流管理思想，更重要的是收集各种物流信息，特别是收集与会各企业的信息。这家企业认为这是收集相关企业信息的最经济、最好的方式。这家企业把参加研讨会的企业分为 3 类：第一类是竞争对手或潜在的竞争对手，第二类是潜在合作伙伴，第三类是潜在用户。这家企业认为与会企业都是中国物流界的前卫企业，是现代物流的倡导者、响应者、参与者。几年来，这家公司收集并了解了 1000 多家物流企业的资料，当这家企业开发新市场和新客户，需要合作伙伴时，首先在研讨会的通讯录上查找曾经与会的企业。

表 6-1～表 6-3 是用来收集物流分包商信息的表格。这些信息主要包括分包商的注册地、注册资金、主要股东结构、生产场地、设备设施、人员、主要客户、生产能力等。

表 6-1　物流分包商基本情况调查

企业基本情况	企业名称						
	法人代表			成立时间			
	注册资金			经济性质			
	经营范围						
	业务优势						
	营业执照号码			有效期			
	道路经营许可证号码			有效期			
	海洋运输代理许可证号码			有效期			
	航空运输代理许可证号码			有效期			
	其他证件						
企业文化	企业目标						
	经营理念						
	质量方针						
企业资质	人员构成	总数		管理人员		操作人员	
		本科以上		本科		大专	

续表

企业资质	质量认证	体系名称		通过时间		有效期	
		若没有实施认证，则计划实施认证时间为：					
	信息系统	系统名称		实施时间			
		系统功能					
	运输能力	车辆数量		总吨位			
	仓储能力	仓库数量		总面积			
	主要客户						
经营状况	年营业额						
	运输收入						
	仓储收入						
	其他收入						
	利润水平/%						
联系方法	公司地址			邮政编码			
	联系人		电话		传真		
	网址			E-mail			

表 6-2 物流分包商运输能力调查

陆 运 能 力						
车辆状况	车型	品牌	吨位	容积	数量	使用年限
	合计					
网络状况	长 途 运 输 网 络					
	网点数		主流车型		数量/台	
	覆盖省份					
	市 区 配 送 网 络					
	网点数		主流车型		数量/台	
	覆盖城市					
跟踪方式	GPS/GIS 使用率					
	司机跟踪方式					
	其他跟踪方式					
	信息反馈方式					
水 运 能 力						
线路状况						
空 运 能 力						
线路状况						

表 6-3 物流分包商仓储能力调查

<table>
<tr><td>仓库名称</td><td colspan="3"></td></tr>
<tr><td>仓库地址</td><td colspan="3"></td></tr>
<tr><td>交通状况描述</td><td colspan="3"></td></tr>
<tr><td>仓库占地总面积</td><td colspan="3"></td></tr>
<tr><td>仓库实用总面积</td><td colspan="3"></td></tr>
<tr><td>其中：库房面积</td><td></td><td>堆场面积</td><td></td></tr>
<tr><td colspan="4">仓 库 设 备 状 况</td></tr>
<tr><td>叉车台数</td><td></td><td>叉车吨位</td><td></td></tr>
<tr><td>吊车台数</td><td></td><td>吊车吨位</td><td></td></tr>
<tr><td>铲车台数</td><td></td><td>铲车吨位</td><td></td></tr>
<tr><td>液压手推车数量</td><td></td><td>还有哪些其他设施</td><td></td></tr>
<tr><td>是否有装卸平台</td><td></td><td>是否有斜坡车道</td><td></td></tr>
<tr><td>配送车辆台数</td><td></td><td>配送车辆型号</td><td></td></tr>
<tr><td colspan="4">仓 库 管 理 状 况</td></tr>
<tr><td colspan="2">仓管人员是否经过专业培训</td><td colspan="2"></td></tr>
<tr><td colspan="2">是否建立了标准作业程序</td><td colspan="2"></td></tr>
<tr><td colspan="2">是否使用计算机进行结算和存货控制</td><td colspan="2"></td></tr>
<tr><td colspan="2">是否有设备维修保养制度</td><td colspan="2"></td></tr>
<tr><td colspan="2">是否有保安系统</td><td colspan="2"></td></tr>
<tr><td colspan="2">是否有消防设施和管理规定</td><td colspan="2"></td></tr>
<tr><td colspan="2">其他管理措施</td><td colspan="2"></td></tr>
</table>

（2）审核分包商的基本信息，筛选出合格的物流分包商

在这个环节，最重要的是根据物流分包商的基本信息对分包商进行分析和评估，尤其是要分析分包商的运作能力、供应的稳定性、资源的可靠性及综合竞争力等因素。对于一些明显不适合的分包合作伙伴予以剔除，得出一个初步的分包商考察名单。之后，应派出由相关人员组成的团队对初步合格的分包商进行现场审查，做详细的认证，并从不同的方面进行评估，从评估结果中选出最优的分包商。

案例 6-3

对分包商简单评估的示例

步骤：对初步合格的分包商进行现场审查后按表 6-4 进行评估，计算出每个分包商的总分；再将总分按由高到低的顺序排队，总分越高，分包商的综合能力越强。

表 6-4 物流分包商的评估标准表

评估指标 ①	评价等级 （分 1、2、3、4、5 等） ②	该指标相对重要性 （按 0～5 设定） ③	加权综合得分 ④ ④=②×③
服务质量	4	5	20
服务价格	5	4	20
运作能力	4	4	16
供应的稳定性	3	3	9
资源的可靠性	5	4	20
综合竞争力	4	5	20
分包商总分	105		

三、对物流分包商资源的整合

第三方物流企业一般都拥有一定规模的物流运作资源，如运输车辆、仓储基地、装卸设备设施、包装设备等。但第三方物流企业运作地域广泛，从经济效益角度考虑，第三方物流企业没有必要拥有全部运作资源，也不可能全部拥有，如铁路运输设施、航空运输设施等。充分利用自身的设备设施，整合分包商的物流资源，是第三方物流企业发展的必然选择。

对分包商资源的整合是指将物流分包商的各种资源纳入第三方物流企业经营中进行系统规划和运用，在保持资源间有效衔接的前提下，实现资源成本的最低化和资源效益的最大化。对分包商资源的整合主要有运输资源整合、仓储资源整合和客户资源整合等形式。

1. 运输资源整合

第三方物流企业在运营中，经常需要外部不同的运输工具予以支撑和配合。对分包商运输资源的整合就是要通过对分包商的运输资源管理实现分包商运输资源的可调用性、服务质量的一致性和服务成本的可控制性目标。经常采用的整合办法主要有对运输设施的整合、对运输方式整合，以及运输资源综合利用等。

（1）运输设备设施的整合

运输设备设施的整合可分为“合同式”和“化零为整”两种形式。

1）“合同式”指与物流分包商签署长期的运力供应合同，租用物流分包商的运输设备、设施和运输人员，以保证第三方物流企业业务的正常进行。物流分包商需要有较强的资源实力和业务操作能力，是第三方物流企业稳定的合作伙伴。采用这种方式整合时，保险责任和保险费用应事先明确。

案例 6-4

K 物流公司对 M 搬家公司配送车队的整合

K 物流公司在某大城市对超市进行市内配送时，由于受到车辆进城作业的限制，转而寻求当地的 M 搬家公司提供配送车辆的支持。但是，M 搬家公司开出的配送价格是半日（6 小时）或 200 千米以内为 200 元/车，大大超过了 K 物流公司可接受的 120 元/车的底线。

K 物流公司经过仔细调查分析后发现，M 搬家公司 90%的搬家作业均在上午进行并在中午左右结束，这就意味着 M 搬家公司大部分的车辆和人员在下午基本上处于空闲状态，其上午搬家作业的收益已经足够支持其成本支出和期望得到的利润。而 K 物流公司的市内配送业务却基本在下午 14:00 以后进行，K 物流公司支付给 M 搬家公司的费用除去少量的燃油费作为额外成本外，其余的都应该是 M 搬家公司的额外利润。如果按每天下午一辆车行驶 200 千米计算，燃油费不应高于 50 元。从这个角度看，K 物流公司的市内配送业务带给 M 搬家公司的不仅是新增加的业务和实实在在的收益，而且对其资源的合理应用也是非常有利的。

最后，K 物流公司和 M 搬家公司经过在价格和服务方面仔细测算，双方在 80～90 元/车价格成交。

2）“化零为整”指通过租赁的方式将社会零散运力资源组合在一起，形成具有较大规模的运输能力。这种整合方式一般局限于公路运输中对个体零散汽车或其他机动车运输资源的整合。第三方物流企业可通过向社会发布相关信息来吸引符合条件的车主加盟。在管理方面，需对车主和车辆进行信誉度、业务能力的评估，需与车主签订作业协议，还需为车主建立相关的档案资料，来保证车辆在需要时能有效征用，又可防止不法车主可能会给企业带来各种损失。表 6-5 是车主运力资源档案卡的样本。

表 6-5　运力资源档案卡

<table>
<tr><td colspan="7">车　辆　信　息</td></tr>
<tr><td>车主姓名</td><td></td><td>车牌号</td><td></td><td>驾驶员</td><td colspan="2"></td></tr>
<tr><td>车辆型号</td><td></td><td>核定载重</td><td></td><td>车辆尺寸</td><td colspan="2"></td></tr>
<tr><td>车况评价</td><td></td><td>其他记录</td><td colspan="4"></td></tr>
<tr><td colspan="7">运　营　实　绩</td></tr>
<tr><td>承运货物</td><td>货物数量</td><td>承运时间</td><td>起讫点</td><td>运输里程</td><td>运费结算</td><td>服务评价</td></tr>
<tr><td></td><td></td><td></td><td></td><td></td><td></td><td></td></tr>
<tr><td></td><td></td><td></td><td></td><td></td><td></td><td></td></tr>
<tr><td></td><td></td><td></td><td></td><td></td><td></td><td></td></tr>
<tr><td></td><td></td><td></td><td></td><td></td><td></td><td></td></tr>
<tr><td colspan="7">证　件　资　料（复　印　件）</td></tr>
<tr><td>驾驶证号码</td><td colspan="6"></td></tr>
<tr><td>行驶证号码</td><td colspan="6"></td></tr>
</table>

（2）运输方式的整合

第三方物流企业运输方式的整合主要体现在对不同运输方式灵活而有效的运用上。利用公路、铁路、航空和水运等不同运输方式在运输时间、运输距离、运输质量和运输价格等方面的不同优势，实现货物运输在各种不同方式间的最优匹配和衔接。例如，将时间和直达要求不高的货物尽可能转换或“化零为整”为铁路运输或水运，而将部分适合公路运输的航空货物分散到公路运输，通过利用各种运输方式的联运功能，促使整个运输过程在时间和成本上达到整体最优的效果。

（3）运输资源综合利用

对运输资源的综合利用，要求不同的运载工具在运输能力、装载数量上应与货物种类、货物流量流向相匹配。由于货物的尺寸、形状、重量、流量、流向不尽相同，第三方物流企业通过与物流分包商的合作，在对承运工具及相同流向的货物运输搭配上有很大的整合空间，如表 6-6 所示。

表 6-6　运输资源综合利用形式

整合点	方　法	特　点
产品	低附加值＋高附加值	薄利多销与高利不确定性业务相结合
客户	大客户＋小客户	以业务量大、稳定的大客户为主
线路	去程＋返程	避免空驶
货种	重货＋轻货	综合利用货物体积与重量的特征
时间	高峰＋低谷	业务分布均衡

第三方物流企业运输资源综合利用的目的是提高资源利用率、降低成本、提高效率，从而增加利润。案例6-5就是一个非常典型的例子。

案例6-5

F物流公司对X电器公司和W食品公司运输资源的整合

F物流公司在进行市场调查时发现：X电器生产公司生产的冰箱在往西南地区进行分销时基本采用公路运输，而同时，具有大致相同运输线路的W食品生产企业生产的儿童休闲食品也采用公路运输进行分销。F物流公司的市场拓展人员对X公司的冰箱和W公司的儿童休闲食品均采用公路运输的方式提出了疑问，因为对时间要求不很强，且运输距离在800千米以上的运输时采用公路运输并不是一个最佳方案。详细的市场调查让市场拓展人员大吃一惊：因为冰箱自身的特殊性，在运输过程中只能立式放置，而铁路以路基为基础的限高不能超过5米，否则，列车在涵洞和隧道将不能通行（此为铁路部门的规定）。冰箱加其外包装只能堆放一层，堆放两层就超高。由此，铁路运输的成本反而高了，且由于铁路运输的安全和时间难以保证，X公司放弃铁路而走公路就不奇怪了。而同时，W公司的儿童休闲食品为易碎物品，在铁路运输过程中由于缺乏对运输质量的信心，也选择了公路运输进行分销运输。

F物流公司的市场拓展人员敏锐地意识到其中蕴含着商机。经过详细分析，一个成熟的方案形成了：分别以X公司和W公司原公路运输价格的80%承接X公司的冰箱和W公司的儿童休闲食品的分销运输，在具体操作时，完全由铁路进行搭配运输，装载时先将X公司的冰箱以立式方式放置于铁路车皮下部，再将W公司的儿童休闲食品堆放在冰箱上部，使儿童食品充分利用了冰箱上空余的空间。这一方案，不仅使X公司和W公司均节约了成本，而且使F物流公司获得了较大的经济利益。

2. 仓储资源整合

仓储设施是第三方物流企业运作资源的重要组成部分，是物流结点，是支撑和保障物流运作顺畅的关键因素之一。在第三方物流经营中，对仓库需求存在许多不确定性，大量的后备仓库资源是必不可少的。

第三方物流企业仓储资源整合的核心是以最小的仓库使用成本，储存和保管尽可能多的货物。通过对不同仓库之间、不同客户的货物之间进行存储地点、数量、时间等方面的调剂，以支持客户在当地的生产和经营活动，这是仓储资源整合的出发点。合理的利用外部仓库资源。或物流分包商间实现资源的相互利用，调节由于时间、地点等因素导致的不均库存，使现有仓储资源得到充分、合理的利用，提高效益，这是仓储资源整合的目标。

3. 客户资源整合

第三方物流企业的运作强调个性化服务，但规模化经营既是现代第三方物流的重要特征，也是第三方物流的优势。多个不同客户共享第三方物流企业的运作资源，在资源承载能力范围内，通过对不同客户的物流业务整合会给第三方物流企业带来规模效益。

（1）客户资源整合的类型

客户资源整合主要有两种：不同产业客户资源整合和不同区域客户资源整合。

不同产业客户资源整合要考虑的主要问题是客户业务相互匹配和协调，第三方物流企业的客户主要来自制造业和流通业。不同区域客户资源整合主要考虑的问题是区域的互补性和对不同区域客户资源的合理运用，同时，也要注意一个客户物流运作末端与另一客户物流运作起点相衔接的问题。

（2）客户资源整合的方式

在确定客户范围的基础上，引进一些客户，然后进行客户资源整合。客户资源整合方式包括客户资源匹配、运作资源匹配和信息资源匹配。

客户资源整合与运作资源整合紧密联系，但方式各异。有的在市场开发时就予以关注，有的是在具体业务操作中进行优化，如有意识地选择季节性互补的客户，避免淡季能力闲置，旺季能力不足。

案例6-6

某民营物流公司对其客户资源的整合

上海一家民营物流公司在市区配送上很有优势，一开始其客户都是大型食品企业，这些企业的共同特点是天热时食品销售进入淡季，天气转凉时销售量回升，因此物流活动有明显的季节性。由于天热时物流服务能力闲置，该物流企业有意识地选择一些夏季进入旺季的产品，经过市场调研，确定了啤酒和饮料企业作为市场拓展主攻方向。由于这些啤酒和饮料企业正为这种季节性波动造成的物流成本增加和管理问题发愁，双方一拍即合，很快签订了合同。该物流公司也实现了全年物流业务的相对稳定，取得了明显的经济效益。

客户资源整合的实质是系统优化，是以第三方物流企业整体效益最大为前提的。当企业局部或个案运作最佳与总体最佳发生冲突时，以第三方物流整体利益为重。

单项实训一

情境实训

在项目2单项实训三中，胡飞和海东合伙成立的五湖四海物流运输配送有限公司发展势头迅猛。为了整合第三方物流资源，他们决定将部分非核心业务分包给物流分包商。表6-7是他们设计的分包商选择评估表，请你结合本任务所学知识，分析并评价该评估表的科学性与合理性。请提出你的观点，并说明理由。

表 6-7　分包商选择评估表

分包商选择评估表

评估部门：　　　　　　评 估 人：　　　　　　评估日期：

分包商名称		地址	
法人代表		联系电话	
企业性质		经营范围	
业务负责人		电话	
分包范围		分包期限	
	项目	实得分	备注
资格评估（40 分）	A．经营证照		
	B．经营场所		
	C．必备的设备		
	D．资信情况		
管理评估（30 分）	A．对业务流程控制方面		
	B．对内部人员控制方面		
	C．对事故应急措施方面		
	D．对差错赔偿方面		
价格评估（30 分）	价格是否合理		
合计			
附件	1．分包单位营业文件__份__张。 （1）营业执照（复印件）； （2）企业资质证书（复印件） （3）有关许可证（复印件）。	2．分包单位企业介绍__份__张。 （1）企业介绍； （2）历年主要业务介绍； （3）负责人和人员履历介绍。	
使用部门意见		部门经理：	日期：
公司领导意见			

备注：① 本评估表在选择分包商时使用；

② 评估按照百分制，90 分（含 90 分）为 A 级，80～90 分（含 80 分）为 B 级，A、B 级确定合作；70～80 分为 C 级，C 级作为备选考虑；70 分以下为 D 级，D 级不予合作。

任务二　第三方物流合同管理

【任务描述】　要求学生理解第三方物流服务合同的种类和基本要素，熟练掌握第三方物流服务合同的订立、合同的履行、变更和解除程序，能够正确处理合同纠纷。

一、第三方物流服务合同概述

1. 第三方物流服务合同的概念

第三方物流服务合同指第三方物流服务合同的当事人依法对第三方物流服务合同的内容，经反复协商达成一致意见，明确相互之间权利义务关系的协议。

第三方物流服务合同具有以下特点。

（1）是双务合同

第三方物流服务合同的双方均既享有权利，也负有义务。例如，第三方物流服务商有完成双方约定服务项目的义务，并有收取相应费用的权利；而第三方物流服务商的客户有支付服务费的义务，也有获得完善服务的权利，一旦出现服务瑕疵，有向服务商索赔的权利。

（2）是有偿合同

第三方物流服务商以完成全部服务为代价取得收取报酬的权利，而第三方物流服务商的客户享受完善服务的权利是以支付服务费为代价的。

（3）是要式合同

第三方物流服务合同一般涉及运输、仓储、加工等内容，运输中又可能包括远洋运输、公路运输、铁路运输、航空运输等，双方的权利、义务关系复杂，只有具备一定的形式，如书面形式，才能使合同得到更好的履行，才能更好地保护当事人的合法权益。

（4）是诺成合同

第三方物流服务合同的当事人各方意见一致，合同即成立。在第三方物流服务合同的标的物交付之前，物流服务需求方和第三方物流企业可能已经为履行合同进行了准备，支出了成本，如果以交付标的物为合同成立的要件，不利于保护双方当事人的利益。

（5）有约束第三者的性质

第三方物流服务合同的双方是服务方和客户方，而收货方有时没有参加合同的签订，但服务商应向作为第三者的收货方交付货物，收货方可直接取得合同规定的利益，并自动受合同的约束。

2. 合同主体法律关系

由于第三方物流服务合同中一般都会涉及运输、仓储、加工、装卸搬运等内容，而第三方物流经营人拥有的资源有限，通常会涉及业务的分包，因此第三方物流服务合同当事人之间的法律关系也就变得比较复杂。总的来讲，有以下 3 种。

（1）法律关系

第三方物流经营人自己完成物流合同所约定的内容时，当事人双方形成相应的法律关系，如运输法律关系、仓储法律关系、流通加工法律关系等。这时，物流合同当事人之间的权利、义务关系就要受到《中华人民共和国合同法》（以下简称《合同法》）、《中华人民共和国海商法》等法律的约束。

（2）委托代理关系

第三方物流企业一般不可能拥有履行物流合同的所有资源，因此不可避免在第三方物流合同中约定第三方物流经营人在一定权限内可以以物流需求方的名义委托第三人完成物流业务，这时第三方物流合同的当事人之间就形成了委托代理关系。这种委托代理关系包括直接代理关系和间接代理关系，即第三方物流经营人以物流需求方的名义同第三人签订分合同，履行物流合同部分内容，该分合同的权利、义务物流需求方也应享有和承担。

（3）居间法律关系

当第三方物流经营人只提供与物流有关的信息，促成物流需求方和实际履行企业签订合同，从中收取一定费用，而自己并未同任何一方签订委托代理合同时，第三方物流当事人之间就存在居间法律关系。第三方物流经营人处于居间人的法律地位，享有报酬请求权，并依法承担相应的义务。

3. 第三方物流合同的当事人

第三方物流合同当事人一般包括以下 3 种。

（1）物流服务需求方

物流服务需求方一般作为物流合同的当事人之一，享有法律及第三方物流服务合同规定的权利，履行相应的义务，是物流法律关系中主要的一方。主要包括制造业和流通业中的物流服务需求企业或个人。

（2）第三方物流经营人

第三方物流经营人是物流合同的另一当事人，通常是与物流服务需求方签订物流服务合同的第三方物流企业。

（3）物流合同的实际履行方

物流服务需求方和第三方物流经营人是第三方物流法律关系中重要主体，但一般还包括物流合同的其他实际履行方，包括运输企业、仓储企业、加工企业、港口企业等。第三方物流经营人通过实施代理权或分包权使这些企业参与物流合同的履行，成为第三方物流法律关系不可或缺的主体。

二、第三方物流服务合同的订立

1. 合同的磋商

合同的磋商是订立合同的前提和基础性工作。为了就第三方物流服务的标的、服务质量、服务期限、付款方式等内容达成一致意见，交易双方通常需要反复多次磋商，直到条件成熟才能进入合同签约阶段。合同磋商表明交易双方已进入实质性交涉阶段，所以具有以下特点。

1）磋商目标明确，涉及实质性问题。

2）磋商是以法律形式确认双方交易的有效性。磋商如果能进入签约阶段，则标志着双方合作的开始。

3）磋商人员较重要。签订合同要符合法律程序，具有合法性。而要确保合同为有效合同，双方的签字人必须是法人或委托代理人。所以，在合同磋商中，参与谈判的人员一般需具有决定权。

2. 合同的订立

第三方物流服务合同是表明处于平等法律地位的第三方物流服务商与其客户的民事法律关系的协议书，只有在双方意思表达一致时才能成立。与其他合同一样，其订立过程是双方协商的过程。

（1）要约

要约也称订约提议，是主体一方向他方提出订立物流服务合同的建议。第三方物流服务商为了揽取相关物流服务项目，对自己企业、业务范围（包括运输线路、货物交接的地域范围、运输能力、相关设备设施、服务价格、双方的责任、权利、义务等）做广告宣传，并用运价表、提单条款等形式公开说明。这种行为可以看作第三方物流服务发出的要约。一般来讲，要约中要有与对方订立合同的愿望和合同应有的主要条款，要求对方做出答复的期限等内容。在要约约定的答复期内，要约人受其要约的约束。

（2）承诺

承诺也称接受订约提议，是主体一方完全同意要约方提出要约的主要内容和条件的答复。要约人收到承诺时，双方就要签订物流服务合同；如收到承诺时已经具备了符合法律规定的合同形式，合同就成立了。

如果要约的接受方不完全同意要约而改变了其中的主要条款，就意味着对原来订约条件的拒绝，而是接受方提出了新的订约提议。订立合同的过程，往往是一方提出要约，另一方又再提出新的要约，反复多次，如最后合同关系能成立，总是有一方完全接受了对方的要约内容。

三、第三方物流服务合同的履行、变更和解除

1. 第三方物流服务合同的履行

第三方物流服务合同的履行是指第三方物流服务合同的当事人按照合同的约定，完成承担的义务的行为。第三方物流服务合同的履行是以有效的合同为前提。因此，合同当事人应自觉重合同、守信用，严格按合同要求的服务标的、数量、质量、履行期限、履行地点、履行方式，完成规定的义务。

2. 第三方物流服务合同的变更和解除

第三方物流服务合同签订后，任何一方不得擅自变更或解除。如果当事人因故不可能履行合同，就需要依法变更或解除合同。

第三方物流服务合同的变更是指当事人对合同没有履行或没有完全履行时，由当事人依照法律规定的条件和程序，对原合同进行补充或修改，经补充或修改的合同重新确立当事人的权利和义务。

第三方物流服务合同的解除是指当事人对合同没有履行或没有完全履行时，由当事人依照法律规定的条件和程序，终止原合同关系。合同终止后，原合同确定的当事人的权利义务关系就不再存在。

3. 第三方物流服务合同的变更和解除的条件

1）当事人双方经协商同意，并且不因此损害国家利益和社会公共利益。

2）不可抗力。对当事人不能预见、不能克服的自然现象和社会现象，因导致的结果不同，由当事人确定解除或变更。

3）如果一方在合同约定的期限内没有履行合同，另一方有权决定变更或解除合同。

第三方物流服务合同的变更和解除要采用书面形式。

4. 不允许变更或解除合同的规定

1）当事人一方发生合并、分立时，而要由变更后的当事人承担或分别承担履行合同的义务和享受应有的权利。

2）合同订立后，不得因承办人或法定代表人的变动而变更或解除合同。

四、合同纠纷的解决

合同纠纷是指合同主体因合同的产生、履行、变更和解除等行为而引起的争议。合同签订后，其履行需要一个过程，各主体之间基于不同的局部利益，当事人之间在经济活动中可能会在权利义务关系上发生分歧和矛盾。为了有效地解决纠纷，我国先后制定了经济纠纷处理的各种法律制度，通过依法处理经济纠纷，可以正确判定当事人的权利义务关系，明确他们各自的经济责任，保护他们的合法权益。

解决合同纠纷的方式有 4 种：协商、调解、仲裁和诉讼。

（1）协商

协商是指合同纠纷发生后，双方当事人在平等互利、自愿互谅的基础上，按照国家有关法律、政策和合同的约定，相互进行磋商，从而达成协议，解决纠纷的行为。当事人双方协商解决经济纠纷，要分清责任，依法进行。

（2）调解

调解是指合同纠纷发生后，当事人双方自愿在第三者主持和调停下，通过协商取得谅解，达成协议，从而解决纠纷的行为。一般而言，解决经济纠纷的形式有两大类：诉讼调解和非诉讼调解。诉讼调解是指人民法院在审理经济纠纷的过程中进行的调解；非诉讼调解主要是指仲裁中的调解、行政调解、律师的非诉讼调解、基层群众组织和其他组织和个人主持的调解。无论采取哪种形式的调解，都必须坚持合法和自愿的原则，在弄清事实的基础上，明辨是非，分清责任，从而解决当事人的纠纷。

（3）仲裁

仲裁也称公断，是指合同纠纷发生后，仲裁机关根据双方当事人自愿达成的仲裁协议和合同条款的约定，以第三者的身份对当事人之间因合同订立或履行发生争议时，按照法律规定，在事实上作出判断，在权利义务上做出裁决的一种法律制度。

我国的仲裁机构是仲裁委员会和仲裁协会。前者由省一级人民政府组织有关部门和商会统一组建，而后者是自律性组织。根据仲裁法规定，通过仲裁解决的争议事项，一般仅限于在经济、贸易、海事、运输和劳动中产生的纠纷。与第三方物流业相关的仲裁有民间仲裁、社团仲裁和国家行政机关仲裁。

我国实行的是“或裁或审”制度。仲裁法将仲裁协议作为受理仲裁案件的依据，当事人在合同中没有订立仲裁条款或事后没有达成书面协议的，仲裁机构不予受理；在合同中订有仲裁条款或事后达成书面仲裁协议的，人民法院不予受理。

（4）诉讼

诉讼是指合同纠纷发生后，人民法院根据合同当事人的请求，依法对合同纠纷进行审理和判决的一种法律制度。人民法院“以事实为依据，以法律为准绳”，依法对其管辖范围内合同纠纷进行审理判决，是解决合同纠纷的一种重要方式。诉讼权威性强、程序严格，其判决具有法律约束力。法律规定：“因合同提起诉讼，由被告所在地或者合同履行地人民法院管辖。”同时又规定：“合同的双方当事人可以在书面合同中协议选择被告所在地、合同履行地、合同签订地、原告所在地、标的物所在地人民法院管辖。”法律还规定，一般经济纠纷案件，基本上参照民事诉讼法程序的规定。

案例 6-7

中储物流与美的西安公司物流服务合同纠纷及解决办法

2004 年 5 月 1 日，中储物流与美的西安公司签订了仓储保管合同（见案例 6-8），在随后的实际执行中，由于天气、税务、仓库面积等原因困扰着双方的合作。

仓储合同签订后，美的公司开始进行紧张的备货。由于该年气温升高，空调器的销售状态良好，在中储物流出现了严重的“爆仓”现象，美的公司租用的 5 号仓库中的 6000 平方米已经不能满足要求，过道上堆满了货物，层高超高现象十分严重。为了解决问题，美的公司紧急同中储物流进行商议，由于只是短期内使用，中储无法满足其要求，若再租赁其他仓库，管理和短途搬运成本都显得难以承受。从仓储企业角度出发，需对空仓率严格限制，不能让仓库闲置而留给只有 3 个月销售时间的美的公司预备。美的公司经过通盘考虑后，决定通过给予仓库其他客户一定的补偿，而使用他们的面积。

随后，新的问题又出现。美的公司要求中储物流按生产批次采用先进先出法进行出库作业，但由于仓库面积有限，不能将不同批次货物分开储存，后进的货物堆积在先进的货物上，结果直接影响了销售计划的完成。

在双方的合作中，还出现了发票问题。在原合同中约定中储物流开具正式发票，但是在税务机关进行审计时，要求属于房屋租赁性质的企业须开具房屋租赁发票。而作为物流公司的中储物流无法开具，因为其业务已超出了单纯的租赁关系，并且租赁业发票要增加 12%的房产税，由谁来承担，对于利润微薄的仓储业来讲，这是一个很难解决的问题。鉴于仓储业的经营范围既包括房屋租赁的性质，又超出了租赁业的范畴，所以，最后中储物流与美的公司经过协商各自承担一半的税金。

简评：以上关于仓储面积、发货批次、票据核算的纠纷在实际工作中可能会经常发生，所以我们应当找到办法来规避纠纷发生的可能。对仓储面积问题，在签订合同时可以按照销售数量测算扩容的仓储容量，在合同中加以约定，如 5～7 月扩容 2000 平方米，物流企业必须满足此条件，考虑其他时间仓库空置，扩容价格可上浮 20%。对发货批次问题，可约定美的公司派专人审核，出库时认真核对批次，在仓库的储位管理上精打细算，使各批次之间留有一定的识别位置。关于发票事宜，完全是在签订合同时没有财务部门的审核造成的，所以，再次签合同时，必须考虑到财务部门的权利，避免在合同执行时发生不愉快的事。

案例 6-8

仓储合同样本

仓 储 合 同

合同编号：CCE72003

存货方：陕西美的空调销售有限公司

保管方：陕西中储物流有限公司

签订地点：中储物流

根据《中华人民共和国合同法》和《仓储保管合同实施细则》的有关规定，存货方及保管方根据委托储存计划和储存容量，为明确双方的权利、义务，经双方协商一致，签订本合同。

第一条　签订合同双方关系

1. 存货方

经陕西美的空调销售有限公司授权委托对仓储货物进行管理。

2. 保管方

仓库业主。存货方租用保管方的库房，同时委托保管方提供符合国家管理标准的仓储业务经营条件。

第二条　中转仓库名称、地址、类型、租用面积、租用期限

1. 中转仓库名称

中储物流西安中转仓。

2. 地址

西安市咸宁东路502号。

3. 仓库类型

室内仓库。

4. 租用面积

5号仓库，面积为6432平方米。

5. 租用期限

租用期限自二零零四年五月一日起至二零零五年四月三十一日止。

第三条　储存商品的品名、规格、数量、质量和包装

1. 商品品名

空调器。

2. 商品规格、数量和包装

依美的公司的《产品内部调拨单》确定。

3. 商品质量

符合美的公司质量标准。

第四条　商品验收内容、标准、检验方法、时间、资料

1. 验收内容、标准

外观色件无损伤、无划花、随车附件齐全。包装箱：外包装完好，无损坏或开箱迹象。

2. 检验方法、时间、资料

由存货方驻地人员、保管方仓管员、运送司机在整车调拨入库时检验，检验结果记录于《整车入库单》上，经当事人签字确认后反馈给存货方。

3. 其他事项

如发现不符合验收标准或其他异常现象，保管方应及时向存货方报告并让运输方签名确认。

第五条　商品保管条件和保管要求

1. 保管条件

1）保管方提供符合国家标准的室内仓库供存货方使用，在租用期内保管方必须确保专库专用，不得存放其他与存货方无关的产品，并安排专职保管员负责日常收、发货管理。

2）存货方委托保管方全权负责仓库的安全防火、防盗、防虫蚁、防雨、防潮等硬件的设置工作，并负责避雷针的设置、检查、维修。

3）保管方做到仓库内地面用油漆划定区域线摆放整机；包装整机入库时，必须垫上地台板；商品与墙之间要留 50 厘米间距，不同品种之间的堆放根据具体情况留适当间隔；保持室内通风、透气、干爽。

4）与存货方租用的仓库相邻的仓库不能保管易燃、易爆和有腐蚀性的物品和在库房内动火。

5）存货方租用的仓库吊机要切断电源、电闸。

2. 保管要求

1）保管方须按照存货方《中转仓库管理规定》保管好商品，并且按存货方单证运作程序收、发货物。当商品入库后，应做好当天入库货物台账记录，并且在每一堆垛商品中挂上清晰、准确的标识牌或销存卡。商品出库时，必须严格做到先进先出（包装箱车按捆包日期顺序，散车按生产日期顺序进行先进先出，特殊情况除外）将当天出、入库品种、数量记入报表，并督促客户提货后必须盖好防雨帆布，以免中途被雨水淋湿。

2）商品的储存堆放。散车：行与行、列与列之间必须整齐、安全。包装箱：必须按规定堆叠四层；上下层叠放，栋与栋之间要整齐、安全。

3）保管方全面负责存货方的商品装卸，装卸过程需使用的辅助工具如叉车等由保管方负责，装卸作业司机必须严格按存货方的有关装卸要求进行。

4）仓库的消防安全管理详见附件二中相关内容。

5）保管方应定期对仓库库房进行检查、修葺工作，以确防漏雨等不良情况的发生。

6）保管方有义务对存放在保管方仓库内的存货方商品进行定期检查，包括库房环境，防火、防盗、防潮、防鼠、防白蚁等工作。每天做好《仓库安全检查表》的填写，发生异常情况须及时向存货方反映，并采取有效措施。

7）保管方必须具备第五条第一款所述设施的前提下，做好商品存储的防火、防盗、防潮、防鼠、防白蚁、防漏等工作。在本合同执行期间，除人力不可抗拒的自然灾害及非存货方责任外，由于保管方管理不善或人为因素造成整车零件的损失、被盗、火灾、受潮及发错货导致账物不符而造成盘亏应由保管方承担全部责任，并向存货方全额赔偿。

第六条　商品收发管理、入库手续、出库手续、收发货信息反馈详见附件中相关内容

第七条　计费项目、标准、结算方式、支付形式、时间

1. 计费项目、标准

1）仓库租金：按每月 7 元/平方米计算（含保管方的协助、管理费，在合同期内价格不可上浮）；并开具正式税务发票。

2）装卸车作业费：按 300 元/（辆 · 次）（以标准车 7.2 吨计算），在装车时由经销商支付（在合同期内价格不可上浮）。

3）存货方租用保管方一间办公室，保管方免费提供办公所需桌椅、文件柜供存货方日常工作，办公室每月租金为 150 元，存货方按月支付。

4）保管方提供一条专用电话线供存货方日常工作使用，存货方按每月实际发生额支付电话费给保管方。

2. 结算方式、支付形式、时间

1）每月 2 号（遇节假日顺延）前保管方将仓储费用表交存货方审核、确认。

2）保管方的仓储费用由存货方与其结算，次月 20 号前（遇节假日顺延）支付上月仓储及电话费。

3）合同到期，存货方不再继续租赁仓库时，应在商品出库时一次性结清仓储费用。

第八条　违约责任

1. 保管方责任

1）在商品保管期间，未按合同规定的储存条件和保管要求保管商品，造成商品丢失、划花、损坏的，应承担赔偿实际损失的责任。

2）由于保管方在保管、装卸过程中未按标准而野蛮作业，造成货物被损坏的，保管方应承担赔偿责任。

3）由于保管方的责任，造成货物不能正常入库，应按合同规定赔偿存货方运费和支付违约金，违约金为每逾期一日按实际运费的 5‰计收。

4）保管方雇用的工作人员不听从存货方驻地人员的指令按期发货或发错货，应赔偿存货方逾期交货或发错货造成的实际损失。

2. 存货方的责任

1）存货方支付应负给保管方的款项，需逾期的应与保管方协商，否则，每逾期一日按需向保管方支付违约金，违约金按应支付款项的 5‰计收。

2）由于存货方出、入库凭证制作错误，保管方提出询问意见后仍不更改，由此造成的损失由存货方负责。

3）商品出现异常情况的，在保管方通知后不及时做出处理，造成的一切损失由存货方承担。

第九条　变更和解除合同的期限

1）在租用期内由于保管方管理上失误或库房硬件发生变化影响到合同正常执行时，存货方有权调整或终止合同。

2）合同期满，或因业务变化，中途需变更或解除本合同，存货方与保管方应至少提前 30 天以书面形式通知对方，并协商解决。

3）由于不可抗力事故，致使直接影响合同的履行或者不能按照约定的条件履行时，遇有不可抗力事故的一方，应立即将事故情况通知对方，并应在 5 天内按事故对履行合同影响的程度，由双方协商解决是否解除合同，或者部分免除履行合同责任，或者延期履行合同。

第十条　货物保险

货物保险由存货方向保险公司购买，而房屋保险由保管方自行投保。若美的公司商品存放在保管方仓库内遭受到上述第五条第二款第八点规定的而非保管方责任的损失时，存货、保管双方有义务会同美的公司向当地保险公司办理索赔手续。

第十一条　争议的解决方式

在本合同执行过程中，如有未尽事项由双方共同协商解决。协商不成，向合同仲裁机构申请仲裁，也可向合同签订所在地人民法院起诉。

第十二条　本合同未尽事宜，按《中华人民共和国合同法》和《仓储保管合同实施细则》执行，或经存货、保管双方协议后做相关补充。

第十三条 本合同附件为本合同不可分割部分，并与本合同同时签署生效。

本合同一式两份，存货方、保管方各执一份，均具同等法律效力。

存货方：陕西美的空调销售有限公司　　保管方：陕西中储物流有限公司

地址：东关正街招商局广场　　地址：西安市咸宁东路502号

委托代理人:　　委托代理人:

电话:　　电话:

日期:　　日期:

五、第三方物流服务合同的种类

第三方物流服务合同种类很多，有仓储合同、保管合同、委托代理合同、公路运输合同、租船合同、海上货物运输合同、航空运输合同、多式联运合同、设备租赁合同、保险合同、承揽合同等。以下就几种常用的合同进行简单介绍。

1. 运输合同

运输合同又称运送合同，是承运人将旅客或者货物从起点运输到约定地，旅客、托运人或者收货人支付票款或者运费的合同。

一般来说，运输合同的当事人有承运人和托运人两方，如果收货人不是托运人，则运输合同当事人有承运人、托运人和收货人三方。运输合同的标的是运送行为，不是被运送的货物或旅客。

运输合同原则上为双务有偿合同。承运人的基本义务就是在约定期间将旅客或货物按时、安全、准确运送到约定地点，托运人、收货人或旅客则有向承运人按约定支付运费的义务，这两种义务互为对等。案例6-9是一个简单的货物运输合同样本。

案例6-9

货物运输协议书

协议双方的详细情况如图6-1所示。

货物运输协议书

委托方		承运方	
托运单位		承运单位	
地址		地址	
电话		电话	
邮编		起止日期	
货物名称		司机姓名	
货物性质		家庭地址	
件数		驾照编号	
重量		身份证号	
起运地		车型	
目的地		车牌号	
收货单位		车架号	
收货单位电话		发动机号	

图6-1 货物运输协议书

协议条款:

第一条　本批次货物运输由承运方安全运抵目的地。经协商，运费采用包干形式，全程运杂费总计人民币（大写）________元。货物装卸车费用由委托方负责。

第二条　货物由承运方点件验收装车后，委托方支付运费金额的____%，余款在委托方随车代表收到有效签收单后一次付清。

第三条　本批次货物必须于____年____月____日____时以前送达收货人，逾期一日，委托方按100元/天扣除承运方运费。

第四条　货物在运输途中，因委托方手续不全，造成补税扣罚款等经济损失，由委托方负责。停车费、食宿、过桥过路费等其他费用由承运方负责。有关货损、货差、雨湿污损、短斤少件、被盗、货物超限运输及交通事故造成的经济损失由承运方负责。货物品串错由委托方随车代表负责。

第五条　本协议未尽事宜，概按《国家公路货物运输管理办法》和《公路货物运输合同实施细则》执行。本协议一式两份，经双方协商认可签字生效。本协议生效后出现的违约和纠纷的处理，如双方协商调解不成，则由签约地经济合同仲裁委员会仲裁，或由签约地人民法院判决。

第六条　补充条款（略）。

委托方签章:　　　　　　　　　　　　承运方签章:

签订地点:

签订日期:　____年____月____日

图6-1　货物运输协议书（续）

2. 货物运输合同

货物运输合同是指承运人将货物运送至约定的地点，托运人向承运人支付运费的合同。货物运输合同可根据不同的标准进行分类，如表6-8所示。

表6-8　货物运输合同的分类

<table>
<tr><th>分类标准</th><th colspan="2">主要类型</th><th>说　明</th></tr>
<tr><td rowspan="5">按运输工具分类</td><td colspan="2">航空运输合同</td><td rowspan="5"></td></tr>
<tr><td colspan="2">铁路运输合同</td></tr>
<tr><td colspan="2">公路运输合同</td></tr>
<tr><td colspan="2">水运运输合同</td></tr>
<tr><td colspan="2">管道运输合同</td></tr>
<tr><td rowspan="3">按运送方式分类</td><td colspan="2">单一运输合同</td><td>指以一种运输工具进行的运输</td></tr>
<tr><td rowspan="2">联合运输合同</td><td>国内联运合同</td><td rowspan="2">指以两种以上运送工具进行同一运输</td></tr>
<tr><td>国际联运合同</td></tr>
</table>

（1）货物运输合同的签订

托运人办理货物运输，应向承运人准确表明收货人名称、货物性质、重量、数量、收货地点等有关货物运输的必要信息。因托运人申报不实或遗漏重要情况，造成承运人损失的，托运人应当承担损害赔偿责任。例如，错标收货人，导致承运人无法交货或延期交货而影响收入；报错收货地点导致承运人多走冤枉路而增加成本；报错货物性质、重量、数量导致安全事故致使承运人受损等。

货物运输需要办理审批、检验等项手续的，托运人应将办理完有关手续的文件提前交承运人。例如，某些特殊货物、动植物、出入关货物、危险品等的运输，需向有关行政机关办理审批、检验或检疫手续。托运人未按规定办理有关证明文件，承运人有权拒运；对于托运人提供虚假证明或未提供证明导致延迟运输、货物毁损、灭失，承运人不承担或免除相应违约责任。

（2）货物运输包装的规定

托运人应当按约定的方式包装货物。如果包装方式没有约定或者约定不明确的，双方当事人可以就包装方式进行协议补充。托运人托运易燃易爆、有毒有害、腐蚀性、放射性等危险品的，应当按《危险货物运输规则》的要求对危险货物妥善包装、做出危险标志和标签，并将危险品的名称、性质、防护措施的书面材料提交承运人。托运人违反妥善包装义务的，承运人可以拒绝运输，即承运人有权拒绝与托运人缔结运输合同，或者在运输合同成立、履行过程中解除合同；同时，承运人有权采取相应措施避免损失发生，但因此产生的费用由托运人承担。例如，在海上运输中，因托运人瞒报危险品性质导致危险发生，承运人可以将该危险品抛入大海不再运输，且不承担赔偿责任。

（3）托运人单方变更或解除货物运输合同的规定

承运人将货物交付收货人之前，托运人可以请求承运人终止运输，返还货物，变更到达地或者将货物交给其他收货人，但应当赔偿承运人因此受到的损失。

（4）货物运输到达后，承运人与收货人的相关义务

承运人有及时通知收货人的义务。收货人有接到到货通知后及时提货的义务；收货人有应交费用义务，如合同规定运杂费由收货人支付的，收货人应当支付。

（5）收货人提货时检验货物及索赔时效的规定

收货人提货时应按约定期限检验货物。对检验货物的期限没有约定或者约定不明确的，应在合理期限进行检验。收货人在约定期限或合理期限内对货物的数量、毁损等未提出异议的，视为承运人已经按照运输单证的记载交付货物。收货人验货后发现货物损坏、损失等与合同内容不符情况，应立即向承运人提出异议。

收货人索赔时效，一般是收货人自提货之日起 6 个月内不行使而消失。收货人必须在索赔期限内向承运人提出索赔要求，超过索赔期再进行索赔，不受法律保护，收货人丧失请求权。

（6）承运人对货物毁损、灭失的损害承担赔偿责任

承运人对运输过程中因过错而造成货物毁损、灭失承担赔偿责任，但承运人证明货物的毁损、灭失是因不可抗力、货物本身的自然性质或者合理损耗，以及托运人、收货人过错造成的，不承担损害赔偿责任。但货物在运输过程中因不可抗力灭失，未收取运费的承运人不得要求支付运费，已收取运费的，托运人可以要求返还。

（7）数个承运人以同一运输方式联运时，各承运人的责任

与托运人订立合同的承运人应当对全程运输承担责任。损失发生在某一运输区段的，与

托运人订立合同的承运人与该区段的承运人承担连带责任。

（8）承运人对运输货物的留置权和提存货物的规定

留置权是指债权人按照合同约定占有债务人的动产，当债务人不按照合同约定的期限履行债务时，债权人可依法留置该财产，以该财产折价或者拍卖、变卖该财产的价款优先受偿的担保物权。享有留置权的债权人叫作留置权人，留置的财产称为留置物。在货物运输合同中，承运人是留置权人，不支付运费、保管费及其他运输费用的托运人或收货人是留置物所有人。法律规定承运人享有留置权，目的在于利用物之交换价值担保承运人的运费、保管费及其他相关费用的请求权。承运人享有留置权的成立要件如下：承运人依据合同占有托运人、收货人的动产；承运人的债权未在清偿期内获得满足；承运人的运费、保管费及其他费用请求权与占有的运输货物之间有牵连关系；承运人留置权的成立不得违反社会公共利益和社会公德；承运人与托运人、收货人之间预先没有排除留置权的约定。

3. 多式联运合同

（1）多式联运合同的概念

多式联运合同是指多式联运经营人以两种以上的不同运输方式将货物从发运地运至目的地的合同。多式联运合同除具有一般运输合同的特征外，还具有以下特点。

第一，承运人为两人以上，但合同只有一个。

第二，各承运人以相互衔接的不同运送手段承运。

第三，托运人一次交费并使用同一运送凭证。

（2）多式联运经营人的权利和义务

多式联运经营人对全程运输享有承运人的权利，承担承运人的义务。

1）多式联运经营人的权利。主要包括以下几项。

第一，有权向托运人、收货人收取符合规定的各项费用。

第二，如能证明其本人、受雇人、代理人或履行联运合同而服务的任何人，为避免事故的发生及其结果，已经采取一切可能的合理措施时，则有权拒绝负赔偿责任。

第三，如果多式联运经营人由于发货人或其雇佣人或代理人的过失或疏忽而遭受损失，多式联运经营人有权向发货人提出索赔。

2）多式联运经营人的义务。主要包括以下几项。

第一，必须将多式联运合同中记载的货物运至目的地，履行多式联运合同规定的义务。

第二，在运输的责任期间，对货物的灭失、毁损、延迟交货等造成的损失负赔偿责任。

第三，如果多式联运经营人故意欺诈，在多式联运单据上列入有关货物的不实资料，或者漏列有关应载明的事项，或货物的毁损是由多式联运经营人故意造成，则有义务负责赔偿因此而遭受的任何损失或费用。

第四，在托运人或收货人如期按规定支付各项费用后，必须向收货人交付货物。

（3）多式联运经营人与各区段承运人之间责任的划分

在多式联运中，多式联运经营人作为联运合同的缔约者和组织者，各区段承运人作为联运合同的实际履行者，他们作为共同一方与托运人、收货人发生多式联运法律关系。在多式联运经营人组织履行多式联运合同的情况下，它一般又处于各运输区段的托运人地位，与各运输区段的承运人发生关系。

合同法突出了多式联运经营人的地位，将多式联运经营人与承运人的身份地位分别开来，并对其责任划分做了原则规定，即多式联运经营人可以与参加多式联运的各区段承运人就多式联运的各区段运输订立合同约定相互之间的责任，同时，为保护托运人利益，合同法明确规定“该约定不影响多式联运经营人对全程运输承担的义务”。也就是说，多式联运经营人与各区段的约定不影响多式联运经营人对托运人的损害承担连带责任，在此前提下，多式联运经营人与各区段承运人可以约定相互的责任，以明确双方的权利义务关系，更好地履行合同和处理事后的纠纷。

（4）多式联运经营人签发多式联运单据的规定

所谓多式联运单据，是指多式联运经营人在接管货物时，向发货人或托运人签发的，证明多式联运合同及证明多式联运经营人接管货物，按照合同条款交付货物的单据。它是多式联运合同的证明，是多式联运经营人已接管货物的收据，也是多式联运经营人交付货物和收货人提取货物的凭证。

由于多式联运合同涉及多个当事人、多种运输工具，其内容较复杂，故联运合同的订立均采用书面形式。在履行多式联运合同初始阶段，收货人接受货物时，多式联运经营人应当签发专门多式联运单据，以明确多式联运合同的基本内容，记载货物运输的状态和流程，方便收货人提取货物。该单据应由多式联运经营人或经他授权的人签字。

多式联运单据应载明下列事项。

1）货物名称。

2）货物重量、件数。

3）货物的包装。

4）运输方式。

5）联运人接管货物地点、交货地点和换装地点。

6）托运人、收货人名称及详细地址。

7）运费、港口费和有关的其他费用及结算方式。

8）承运日期及到达期限。

9）经由站名及线名。

10）货物价值及双方商定的其他事项。

多式联运单据分为可转让单据和不可转让单据两种，托运人可根据自己的需求进行选择。

多式联运单据以可转让方式签发时，应列名按指示交付或向持票人交付。如列明按指示交付，须经背书后转让；如列明向持票人交付，无须背书即可转让。

多式联运单据以不可转让的方式签发时，应指明记名的收货人，联运人将货物交给记明的收货人后，该联运人即已履行其交货责任。

（5）托运人的损害赔偿责任

托运人的损害赔偿责任主要有 3 点。

1）托运人对多式联运承运人的损失应当承担违约损害赔偿责任。

2）托运人对多式联运承运人的损害赔偿责任的归责原则是过错责任原则。

3）托运人已经转让多式联运单据不能成为其承担损害赔偿责任的免责事由。即使托运人已经转让多式联运单据，只要能证明是因为托运人托运货物时造成多式联运承运人损失的，他仍然应当承担按时完成赔偿责任。

（6）多式联运经营人的货物损害赔偿责任

多式联运经营人的货物损害赔偿责任主要有以下几项。

1）多式联运经营人应对其责任期间货物的毁损、灭失承担违约损害赔偿责任。责任期间一般自其接管货物之时起到交付货物为止。

2）货损发生区段明确时，多式联运经营人的损害赔偿责任实行“网状责任制”，即如果货物的毁损、灭失发生于多式联运的某一运输区段时，多式联运经营人的赔偿责任和责任限额适用调整该区段运输方式的有关法律规定。

4. 仓储合同

（1）仓储合同的概念

仓储合同也称仓储保管合同，是指由仓储保管人储存存货人交付的仓储物，由存货人支付仓储费的合同。在仓储合同关系中，委托保管的人称存货人，实施保管的人称保管人，交付保管的标的物称为仓储物。仓储合同具有以下特征。

1）仓储保管人必须是拥有仓储设备并具有从事仓储经营资格的人。未经核准经营仓储业务者，不得订立仓储合同，这也是仓储合同与保管合同的重要区别。

2）仓储合同的保管对象是动产，不动产不能成为仓储合同的标的物。仓储合同法律关系的客体是仓储行为。

3）仓储合同为诺成、有偿合同。这一点显著区别于实践性的保管性合同，即合同从成立时即生效，而不是等到仓储物交付才生效。在仓储合同中，保管人是具有专业性和营利性的从事仓储经营的民事主体，合同一旦成立，在仓储物交付之前其必然要耗费一定的人力、物力、财力为履行合同做必要准备，若存货人此时反悔不交付货物，必然给对方带来损失。仓储合同成立生效后，双方既享有相应的权利也负有相应义务，故为诺成、双务合同；因存货人须向保管人支付仓储费，所以，仓储合同又是有偿合同。

4）仓储合同为非要式合同，合同法未对仓储合同的形式做特殊规定。

案例 6-8 是一个可供参考的仓储合同样本。

（2）仓储经营人的义务

仓储经营人的义务主要包括以下几项。

1）依存货人要求，向存货人开具由其签名的仓单的义务。

2）按合同约定，接受存货人交付储存的货物并将其入库。存货人应向保管人说明存储物的性质，如属危险品或易腐烂变质的物品，还应提供相应的货物资料（如说明书、化学检验单等），存货人违反规定的，保管人可以拒收，也可以采取相应措施避免损失发生，如转移仓位、增加保管手段，因此产生的费用由存货人承担。

3）按照合同约定的储存条件和保管要求，妥善保管储存物的义务。保管人应具有相应的保管条件，如防火、防盗、防毒等必要的措施。

4）在储存的货物出现危险时，保管人有义务及时通知存货人，因情况紧急，保管人可做出必要的处置，但事后应将该情况及时通知存货人或仓单持有人。

5）合同期满或因其他事由终止合同时，仓储保管人应将储存的原物返还给存货人或存货人指定的第三人。储存期满，存货人或仓单持有人应当凭仓单提取仓储物。存货人或仓单持有人逾期提取的，应当加收仓储费；提前提取的，不减仓储费。储存期满，存货人或仓单持有人不提取仓储物的，保管人可以催告其在合理期限内提取，逾期不提，保管人可以提存该物。

6）储存期间，因保管人保管不善造成仓储物毁损、灭失的，保管人应当承担损害赔偿责任。但因仓储物的性质、包装不符合约定或超过有效期造成仓储物质变、损坏的，保管人不承担损害赔偿责任。

（3）存货人义务

存货人的义务主要包括以下几项。

1）按照合同约定交存货物入库。

2）支付保管费。

3）偿付仓储经营人因堆藏、保管货物所支出的其他必要费用。

4）按照合同约定及时提取货物。

（4）仓单

《合同法》规定："存货人交付仓储物的，保管人应当给付仓单。"所谓仓单，就是指仓储保管人在收到仓储物时向存货人签发的表示已经收到一定数量的仓储物，并以此来代表相应的财产所有权利的法律文书。仓单具有以下法律特征。

1）仓单属于广义的有价证券。仓单表明持有人对仓储物享有所有权，即对仓储物有返还请求权，其权利的行使或转移，也必须以仓单占有或转移为必要条件，而且请求交付仓储物也须交还仓单，可见仓单属于广义的有价证券。

2）仓单为要式证券。仓单记载的主要事项是由法律确定的，因而，仓单必须经保管人署名，记录法律规定的必备事项后才有效。

3）仓单为法定指示证券。凡是依照法律可以通过背书转让的证券称为法定指示证券或背书证券。仓单可以背书转让，因而属于法定指示证券。

4）仓单为物权证券或交付证券。一般来说，仓单既具有债权效力，也具有物权效力。所谓仓单的债权效力，是指仓单持有人基于物权效力，有权要求保管人履行交付仓储物的义务。所谓仓单的物权效力，是指仓单代表所载物品，因而就其物权效力来说，仓单可称为物权证券。

仓单必须记载以下事项：①存货人的名称或者姓名和住所；②仓储物的品种、数量、质量、包装、件数和标记；③仓储物的损耗标准；④储存场所；⑤储存期间；⑥仓储费；⑦仓储物已经办理保险的，其保险金额、期间及保险人的名称；⑧填发人、填发地和填发日期。

仓单正反面的内容不同，下面举例说明。

案例6-10

某公司的仓单

仓单（GODOWN WARRANT）（第一联正面）

深圳赤湾仓储有限公司

SHENZHEN CHIWAN GODOWN CO，LTD.

深圳蛇口赤湾仓储大楼

GODOWN BUILDING，CHIWAN，SHEKOU，SHENZHEN,

TEL:

TELEX:　　　　FAX:

账号：
A/C No:
储货人：
Storer:
银主名称：
Held to the order of:
由
Ex:

批号：
Lot No:
发单日期：
Issued Date:
起租日期：
Storage payable from:
From:

兹收到下列货物依本公司条款储仓
Received the undernoted packages on storage subject to the terms and conditions specified overleaf of the original warrant

唛头及号码 Mark& Nos	数量 Quantity	所报货物 Contents said to be	每件收费 Charges per package
			每月仓租 Storage charge Per month 进仓费 Inward Charges 出仓费 Outward charges

总件数： Total:	经手人： Entered by:
总件数（大写）： Total（In words）:	

备注：
Remarks:
核对人
Checked By_________

仓单（GODOWN WARRANT）（第一联反面）

存 货 记 录

Delivery Record

日期 Date	提单号码 D/O No.	提货单位 Deliveried to	数量 Quantity	结余 Balance	备注 Remarks

储 货 条 款

第一条 本仓库所载之货物种类、唛头、箱号等，均系按照储货人所称填写，本公司对货物内容、规格等概不负责。

第二条 货物在入仓交接过程中，若发现与储货方填列的内容不符，我公司有权拒收。

第三条 本仓库不储存危险物品，客户保证入库货物绝非为危险物品，如果因储货人的货物品质危及我公司其他货物造成损失时，储货方必须承担因此而产生的一切经济赔偿责任。

第四条 储仓货由储货人自买保险，如发生人力不可抗拒的灾害或货物品质潮锈，漏耗变质、虫蚊鼠伤、霉烂亏损等情况，本公司概不负责。

第五条　为预防储仓因变质、渗漏而危及其他货物，本公司有权通告储货人，将货物搬出。如搬迁前已导致我公司蒙受损失，由储货人负责赔偿。

第六条　任何进入、停留、离开仓库的人，都必须遵守我公司制定的规章。除客户、货主外，公司有权拒绝任何人进入仓库，有权在库内搜查或扣留无故逗留人员及其车辆，以保证仓储物品免遭伤害和损失。

第七条　客户（储货人）凭背书之仓单或提货单出货。本公司收回仓单和分提单，证明本公司已将该项货物交付无误，本公司不再承担责任。

第八条　本仓单有效期一年，过期自动失效。已提货之分仓单和提单档案保留期亦为一年。期满尚未提清者，储货人须向本公司换领新仓单。本仓单须经我公司加印方为有效。

第九条　仓租，按平方米（层租）或立方米租仓，论月计算。储货不满一个月者，按一个月计租。每月 5 日前结算一次仓租，逾期一日按租金月总额的千分之一交付滞纳金。储货人在提货前必须缴清欠交的一切费用。

第十条　到期不付仓租，如我公司条款、价格有所更改，要按新条款、价格执行。

第十一条　仓单过户转让、储货人须出具证明，到公司业务室付清一切费用，并交付 20 元办单手续费。

第十二条　仓单遗失须凭客户单位（法人委托书）和委托人身份证明，到业务室办理报失手续，同时要付清原单一切费用，经我公司审核后才能提货，但办理报失手续前若货物已被提取，我公司概不负责。

第十三条　本公司对于储仓货物之责任，为仓租率的 100 倍，但每件最高赔偿额为港币 500 元。

第十四条　储货人接受本仓单视为同意本公司储货条款。

5. 保管合同

保管合同是指保管人保管寄存人交付的保管物，并返还该物的合同。具有以下特点。

1）保管合同的保管物只能是特定物或特定的种类物。保管合同终止后，保管人须将保管物归还寄存人。

2）保管合同中转移占有权。保管人对保管物无使用收益权，更无所有权。

3）保管合同原则上为实践合同，即自保管物交付时成立。但当事人可以约定不以保管物的交付为合同成立要件。

4）保管合同可以是有偿的，也可以是无偿的。

案例 6-11

保管合同

保管人:　　　　　　　　　　　　寄存人:

保管人与寄存人就物品的保管达成以下协议:

第一条　保管物品名称: ________________，数量: ________________，物品质量等

级：________，物品性质：________。

第二条 保管期间：从____年____月____日____时起，至____年____月____日____时止。

第三条 寄存人应支付保管费____元。如保管物有瑕疵，或按照保管物的性质需要采取特殊保管措施的，应将情况告知保管人。

第四条 保管期间，保管人应妥善保管保管物，不得使用保管物。

第五条 保管人与寄存人未依照法律及约定履行各自义务的，依合同法规定或当事人的约定承担损害赔偿责任。

第六条 本合同自保管物交付时起生效。

保管人：（签字） 寄存人：（签字）

____年____月____日

6. 委托代理合同

从某种意义上看，第三方物流也可称为代理物流，有不少第三方物流就是以代理为其主要业务的，如货代与船代，因而，委托代理关系在第三方物流中显得特别重要。案例 6-12 是一委托代理合同的例子。

案例 6-12

铁路运输代理服务合同

合同编号：________运输编号：________

甲方：________乙方：××市商业储运（集团）公司

甲方委托乙方代办货物的铁路运输事宜，根据《中华人民共和国合同法》及相关法律法规，本着“平等互利、自愿有偿”的原则，经双方协商一致，签订本合同。

第一条 代办服务项目

1. 在乙方铁路专用线到/发的整车货物接卸/发送

2. 在××市货站到/发的铁路集装箱货物、零担货物的接卸/发送

第二条 代办服务收费标准（本标准不包括铁路运输费用和保险费）。

1. 整车货物接送

服务项目	整车到卸费	到卸进仓包干费	整车发送费	出仓发送包干费
标准/（元/车）				

2. 集装箱货物接送

服务项目	1 吨箱	10 吨箱	20 英尺箱	40 英尺箱
集装箱接卸/（元/箱）				
集装箱发送/（元/箱）				

3. 零担货物接送

服务项目	元/吨	元/千克	另加（元/票）
零担接卸			
零担发送			

第三条　甲方委托乙方代办运输的货物应符合铁路运输包装要求，并与报称货物的品名、数量、重量相符，不得夹带、隐匿危险品及禁运物品，否则，由此造成的责任和损失由甲方负责。乙方一经发现前述物品，有权拒运。

第四条　甲方委托乙方接卸货物时，应在发货运单上注明收货人为“××市商业储运（集团）公司”，在托运人记载栏中注明“××仓库专用线卸车”字样，否则，造成货物未能在乙方专用线接卸的责任由甲方负责。

第五条　甲方委托代办运输货物的上站或出站由甲方负责（集装箱货物装卸除外）。

第六条　乙方不慎造成货损货差，由乙方按甲方进货价格赔偿；铁路部门或第三方责任造成的货损货差，乙方应提供相关证明交付甲方，并协助甲方向责任方索赔。

第七条　错发错运损失，由乙方造成的，乙方应承担由此造成的运费损失。属甲方责任的，乙方不负责任，但应积极协助甲方采取补救措施。

第八条　由于货物本身属性、包装不适、自然损耗或不可抗力造成的损失，乙方不承担责任。

第九条　由于不可抗力或铁路部门停装限运原因，影响合同履行或不能按约定履行时，应立即书面通知对方，双方协商合同是否继续履行。

第十条　代办服务费的结算方式为________。

1. 按车次支付的，发运货物上站后、离站前，应清算承付完毕。

2. 按月支付的，甲方应在收到乙方运输单证和发票后____日内承付，否则，按中国人民银行延期付款的规定支付违约金。

第十一条　其他约定事项。

第十二条　合同履行过程中，如发生争议，由双方协商解决，协商不成，可向合同履行地的铁路人民法院提起诉讼。

第十三条　合同未尽事宜，按《中华人民共和国合同法》及相关法律法规执行。

第十四条　合同有效期自____年____月____日起，至____年____月____日止。

第十五条　本合同一式二份，双方各执一份，双方代表签字、盖章后生效。

甲　　方：________________　　乙　　方：××市商业储运（集团）公司

法人代表：________________　　法人代表：________________

地　　址：________________　　地　　址：________________

开户银行：________________　　开户银行：________________

账　　号：________________　　账　　号：________________

代表人（签字）：____________　　代表人（签字）：____________

电　　话：________________　　电　　话：________________

传　　真：________________　　传　　真：________________

邮　　编：________________　　邮　　编：________________

单项实训二

案 例 分 析

某个体户赵某在前景仓库寄存彩电一批 100 台，价值共计 100 万元。双方商定：仓库自 2014 年 10 月 15 日～12 月 15 日期间保管，赵某分 3 批取走；12 月 15 日赵某取走最后一批彩电时，支付保管费 2000 元。12 月 15 日，赵某前来取最后一批彩电时，双方为保管费的多少发生争议。赵某认为自己的彩电实际是在 10 月 25 日晚上才进入前景仓库，应当少付保管费 250 元。前景仓库拒绝减少保管费，理由是仓库早已为赵某的彩电的到来准备了地方，至于赵某是不是准时进库是赵某自己的事情，与仓库无关。赵某认为前景仓库位于江边码头，自己又通知了彩电到站的准确时间，前景仓库不可能空着货位。只同意支付 1750 元保管费。前景仓库于是拒绝赵某提取所剩下的彩电。

请回答：

（1）赵某要求减少保管费是否合理？为什么？

（2）前景仓库在赵某拒绝足额支付保管费的情况下是否可以拒绝其提取货物？说明理由。

任务三 第三方物流客户服务管理

【任务描述】 要求学生准确理解第三方物流客户服务的内涵，熟悉物流客户服务标准，能灵活运用第三方物流客户服务策略。

在激烈的市场竞争环境下，当许多企业都能在价格、质量和特色等方面提供相类似的产品和服务时，第三方物流企业需要确定自己的核心业务和核心优势，差异化的客户服务能给企业带来独特的竞争优势。质量上的改进，如按时送货的改善、订单满足率的提高、准确的票据、订货提前期的缩短及整个物流系统生产率提高等，在短期内竞争对手是难以模仿的。因此，加强物流管理、改进客户服务是创造持久竞争优势的有效手段。此外，客户服务水平直接影响企业的市场份额、物流总成本，进而影响整体利润。

一、第三方物流客户服务的内涵

1. 物流客户服务的内涵

物流客户服务是物流企业为了满足其客户的物流需求，开展的一系列物流活动。

物流客户服务是第三方物流企业保持客户忠诚度、促进销售和提高利润的一种方法，其关键是理解和认识客户并了解他们的愿望。物流客户服务也可看作物流市场营销战略不可分割的一部分，它可以帮助第三方物流企业提高其服务的市场份额。物流客户服务也是第三方物流强有力的竞争武器，它与价格竞争相比有着独特的优越性。这是因为如果第三方物流企业降低服务价格，其竞争对手也能立即采取相应的降价对策来破坏该企业的竞争优势。而良好的顾客服务则需要较长时间的积累，竞争对手在短时间内无法模仿。通过物流客户服务，不仅可以留住老客户，而且可以赢得新客户。

2. 物流客户服务的要素

从物流服务的时间顺序看，物流客户服务要素可分为交易前、交易中、交易后三要素，如图6-2所示。

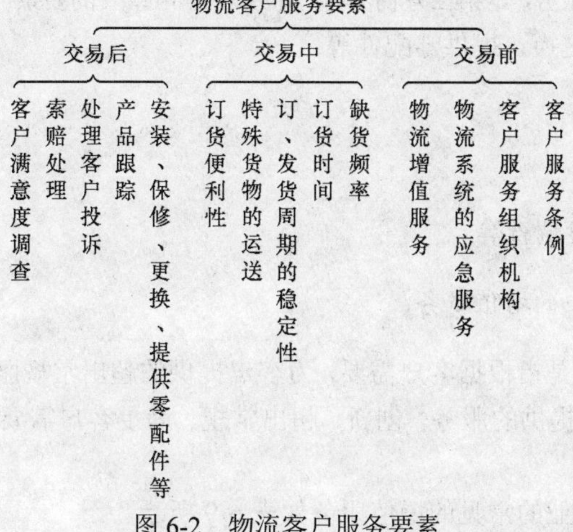

图6-2　物流客户服务要素

（1）交易前要素

交易前要素主要是为开展良好的客户服务创造适宜的环境。这部分要素直接影响客户对第三方物流企业的初始印象，为第三方物流企业稳定持久地开展客户服务活动打下良好的基础。主要包括以下几项要素。

1）客户服务条例。客户服务条例以正式的文字说明形式表示，其内容一般包括如何为客户提供满意服务、客户服务标准、客户服务职员的工作职责和服务规范等。

2）客户服务组织结构。第三方物流企业一般应有一个较完善的客户服务组织机构，并要明确各组织结构的权责范围，促进各职能部门之间的沟通与协作。

3）物流系统的应急服务。为了使客户得到满意的服务，在缺货、自然灾害、劳力紧张等突发事件出现时，必须有应急措施来保障物流系统正常高效运作。

4）增值服务。增值服务是为了巩固同客户的合作伙伴关系，向客户提供管理咨询及培训等，以利于同客户的长期服务。

（2）交易中要素

交易中要素主要是指直接发生在物流过程中的客户服务活动，主要有以下几项。

1）缺货频率。这是衡量产品现货供应比率的重要指标。一旦脱销，要努力为客户寻找替代产品或者在补进货物后再送货。由于缺货成本一般较高，因此要对这一因素详细考察，逐个产品、逐个客户进行统计，确定问题所在，有针对性地提出解决方案。

2）订货时间。要求向客户快速准确地提供库存信息、配送日期等信息，确定准确的订货时间。

3）订、发货周期的稳定性。订、发货周期是从客户下订单到收到货物为止所跨越的时间，随着竞争的日益激烈，控制好订、发货周期对客户来说是非常重要的。

4）特殊货物的运送。有些货物不能按常规方法运送，而需要采取特殊运送方式。提供特殊运送成本要高于正常运送。但为了跟客户长期合作，这一服务也是非常重要的。

5）订货便利性。一般来说，客户最喜欢同反应快速、工作效率高的物流企业合作。所以提供便利、快捷的订货服务非常重要。

（3）交易后要素

交易后要素即售后服务，是第三方物流客户服务中非常重要的要素。其主要内容有以下几项。

1）安装、保修、更换、提供零配件等。

2）产品跟踪。

3）处理客户投诉。

4）处理索赔事项。

5）进行客户满意度调查等。

3. 物流客户服务中的增值服务

增值性的物流服务是指根据客户需要，为客户提供的超出常规服务范围的服务，或者采用超出常规的服务方法提供的服务。创新、超出常规、满足客户需要是增值性物流服务的本质特征。

目前，国内物流企业的常见的增值服务如表 6-9 所示。

表 6-9 常见的物流增值服务

分　类	主要形式
承运人型	全程追踪、上门收货、车辆租赁、JIT 配送、回收、特殊运输、承运人评估等
仓储型	检验、安装、包装、拼货、退换、冷藏等
货代型	订舱、租船、包机、包舱、托运、装箱、拼箱、分拨、报关、报检、联运等
信息型	订单处理、查询、咨询、预测等
第四方物流	提供解决方案、资源优化整合、作业流程再造、组织结构重组、决策咨询

案例 6-13

美国 UPS 公司的物流服务特色

UPS（美国联合包裹运送服务公司）创建于 1901 年，每天有 1200 万件包裹和文件的运送量，每天需租用 300 多架包机。UPS 在美国国内和世界各地建立了 18 个空运中转中心，每天开出 1600 个航班，使用机场 610 个。UPS 的 34 万工作人员，分布在全球 2400 多个分送中心，他们每天驾驶着 13 万辆运送车，昼夜不停地为 200 多个国家和地区的客户提供“门到门”的收件、送件服务，UPS 每天上门取件的固定客户已逾 130 万家，每个工作日处理包裹 130 万件，每年运送 30 亿各种包裹和文件，成为年营业额 270 亿美元的巨型公司。

目前，UPS 的固定资产达 126 亿美元，在全球快递业中可谓独占鳌头。UPS 的经营之所以取得巨大成功，是与其富有特色的物流服务密切相关的。它的物流服务特色，主要可以概括为以下几方面。

（1）货物传递快捷

UPS 规定：国际快件 3 个工作日内送达目的地；国内快件保证在翌日上午 8 点以前送达。为了测试 UPS 的快递究竟快不快，UPS 总裁曾于星期三在北京向美国给自己寄了一个包裹，星期五当他回到亚特兰大公司总部上班时，包裹已经出现在他的办公桌上。在美国国内接到客户电话后，UPS 可以在 1 小时内上门取件，并当场用微型计算机办理好托运手续。

（2）报关代理和信息服务

UPS 从 20 世纪 80 年代末期起投资数亿美元建立起全球网络和技术基础设施，为客户提供代理报关服务。UPS建立的“报关代理自动化系统”使其承运的国际包裹的所有资料都进入这个系统，这样，清关手续在货物到达海关之前就已经办完。UPS的清关服务为客户节省了时间，提高了效益。UPS有6个清关代理中心，每天办理2万个包裹的清关手续。

（3）货物即时追踪服务

UPS的即时追踪系统是目前世界上快递业中最大、最先进的信息追踪系统。所有交付货物都能获得一个追踪条码，货物走到哪里，这个系统就跟到哪里。这个追踪系统已经进入全球互联网络，每天有1.4万人次通过网络查询他们的包裹行踪。非互联网络用户可以用电话咨询UPS客户服务中心，路易斯维尔的服务中心昼夜服务，200多名职员每天用11种语言回答世界各地的客户大约2万次电话查询。

（4）先进的包裹管理服务

UPS建立的亚特兰大“信息数据中心”可将UPS系统的包裹的档案资料从世界各地汇总到这里。包裹送达时，物流员工借助一个类似笔记本计算机的“传递信息读取装置”摄取客户的签字，再通过邮车上的转换器将签名直接输送到“信息数据中心”，投递实现了无纸化操作。送达后，有关资料将在数据中心保存18个月。这项工作使包裹的管理工作更加科学化，也提高了UPS服务的可靠性。

（5）包装检验与设计服务

UPS设在芝加哥的服务中心数据库中，抗震的、抗挤压的、防泄漏的各种包装案例应有尽有。服务中心还曾经设计水晶隔热层的包装方式，为糖果、巧克力的运输提供恒温保护；用坚韧编织袋包装，为16万件转换器提供了经得起双层磨损的材料，这类服务为客户节省了材料费和运输费，被誉为“超值服务”。

二、物流客户服务标准

提供有效的物流客户服务无论是对第三方物流企业，还是对物流企业的客户，都是非常重要的。物流客户服务的标准，可以用“7R”来描述，这“7R”就是在合适的时间（right time）、合适的场合（right place），以合适的价格（right price），通过合适的方式（right way）为合适的客户（right customer）提供合适的产品和服务（right product or service），使客户的合适需求（right want or wish）得到满足，客户价值得到提高。

1. 合适的客户

第三方物流企业必须对其客户进行筛选，对客户进行分类管理，为客户提供有差别的物流服务。一般客户提供基本服务，合适客户提供完善服务，关键客户提供完美服务，对有害的客户提供防御服务。

2. 合适的产品和服务

合适的产品和服务指产品或服务是客户真正需求的，按客户的要求提供有特色的、个性化服务。

3. 合适的价格

服务价格应确定在合理水平，应符合客户愿望，既不是越高越好，也不是越低越好。服务价格的制定应在考虑双方共同利益的前提下，在第三方物流企业和客户之间寻找到最佳结合点。

4. 合适的时间

客户的需要是一定时间的需要，第三方物流服务要在客户最需要的时候满足客户的需要，只有这样，才能真正实现物流服务的目的。

5. 合适的场所

在客户需要的地方、合适的情景中为客户提供恰当的服务，往往会起到事半功倍的效果。

6. 合适的渠道

第三方物流的服务方式要与客户的客观需求相适应，要能满足客户的要求。

7. 合适的需求

客户的需求有不同种类、不同层次。第三方物流企业寻找到合适的客户之后，还应该找准客户的合适需求，不同的产品和服务应该有相对集中的需求对象和需求点。

案例 6-14

摩托罗拉公司对其物流服务商提出的物流客户服务标准

摩托罗拉公司对物流服务商（中外运）有高标准的要求。

第一，要提供 24 小时的全天候准时服务。主要包括：保证摩托罗拉公司与中外运业务人员、天津机场、北京机场两个办事处及双方有关负责人通信联络 24 小时畅通；保证运输车辆 24 小时运转；保证天津与北京机场办事处 24 小时提货、交货。

第二，服务速度要快。摩托罗拉公司对提货、操作、航班、派送都有明确的规定，时间以小时计算。

第三，服务的安全系数要高。要求对运输的全过程负全责，要保证航空公司及派送代理处理货物的各个环节都不出问题，一旦某个环节出了问题，将由服务商承担责任，赔偿损失，而且当过失达到一定程度时，将被取消做业务的资格。

第四，信息反馈要快。要求物流服务商的计算机与摩托罗拉公司联网，做到对货物的随时跟踪、查询，掌握货物运输的全过程。

第五，服务项目要多。根据摩托罗拉的公司货物流转的需要，通过发挥中外运系统的网络综合服务优势，提供包括出口运输、进口运输、国内空运、国内陆运、国际快递、国际海运和国内提货的派送等全方位的物流服务。

三、第三方物流客户服务策略

第三方物流企业要想和竞争对手拉开距离，吸引客户，只有树立以客户满意为中心的服务理念，制定有效的客户服务制度，为客户提供真正优质、个性化的服务，使客户感到满意，才能在激烈的市场竞争中立于不败之地。

1. 树立以客户满意为中心的服务理念

树立以客户满意为中心的服务理念是决定一个第三方物流企业生存发展的重要因素。但是，要真正做到以客户为中心，就必须按客户的要求提供服务，而不是从物流企业自身的利益出发。表 6-10 列出了以客户满意为中心的服务理念与以自我为中心的服务理念的区别。

表 6-10　以客户满意为中心的服务理念与以自我为中心的服务理念的区别

以客户满意为中心的服务理念	以自我为中心的服务理念
时时处处为客户着想	时时处处为自己着想
站在客户的立场上为客户考虑	站在自己的立场上为自己考虑
倾听客户的心声	自己没错，是客户错了
考虑客户的需求	不考虑客户的需求
受到客户的欢迎	得不到客户的拥护
引起客户的共鸣，得到客户的认可	无法引起客户的共鸣，得不到客户的认可
双赢，共同发展	只考虑自身的发展

树立以客户满意为中心的服务理念，仅仅在口头上讨论如何改进对待客户的方式是远远不够的，必须制订可行的客户服务计划，并从第三方物流的最高管理者开始，从上到下地执行服务计划，为客户清除物流客户服务中的一切障碍，尽力为客户解决问题。同时，树立以客户满意为中心的服务理念，必须建立在对客户的认知上。因为服务的对象是客户，客户的感受才是最直接、最重要的。

2. 采取服务水平差异化策略

根据 80/20 原则，企业 80%的业务集中在 20%的客户手中。因此，第三方物流企业在确定对客户服务水平时，应按照 ABC 管理法则，重点关注那些正给企业或可能将来给企业带来巨大业务的核心客户，重点跟踪这些核心客户的客户满意度。例如，广州宝供物流在创业初期，联合利华公司的业务几乎占到其业务量的 95%以上，宝供集中了所有企业资源，不断对联合利华不满意的地方加以改进，保持了联合利华的持续满意，使联合利华与宝供的合作维持了相当长的一段时间，正是这关键的起步阶段的业务，成功帮助宝供跻身国内一流第三方物流企业行列。

对于相对稳定、业务量大的客户群，采用更为及时、优质和多样化的服务，有利于加强第三方物流企业同客户的联系和长期合作关系的稳定，也可以为第三方物流企业带来稳定的利润，同时也有利于客户价值的提升。

但如何有效地确定对客户的服务水平呢？图 6-3 给出了确定物流服务水平的步骤。

1）对客户服务进行调查。通过问卷、专访和座谈，收集物流服务的信息，了解客户关注的物流服务要素、客户对现行服务的满意度、企业的物流服务水平与竞争对手相比是否具有优势等。

2）客户服务水平设定。根据对客户服务调查所得出的结果，对客户服务的各环节的水准进行界定，初步设定水平标准。

3）基准成本的感应性实验。基准成本的感应性实验是指客户服务水平变化时成本的变化程度。

4）根据客户服务水平实施物流服务。

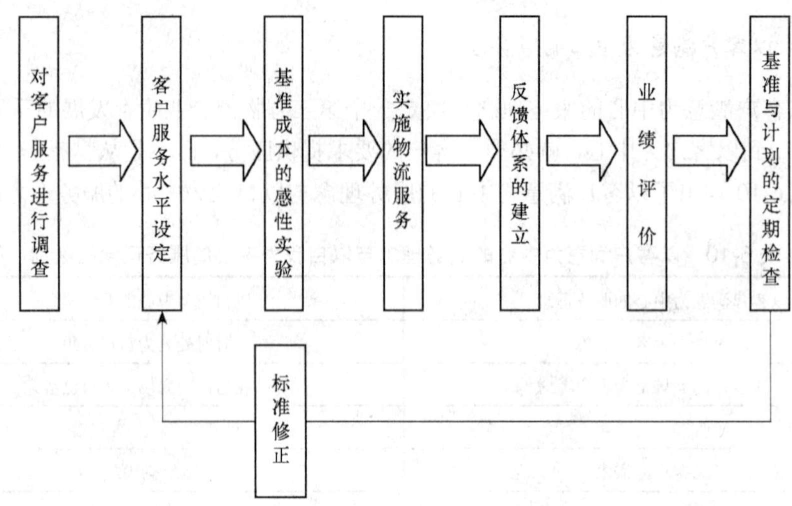

图 6-3　确定物流服务水平的步骤

5）反馈体系的建立。客户评定是对物流服务质量的基本测量，而客户一般不愿意主动提供自己对服务质量的评定，因此，必须建立服务质量的反馈体系，及时了解客户对物流服务的反应，这可以为改进物流服务质量提供帮助。

6）业绩评价。在物流服务水平试行一段时间后，企业的有关部门应对实施效果进行评估，检查有没有索赔、事故、破损等问题，通过征询客户意见了解服务水平是否已达到了标准，成本的合理化达到何种程度，企业的利润是否增加，市场份额是否扩大等。

7）基准与计划的定期检查。物流服务水平不是一个静态的标准，而是一个动态过程。也就是说，最初客户物流服务水准一经确定，并不是一成不变的，而是要经常定期核查、变更，以保证物流服务的有效化。

8）标准修正。对物流服务标准的执行情况和效果进行分析，如存在问题，需要对标准进行适当修正。

在合理设定物流服务水准方面，还应注意以下两点。

第一，物流服务水平应与客户的特点、层次相适应。由于客户的需求处于不断发展和变化之中，在确定物流基本服务的基础上，制定多等级的物流服务水平体系，还要根据客户的经营规模、类型和对服务水平的不同要求采取不同对策，改善客户的服务水平，按客户层次确定服务水平。

第二，在确定物流服务水平时，要权衡服务、成本和企业竞争力之间的关系。由于物流服务成本与物流服务水平存在“效益背反”的关系，高水平的物流服务必然导致较高的服务成本，因此，物流服务水平应与物流成本和企业总收益保持平衡，实现物流服务的整体最优。

3. 服务形式个性化和差别化

（1）服务形式个性化

根据客户企业的销售政策、业务流程、产品特征、客户需求、竞争状况等不同要求，提供有针对性的物流服务和其他增值服务，从而形成特色服务。

案例 6-15

中外运公司为摩托罗拉公司提供的个性化物流客户服务

在案例 6-14 中，介绍了摩托罗拉公司对物流服务的要求，而中外运公司针对摩托罗拉公司的要求，提供了个性化物流服务。具体做法如下。

1）制定科学规范的操作流程。摩托罗拉公司的货物具有科技含量高、货值高、产品更新换代快、运输风险大、货物周转及仓储要求零库存的特点。为满足摩托罗拉公司的服务要求，中外运空运公司从 1996 年开始设计并不断完善业务操作规范，并纳入了公司的程序化管理。对所有业务操作都按照服务标准设定的工作和管理程序进行，先后制定了出口、进口、国内空运、陆运、仓储、运输、信息查询、反馈等工作程序，每位员工、每个工作环节都按照设定的工作程序进行，使整个操作过程井然有序，提高了服务质量，减少了差错，杜绝了事故的发生。

2）提供 24 小时的全天服务。针对客户 24 小时服务的需求，中外运实行全年 365 天的全天候工作制度，周六、周日（包括节假日）均视为正常工作日。对操作人员（包括天津、北京机场人员）进行必要的调整，合理安排车辆，确保全天候的运转。厂家随时出货，公司随时有专人、专车提货和操作。在通信方面，相关人员从总经理到业务员实行 24 小时的通信畅通，保证了各种突发性情况的迅速处理。通过提供 24 小时的全天候服务，一方面有效地确保了摩托罗拉公司实现零库存，降低了生产成本；另一方面，通过提高流通效率，为摩托罗拉公司的产品赢得市场，提供了时间上的保障。

3）提供“门到门”的延伸服务。普通货物运输的标准一般是从机场到机场，由货主自己提货，而快件服务的标准是门到门、桌到桌，而且货物运输的全程在管理监控之中，因此收费也较高，中外运对摩托罗拉公司的普通货物虽然是按普通货物标准收费的，但提供的却是“门到门”，“库到库”的快件服务，这样既提高摩托罗拉的货物运输的及时性，又保证了安全性。

4）提供创新服务。为保证摩托罗拉的公司的货物在运输中减少被盗，中外运在运输中增加了打包、加固的环节；为防止货物被雨淋，又增加了一项塑料袋包装；为保证急货按时送到货主手中，中外运还增加了手提货的运输方式，解决了客户急、难的问题，让客户感到在最需要的时候，中外运公司都能及时快速帮助解决。

5）充分发挥中外运的网络优势。经过 50 年的建设，中外运在全国拥有了比较齐全的海、陆、空运输与仓储、码头设施，实现了集团范围内的计算机联网，在重要口岸，实现了和海关报关系统的联网，通过国际 Internet 向客户提供多种信息服务，形成了以高技术为基础的覆盖国内外的货运营销网络，这是中外运发展物流服务的最大优势。通过中外运网络，在国内为摩托罗拉公司提供服务的网点已达 98 个城市，实现了提货、发运、对方派送全过程的定点定人，信息跟踪反馈，满足了客户的要求。

6）对客户实行全程负责制。作为摩托罗拉公司的主要货运代理之一，中外运对运输的每一个环节负全责，即从货物由工厂提货到海、陆、空运输及国内外的异地配送等各个环节，负全责。对于出现的问题，积极主动协助客户解决，并承担责任和赔偿损失，确保了货主的利益。

（2）服务形式的差别化

服务形式的差别化是指与其他企业物流服务相比，具有鲜明的特色。这是保证高质量服务的基础，也是物流服务战略的重要特征。要实现这一点，就必须具有对比性的物流服务观念，即重视了解和收集竞争对手的物流服务信息。

4. 建立有效的物流客户服务管理制度

（1）服务质量保障制度

第三方物流企业是否有服务质量保障制度，这不仅会影响对现有客户的服务质量和服务水平，也会影响第三方物流企业未来的潜在客户。服务质量保障制度应能保证客户能获得优质的服务，如赔偿制度、返款制度、退货制度等。

案例 6-16

厦门市邮政局为 Dell 公司提供第三方物流服务中质量保证制度发挥的作用

福建省厦门市邮政局是 Dell 公司在中国的第三方物流服务供应商，2001 年 4 月的一次配送时逢雨季，由于经验不足、处理不当，导致这批货物部分受潮，厦门市邮政局因此支付了 30 万元的赔偿金。双方继续合作，2003 年，厦门市邮政局实现物流收入 2682.58 万元，同比增长了 92.63%，其中 Dell 物流项目实现收入 1159 万元，同比增长了 30.22%。

（2）投诉处理制度

在第三方物流服务过程中，差错和意外是不可避免的，对这些差错和意外的管理水平，有时比正常的服务更能显示一个公司的能力和素质。所以，第三方物流企业应建立相应的投诉处理制度。

为了处理物流服务中的意外情况，一般第三方物流企业设有专门的客户服务部门或设专门人员，对意外情况进行处理。客户服务部一般负责以下工作：记录、处理和跟踪客户投诉，并提出改进服务的建议；客户满意度调查；组织召开客户服务协调会；建立并完善客户服务体系。客户投诉处理程序如图 6-4 所示。

1）投诉受理。在《客户投诉登记表》上登记受理时间、投诉事项。

2）投诉调查。在客户投诉发生后，即刻对投诉进行调查，填写《客户投诉处理表》，写明客户投诉事项和初步调查结果。

3）处理意见。一般性投诉，由客户服务经理在《客户投诉处理表》上填写处理意见，对于引起严重后果的投诉，将填写好的《客户投诉处理表》交给项目经理，填写处理意见。处理意见一般包括消除影响的各种补救措施。填写完毕后交给相关的人员办理。

4）处理结果。在跟踪处理过程的基础上，在《客户投诉处理表》填写事故处理的结果。

5）客户反馈。客户投诉处理完毕后，通过电话或现场走访的方式，调查客户对处理结果的意见，并如实填写《客户投诉处理表》上的客户反馈栏（如客户对处理结果提出异议，则应视情况重新进行调查，并拿出处理办法）。

6）项目经理签字。投诉处理完毕，交项目经理审核《客户投诉处理表》，填写对处理结果的意见，意见必须对处理结果是否达到要求做出明确的评价，此意见结合客户的反馈意见，

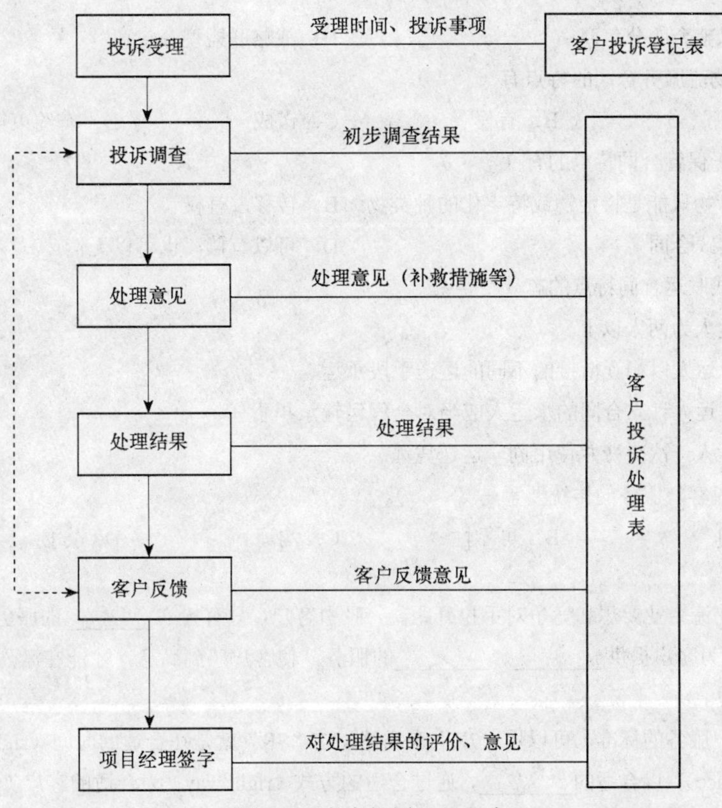

图6-4　客户投诉处理程序

将作为对客户服务经理绩效考核的依据。

在客户投诉处理的每个阶段，都需要在《客户投诉处理表》上登记投诉处理的进程。

单项实训三

情境实训

某物流公司承接了某大型连锁超市的物流配送业务，临近春节时，该公司为连锁超市各门店配送一大批香烟。在某一家门店，货运人员将一箱一万多元的大中华香烟卸下后，看到门店营业很忙，说了一声“货到了”，并未对是否搬进门店进行监督，也没有按照配送流程及时完成交接手续，即自行离去。不久门店反映没有收到该箱香烟，连锁超市投诉物流公司未按照合同要求完成配送任务，并索赔。

要求：

（1）请你画出这件投诉事件的处理流程图。

（2）分析应该怎样处理才能让公司保留住这个物流客户。请提出你的处理意见。

练　习　题

一、多项选择题

1．第三方物流企业的物流分包商一般包含（　　）3类。

A．公共平台型分包商　　　　　　B．能力互补型分包商

C．可以整合的分包商　　D．战略联盟型分包商

2．第三方物流服务合同的特点有（　　）。

A．双务　　B．有偿　　C．诺成　　D．有约束第三者的性质

3．以下属于保管合同特点的有（　　）。

A．保管物只能是特定物或特定化的种类物　　B．转移占有权

C．为实践合同　　D．可以有偿、也可以无偿

4．属于多式联运合同特点的有（　　）。

A．承运人为两人以上

B．各承运人以相互衔接的不同的运送手段承运

C．与托运人订立合同的承运人应当对全程运输承担责任

D．托运人一次交费并使用同一运送凭证

5．属于物流客户服务的传统要素是（　　）。

A．时间　　B．可靠性　　C．沟通　　D．方便

二、填空题

1．第三方物流企业要想和竞争对手拉开距离，吸引客户，只有树立________的服务理念，制定有效的________，为客户提供________、________的服务，使客户感到满意，才能在激烈的市场竞争中立于不败之地。

2．物流客户服务的标准，可以用“7R”来描述，这“7R”就是在合适的时间（right time）、合适的场合（right place），以合适的________，通过合适的方式（right way）为合适的客户（right customer）提供合适的________，使客户的合适需求（right want or wish）得到满足，客户价值得到提高。

3．物流客户服务要素可分为交易前、________、________三要素。

4．________是指保管人保管寄存人交付的保管物，并返还该物的合同。

5．解决合同纠纷的方式有 4 种：________、________、________和诉讼。

6．________是订立合同的前提和基础性工作。

7．第三方物流合同当事人一般包括以下 3 种：________、________、物流合同的实际履行方。

8．客户资源整合主要有两种：________客户资源整合和________客户资源整合。

9．第三方物流企业在运营中，经常需要外部不同的运输工具予以支撑和配合。经常采用的整合办法主要有对________整合、对________整合，以及运输资源综合利用等。

10．对分包商资源的整合主要有运输资源整合、仓储资源整合和________资源整合等形式。

11．物流分包商的选择大致分 5 个阶段：准备、________、________、建立和评价。

12．公共平台型分包商的特点是提供网络化的服务，服务特点是________、________。

13．________指自身规模小、管理能力和独立开发市场能力比较弱，对第三方物流提供者具有依赖性的一类物流服务分包商。

三、案例分析题

1．具体内容见案例 6-1。

重读本项目案例 6-1，回答以下问题：

（1）该事件对公司有哪些影响？

（2）事件发生可能存在的原因是什么？

（3）上海招商新港物流有限公司应采取什么改善措施？

2．具体内容见案例 6-6。

重读本项目案例 6-6，回答以下问题：

（1）你从该案例受到什么启示？

（2）在第三方物流运作时，对客户资源整合主要有哪两种思路？

（3）客户资源整合的方式和渠道又是怎样的？

3．仓储合同的性质与违约责任案例分析

被告（商行）与原告（储运公司）曾于 2010 年 4 月 3 日订立一份仓储保管合同，由原告为被告保管布料、自行车等物，该合同于 2011 年 5 月 30 日终止。2011 年 4 月 30 日，被告提出其 50 辆自行车因无处堆放，在合同到期后继续在原告处存放半年，为此被告向原告多支付保管费 1000 元。原告表示同意。2011 年 7 月 15 日，双方又订立了一份仓储保管合同，约定由原告为被告保管衣服、布料等物品，时间为 1 年（自 2011 年 9 月 1 日～2012 年 9 月 1 日），保管费为 3.5 万元。合同并约定："任何一方违约，应按保管费的 30%向对方一次性支付违约金额，并应赔偿对方的损失。"合同订立后，原告即开始清理其两个仓库，并拒绝了有关单位要求为其保管货物的请求。同年 9 月 4 日，原告突然接到被告的通知，称其原定需保管的部分衣服、布料，因为他人没有供货，所以不能交给原告保管。另有部分货物因其租到了仓位，不再需要原告保管。原告提出如解除合同，则应支付全部保管费并应支付违约金；否则原告将扣留被告先前寄存的 50 辆自行车。被告认为原告的要求极不合理。双方因不能达成协议，原告遂向法院提起诉讼，请求判令被告支付全部保管费及违约金。

根据上述资料，回答下列问题：

（1）什么是仓储合同？其性质有哪些？

（2）原告要求被告承担支付全部保管费及违约金的要求是否合理？为什么？

（3）合同约定："任何一方违约，应按保管费的 30%向对方一次性支付违约金额，并应赔偿对方的损失。"什么是违约金？合同对违约金的约定是否符合法律规定？支付违约金后，是否还应承担赔偿责任？

（4）本案中的被告能否解除合同？合同解除有哪些类型？合同解除的后果可能有哪些？

（5）原告可否留置被告的 50 辆自行车？为什么？

（6）什么是留置权？成立留置权的条件有哪些？

（7）如法院判决当事人解除合同，那么，被告是否负有支付全部保管费的义务？

四、简答题

1．简述物流服务分包商的主要分类。

2．简述物流分包商的选择流程。

3．简述对物流分包商资源整合的意义。

4．简述第三方物流服务合同的种类和特点。

5．第三方物流服务合同的变更和解除要注意哪些问题？

6．多式联运经营人的权利和义务各有哪些？

7．简述仓储合同与保管合同的区别与联系。

8．简述第三方物流客户服务的内涵。

9．简述物流客户服务的标准。

10．你认为第三方物流客户服务应采取哪些基本策略？

11．合理设定客户服务水平对第三方物流企业经营有什么意义？

12．你认为有效的物流客户服务管理制度应包含哪些具体内容？

项目综合实训六

第三方物流合同条款分析

1．实训目的

准确理解和掌握第三方物流服务合同的内容，能够结合实例分析物流合同条款。

2．实训方式

两人一组，分组进行。两人分别阅读合同条款，然后针对问题分析研究合同条款，回答问题。

3．实训内容及步骤

请阅读下列合同条款，回答问题。

本协议由________物流公司（在此称为第三方）与________公司（在此称为顾客）之间于____年____月____日在________地生效。

顾客要求第三方进行物流与存货管理服务。

问题：

（1）这里“生效”的含义是（　　）。

A．合同订立　　B．合同成立　　C．合同对当事人产生约束力

（2）本合同下的物流服务具体包括哪些项目？

因此，双方达成以下协议。

第一条　服务、支付和期限

第三方将履行在“工作范围”所定义的服务，费用支付与附件中所定义服务费用一致。如果在合同中提供的物流服务的货币价值比附件提出的每月最小额要少，顾客需支付不小于最小额的费用，不能再少。除非任何一方根据第八条1）款提出书面终止通知，合同期限自____年____月____日起至____年____月____日（起至条款），然后自动延期____年（续订条款）。合同的起止条款与续订条款终止日期前的60天，双方将重新洽谈下一个延期合同的物流、仓储费。

问题：

（3）根据本合同，第三方物流公司是否可以获得最低营业收入保证？（　　）

A．是　　B．不是

（4）在本合同自动延期前，可以重新谈判的项目是（　　）。

A．物流服务项目　　B．工作范围　　C．附件

第二条　运送

1）货物运送不以第三方作为指定收货人。顾客同意不以第三方作为指定收货人来运送货物。第三方有权利、自由地拒绝或接受以第三方作为指定收货人的货物。如果第三方接受以第三方作为指定收货人的货物，顾客在得知第三方通知后，应立即书面通知承运人，副本一份送给第三方，第三方对上述财产没有受益权或利益关系。

2）不符合规定的货物。顾客同意不把符合下列条件的货物运送到第三方：与货物清单中规定的不一致；与每一批货物的包装上描述的不一致。第三方有权利自由地拒绝或接受任何不符合规定的货物。如果第三方接受了这种货物，顾客应支付相关的费用。第三方收到这些不符合规定的货物，将尽力快速通知顾客，以获得有关指令，第三方不负责由于口头传递所造成的失误。

问题：

（5）根据本条1）款的规定，说明顾客“第三方对上述财产没有受益权或利益关系”的目的是什么。

（6）根据本合同以下相关内容，本条 2）款中的“第三方不负责由于口头传递所造成的失误”的含义是什么？

第三条 仓储的提供

由第三方配送的所有货物都必须恰当地标记和包装，然后送到仓库以便配送。双方同意，顾客在送货前，准备好符合“工作范围”的货单。工作范围内所列货单和将来可能加到货单中的其他货物，在这里称为货物清单。所有送到第三方的货物都必须是清单中所列的货物。

问题：

（7）根据本合同，第三方物流公司是否提供包装等流通加工服务？（ ）

A. 是 B. 否

（8）本条规定的货物清单对顾客可能具有什么作用？

（9）为什么不属于“工作范围”的其他货物需要双方达成书面协议？

（10）在通常的仓储服务中，仓库管理人应该向存货人签发仓单。请问仓单具有哪些特征？

第四条 送货要求

1）没有顾客明确的书面指示，第三方不运送或转移货物。当然也可以根据顾客电话发送货物，但是第三方不承担口头传递信息而造成失误的责任。

2）当顾客从仓库中订购了货物时，必须给第三方合理的时间执行指令。如果因天气、战争、罢工、扣押、骚乱等，或者其他第三方不能控制的任何原因，或者因为不由第三方责任而造成货物的损失或损坏，或者因为法律所提供的任何其他理由，那么第三方不承担这种过失的责任。如果执行过程中发生了某一事件或困难，顾客与第三方应同意适当地延期。

问题：

（11）本条2）款规定的是第三方免责条款，具体包括不可抗力等原因。我国合同法规定的构成不可抗力的条件是________。

（12）“第三方不能控制”的含义是________。

第五条 额外服务（特殊服务）

1）不属于通常物流服务（即“工作范围”）内的服务需要第三方劳动力，顾客按第三方的通常费用标准承担额外的合理费用。

2）顾客所需的特殊服务包括但不仅仅限于编制特定的存货报表、报告标记的重量及包装上的系列数字或其他数据、货物的物理检验和物流运送清单，顾客按第三方的通常标准承担额外的合理费用。

3）为顾客提供材料、包装材料或其他特殊材料，顾客按第三方的通常标准承担额外的合理费用。

4）由于事先安排，不在正常商业时间内收到或运送货物，顾客按第三方的通常标准承担额外的合理费用。

5）包括邮资、电传、电报或电话的通信费用，如果这些方面的服务超过通常的服务标准，或者在顾客的要求下，这些通信不采用邮政的正常方式，那么上述费用向顾客收取。

6）必须认识到，有时第三方在没有顾客书面同意的情况下，造成一些“非常”费用是必需的，顾客因此同意支付第三方由此而产生的合理适当的费用。然而，只要可能，第三方在造成这些费用前，应从顾客那里获得许可，这种许可可以是口头的，但第三方对口头传递信息所造成的失误不负责任。

问题：

（13）本条 1）款规定的“劳动力”的含义是什么？

（14）简单归纳一下本条所涉及的额外服务（特殊服务）的项目涉及哪些方面。

第六条　责任和损失限制

1）损失责任。作为委托人的顾客把私有财产送到作为受托人的第三方，第三方在下列条件下同意接受上述财产：第三方对储存货物的丢失或损坏不负责任，除非这种丢失或损坏是由于第三方照管不当而造成的。对收据中的所有财产，第三方不为顾客投保火灾险或其他以外事故险，顾客对于因火灾或其他事故对财产所造成的损失，同意第三方无法律责任。

2）保险。“第三方承诺其已购买的保险单（仓储责任险）继续生效。在协议的期限或延期内，对置放在协议指定的第三方仓库里的他人财产的丢失、毁坏或损坏在责任险范围内承担责任，但这些损失的赔偿金额由保险公司代表第三方（物流公司）来支付。顾客如果需要，第三方可以提供保险单的副本。”

3）损失计算。如果第三方对顾客货物的丢失或损坏负责，那么为了计算这种损失，货物将按其售价和存货成本来估算。

4）装卸。第三方对由于进货装卸或出货装卸的延误而造成的滞期费负责。第三方应竭尽全力提供及时的服务。

5）随后损失。不是由于第三方的任何行为或疏忽而造成的随后损失，第三方不负责任。

问题：

（15）本条 1）款规定的“私有财产”是指什么财产？

（16）这些私有财产遭受意外损失时，保险公司是否承担赔偿责任？（　　）

A．承担　　　　　　　　　　　　　B．不承担

（17）本条 2）款所涉及的保险的投保人是谁？（　　）

A．第三方　　　　　　　　　　　　B．顾客

（18）本条 3）款中“货物将按其售价和存货成本来估算”在用词上存在含义不清楚的问题。如果当事人为此产生纠纷，那么，请提供一种合理的解释。

第七条　义务

第三方将负责监督、人员配备、看门服务、物流设备、办公家具、正常安全、包装材料、捆绑和房屋的保养。

第八条　风险分担

有关方都认识到第三方物流公司为提供服务将做出承诺并投资。因此，双方同意下列条款。

1）中止。尽管与以上协议相反，无须任何理由，任何一方在 90 天以前以书面形式通知另一方，可终止该协议，该书面通知应有中止日期。无论什么原因的终止、无论是顾客或第三方或法律等作用提出中止，顾客同意补偿第三方未摊提的全部贷款或租金……所有由第三方购买和租赁的与协议有关的资产，包括房屋租赁资产的改进，在此称为“资产”。顾客同意一旦中止，无论何种原因，顾客应确保________（出租人）和第三方作为承租人于____年开始，至____年，为租赁附件所描述的这些房屋，顾客将完全承担在租约下的承租人的责任，包括并不仅限于支付租金或其他费用。

2）劳动力价格。双方承认在第一部分中所提出的价格是物流和存储服务的最低收费，是基于一定的劳动力价格的，在实际的劳动力价格超过第三方的假设时，双方应调整支付给第三方的费用与最低月费用，结果是顾客应支付额额外的劳动力成本。

问题：

（19）本条主要保护（　　）的利益。

A．第三方物流公司　　　　B．顾客　　　　C．资产出租人

（20）本条1）款所用的“中止”和“终止”是否有相同的含义？（　　）

A．是　　　　B．不是

（21）如果第20题回答“是”，那么其共同的含义是________。如果回答“不是”，则其含义分别是________。

（22）本条“风险分担”中主要涉及什么风险？该风险如何分担？

（23）本条2）款中“假设”的含义是什么？

（24）合同在风险防范方面有什么作用？

第九条　参与各方的地位

1）参与各方达成共识：第三方不从事出租货物的存储业务，也不能被看作法律规定的仓库所有人。并且，第三方明确表示在任何时候都不提出索赔、抵押、特免、抵消的优惠权或类似的有关对合同中所约定第三方所处理的货物的权利，货物的全部的、单一的、无疑问的权利仍属于顾客。

2）以与合同中的任何条款不冲突为前提，据此同意：第三方对于合同中所约定的货物而言，是受托者，第三方与顾客之间的关系是受托人与寄存人的关系。进一步又达成共识：第三方与对于完成任务所需的方法和措施，应有独立控制和自由处理的能力。他不是顾客的代理或雇员。为了使第三方能完成作为该合同的受托者的任务，顾客允许第三方按顾客的利益，在适当的时间内，能独立控制并进行对货物和房产的检查。

问题：

（25）根据本条规定，第三方是否可以将仓库中的货物向他人提供抵押？为什么？

（26）如何理解2）款中规定的第三方与顾客之间的关系是受托人与寄存人的关系？

（27）什么是委托合同？当事人的权利和义务分别是什么？

第十条　索赔通知和诉讼

1）以下所有的索赔必须在法院宣判前，以书面形式提交。

2）只有当这些索赔用书面形式提交，并且是在事件发生后一年内提出索赔，顾客或第三方才能做出反应。

问题：

（28）本条1）款中的“在法院宣判前”的时间要求的含义如何理解？什么是诉讼时效？

（29）根据2）款的规定，“一年内提出索赔”的含义是否是向法院提出诉讼的时间要求？（　　）

A．是　　　　B．不是

第十一条　口头交流

在第二条2）款、第四条1）款和第五条3）款中规定了由于与顾客进行口头交流后所产生的错误交流的责任。在与以上各节内容无冲突的条件下，顾客因而同意用书面形式在发生口头交流24小时内，对这些口头交流内容进行确认。第三方收到这些书面确认后，再也无权依靠自己对口头交流的理解行事，而应按书面确认的情况为准。但是，在第三方收到口头交流确认前，第三方不必对根据口头内容而发生的行为负责。

问题：

（30）“第三方不必对根据口头内容而发生的行为负责”是否意味着第三方不承担一切法律后

果？（ ）

A．是 B．不是

第十二条 仓库

房产与中止的结果：以下用于服务活动的仓库应为一定的房产，位于________，房产由第三方租赁，约定____年，自____年开始。该房产的详细情况见合同有关附件。当由于某些原因要中止该合同时，顾客应承担该中止后的租赁。因而，顾客应单独承担租赁中承租人的法律责任，而第三方不应承担所有这些责任，即包括但不限于必须支付的租金或其他款项。一旦合同中止，第三方应向顾客移交其所有租赁改进中所获得的利益。

问题：

（31）本条“中止”的含义是什么？

（32）本条与第八条是否存在重复规定的问题？（ ）

A．是 B．不是

第十三条 转让

不得到顾客书面同意，第三方不能转让、转送、抵押或让渡这一合同或合同的任何一部分，或与合同有关的任何条款。上述书面同意是不能随意收回的。

问题：

（33）根据我国《合同法》规定，权利的转让需要通知债务人，义务的转让应该获得债权人同意。本条规定一律要求获得同意，如果适用我国《合同法》，该条款是否有效？（ ）

A．有效 B．无效

第十四条 违约

下列情况被认为是第三方违约。

1）如第三方在执行合同条款时，有实质性的违约。

2）如果第三方向法院提出自愿破产的申请，或被法院宣布破产或资不抵债，或为债券人的利益进行转让，寻求或同意对所有资产任命第三方的接收人或清算。

如果第三方收到这一书面违约通知单后 30 天，违约还在继续，这种情况下，顾客有权中止合同，它满足第八条 1）款中所述的中止付费的规定。与前述无冲突的情况下，第三方在收到这一违约通知后有 30 天时间来消除、纠正其违约行为。

问题：

（34）什么是合同法上的违约行为？

（35）解释“实质性违约”概念的含义。

（36）如果顾客根据本条规定中止合同，是否仍然承担支付租金等有关费用的责任？（ ）

A．承担 B．不承担

（37）本条 2）款规定的各种情形被认为是违约的理由是什么？

第十五条 继承人和受让人

该合同应对各方的继承者和受让人具有法律效力。

问题：

（38）本条的“继承者和受让人”可能包括哪些人？

第十六条 所适用的法律

该合同应根据________法律执行。

问题：

（39）合同当事人为什么可以选择适用于合同的法律？

第十七条　修改——最终完成合同

除了下面所述或各方签名的书面协议外，这一合同不能以口头或其他任何方式改变、修改、作废，或丢弃，或中止。书面意见包括完整的协议，是双方签署的，而不能由任何其他人代理，无论是书面还是口头的都不许可。

问题：

（40）根据本条约定，说明口头形式与书面形式的内容在本合同中的不同作用。

4. 实训结果

整理上述（1）～（40）小题的答案，以Word文本形式提交老师，每组提交一份。

案例分析

联合利华股份有限公司和××有限公司仓储服务合约

一、合同正文

本仓储服务合约（以下简称合约）于2002年×月×日，由联合利华股份有限公司（以下简称联合利华），为合约一方，和××有限公司签订。

双方达成以下协议。

1. 定义

在本合约中，以下词语和表述应具有下述含义，除非其文意另有所指。

1）关联公司意指任何公司，只要是合同一方控制、被控制或是一方做通常的控制（控制是指有权运作或掌握该公司至少51%的运作表决权），其母公司或控股公司或由该公司、其母公司、控股公司直接或非直接掌握多数运作表决权的公司。

2）商业秘密意指任何由接收方获得信息，无论在本合约签订之前或之后，书面或口头，或依据合约双方的讨论、协商和通信，或根据本合约获取的信息，应包括但不限于有关服务、商品，本合约及其术语，合约双方和与他们有关公司的相关业务、事件、商业策略和行为，尚未公开的有关业务转移、库存报告、库存情势、库存变动、客户名单、交易秘密和数据等信息。

3）服务意指附件一所列明之由服务商向联合利华所提供的服务。

4）KPI（key performance indicator，关键绩效指标）意指附件二所列之履行合约所要求的关键指标。

5）产品意指联合利华所生产的所有产品。

6）损害补偿意指因服务商未能按KPI标准履行本合约而应支付给联合利华的损失清算。

2. 后勤服务

服务商有权选择是否提供本合约之外联合利华要求的后勤服务（下称额外服务）。额外服务的提供应依据合约双方协商一致的条款、条件和额外费用执行。服务商应在联合利华提出此种额外服务要求后10个工作日，无论其是否愿意提供全部或部分额外服务，通知联合利华。如果服务商愿意提供全部或部分额外服务，合约双方应立即开始以同意的条款、条件和额外费用执行。

3. 服务费

对服务商提供的服务，联合利华应根据附件三所列费率计算的费用支付给服务商。

4. 结算

1）服务商应在每月月末之后（下月 1 日起计）的 15 天内，向联合利华提交上一个月所发生费用的发票，随附相关明细账目，表明服务商为联合利华提供服务应收的当月服务费。

2）联合利华应在审核每份发票后，在发票收到日期的 60 天内安排付款，下称“信用期”。

5. 履行合约的关键指标

1）服务商提供的服务应符合 KPI 标准。

2）如果达不到 KPI 标准，服务商应根据附件二的计算向联合利华支付损害补偿。

3）不论本合约条款是否有相反的规定，合约双方同意：在本合约有效起的 3 个月内，服务商无须因为达不到 KPI 标准而向联合利华支付损害补偿，但不得低于附件所设定的该期间的最低 KPI 标准。

6. 产品所有权

服务商需明白所有进出及在服务商运作控制下的产品的所有权属于联合利华。当产品到达服务商控制（到达服务商管理的仓库大门口）内，产品的破损或丢失风险就转移给了服务商。服务商应尽最大努力保护产品以免丢失或破损。

7. 铲板（托盘）

1）服务商提供符合联合利华标准的铲板以供服务。铲板应为四面可叉，底部为交叉框架形。尺寸为 1200 毫米×1000 毫米×156 毫米；承重为 1500 千克。密度大于每立方米 400 千克。所有铲板的木料需经过防霉，防虫的测试。（具体标准见附件八）

2）服务商承担保养铲板的责任，保证铲板供应不缺少，不损坏。

3）铲板费用详见附件三。

8. 设备

1）服务商必须提供与维护充足的仓库移动设备和办公设备以保证服务。

2）服务商必须提供与维护足够的仓库静止设备以保证服务。

9. 担保和保证

联合利华在此做出以下担保和保证。

1）联合利华是一家依据中华人民共和国法律成立的合法公司，有在其经营范围内处理业务的全部能力和权利。

2）联合利华是产品的所有人或所有人的授权代理，有权处理产品。

3）联合利华有权参与和履行其在本合约下的义务。

4）本合约一经签署，即为生效并具有法律效力，服务商有权要求联合利华履行其义务。

5）本合约的运作和履行不会违背联合利华的任何其他合同或义务或任何中华人民共和国现行的法律、法规、法令或政策。

6）联合利华保证不因其违反本条款中的任何担保而使服务商遭受任何的损失和损害。

服务商在此做出以下担保和保证。

1）服务商是一家根据中华人民共和国法律成立的合法公司，有在其经营范围内处理业务的全部能力和权利。

2）服务商有权参与和履行其在本合约下的义务。

3）本合约一经签署，即为生效并具有法律效力，联合利华有权要求服务商履行其义务。

4）本合约的运作和履行不会违背联合利华的任何其他合同或义务或任何中华人民共和国现行的法律、法规、法令或政策。

5）服务商保证不因其违反本条款中的任何担保而使联合利华遭受任何的损失和损害。

10. 行为守则

合约双方同意在完成本合约的过程中遵照下列行为守则。

1）遵守中华人民共和国和其他相应司法管辖范围内的所有相关法律和法规。

2）不作任何非法支付，即使关系到本合约也不被允许

3）禁止服务商做任何使联合利华、其商标（不论由联合利华拥有或使用第三方许可的商标）或其产品毁誉的行为；禁止联合利华做任何使服务商或其服务毁誉的行为。

11. 保险

服务商应办理保险，并负担所有保险费和保险公司或保险经济人保单中通常的除外条款和条件。服务商从保险公司获取所有赔偿支付给联合利华。

12. 财产

产品须是联合利华或其客户的财产。

13. 商业秘密

1）合约一方向另一方做出以下担保。

① 不得将商业秘密用于披露方所揭示的目的范围之外；不会在本合约之外利用披露方的任何商业秘密。

② 对所获得披露方的所有商业秘密做严格地、秘密地处置和保护。

③ 若无披露方事先书面许可，一方既不得向任何雇员或任何第三方，也不得向普通公众披露或揭示披露方的商业秘密；除非是其决策者、官员、雇员和专业财政顾问因职责需要，为评估业务之目的而接收和考察此类商业秘密。

④ 告知每一接收者本条款的内容，确保他们如合约一方般遵守本条款。

2）对披露方的商业秘密，接收方须建立和维持适当的保护措施和程序加以安全保护，未经披露方许可，禁止接近和使用此类商业秘密。

3）一旦获知违反了本条款的保密义务，接收方应立即通知披露方，并采取一切必要的措施协助披露方减轻泄密的后果。

4）应披露方要求，立即归还任何构成商业秘密的有形物，连同所有复印件（无论是提供给接收方的或接收方自制的），以及根据商业秘密编制的分析专辑、研究、笔记、报告和其他文件或材料。

5）如果司法部门或其他主管部门要求接收方公布任何商业秘密，接收方应就此种披露的时间和内容通知披露方，并征询披露方的意见后，再提供相应资料给有关当局。

6）合约任何一方可以为下列原因适当披露商业秘密。

① 因本合约产生的法律诉讼。

② 服务商为其关联公司列明应遵从的规范。

7）下列条款不适用于任何商业秘密的规定。

① 向接收方或任何接收方者披露时已为公众所知或其后变为公众所知（除非是由于接收方或接收者违背本条款造成的）。

② 非直接或间接地从披露方获得；并有接收方书面记录证明，接收方或接收者在本合约的披露日前已合法拥有。

8）本条款所包含的合约双方的保密义务须延长至本合约期满后的3年期间或提前终止后的3年期间。

14. 期限

1）本合约双方同意，从双方授权代表签字认可起，本合约生效，生效后 3 个月内为合约试运行期，期间，双方均受制于本合约，但是，试运行期间，双方都有权利提前 7 天通知对方解除合同。除非根据合约条款的规定提起终止本合约，3 个月试运行期后，如合约双方均无异议，本合约有效期延至此后的一年。

2）合约期限可根据双方共同认可的条款和条件延长，也可经双方协商同意后提前终止。

15. 责任

服务商对联合利华产品的责任自服务商的授权人在联合利华的进仓单上签字后开始，至联合利华的承运商在服务商的出仓单上签收后结束。

16. 赔偿

合约一方同意不补偿另一方因索赔引起的任何损失或责任（包括合理的律师费），包括雇员或第三方索赔因履行本合约而发生的损失、损害、费用、死亡或伤残，因前一方过错引起的索赔除外。合约一方须告知另一方此类索赔，双方应诚恳地商讨如何适当处置。

具体运作索赔流程及细则见附件六。

17. 间接损失免责

除本合约明确约定需赔偿间接损失的情况外，因本合约发生的特定的间接或伴随发生的损害，包括由此引起的预期利润或因业务中断造成的损失，合约双方相互不负赔偿责任。

18. 不可抗力

1）在本合约履行期间，因合理控制之外的情势，同时合约一方无过错或疏忽，因下列原因引起的延迟或违约，该合约方不负赔偿责任：天灾、政府行为、外敌或公敌行为、海难、火灾、敌对行为、战争（不论是否宣战）和其他军事行动，封锁、工潮、罢工，工厂封闭、叛乱、城市骚乱、意外事件、灾难、和平和战争期间的辐射污染或核污染或者其他该合约方不能控制的原因。

2）在上述事件期间，遭受不可抗力的合作方，就该不可抗力事件所影响的合约义务被解除，前提如下。

① 遭受不可抗力的合约方在该不可抗力事件发生后 14 天内，向另一方提交书面通知，随附相关证明。

② 该不可抗力事件未影响到的本合约条款，所有其他义务保持有效。

③ 如果上述事件发生，合约双方应立即在 24 小时之内协商以寻求对该情势的适当补救措施并达成一致意见。假如合约双方在 14 天内无法达成一致意见，任何一方可终止本合约，但须至少提前 5 天通知另一方，合约双方对此类终止相互不负赔偿责任。但联合利华应支付本合约终止前服务商所提供服务的费用。服务商应采取一切可能措施使双方的损失降到最小。如服务商未采取合理措施致使损失扩大的，对扩大的损失由服务商承担责任。

④ 如果合约另一方书面要求，遭受不可抗力方在该事件终止后应立即恢复本合约下的所有义务。

19. 合约终止

1）本合约可以因下列情况终止。

① 如果合约一方不能偿还债务。

② 如果合约一方自愿或被迫进入清算程序，除非为资产重组或合并的目的。

③ 如果合约一方清算人、接管人或管理人或司法主管掌管其全部或部分财产或义务。

④ 如果合约一方具有为债权人利益进行安排和组合的行为。

⑤ 如果合约一方根据现行法律具有或遭受到相应的行为或事件。

在上述情况下，无过错方有权选择是否通知过错方终止合同。

2）合约一方在发生下列任何一件或数件事件时，有权在提前30天书面通知另一方，终止本合约。

① 如果另一方实质性地违背了本合约的条款（包括但不限于不支付本合约下的应付款），并且在收到无过错方书面通知的30天内仍未能予以补救的。

② 如果另一方50%或更多的资本股份或财产被政府当局充公。

③ 如果另一方放弃或无合理原因未开始或继续改造其在本合约下的义务。

④ 如果另一方或其雇员，代理或分包商有不规范或不诚实或任何无过错方合理认为损害其利益或声誉的行为。

3）不论本合约的条款是否有相反的规定，合约任何一方都可以提前30天书面通知另一方终止合约。

4）本合约的终止并不影响在终止之前，终止时或随后衍生的任何权利和救助，也不影响提起有关此类权利和救助的任何法律诉讼，包括提交仲裁程序。

5）如果本合约终止。

① 任何一方应送交和返还另一方所有商业秘密的有形物，连同所有复印件（无论是提供给接收方的或接收方自制的），以及根据商业秘密编制的分析专辑、研究、笔记、报告和其他文件或材料。

② 如因联合利华的原因导致合约终止，在合约终止当时服务商占有的所有产品应返还联合利华，由此产生的费用由联合利华承担。如因服务商不愿意提供本合约所规定的服务或其他因服务商的原因导致合约终止，服务商有义务承担联合利华所有在服务商仓库的产品转移到联合利华所指定的仓库所产生的费用。

③ 本合约终止前服务商提供服务的费用，联合利华应支付所有应付数额。

20. 许可禁止

1）联合利华拥有或经第三方许可其使用的任何专利、商标、复制权或其他知识产权，均不能依据本合约赋予服务商使用许可。

2）服务商不得在中华人民共和国或其他地方注册联合利华合理认为相同或近似于任何联合利华有一定利益或者联合利华经第三方许可使用的商标、用语、标记或符号。

3）服务商须始终确知联合利华或相关第三许可方的上述知识产权所有权或控制权。

21. 合约双方关系

合约一方不得为任何目的作为另一方的代理或法定代表，不得以任何方式为或代表第三方创造或承担任何形式（明示或默写）的任何义务。本合约的任何内容均不得为任何目的被视作建立合约双方的合伙关系。

22. 合约说明

本合约包括合约双方的所有协议和附件，并替代任何先前或口头的有关协议。未明示并入本合约的所有表述均不被确认。除非经双方授权代表签署书面协议，任何修订条款均无效，附件是本合约不可缺少和独立存在的部分。

23. 通知

1）除非本合约另有规定，所有要求或允许的通知应采取书面形式送达合约另一方，邮寄及同时传真发送的通知被视为有效和足够。

2）合约一方可以用前述方式通知另一方更改地址。此更改自用EMS方式邮寄后，加14天的在途时间或以更早的回执日为准开始生效；同时应以传真方式通知另一方，传真当日日期被视作签收。

24. 条款之独立性

本合约任何条款或其部分被法庭或仲裁委员会不管以任何理由认定为无效或无法履行时，余下的条款或其余下部分将不受影响，不被不公正对待或宣布无效，并保有全部的效力，继续约束合约双方。

25. 权益转让

任何一方在未征得另一方的事先书面同意前，不得全部或部分地转让本合约。

26. 争议的解决

1）因执行本合约产生或与之有关的任何争议应友好协商解决，协商应在合约一方向另一方递交要求协商的书面通知后立即进行。

2）如果在递交上述通知的30天内，争议不能友好协商解决，任何一方有权将此争议提交原告所在地的法院。

3）不论通过友好协商或诉讼，在合约双方解决争议期间，除了争议事件，合约双方应可能在所有方面继续履行本合约中相应的义务。

27. 适用法律

本合约的有效性、解释和履行均适用中华人民共和国法律的规定。

28. 文本

本合约正本一式两份，双方各执一份，以中文文本为准。

二、合同附件

附件一：服务范围

1. 服务

服务商应提供下列服务。

（1）仓储管理

1）在广州提供大约________平方米，可容纳________块铲板的仓库，进行存货收受，存货签发，存货清点，订单运作，管理报告和包括货盘操作系统、机械处理设备、相应计算机管理系统和相应人力的仓储便利设施在内的资源。

2）此仓库应可以存放联合利华家庭/个人清洁用品大类的产品和联合利华食品大类的产品，但两大类产品应分别堆放。

3）信息处理：提供联合利华所要求的有关其产品仓储及保质期的相关统计报表。

4）如联合利华要求存放易燃、易爆产品，服务商必须提供符合国家有关部门要求的仓库。

（2）其余要求

1）损坏/污浊货物：服务商应尽快报告联合利华，并等待联合利华处置所有损坏/污浊货物或货物质量问题的决定。服务商应于发现损坏/污浊货物或质量问题货物后5个工作日内做缺陷报告，递交联合利华。

2）管理信息：服务商应收集信息和保留记录，以向联合利华按月做附着或偏离于服务规范的报告。服务商应按以下基准提供联合利华信息便利：每日或按双方协商时间提供每日收货报告、每日发货报告、每日库存报告；每月或按双方协商时间提供KPI报告、产品保质期报告。

（3）具体运作要求

1）服务商提供给联合利华使用的库房应满足联合利华堆放个人清洁、洗发护发、洗涤、口腔和护肤类等商品的要求，包括但不限于以下几项。

① 保证库房内外环境清洁卫生。

② 保证库房外有足够的作业（装卸货）场地和通畅的排水系统。

③ 保证库房门窗完好和密封，并有有效的防鼠灭害措施。

④ 保证库房内库位划分合理，标识清晰，并根据安全、方便、节约的原则，合理安排仓位。

⑤ 保证至少在底层库房提供垫仓板堆放联合利华商品。

⑥ 保证拥有符合国家消防规定的建筑物和设施配备，并对联合利华使用的库区的消防安全负责，确保遵守联合利华在消防安全方面的规范（见附件四）。

2）服务商为联合利华提供每周7个工作日（含法定假日），每个工作日24小时的服务。

3）服务商负责库房和驻库办公室区域内消防、安全和汛期管理。

4）服务商提供联合利华使用的仓库均由服务商人员进行管理。进出操作所需的机械或非机械设备和人力等均由服务商负责提供。

5）商品进仓。商品进仓应注意下列事项。

① 商品进仓，服务商应根据联合利华的采购订单或联合利华进仓凭证所列项目号、项目名称、规格、数量和批号等资料，以及送货单位的送货单或其他资料进行点验。如外包装残损，则应点验商品包装内的实物细数，审核小包装质量。服务商保管员应在进仓凭证上签字，注明库位、批号、收货日期和实收数量等，同时建立货位卡，并应保证在卸货后3小时内完成此记录。

② 服务商在商品验收过程中，如遇单货不符，应予拒收。包装破损，商品受潮等问题时，除在收货回单上注明外，还应立即通知联合利华驻库人员，以便及时处理。

6）商品的储存和保管。

服务商应根据储存商品的性能及联合利华提供的质量/卫生/安全管理要求（见附件五），搞好库房卫生和商品质量监控，库房内悬挂温湿度记录表和清洁卫生记录表，并采取相应的养护和卫生措施，确保商品数量正确，质量完好。其中香皂必须依照联合利华指示翻垛，并按蜂窝状要求堆放，一旦发现外箱或内包装霉点，应立即通知联合利华迅速处理。

本合同期间内，联合利华有权随时以书面通知的形式对储存商品的管理要求加以变更，服务商于收到相应通知后，应立即执行通知变更要求。

7）商品出仓。

① 商品出仓，联合利华必须凭正式提货凭证（提货单、领用单等），并盖有向服务商仓库备案的提货印鉴和签名，否则服务商可拒绝发货。

② 服务商必须遵照“先到期，先出仓”的原则按联合利华单据指定的项目号、品名、数量、库位、批号发货，不得擅自改动。

③ 联合利华将客户订单通过计算机程序接口传给服务商，服务商应挑拣，核查并准备订单的发送。对于那些铲板化的装卸，服务商应负责将货物装上卡车。对于那些非铲板化的装卸，服务商应负责将货物堆放在装卸区域，以便承运商装车。

8）服务商应按联合利华要求定期（不低于每月一次）进行实物盘点，同时提供由保管员、复核人员签名和单位盖章的盘点报告，并交联合利华备案（盘点表格形式由联合利华提供）。联合利华有权在不通知服务商的情况下不定期另行组织盘库。

9）服务商应提供，维持和进行仓库管理系统操作。

10）违约责任。

① 商品经服务商验收、入仓后，如发生下列违约情况，服务商应赔偿联合利华全部损失，包括但不限于受损商品的分销价（含税）、联合利华因商品受损发生的额外费用等：具体运作索赔流程及细则见附件六。

② 在储存期未按合同规定保管货物；或因操作等人为因素，以及病虫害防治措施不力等造成的商品破损、损坏、受潮、霉变等事宜。

③ 如因服务商未按联合利华提货单指定批号（已悬挂不合格证的货物除外）发货而造成商品过期或客户拒收。

④ 在仓期间，货物发生短少或破损（包括外包装破损）。

⑤ 如因无防水闸门及排水系统或排水系统不通畅及防水闸门不防水，或未按联合利华要求使用垫仓板造成联合利华商品受损。

⑥ 因服务商混放易燃，易爆，有毒的危险品造成的损失。

⑦ 如甲乙双方的任何一方在经营活动中存在弄虚作假和其他违法行为，另一方有权立即终止合同；如因上述行为造成对另一方声誉、品牌和产品等直接或间接的伤害，受损失方有权向违法方追索一切损失和赔偿。

附件二：合约履行的关键指标（KPI）

1. 总则

KPI 划分为两类。

1）达不到主要 KPI 标准以损害补偿的形式承担补偿金。

2）其他 KPI 不涉及补偿金，但仍应作定期检查。

KPI 所衡量期限定义如下：月，以公历月为准；周，星期一至星期日。

2. 主要 KPI 指标

1）库存准确率（KPIW1）98%，计算公式为

$$\frac{\text{仓库所储存所有储存单元}-\text{出错储存单元}}{\text{仓库所储存所有储存单元}}\times 100\%$$

注：出错包括数量、库位、批号或项目号的错误；仓库所储存所有 SKU 指当月平均 SKU。

2）发货准确率（KPIW2）99%，计算公式为

$$\frac{\text{仓库所发订单张数}-\text{出错订单张数}}{\text{仓库所发订单张数}}\times 100\%$$

注：出错包括数量、批号或项目号的错误。

3）仓库利用率（KPIW3）55%，计算公式为

$$\frac{\text{月平均库存（折合成铲板数）所需理论面积}\times 130\%}{\text{实际租用面积}}\times 100\%$$

注：每标准铲板占地面积为 1.2 平方米，标准铲板可两层堆放（除护肤类产品及洁诺牙膏）。

4）发货准时率（KPIW4）99%，计算公式为

$$\frac{\text{仓库发货车次}-\text{延误车次}}{\text{仓库发货车次}}\times 100\%$$

注：延误车次为 5 吨车大于 1 小时，10 吨或 10 吨以上车大于 2 小时，从承运车辆按仓库通知时间到达仓库起算。

5）破损率（KPIW5），0.2%，计算公式为

$$\frac{\text{破损件数（含内部移仓、发货及储存）}}{\text{库存件数}}\times 100\%$$

注：含外箱破损。

① 本合约签字后 3 个月内，不计 KPI 值，但 KPIW1 至 KPIW2 最低不少于 95%，KPIW3 不少于 45%。

② 联合利华应每 3 个月（下称评估期）检查服务商依照 KPI 标准完成订单的履行情况。根据本

合约主体第 5.2）款，在任何评估期内服务商不能达到 KPI 标准，该评估期内的服务费应根据下面第 3 款做调整，由此引起清偿损害的应付数额应与当月评估期的应付服务费冲抵。

③ 如服务商超额完成 KPI 指标，联合利华将在年底做适当评估，予以奖励。

④ KPI 值的计算和评估每 3 个月可根据实际情况做改进。

⑤ 如果以服务商的合理观点，联合利华、其官员或雇员的疏忽或违约在实质上影响了服务商完成订单的能力，该订单不包括在 KPI 计算之内。

3. 主要业务目标

服务商为下列关键业务目标，尽其所能提高并达到。

1）提高对联合利华的服务水平。

2）现有资产的使用率。

3）每车装卸时间。

4）铲板化装卸率。

上述关键业务目标将在商务合同签订的 90 天内确定并执行。

4. 达不到主要 KPI 的罚金

在任何评估期内，如果服务商不能达到主要 KPI 标准，以服务商允许的服务费的调整形式出现的清偿损害，应根据表 6-11 做估算。

表 6-11　罚金计算标准

履行的指标背离程度	服务费扣除比例	最大扣除比例
0～5%	标准下每一百分点扣除 0.1%	0.5%
5%～10%	标准下每一百分点扣除 0.15%	1.25%
10%以上	标准下每一百分点扣除 0.2%	2%

按主要 KPIW1、KPIW2、KPIW3 所有履行的指标背离程度以以下方式计算：

所有 KPI 的背离程度＝0.5（标准 KPIW1－实际 KPIW1）

＋0.5（标准 KPIW2－实际 KPIW2）

＋0.5（标准 KPIW3－实际 KPIW3）

注：标准 KPI 指在本附件中设定的 KPIW1、KPIW2 和 KPIW3 的标准。实际 KPI 指运作中测得的 KPI 值。如果标准 KPI 减去相应实际 KPI 的结果为零或负数，此相应 KPI 不能用来做清偿损害的计算。

附件三：服务价格和结算方式

1. 仓库租赁费：____元/（每平方米 · 每月）（人民币）

1）自_____年____月____日起，____只仓间，合计库房面积_______平方米。

2）自_____年____月____日起，____只仓间，合计库房面积______平方米。

3）超出合同面积，如联合利华需临时租用，服务商同意执行以上标准，按联合利华实际使用面积及天数结算。

2. 铲板租赁费：____元/（每铲板 · 每月）（人民币）

1）自____年____月____日起，____块铲板。

2）自____年____月____日起，____块铲板。

案例讨论：

（1）该物流服务合同的基本要素是否齐全？

（2）该物流服务合同对于制定规范物流服务合同文本有哪些参考价值？

项目7 第三方物流企业绩效评估

学习目标

通过本项目的训练和学习，学生应了解第三方物流绩效评估的概念和意义，掌握第三方物流绩效评估指标体系的构建原则和指标体系的主要内容，并能针对实际第三方物流企业设计出合适的物流绩效评价指标和评价方法。

主要知识点

第三方物流绩效评估指标体系的构建原则、主要评价指标、评价方法。

关键技能点

设计第三方物流企业绩效评价指标的技能，选择评价方法的能力。

任务一　第三方物流企业绩效评估设计

【任务描述】 理解第三方物流企业绩效评价的含义和意义，掌握第三方物流企业绩效评价的基本原则，学会设计和构建第三方物流企业绩效评价体系。

一、第三方物流企业绩效评价的含义及意义

1. 第三方物流企业绩效评价的含义

企业绩效指在一定的经营期间内企业经营效益和经营者的业绩。企业经营效益主要表现为盈利能力、资产运营水平、偿还债务能力和后续发展能力等方面。经营者业绩主要表现为经营者在企业的经营、发展中所取得的成果和所做出的贡献。

企业绩效评价是按照一定的评价标准和程序，采用适当的方法，对企业在一定的经营期间内的经营效益和经营者的业绩，做出客观、公正和准确的综合评判。

2. 第三方物流企业绩效评价的意义

开展绩效评价能够正确判断第三方物流企业的实际经营水平，提高经营能力，改善企业管理，从而增加第三方物流企业的整体效益。

1）通过对第三方物流企业获利能力、基础管理、资本运营、债务状况、经营风险、长期发展能力等方面的评价分析，可以系统地剖析第三方物流企业经营中的问题，全面分析判断第三方物流企业的经营状况，促使企业克服短期行为，将近期利益与营运发展结合起来。

2）随着市场经济的逐步完善，企业在市场竞争中求生存、求发展，企业形象就显得越来越重要，第三方物流企业实施绩效评价促使企业注重改善自己的形象，提高竞争实力。

3）企业绩效评价促进第三方物流企业向优秀企业学习，通过横向比较，使第三方物流企业不仅看到自身的实际水平及在同行业中的位置，并引导第三方物流企业按照市场需求预测、确定自己的发展战略。

二、第三方物流企业绩效评价的原则

开展第三方物流绩效评价应遵循一些基本原则。

1. 多渠道、多层次、全方位评价的原则

开展第三方物流绩效评价时，应多方收集信息，实行多渠道、多层次、全方位评价，综合运用上级考核、同级评价、下级评价、员工评价等多种形式。

2. 责、权、利相结合的原则

第三方物流企业绩效评价的目的主要是改进绩效。但是，第三方物流企业绩效评价产生出结果后，应分析责任的归属，要明确是否在当事人责权范围内，并且是否为当事人可控事项，只有这样奖惩才能公平合理。

3. 客观公正的原则

开展第三方物流绩效评价时，应坚持定量与定性相结合，以客观的立场评价优劣，公平的态度评价得失，合理的方法评价业绩，严密的计算评价效益。

4. 时效与比较的原则

为了及时了解第三方物流企业运营的效益与业绩，应该及时进行评价。第三方物流企业的盈余或亏损，须同过去的记录、预算目标、同行业水准、国际水平等进行比较，才能鉴别其优劣。

5. 制度化的评价原则

第三方物流企业必须制定科学合理的绩效评价制度，并且明确评价的原则、程序、方法、内容及标准，将正式评价与非正式评价相结合。

三、第三方物流企业绩效评价体系

1. 第三方物流企业绩效评价体系的基本要素

企业绩效评价体系是指与绩效评价相关的评价制度、评价方法、评价标准、评价机构及评价指标体系等方面形成有机的整体。它主要由绩效评价制度体系（图 7-1）、绩效评价组织体系（图 7-2）、绩效评价指标体系（图 7-3）三部分组成。

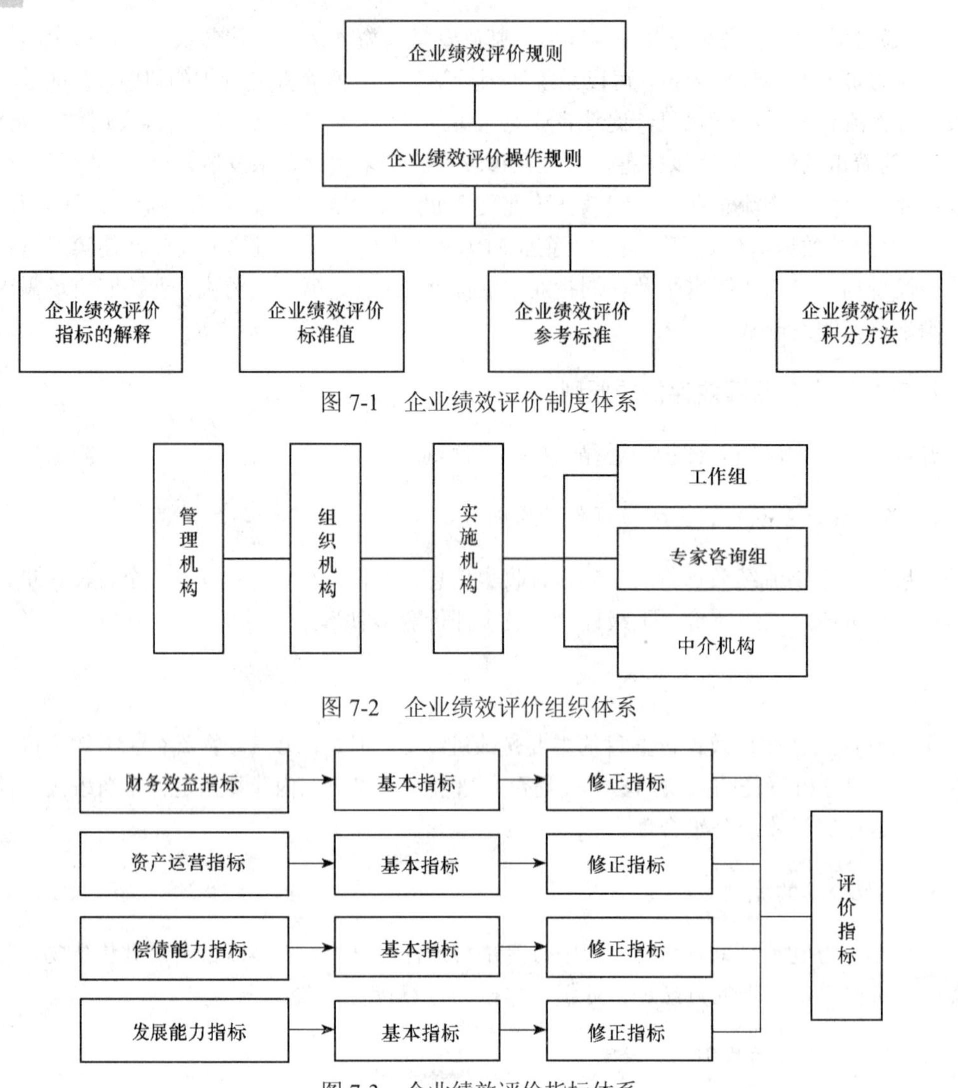

图 7-1 企业绩效评价制度体系

图 7-2 企业绩效评价组织体系

图 7-3 企业绩效评价指标体系

案例 7-1

M 物流有限公司绩效评价指标体系

M 物流有限公司是一家综合性第三方物流公司，具有独立法人资格，注册资金为 3244 万元，地处经济发达、交通便利的长江之滨。公司现有员工 140 人，除司机和装卸工外的员工 90 多人。公司主要向各类企业提供海外货运代理、国内运输、仓储、装卸、加工、包装等物流服务。目前该公司所实行的绩效考核，从工作态度、工作能力和工作绩效三方面进行，公司绩效考核只涉及个人或部门。

根据该公司的整体发展现状和各核心部门的现状，建立新的企业绩效评价指标体系，即从财务、业务和客户 3 个层面选取指标，对 M 公司绩效进行综合评价。图 7-4 为 M 公司的绩效评价指标体系。

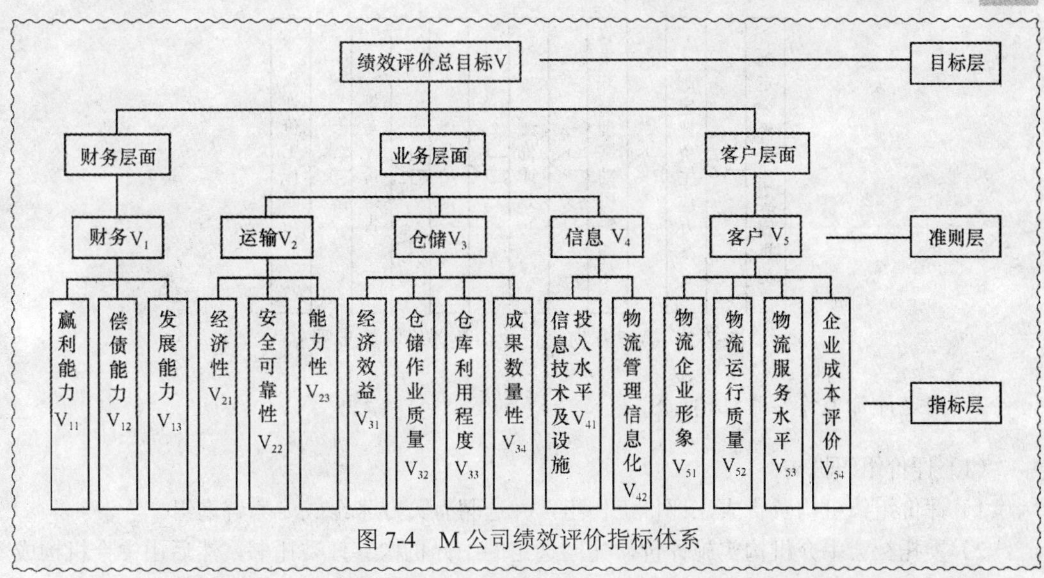

图 7-4 M 公司绩效评价指标体系

2. 第三方物流企业绩效评价体系的设计要求

（1）准确

要使评价结果具有准确性，与绩效相关的信息必须准确。在评价过程中，应做到量化值的准确。

（2）可接受

物流企业绩效评价体系，只有有人利用才能发挥其作用。所以在体系设计时必须满足使用者的需求，提供准确、及时、客观的信息。

（3）可理解

能够被人理解的信息才不会导致各种各样的错误，才是有价值的信息。为此设计第三方物流企业绩效评价体系必须确保信息清晰。

（4）及时

只有及时获取有价值的信息，才能及时评价、分析，迟到的信息会使评价失真或无效。

（5）目标一致性

第三方物流企业绩效评价体系必须与第三方物流企业发展战略目标相一致，这样才能更有效。

（6）应变性

良好的绩效评价体系，应对第三方物流企业战略调整及内外部的变化非常敏感，并且体系自身能够做出较快的相应调整，以适应变化要求。

四、第三方物流企业绩效评价的实施步骤

第三方物流企业绩效评价的实施步骤一般为确定评价工作实施机构、制定评价工作方案、收集并整理基础资料和数据、评价计分、评价结论、撰写评价报告、评价工作总结 7 个步骤，如图 7-5 所示。

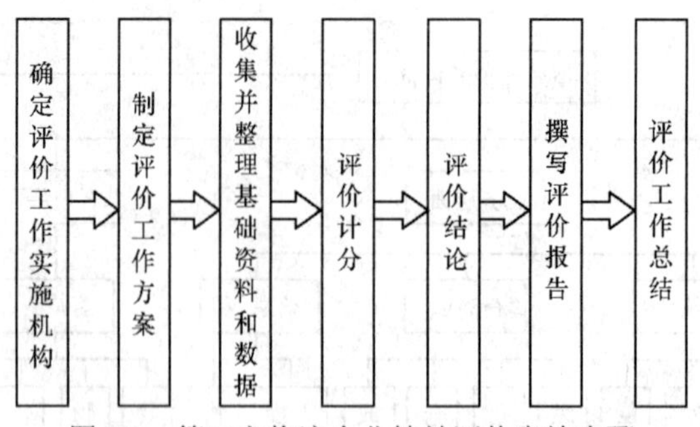

图 7-5 第三方物流企业绩效评价实施步骤

1. 确定评价工作实施机构

（1）评价组织机构

1）评价组织机构负责成立评价工作组，并选聘有关专家组成专家咨询组。

2）委托社会中介机构实施评价，先同选定的中介机构签订委托书，然后由中介机构成立评价工作组及专家咨询组。

（2）参加评价工作的成员应具备的基本条件

1）具有较丰富的物流管理、财务会计、资产管理、法律及一定的工程技术等专业知识。

2）熟悉物流企业绩效评价业务，有较强的综合分析判断能力。

3）评价工作主持人员应有较长的经济管理工作经历，并能坚持原则，秉公办事。

4）专家咨询组的专家应在物流领域中具有高级技术职称，有一定的知名度和相关专业的技术资格。

2. 制定评价工作方案

由评价工作组根据有关规定制定评价工作方案，经评价组织机构批准后开始实施，并将工作方案送专家咨询组的每位专家。

3. 收集并整理基础资料和数据

选择物流行业同等规模的评价方法及评价标准值；收集连续 3 年的会计报表，收集有关统计数据及定性评价的基础材料，并确保资料的真实性、准确性和全面性。

4. 评价计分

计算评价指标的实际分数，这是第三方物流企业绩效评价的关键步骤。按照核实准确的统计数据计算定量评价指标的实际值；根据选定的评价标准，计算出各项基本指标的得分，形成“第三方物流企业绩效初步评价计分表”；利用修正指标对初步评价结果进行修正，形成“第三方物流企业绩效基本评价计分表”；根据已核实的定性评价基础材料，参照绩效评议指标参考标准对评价指标打分，形成“第三方物流企业绩效评价计分汇总表”；将“第三方物流企业绩效基本评价计分表”和“第三方物流企业绩效评价汇总表”进行校正、汇总，得出综合评价的实际分数，形成“第三方物流企业绩效得分总表”；根据基本评价的四部分（财务效益、资产营运、偿债能力、发展能力）得分情况，计算各部分的分析系数；最后还需对评价的分数和计分过程进行复核。

5. 评价结论

将第三方物流企业绩效评价得分与相同行业及同规模的第三方物流企业最高分数进行比较，将四部分内容的分析系数与相同行业的比较系数进行对比，对第三方物流企业绩效进行分析判断，形成综合评价结论。

6. 撰写评价报告

评价报告的主要内容包括评价结果、评价分析、评价结论及相关附件等。先把评价报告送专家咨询组征求意见。评价项目主持人签字，报送评价组织机构审核认定，若是委托中介机构进行评价需加盖单位公章。

7. 评价工作总结

将评价时间、地点、基本情况、评价结果、工作中的问题及措施等形成书面材料，建立评价工作档案，同时报送第三方物流企业备案。

单项实训一

案例讨论

山东佳怡物流公司（以下简称佳怡物流）是山东省政府重点培育的三大物流企业之一，该公司 1999 年创建于山东首府济南，是一家主要经营公路零担货物运输、整车货物运输，同时可提供代收货款、代签回单、保价运输等增值业务服务的第三方物流企业。佳怡物流目前已在东北、华北、华东、华南、西北、西南共 18 个省级区域设有 300 多个服务网点，并以此为依托，辐射全国各地；2014 年实现营业收入 3.5 亿元。佳怡物流设置的部门主要有运营中心、市场营销中心、客服中心、各区域营业部、人力行政中心、财务中心。其运营中心主要负责货物的集散及管控、货物的运输及管控、营运质量管理，通过下设的各地集散运输部来实现货物的集散和运输作业。表 7-1 是运营中心绩效评价指标体系。

请结合本任务所学内容，分析并评价该指标体系设计的合理性。

表 7-1　运营中心绩效评价指标体系

一级指标	二级指标	三级指标
工作业绩	运输成本率	干线运输成本率、市内运输成本率
	运输配送及时性	到货及时率
	运营安全性	货物毁损率；货物灭火率
受众服务	领导评价	领导满意度
	服务评价	被服务对象满意度
	协作评价	被协作单位满意度
内部管理	管理制度	管理制度的全面性；管理流程的合理性
	制度执行	制度执行违规次数
学习创新	员工受训率	部门员工人均受训次数；部分员工培训合格率
	员工提案建议次数	部门员工合理化被采纳次数
	员工流失率	部门员工流失率

任务二　第三方物流企业绩效评价指标体系

【任务描述】 要求学生能结合企业实际经营状况，合理选择与设置第三方物流企业绩效评价指标体系，确定各指标的权重。

一、基本指标

基本指标是评价物流企业绩效的核心指标。基本指标由 8 项定量指标构成，用于第三方物流企业绩效的初步评价。

1. 净资产收益率

净资产收益率是指第三方物流企业在一定时期内的净利润与平均净资产的比率，是评价企业经营效益的核心指标，它体现了投资者投入企业的自有资本获取净收益的能力。计算公式为

$$\text{净资产收益率}=\frac{\text{净利润}}{\text{平均净资产}}\times 100\% \tag{7-1}$$

式中，净利润是指第三方物流企业利润总额减去应交所得税后的净额；平均净资产包括实收资产、资本公积、盈余公积和未分配利润，它是第三方物流企业年初所有者权益同年末所有者权益的平均数。

一般来说，第三方物流企业净资产收益率越高，企业自有资本获取收益的能力越强，对企业投资者及债权人的保证程度越高。

2. 总资产报酬率

总资产报酬是指第三方物流企业在一定时期内获得的报酬总额与平均资产总额的比率，是评价第三方物流企业资产运营效益的重要指标。它表示第三方物流企业包括净资产和负债在内的全部资产的总体获利能力。计算公式为

$$\text{总资产报酬率}=\frac{\text{利润总额}+\text{利息支出}}{\text{平均资产总额}}\times 100\% \tag{7-2}$$

式中，利润总额包括第三方物流企业当年营业利润、补贴收入、营业外收支净额及所得税等项内容，是第三方物流企业实现的全部利润；利息支出指第三方物流企业在经营过程中实际支付的债券利息、借款利息等；平均资产总额指第三方物流企业资产总额年初数与年末数的平均值。

一般来说，总资产报酬率越高，企业的资产运营越有效。第三方物流企业可将此指标与市场资本利率进行比较，如果该指标大于市场资本利率，则表明企业可以充分利用财务杠杆，进行负债经营，获取尽可能多的收益。

3. 总资产周转率

总资产周转率指第三方物流企业在一定时期营业收入净额同平均资产总额的比值。它是综合评价第三方物流企业全部资产经营质量和利用效率的重要指标。计算公式为

$$总资产周转率（次）=\frac{营业收入净额}{平均资产总额} \tag{7-3}$$

式中，营业收入净额指第三方物流企业当期提供服务等主要经营活动取得的收入减去折扣与折让后的数额。

一般情况下，总资产周转率越高，周转速度越快，第三方物流企业全部资产的管理质量和利用效率越高。

4. 流动资产周转率

流动资产周转率指第三方物流企业在一定时期营业收入净额同平均流动资产总额的比值。它是评价第三方物流企业资产利用效率的又一主要指标。计算公式为

$$流动资产周转率（次）=\frac{营业收入净额}{平均流动资产总额} \tag{7-4}$$

式中，平均流动资产总额指第三方物流企业流动资产总额的年初数与年末数的平均值。

流动资产周转率越高，表明第三方物流企业流动资产周转速度越快，利用效率越高，流动资产相对节约，起到增强物流企业盈利能力的作用。通过对该指标的分析，一方面促进企业加强内部管理，充分利用流动资产，同时采取措施扩大用户，提高流动资产综合使用效率。

5. 资产负债率

资产负债率是指第三方物流企业在一定时期负债总额同资产总额的比率。该指标是评价第三方物流企业负债水平的综合指标。计算公式为

$$资产负债率=\frac{负债总额}{资产总额}\times 100\% \tag{7-5}$$

式中，负债总额指第三方物流企业承担的各项短期负债和长期负债的总和；资产总额指第三方物流企业拥有各项资产价值的总和。

资产负债率是国际公认的衡量企业负债偿还能力和经营风险的重要指标。国内一般不高于50%，国际上一般公认60%比较好。过低的资产负债率表明对财务杠杆利用不够；过高的资产负债率表明财务风险太大。

6. 利息保障倍数

利息保障倍数指第三方物流企业在一定时期息税前利润与利息支出的比值，它反映第三方物流企业偿还债务的能力。计算公式为

$$利息保障倍数=\frac{息税前利润}{利息支出} \tag{7-6}$$

式中，息税前利润指第三方物流企业当年实现的利润总额与利息支出两者总和。

利息保障倍数越高，表明第三方物流企业的债务偿还越有保证。国际上公认的企业利息保障倍数为3。但是不同行业有不同的标准界限，一般不得低于1，否则企业债务风险很大。

7. 营业增长率

营业增长率指第三方物流企业本年营业收入增长额同上年营业收入总额的比率。该指标

是评价第三方物流企业成长状况和发展能力的重要指标。计算公式为

$$营业增长率=\frac{本年营业收入增长额}{上年营业收入总额}\times 100\% \tag{7-7}$$

式中，本年营业增长额指第三方物流企业本年营业收入与上年营业收入的差额。

营业增长率越高表明增长速度越快，市场前景越好。营业增长率是企业生存的基础和发展的条件，但在实际评价分析时要考虑历年来的营业水平、市场情况及其他因素的影响。

8. 资本积累率

资本积累率指第三方物流企业本年所有者权益增长额同年初所有者权益的比率，是评价第三方物流企业发展潜力的重要指标。它表示第三方物流企业当年资本积累的能力。计算公式为

$$资本积累率=\frac{本年所有者权益增长额}{年初所有者权益}\times 100\% \tag{7-8}$$

式中，本年所有者权益增长额指第三方物流企业本年所有者权益与上年所有者权益的差额。

资本积累率越高表明第三方物流企业资本积累越多，企业发展潜力越大，应付风险、持续发展的能力越强。如果该指标为负值，表明企业资本受到侵蚀。

案例 7-2

我国物流业上市公司绩效指标

2003～2005 年我国物流业上市公司绩效指标如表 7-2 所示。

表 7-2　2003～2005 年我国物流业上市公司绩效指标

年份	总资产报酬率/%	净资产收益率/%	总资产周转率	流动资产周转率	已获利息倍数	销售增长率/%	资本积累率/%
2003	6.05	6.32	0.40	1.30	4.61	14.31	14.25
2004	4.21	9.06	0.06	0.54	6.67	38.20	20.17
2005	3.89	9.74	0.29	0.66	6.71	26.46	−2.92

二、修正指标

修正指标是对基本指标评价后所形成的初步评价结果进行修正，以形成较为全面的物流企业绩效评价基本结果。由 16 项具体的定量指标构成。

1. 资本保值增值率

资本保值增值率是指第三方物流企业本年年末所有者权益扣除客观增减因素后同年初所有者权益的比率，是评价企业财务效益状况的辅助指标，它表示第三方物流企业当年资本在企业自身努力下的实际增减变动情况。计算公式为

$$资本保值增值率=\frac{扣除客观因素后的年末所有者权益}{年初所有者权益}\times 100\% \tag{7-9}$$

式中，扣除客观因素后的年末所有者权益是指国家发布的《国有资产保值增值考核试行办法》中规定的客观因素。

资本保值增值率越高，表明企业的资本保全状况越好，所有者权益的增长越大，债权人的债务越有保障。如果指标为负值，表明企业资本受到侵蚀，损害了所有者的权益，也妨碍了第三方物流企业进一步发展。

2. *营业利润率*

营业利润率指第三方物流企业在一定时期内营业利润同营业收入净额的比率。该指标是评价第三方物流企业经济效益的主要指标，它表明每一个单位营业收入能够获取的利润，反映第三方物流企业主营业务的获利能力。计算公式为

$$营业利润率=\frac{营业利润}{营业收入净额}\times 100\% \tag{7-10}$$

式中，营业利润不含非主营业务利润、长期投资收益、营业外收支等因素，指从第三方物流企业营业收入中扣除营业成本、营业费用、营业税金及其他后的利润。

营业利润率的评价结果结合第三方物流企业的营业收入及成本分析，充分反映物流企业的成本控制、费用管理、市场开拓、经营策略等方面的成绩及不足。

3. *成本费用利润率*

成本费用利润率是第三方物流企业在一定时期的利润总额同成本费用总额的比率。它表示第三方物流企业为获取利润所付出的代价。计算公式为

$$成本费用利润率=\frac{利润总额}{成本费用总额}\times 100\% \tag{7-11}$$

式中，成本费用总额指第三方物流企业营业成本、营业费用、财务费用、管理费用之和。

成本费用利润率越高表示第三方物流企业为取得收益所付出的代价越小，成本费用控制得越好，获利能力越强。

4. *库存周转率*

库存周转率是评价第三方物流企业购入存货、入库保管、销售发货等环节的管理状况的综合性指标。它是在一定时期内销售成本与平均库存的比率，用时间表示库存周转率就是库存周转天数。其计算公式为

$$库存周转率（次）=\frac{销售成本}{平均库存} \tag{7-12}$$

$$库存周转天数=\frac{360}{库存周转率} \tag{7-13}$$

式中，销售成本指第三方物流企业提供服务等经营业务的实际成本；平均库存指库存年初数与年末库存数的平均值。

库存周转率在反映库存周转速度及库存占用水平的同时，也反映第三方物流企业运营状

况。一般来说，该指标越高，表示第三方物流企业运营状况良好，有较高的流动性，库存转换为现金或应收账款的速度快，库存占用水平低。

5. 应收账款周转率

应收账款周转率反映应收账款周转速度，也就是年度内应收账款转为现金的平均次数，说明应收账款流动速度。用时间表示的周转速度是应收账款周转天数。计算公式为

$$\text{应收账款周转率（次）}=\frac{\text{营业收入净额}}{\text{平均应收账款余额}} \tag{7-14}$$

式中，应收账款指第三方物流企业因赊账提供商品或服务而应收取的各种款项；平均应收账款指应收账款年初数与应收账款年末数的平均值。

一般来说，应收账款周转率越高，说明应收账款的收回速度越快。采用本指标的目的在于促进第三方物流企业通过合理制定经营政策、及时转账等途径，加快应收账款回收速度，活化第三方物流企业运营资金。

6. 不良资产比率

不良资产比率主要反映第三方物流企业的资产质量。它是第三方物流企业年末不良资产总额占年末资产总额的比例。计算公式为

$$\text{不良资产比率}=\frac{\text{年末不良资产总额}}{\text{年末资产总额}}\times 100\% \tag{7-15}$$

式中，年末不良资产总额包括 3 年以上应收账款、积压商品物资和不良投资等，是指第三方物流企业资产中难以参加正常经营运转的部分。

一般来说，不良资产比率越高，表明第三方物流企业资金利用率越差，不良资产比率为 0 值是最佳水平。

7. 资产损失比率

资产损失比率是第三方物流企业在一定时期待处理资产损失净额占年末资产总额的比率，它用以分析判断第三方物流企业资产损失对资产营运状况的直接影响。该指标表明企业资产损失的严重程度，从第三方物流企业资产质量的角度揭示资产管理状况。其计算公式为

$$\text{资产损失比率}=\frac{\text{待处理资产损失净额}}{\text{年末资产总额}}\times 100\% \tag{7-16}$$

式中，待处理资产损失净额包括第三方物流企业待处理流动资产净损失、待处理固定资产净损失，以及固定资产毁损和待报废 3 项。

8. 流动比率

流动比率是企业在一定时期流动资产同流动负债的比率。它反映第三方物流企业短期债务偿还能力。计算公式为

$$\text{流动比率}=\frac{\text{流动资产}}{\text{流动负债}}\times 100\% \tag{7-17}$$

式中，流动资产是指第三方物流企业可以在 1 年或超过 1 年的一个营业周期内变现或被耗用的资产；流动负债是指偿还期限在 1 年或超过 1 年的一个营业周期内的债务。

流动比率越高，表明流动资产流转得越快，偿还流通负债能力越强。但是，流动比率并非越高越好，如果比率过大，表明第三方物流企业流动资产占用较多，影响企业经营资金周转率和获利能力。国际上公认的标准比率为 200%，我国较好的企业为 150%左右。

9. 速动比率

速动比率是第三方物流企业在一定时期内速动资产同流动负债的比率。速动比率是衡量企业的短期偿债能力，评价第三方物流企业流动资产变现能力的强弱。计算公式为

$$\text{速动比率}=\frac{\text{速动资产}}{\text{流动负债}}\times 100\% \tag{7-18}$$

式中，速动资产包括现金、各种存款、有价证券和应收账款等资产，是指扣除库存后流动资产的数额。

速动比率比流动比率更能表明一个企业对短期债务的偿还能力。国际上公认的标准比率为 100%，过高会造成资金浪费；过低则表明企业偿债能力弱，不利于吸引投资者。

10. 现金流动负债比率

现金流动负债比率是第三方物流企业在一定时期的经营现金流入同流动负债的比率，它从现金流动角度来反映企业当期偿付短期负债的能力。计算公式为

$$\text{现金流动负债比率}=\frac{\text{年经营现金净流入}}{\text{年末流动负债}}\times 100\% \tag{7-19}$$

式中，年经营现金净流入指一定时期内，由第三方物流企业经营活动所产生的现金及其等价物流入量与流出量的差额。

现金流动负债比率大，表明经营活动产生的现金流入较多，能够保障按时偿还到期债务。但是并不是越大越好，过大则表示企业流动资金利用不充分。

11. 长期资产适合率

长期资产适合率是第三方物流企业所有者权益与长期负债之和同固定资产与长期投资之和的比率，它是从第三方物流企业资源配置结构方面反映企业偿债能力。计算公式为

$$\text{长期资产适合率}=\frac{\text{所有者权益}+\text{长期负债}}{\text{固定资产}+\text{长期投资}}\times 100\% \tag{7-20}$$

式中，所有者权益是指所有者权益总额的年末数；长期负债是指偿还期在 1 年或超过 1 年的一个营业周期以上的债；固定资产是指第三方物流企业固定资产总额的年末值；长期投资是指投资期限在 1 年或超过 1 年的一个营业周期以上的投资。

从维护企业财务结构稳定和长期安全性的角度出发，该指标数值高一点较好，但过高会带来融资成本增加，理论上认为该指标 100%较宜。第三方物流企业应根据本企业的具体情况，参照同行业平均水平确定。

12. 经营亏损挂账比率

经营亏损挂账比率是第三方物流企业亏损挂账额与年末所有者权益总额的比率。它是对第三方物流企业资金挂账的分析解剖，反映企业由于亏损挂账而导致的对所有者权益的侵蚀程度。计算公式为

$$经营亏损挂账比率=\frac{经营亏损挂账}{年末所有者权益总额}\times100\% \tag{7-21}$$

式中，经营亏损挂账是指因经营不善而造成的亏损挂账资金；年末所有者权益指所有者权益总额的年末数。

经营亏损挂账比率越高表明企业经营亏损挂账越多，经营中存在的问题越多，留存收益受到的侵蚀越大。该指标越小越好，最佳状态为0值。

13. 总资产增长率

总资产增长率是第三方物流企业本年总资产增长额同年初资产总额的比率。总资产增长率评价第三方物流企业本期资产的增长情况，评价第三方物流企业经营规模总量上的扩张程度，计算公式为

$$总资产增长率=\frac{本年总资产增长额}{年初资产总额}\times100\% \tag{7-22}$$

式中，本年总资产增长额指资产总额年末数与年初数的差额。

总资产增长率越高，表明第三方物流企业在一个经营周期内资产经营规模扩张的速度越快。但应避免资产盲目扩张。

14. 固定资产成新率

固定资产成新率是第三方物流企业当期平均固定资产净值同平均固定资产原值的比率。计算公式为

$$固定资产成新率=\frac{平均固定资产净值}{平均固定资产原值}\times100\% \tag{7-23}$$

式中，平均固定资产净值指第三方物流企业固定资产净值的年初数同年末数的平均值；平均固定资产原值指第三方物流企业固定资产原值的年初数同年末数的平均值。

固定资产成新率高，反映第三方物流企业固定资产比较新，更新较快，持续发展能力强。运用该指标分析固定资产新旧程度时，应除去应提而未提折旧设施与设备等固定资产真实状况的影响。

15. 三年利润平均增长率

三年利润平均增长率反映第三方物流企业利润增长趋势和效益稳定程度及发展潜力。计算公式为

$$三年利润平均增长率=\left(\sqrt[3]{\frac{年末利润总额}{3年前年末利润总额}}-1\right)\times100\% \tag{7-24}$$

式中，3 年前年末利润总额指第三方物流企业 3 年前的利润总额数。若评价 2007 年的绩效状况，则指 2004 年利润总额年末数。

三年利润平均增长率越高，表明第三方物流企业积累越多，可持续发展能力越强，发展潜力越大。

16. 三年资本平均增长率

三年资本平均增长率表示第三方物流企业连续 3 年的积累情况，体现第三方物流企业的发展水平和发展趋势，避免了一般增长率指标在分析时的滞后性。计算公式为

$$三年资本平均增长率=\left(\sqrt[3]{\frac{年末所有者权益总额}{3年前年末所有者权益总额}}-1\right)\times 100\% \quad (7\text{-}25)$$

式中，3 年前年末所有者权益指第三方物流企业 3 年前的所有者权益年末数。若评价 2007 年第三方物流企业绩效状况，则指 2004 年年末所有者权益数。

三年资本平均增长率越高，表明第三方物流企业所有者权益的保障程度越大，第三方物流企业可以长期使用的资金越足，持续发展能力越强。

三、评议指标

评议指标是用于评价资产经营及管理状况等方面的非定量因素，是对定量指标的综合补充。一般采用模糊指标进行度量。

1. 管理层基本素质

管理层基本素质的评价标准如表 7-3 所示。

表 7-3 管理层基本素质评价标准

	等级	评价标准
管理层基本素质	一级	领导班子具有合理的知识结构，经验丰富，精通经营管理、物流管理、物流技术等专业知识及法律知识，经营业绩突出。 团结协作、廉洁自律、爱岗敬业、奖惩严明，深受广大员工拥护。 有先进的经营理念，勇于创新，重大决策均经过充分的科学论证，并达到预期目标，工作成绩显著
	二级	领导班子具有一定的经营管理、物流专业及法律知识、经验较为丰富，经营业绩较好。 有较高的责任感，能够廉洁自律团结协作，比较有威信。 主要决策经过科学论证，无重大决策失误
	三级	领导班子专业知识、法律知识等学识、能力及业绩均为一般。 主要领导基本称职，能做到团结协作、尽职尽责、关心职工。 主要决策基本正确，满足企业持续发展的需要
	四级	领导班子内部不协调，工作配合不默契，造成工作决策失误。 领导班子成员自我约束不严，岗位责任感不强，奖惩不明，职员积极性不高，意见较大
	五级	领导班子不够团结，主要领导不得力，或以权谋私。 决策失误较多，企业效益滑坡，职工怨声很大

2. 服务满意度

服务满意度的评价标准如表 7-4 所示。

表 7-4 服务满意度评价标准

	等级	评价标准
服务满意度	一级	服务质量上高，近 3 年曾获得国家或省级的荣誉认证。 职员素质高，物流配送差错率极少，能及时满足顾客需求。 商品及服务齐全，定价合理，严格履行对顾客的各种承诺。 服务设施、设备满足顾客的需求
	二级	服务质量较好，能够较及时地满足顾客的各种需求。 商品及服务的种类较齐全，价格较适宜。 能够在服务态度、设施设备等方面让顾客比较满意
	三级	服务质量一般，服务价格基本合适，能够满足顾客的基本需求。 对各项承诺完成情况一般
	四级	服务不够规范，价格不尽合理，各项承诺经常拖拉并有不落实的现象，不能满足顾客的一般需求
	五级	服务质量差，价格高，难以满足顾客的物资及心理需求

3. 基础管理

基础管理的评价标准如表 7-5 所示。

表 7-5 基础管理评价标准

	等级	评价标准
基础管理	一级	物流企业组织结构健全、合理、精简。 各项规章制度先进、完备、可行，并且被很好地贯彻执行。 会计核算、财务管理、质量管理、投资融资管理等均符合国家有关法律法规。 有严格的计划控制手段，并能够不断创新，经济效益显著。 有明确的责权和有效的激励约束机制
	二级	企业组织结构比较健全、合理。 财务、会计、质量等各项制度和控制符合国家有关规定，并且比较先进、完备，执行状况较好。 岗位责任比较明确，有相应的激励和约束机制
	三级	具有使物流企业能够正常运转的一般规章制度，但先进性、规范性不强，执行情况一般，经济效果不明显。 能够遵守国家有关规定，无重大违纪行为
	四级	物流企业基础管理工作比较薄弱，机构臃肿，效率不高。 各种规章制度不完备，且比较落后，执行不严格。 存在违章违纪行为，经营秩序较差
	五级	组织机构、规章制度等不健全，或者形同虚设，责、权、利不明，管理混乱，人心涣散，生产经营难以正常进行

4. 在岗职工素质

在岗职工素质的评价标准如表 7-6 所示。

表7-6 在岗职工素质评价标准

	等级	评价标准
在岗职工素质	一级	在岗职员大专以上学历占20%以上，高中以上文化程度的职员占60%以上。 全体职员达到岗位技能标准，每年至少参加一次技能培训。 爱岗敬业，有强烈的主人翁精神和责任感，对企业发展充满信心，能够经常提出合理化建议。 遵守企业的规章制度、组织纪律，讲究文明礼貌，生产经营秩序井然
	二级	职员中大专以上学历占10%以上，具有高中以上文化程度的职员占50%以上。 90%以上的职员达到岗位技能标准，每年有70%的员工接受过各种形式的技能培训。 爱岗敬业，有较强的责任感，关注企业的发展，并提出合理化建议。 职员文明守纪状况较好
	三级	职员中具有大专以上学历的人员占5%以上，高中以上文化程度的职员占40%以上。 80%的职员达到岗位技术标准，每年有50%的职员接受过各种形式的技能培训。 对企业发展有一定信心。 员工有责任感和敬业精神，对规章制度和纪律遵守方面为一般
	四级	职员中具有高中以上文化程度的比例在20%以上。 50%以上的职员达到岗位技术标准，多数职员未参加过专业技能培训。 职员的责任感不强，纪律较松弛，对企业发展缺乏信心
	五级	职员中高中以上文化程度的比例很低，技术水平欠佳。 有一半以上达不到一般岗位技术标准，多数职员未参加过专业技能培训。 职员缺乏责任感，纪律涣散，对企业发展没有信心

5. 服务硬件环境

服务硬件环境的评价标准如表7-7所示。

表7-7 服务硬件环境评价标准

	等级	评价标准
服务硬件环境	一级	设施、设备适应实际需要，物流技术处于国际先进水平，设备利用率接近100%，运转率较高。 布局合理，作业环境舒适。 信息化、自动化程度高，实现计算机网络管理
	二级	设施、设备基本适应实际需要，物流技术处于国内先进水平，设备利用率在90%以上，运行正常。 内部结构合理，作业环境较为舒适。 拥有一定数量的计算机等自动化设备，基本实现计算机网络管理
	三级	设施与设备配置及先进程度一般，物流技术处于国内一般水平，设备利用在80%以上，运转正常。 内部布局比较合理，作业环境一般
	四级	拥有必备的设施和设备，但缺乏先进性，物流技术落后，条件简陋
	五级	内部设施设备不够齐全，而且陈旧落后，属淘汰对象，物流配送作业大部分靠手工，作业环境不尽舒适，服务条件较差

6. 行业或区域影响力

行业或区域影响力的评价标准如表7-8所示。

表 7-8 行业或区域影响力评价标准

	等级	评价标准
行业或区域影响力	一级	具有综合影响力，营业收入或资产总额属全国同行业前 10 位或本省同行业前 3 位。 具有很强的龙头作用，辐射带动相关产业发展，财政贡献突出，容纳就业及再就业能力强经营管理经验先进，具有全国同行学习和借鉴的意义
	二级	具有一定的影响力，营业收入或资产总额居全国同行前 20 位，或本省行业前 6 位。 能够辐射相关产业的发展，财政贡献较大，容纳就业及再就业能力较强。 有较先进切合实际的经营管理经验，在本地区具有借鉴作用
	三级	在同行业和区域内影响力一般，营业收入或资产总额在本地区处在中间位置。 有一定的财政贡献和解决就业的能力，是相关产业供货商或用户
	四级	在同行业或区域内影响力较弱，对相关产业发展作用不大，财政贡献较差
	五级	在同行业和区域内没有影响力，经营处在负增长，企业发展困难重重

7. 企业经营发展战略

企业经营发展战略的评价指标如表 7-9 所示。

表 7-9 企业经营发展战略评价指标

	等级	评价标准
企业经营发展战略	一级	具有合理科学的近期、中期和长期发展规划，经营目标明确。 制定的筹资、投资、运营、开拓市场等各种经营策略符合实际，有利于企业效益的提高和长期、持续的发展
	二级	具有比较合理科学的近期、中期和长期发展规划，经营目标比较明确。 制定的投（筹）资、运营、开拓市场等各种经营策略比较符合实际，能够促使企业效益的提高和持续发展
	三级	有比较明确的符合实际的规划和目标。 运营及投、融资等各种经营策略的制定基本正确、有效，能够保证企业获取利润和持续运转
	四级	企业发展目标和方向不十分明确或不十分切合实际，但现有的经营策略基本上能够使企业维持下去
	五级	企业没有明确的发展方向和目标，各种经营策略的制定盲目、被动，无助于企业的发展

8. 长期发展能力预测

长期发展能力预测的评价指标如表 7-10 所示。

表 7-10 长期发展能力预测评价标准

	等级	评价标准
长期发展能力预测	一级	根据上述各项指标综合评价情况的分析，如不发生意外，企业未来 3 年的发展潜力很大，势头强劲，处于上升状态
	二级	根据上述各项指标综合评价情况的分析，如不发生意外，企业在未来 3 年的发展有比较坚实的基础和潜力，呈逐渐上升势头
	三级	根据上述各项指标综合评价情况的分析，如不发生意外，企业在未来 3 年的发展有一定基础，比较有希望
	四级	根据上述各项指标综合评价情况的分析，企业未来发展前景不十分明确，难以预测发展前景
	五级	根据上述各项指标综合评价情况的分析，企业困难重重，发展前景暗淡

四、指标权数的设置

根据我国财政部下发的《国有资本金绩效评价操作细则》规定：企业绩效评价实行百分制，其中，定量指标权数为 80%，定性指标权数为 20%，三层次指标权数均先分别按 100 设定，最后还原。在实践中，各指标权重由绩效评估组根据具体情况调整。

1. 基本指标权数

基本指标权数如表 7-11 所示。

表 7-11　基本指标权数

项目		权重/%
财务效益状况	净资产收益率	30
	总资产报酬率	12
资产营运状况	总资产周转率	9
	流动资产周转率	9
偿债能力状况	资产负债率	12
	利息保障倍数	10
发展能力状况	营业增长率	9
	资本积累率	9

2. 修正指标权重

修正指标权重如表 7-12 所示。

表 7-12　修正指标权重

项目		权重/%
财务效益状况	资本保值增值率	16
	营业利润率	14
	成本费用利润率	12
资产营运状况	库存周转率	4
	应收款周转率	4
	不良资产比率	6
	资产损失比率	4
偿债能力状况	流动比率	6
	速动比率	4
	现金流动负债比率	4
	长期资产适合率	5
	经营亏损挂账比率	3
发展能力状况	总资产增长率	7
	固定资产成新率	5
	三年利润平均增长率	3
	三年资本平均增长率	3

3. 评议指标权重

评议指标权重如表 7-13 所示。

表 7-13 评议指标权重

项 目	权重/%	项 目	权重/%
领导班子基本素质	20	服务硬件环境	10
在岗员工素质状况	12	行业或区域影响力	5
基础管理水平	20	企业经营发展策略	5
服务满意度	18	长期发展能力预测	10

单项实训二

佳怡物流绩效管理流程体系设计

根据绩效管理的阶段划分，结合佳怡物流企业管理实际，将佳怡物流绩效管理流程工作划分为绩效考核指标的确立环节、绩效考核环节、绩效反馈环节与改进、绩效申诉与检查环节、绩效结果应用环节 5 个方面。

（1）绩效考核内容确立环节

绩效管理自上而下分为公司绩效、部门绩效、岗位绩效 3 个层次，其考核内容、考评周期如表 7-14 所示。

表 7-14 绩效管理层次

绩效类别	考核主体	考核客体	考核周期	绩效考核内容
公司绩效	董事会	总经理	年度	公司级绩效指标
部门绩效	评价小组	各中心总监	季度、年度	部门绩效指标
岗位绩效	岗位直接上级	员工	月度	岗位绩效指标

成立佳怡物流绩效评价小组，由总经理任组长，人力行政总监任副组长，绩效主管任组织干事，组员由各中心负责人及 2 或 3 名资深员工组成。

1）评价小组对已设定的部门及岗位指标设置目标值。

2）明确各指标考核数据的来源及提供岗位、提供方式。

3）公示部门考核指标、岗位考核指标。

（2）绩效考核环节

1）进行部门考核。由评价小组在每季度或年度结束后，根据已收集的部门指标达成数据，对应指标考核标准分别按季度和年度考核评分。

2）进行岗位考核。由各岗位直接上级每月对各岗位员工以岗位绩效考核表形式进行考核评分。完成绩效结果反馈的工作后，应由被考核者在《岗位绩效考核表》中签字确认，确认完毕后，以中心为单位提报评价小组审阅存档，以便对考核结果进行后续应用。

（3）绩效反馈与改进环节

绩效管理的过程并不是到绩效考核打出一个分数就结束了。管理者还需要与下属进行一次面对面的交谈。通过绩效反馈面谈，使下属了解管理者对自己的期望，了解自己的绩效，认识自己有待改进的方面；并且，下属也可以提出自己在完成绩效目标中遇到的困难，请求上司指导。

（4）绩效考核申诉与检查环节

1）建立员工绩效考核申诉制度。

为保证绩效考核的公平、公正性，任何员工对自己的考核结果不满，均可以在考核结果出具后一周内填写《绩效结果申诉单》向上级主管提出申诉，当上级主管不能解决问题时，可以继续向人力行政中心申诉，人力行政中心绩效主管在接到申诉后3个工作日内，组织有关人员对申诉员工进行再次评估，做出本绩效周期绩效结果的最终裁定。

2）进行绩效监督与检查。

为保证员工绩效考核的过程操作规范，人力行政中心有权对每位员工的绩效考核进行随机监督和抽查；监督过程中发现考核人在执行考核时有徇私舞弊情况，人力行政中心有权一次性扣除被考核人当月考评分10分；如在监督和检查时发现各级管理者在执行考核过程中，不能认识到自己下属的行为是否正确，而错误地给其下属评分，人力行政中心和审计督察中心应及时向该考核人和其直接上级指出，有权考核该考核人和其直接上级5分，并将被考核人错评的分数调整过来。

（5）绩效结果应用环节

1）绩效结果应用于薪资发放。

2）应用于年度薪资福利调整。

3）应用于培训需求的确认及培训机会的赋予。

4）应用于岗位调整。

请回答：

（1）该公司绩效管理流程体系设计是否科学合理？

（2）你认为该如何对该公司绩效评价流程进行优化？

任务三　第三方物流企业绩效评估方法与实施

【任务描述】　要求学生掌握企业绩效评价的常用方法：排列法、等级法、因素比较法和模糊综合评价法，了解全方位绩效看板评价方法。要求学生能够根据企业的实际情况选择合适的绩效评价方法。

一、企业绩效评价的常见方法

1. 排列法

排列法也叫排队法，在企业绩效评价中，采用评价对象之间相互比较，进行最优到最差的排列。这种方法以评价对象的综合绩效为基础，按其总体效益和业绩进行排列比较，评出最好、次好、中等、较差和最差。这种方法简便，常被广泛采用。但仍存在一些缺点，其缺点如下。

1）不是按评价对象的工作绩效与每项评价标准进行对照比较打分，而是根据总体的综合绩效进行比较，缺乏可信度和精确度。

2）无法鉴别处在中间状态的评价对象之间的差别。在同一物流企业中的不同单位或部门之间无法进行排列比较。

2. 等级法

所谓等级评价法，是首先明确并确定对物流企业的评价项目及影响因素，然后对每个评价项目制定出具体的评价标准及要求。对每一项又设立评分等级数，一般分为 5 个等级：最优的为 5 分，次之为 4 分，依次类推。最后把各项得分汇总，总评分越高，工作绩效就越好。这种评价方法比排列法科学，但因对每个评价对象有关方面都要确定相应的评价项目及评分标准，按其重要程度设置权数，就体现出其缺点了，即评价工作量大而繁重，而且权数不易设置准确。

3. 因素比较法

因素比较法也称要素比较法，这种评价方法适用范围很广，既可用于企业绩效评价，也可用于员工工作绩效的评价。这方法是将评价对象分为若干要素或项目，每一个要素的评分又分为若干等级，一般分为 3 个等级或 5 个等级。3 个等级为好、中、差，5 个等级为优秀、良好、一般、较差、最差。一般来说，人们在 3 个等级的评价中容易产生聚中趋势，也就是说易将等级评为中等。相对而言，5 个等级更为科学一些，对评价对象的绩效和评价更确切一些。但评价要素等级划分得过细，评价时划分等级会有影响；如打分过宽，难以将评价结果区分其差距。

4. 模糊综合评价法

模糊综合评价法是一种基于模糊数学的综合评标方法。该综合评价法根据模糊数学的隶属度理论对受到多种因素制约的事物或对象做出一个总体的评价。它具有结果清晰、系统性强的特点。由于物流企业绩效评价指标体系复杂、指标多样，为了使评价结果更加准确，可以选择模糊综合评价法对其绩效进行评价。

案例 7-3

物流企业绩效模糊综合评价

W 物流企业是一家专业从事国内航空货运、汽运、铁路、国际航空货运、仓储、配送为一体化服务物流机构。自主拥有各种车型的长短途货车 200 余辆，合同运输车辆 500 多辆，可承接全国各地的整车运输、仓储、配送业务。下面将 W 物流企业引入模糊综合评价模型，按照模糊综合评价的步骤，对其绩效进行评价。

第一步，确定评价指标体系。

根据 W 物流企业的特点，借鉴平衡计分卡的思想，采用 KPI 的方法，从财务、内部流程、顾客和学习与成长 4 个方面建立物流企业的关键绩效指标体系，如表 7-15 所示。

表 7-15　物流企业绩效备选指标

一级指标	财务	内部流程	顾客	学习与发展
二级指标	主营业务收入增长率	运输费用率	交货一致率	员工建议增长率
	净资产收益率	运输任务完成率	新客户增长率	员工流失率
	销售增长率	信息跟踪准确率	订单完成率	员工培训率
	净利润增长率	运输安全事故发生率	市场占有率	研发费用增长率
	总资产周转率	仓库利用率	客户保持率	信息技术覆盖率
	净资产增长率	库存成本降低率	客户满意率	员工知识水平
	资产负债率	仓库设施完好率	商品完好率	
		配送及时率	退货率	
		配送延误率		
		货物丢失率		

1）财务方面，依据SMART[specific（具体的）、measurable（可衡量的）、attainable（可实现的）、relevant（现实性的）、time-bound（时限性的）]原则，结合W物流企业的现状，选取销售增长率、净利润增长率、总资产周转率和净资产增长率为财务层面的关键绩效指标。

2）内部流程方面，选取运输费用率、运输任务完成率、信息跟踪准确率、库存成本降低率、仓库设施完好率和配送及时率6个指标为关键绩效指标。

3）顾客方面，选取了新客户增长率、订单完成率、市场占有率、客户保持率和客户满意率为顾客层面的关键绩效指标。

4）学习与成长方面，选取了员工流失率、员工培训率、研发费用增长率为关键绩效指标。

第二步，确定评价等级。

将物流企业绩效分为4个等级，用V表示等级域，则$V=$（优，良，中，差），将各等级赋予分值$A=$（90,80,70,60）。

第三步，确定各级评价指标的模糊权重向量。

选择20名相关专家和企业及客户代表组成评价小组，对各级指标的相对重要性进行判断，然后由层次分析法确定一级指标及二级指标的权重，各指标权重如表7-16所示。

表7-16 评价体系、各级指标权重及评价等级表

一级指标	W_i	权重	二级指标	W_{ij}	权重	评价等级			
						优	良	中	差
财务	W_1	0.40	销售增长率	W_{11}	0.34	0.5	0.3	0.2	0.0
			净利润增长率	W_{12}	0.45	0.6	0.2	0.1	0.1
			总资产周转率	W_{13}	0.09	0.3	0.4	0.3	0.0
			净资产增长率	W_{14}	0.12	0.2	0.6	0.1	0.1
内部流程	W_2	0.29	运输费用率	W_{21}	0.22	0.4	0.5	0.1	0.0
			运输任务完成率	W_{22}	0.14	0.3	0.4	0.1	0.2
			信息跟踪准确率	W_{23}	0.14	0.5	0.4	0.1	0.0
			库存成本降低率	W_{24}	0.20	0.2	0.2	0.5	0.1
			仓库设施完好率	W_{25}	0.09	0.6	0.4	0.0	0.0
			配送及时率	W_{26}	0.21	0.4	0.4	0.2	0.0
顾客	W_3	0.20	新客户增长率	W_{31}	0.17	0.2	0.2	0.5	0.1
			订单完成率	W_{32}	0.09	0.7	0.3	0.0	0.0
			市场占有率	W_{33}	0.33	0.3	0.3	0.3	0.1
			客户保持率	W_{34}	0.24	0.8	0.1	0.1	0.0
			客户满意率	W_{35}	0.17	0.6	0.2	0.1	0.1
学习与成长	W_4	0.11	员工流失率	W_{41}	0.12	0.0	0.1	0.2	0.7
			员工培训率	W_{42}	0.57	0.3	0.4	0.3	0.0
			研发费用增长率	W_{43}	0.31	0.1	0.2	0.3	0.4

则一级评价指标的权重向量为$\boldsymbol{W}=（W_1,W_2,W_3,W_4）^T=（0.40,0.29,0.20,0.11）^T$

二级评价指标的权重向量为

$W_1=(W_{11},W_{12},W_{13},W_{14})^T=(0.34,0.45,0.09,0.12)^T$

$W_2=(W_{21},W_{22},W_{23},W_{24},W_{25},W_{26})^T=(0.22,0.14,0.14,0.20,0.09,0.21)^T$

$W_3=(W_{31},W_{32},W_{33},W_{34},W_{35})^T=(0.17,0.09,0.33,0.24,0.1)^T$

$W_4=(W_{41},W_{42},W_{43})^T=(0.12,0.57,0.31)^T$

第四步，建立模糊关系矩阵。

评价小组对二级各评价指标进行单因素评价，评价结果如表 7-16 所示。

根据表 7-16，可以得出财务、内部流程、客户、学习与成长 4 个单因素的模糊评价矩阵分别为

$$\text{财务}N_1=\begin{bmatrix}0.5 & 0.3 & 0.2 & 0\\0.6 & 0.2 & 0.1 & 0.1\\0.3 & 0.4 & 0.4 & 0\\0.2 & 0.6 & 0.1 & 0.1\end{bmatrix}\qquad \text{内部流程}N_2=\begin{bmatrix}0.4 & 0.5 & 0.1 & 0\\0.3 & 0.4 & 0.1 & 0.2\\0.5 & 0.4 & 0.1 & 0\\0.2 & 0.2 & 0.5 & 0.1\\0.6 & 0.4 & 0 & 0\\0.4 & 0.4 & 0.2 & 0\end{bmatrix}$$

$$\text{客户}N_3=\begin{bmatrix}0.2 & 0.2 & 0.5 & 0.1\\0.7 & 0.3 & 0 & 0\\0.3 & 0.3 & 0.3 & 0.1\\0.8 & 0.1 & 0.1 & 0\\0.6 & 0.2 & 0.1 & 0.1\end{bmatrix}\qquad \text{学习与成长}N_4=\begin{bmatrix}0 & 0.2 & 0.1 & 0.7\\0.3 & 0.4 & 0.3 & 0\\0.1 & 0.2 & 0.3 & 0.4\end{bmatrix}$$

由公式 $R_i=W_i^T\cdot N_i$ 计算单因素的模糊关系矩阵：

$$R_1=W_1^T\cdot N_1=(0.34,0.45,0.09,0.12)\cdot\begin{bmatrix}0.5 & 0.3 & 0.2 & 0\\0.6 & 0.2 & 0.1 & 0.1\\0.3 & 0.4 & 0.3 & 0\\0.2 & 0.6 & 0.1 & 0.1\end{bmatrix}=(0.491,0.300,0.152,0.057)$$

同理求得：

$$R_2=(0.378,0.382,0.192,0.048)\qquad R_3=(0.490,0.218,0.225,0.067)$$

$$R_4=(0.202,0.314,0.276,0.208)$$

由以上单因素的模糊关系矩阵组成最后的模糊关系矩阵为

$$R=\begin{pmatrix}R_1\\R_2\\R_3\\R_4\end{pmatrix}=\begin{pmatrix}0.491 & 0.300 & 0.152 & 0.057\\0.378 & 0.382 & 0.192 & 0.048\\0.490 & 0.218 & 0.225 & 0.067\\0.202 & 0.314 & 0.276 & 0.208\end{pmatrix}$$

第五步，合成模糊综合评价结果向量并计算综合评价得分。

利用公式 $B=W^T\cdot R$ 合成模糊评价结果向量 B：

$$B=(0.40,0.29,0.20,0.11)\cdot\begin{pmatrix}0.491 & 0.300 & 0.152 & 0.057\\0.378 & 0.382 & 0.192 & 0.048\\0.490 & 0.218 & 0.225 & 0.067\\0.202 & 0.314 & 0.276 & 0.208\end{pmatrix}=(0.42624,0.30892,0.19184,0.073)$$

综合评价得分：

$$M=B\cdot A^T=(0.42624,0.30892,0.19184,0.073)\cdot(90,80,70,60)^T=80.884$$

结论：

由模糊综合评价的结果可知，W 物流企业的总体绩效为良好。从表 7-16 中专家对各指标的评价情况可以看出，虽然 W 企业的财务状况较好，但是库存成本并没有明显的降低，新客户增长较少，对员工的培训和研发费用投入不足，员工流失严重，所以 W 企业有必要针对这些不足采取相应措施。

二、全方位绩效看板

全方位绩效看板是以企业整体目标产生长期经济价值为出发点的，因此短期财务性指标的评价，只作为长期绩效的补充要素，其最终目的仍在于长期获利能力的持续改善。

1. 绩效评价与企业目标的结合

全方位绩效评价所强调的是以完成企业整体目标为宗旨。绩效看板的内容是因为企业的不同环境和需求而进行弹性调整，并非一成不变。一般来说，下列 4 个层面是全方位绩效看板所重视的。

（1）财务层面

财务层面的评价指标并非唯一的，它只是企业整体发展战略中不可忽视的一部分。关于全方位绩效看板，管理者并不是不重视财务层面上的相关因素，而是追求长久效益和远期发展，在财务层面上仅重视的是能否完成基本的要求。

（2）顾客层面

全方位绩效看板要求企业站在顾客的立场上，来评价企业经营活动中与顾客相关的要素及目标。最基本的要求，物流企业绩效评价，应该从与顾客直接接触的物流经理评起。

（3）内部层面

为了使顾客满意，物流企业还需要在内部作业流程决策与实施等问题上下工夫。

（4）革新与学习层面

革新与学习层面强调的是物流企业的不断创新，并能保持其竞争能力与未来的发展势头，因此无论是管理阶层还是基层员工都必须不断地学习，不停地推出新的服务和产品，并且迅速有效地占领市场。新科技的学习和运用，会不断地减少运营成本。

2. 全方位绩效看板的通用实施步骤

1）预备。首先将与实施绩效评价相关的顾客、销售渠道、配送、设备及财务等要素综合考虑，设计出适当的绩效看板。

2）访问记录。向每一位高级管理人员了解企业内部情况及背景，作为规划企业发展战略的参考，同时还要找出影响企业成功的重要因素有哪些。

3）研讨会。召集企业高级管理人员组成绩效评价小组，开会研究、讨论绩效看板的流程，并提出评价标准。

4）第二次访问记录。再次深入访问相关人员，根据研讨会的结论，结合访问意见，完成初步绩效看板的设计。

5）第二次研讨会。召集企业高、中级管理人员及其部分下属一起研究讨论绩效评价的目标及策略，并完成试验性的绩效看板的设计。

6）第三次研讨会。召集由企业高级管理人员组成的绩效评价小组会议，研究讨论目标及评价方法，并取得一致意见，确定初步行动及从计划到完成目标的程序。

7）完成。在上述访问记录及研讨的基础上不断改进，完成全方位绩效看板的设计，并在全方位绩效看板下建立企业的资料库及资讯系统，完成高层与低层的评价标准。

8）定期检查改进。每季度或每月高层管理人员及物流经理就全方位绩效看板所显示的资讯信息进行讨论，并不断改进，以完成企业的评价目标。

3. 实施全方位绩效看板的优点

全方位绩效看板可以说是一种全面的管理制度，使企业在顾客服务、作业程序及市场开发方面有突破性的改进与激励作用。此外，当企业经营面临困境时，使用全方位绩效看板确能改善企业经营绩效并且帮助企业突破困境。全方位绩效评价的实施具有以下优点：涵盖企业整体的发展目标；维持现有的竞争优势；维持全体员工高度的竞争意识；提供不断改进的渠道；维持企业现有的运营优势。

单项实训三

情境实训

请模仿案例 7-3，采用模糊综合评价法，对项目 2 单项实训三中胡飞和海东合伙成立的五湖四海物流运输配送有限公司进行绩效评价。

练 习 题

一、多项选择题

1．以下属于企业绩效评价体系内容的有（　　）。

A．评价制度　　B．评价方法　　C．评价机构　　D．评价标准

2．以下属于第三方物流企业绩效评价体系的设计要求有（　　）。

A．准确　　B．可理解　　C．目标一致性　　D．简单

3．以下属于第三方物流企业绩效评价的实施步骤的有（　　）。

A．确定评价工作实施机构　　B．制定评价工作方案

C．收集并整理基础资料和数据　　D．撰写评价报告

二、填空题

1．开展绩效评价能够正确判断第三方物流企业的实际经营水平，提高经营能力，改善企业管理，从而增加第三方物流企业的________。

2．开展第三方物流绩效评价应遵循一些基本原则，包含：①多渠道、多层次、全方位评价的原则；②________；③客观公正的原则；④时效与比较的原则；⑤________。

3．企业绩效评价体系是指与绩效评价相关的________、评价方法、评价标准、________及评价指标体系等方面形成有机的整体。

4. 企业绩效评价的常用方法：排列法、等级法、因素比较法和________。

三、案例分析题

某配送中心为一家手机生产商做江苏地区的配送服务，在开始的半年中每个月的配送量为200车次，每车的装载量约为150只手机。这家配送中心向客户承诺的服务时限为24小时到货。表7-17描述了该配送中心某品种手机在一个月内的配送状况。

表7-17　某品种手机一个月内的配送状况

订单号	订货数量	到货数量	到货时间/小时	货损数量
1	100	100	16	0
2	150	120	30	0
3	150	150	20	0
4	120	120	20	5

根据上述资料完成以下问题（单项选择题）：

1. 该配送中心这个品种的手机在这个月中的缺货频率为（　　）。

A. 0.5%　　B. 1%　　C. 25%　　D. 50%

2. 该配送中心这个品种的手机在这个月中的缺货率为（　　）。

A. 0.1%　　B. 5.77%　　C. 25%　　D. 94.3%

3. 该配送中心这个品种的手机在这个月中的到货准时率为（　　）。

A. 25%　　B. 37.5%　　C. 75%　　D. 89.6%

四、简答题

1. 简述第三方物流企业绩效评价的含义及意义。
2. 开展第三方物流绩效评价应遵循哪些基本原则？
3. 第三方物流企业绩效评价体系的基本要素包含哪些内容？
4. 结合一个实际的第三方物流企业，设计该企业绩效评价指标体系。
5. 企业绩效评价的常见方法有哪些？请列举出来。

项目综合实训七

第三方物流企业绩效模拟评估

1. 实训目的

了解第三方物流企业绩效评估的基本原则，评估指标的制定和评估方法的确定。

2. 实训方式

4～8人一组，分组进行。

3. 实训内容及步骤

（1）每组调研一个当地的第三方物流企业，讨论进行第三方物流企业绩效评估的方案。

（2）确定评估的基本原则。

（3）设计评估指标体系。

（4）设计评价方法。

（5）按上述办法进行评估测试，确定评价结果。

4. 实训结果

每组提交一份评估方案，包含所调研企业基本情况简介，所确定的评价原则、设计的指标体系、评价方法、实施步骤和评价结果。

案例分析

某企业对第三方物流服务KPI考核

某企业对第三方物流服务商提供的运输、仓储服务设定了服务绩效指标（KPI）的考核标准与违约处罚措施，如表7-18和表7-19所示。KPI指标经双方共同开发并将不断完善。

表7-18　KPI考核标准及违约处罚（运输）

类别	KPI	定　义	考核标准	违约处罚措施
运输	运输准备时间	安排车辆，以及车辆在仓库所在地完成装车、捆扎等运输准备工作，达到可以发运的状态	＜24小时	每次100元
	准时交货考核指标	在合同规定时间内送达客户的订单总数占当月承运订单总数的百分比。（合同规定时间是指运输报价单上的时间）	＞96%	每1%的差距，扣1%的总运费
	货运单签收及回单完成指标	在限定时间内将正确签收的货运单返回给甲方的订单总数占当月承运订单总数的百分比 考核标准：按甲方要求时间送达	＞95%	每1%的差距，扣0.5%的总运费；当差距超过3%，按2%运费扣除
	货物安全性	安全送达次数比率	＞97%	每1%的差距，扣0.5%的总运费；当差距超过3%，按1%运费扣除
		纸箱破损比率	＜0.3%	累计破损数量在运输总量0.3%以内的，按货值赔偿，超过部分将按货值两倍赔偿
		货物货损比率	＜0.05%	累计破损数量在运输总量0.05%以内的，按货值赔偿，超过部分将按货值两倍赔偿
	运输损害报告反馈	在限定时间内以书面形式将运输中发生的破损反馈给甲方	＜24小时	每次500元
		货差事故或交通事故反馈给甲方	＜7天	每次500元

表7-19　KPI考核标准及违约处罚（仓储）

类别	KPI	定　义	考核标准	违约处罚措施
仓库与存货管理	报表准确率	正确报表的数量/总共提供报表的数量	95%	当＜95%，报表每出现一次错误，罚款50元
	报表及时率	在规定时间内将报表及时反馈给甲方	95%	当＜95%，报表每出现一次错误，罚款50元
	操作规范率	按照甲方的要求操作、控制、跟踪货物	100%	每发现一次违规操作，罚款500元，并赔偿因此产生的其他费用

续表

类别	KPI	定　义	考核标准	违约处罚措施
仓库与存货管理	盘点差错率	盘点差异数/月平均库存数	＜0.01%	当＜0.01%时，按原价赔偿；当超过 0.01%时，除按原价赔偿外，将扣仓储费用的 5%作为罚款
	仓库操作货损比率	当月仓库进出库货损台数/当月仓库进出库总台数	＜0.02%	当超过 0.02%时，除按原价赔偿外，将扣仓储费用的 5%作为罚款
	事故证明反馈时间	在限定时间内将仓库储存事故或第三者责任事故的合法证明文件或报告提交甲方公司	＜7 天	当>7 天时，赔偿因延误提供证明所造成的甲方损失
其他	货票同行完成率	签收甲方寄来仓库的发票，并将发票与货物从仓库出发，同时交与客户，收到客户签收后传真给甲方	100%	发票遗失按照发票的税率金额赔偿；并处每遗失一次扣 100 元罚款

案例讨论：

（1）你认为该 KPI 设计对第三方物流企业开展绩效评价有哪些参考价值？

（2）结合上面两个 KPI 考核标准，谈谈你对物流企业绩效评价指标设计的一些思路。

参 考 文 献

胡一波，王玉勤．2012．配送中心信息化管理对策研究——以苏宁配送中心为例[J]．物流技术，（8）．

罗闻泉．2006．第三方物流管理信息系统的分析与设计[J]．邯郸职业技术学院学报，（2）．

骆温平．2012．第三方物流．2版．北京：高等教育出版社．

钱芝网．2011．第三方物流运营实务．2版．北京：电子工业出版社．

武晓钊．2013．中国第三方物流运营模式研究与典型案例分析．北京：中国经济出版社．

易伟．2013．第三方物流管理．成都：西南财经大学出版社．

郑克俊．2007．第三方物流．北京：科学出版社．

附录　练习题参考答案（部分）

项　目　1

一、多项选择题

1．ABCD　　2．AB　　3．ABC　　4．ABD　　5．ABC
6．ABCDE

二、填空题

1．由供方与需方以外的物流企业提供物流服务的业务模式
2．运输型　仓储型　综合服务型
3．垂直一体化物流　水平一体化物流　物流网络
4．作业利益　经济利益　管理利益
5．中外合资第三方物流企业　民营第三方物流企业

项　目　2

一、多项选择题

1．ABC　　2．AB　　3．ABC　　4．AB　　5．CD
6．AB　　7．ABC

二、填空题

1．运作资源分析　客户资源分析　市场供需分析　企业资源的优势、劣势分析
2．运作资源　客户资源
3．优势、劣势、机会、威胁
4．竞争对手分析　市场细分　选择目标市场
5．地域　行业
6．基本服务　增值服务　基本服务　增值服务
7．职能式　事业部制
8．自建网络　采用联盟网络
9．传统外包型　战略联盟型

项　目　3

一、多项选择题

1．ABC　2．ABCD　3．ABD　4．ACD　5．ABC
6．ABCD　7．ABD　8．ABCD

二、填空题

1．资源与优势介绍　物流服务模式　服务报价
2．物流项目和物流运作
3．投标　开标　评标　定标
4．选择性招标
5．国际竞争性招标
6．坚持需求导向　强调整体营销
7．细分　目标选择
8．专业化营销　针对高层营销
9．营销战略联盟策略
10．服务差异化策略

项　目　4

一、多项选择题

1．ABCD　2．ABD　3．ABCD　4．ABCD　5．AD
6．ABD

二、填空题

1．运输决策　运输过程管理
2．中转零担　沿途零担
3．组配　费用结算
4．接货　保管
5．调拨单　托运单
6．盘存
7．包装计划管理
8．超常规　满足客户个性化需要
9．质押模式　担保模式

项　目　5

一、多项选择题

1．ABC　　2．AB　　3．ABCD　　4．ABC　　5．ABCD

二、填空题

1．可靠性原则　完整性原则　经济性原则
2．全球卫星定位系统　射频技术
3．信息的集成性　支持远程处理
4．综合
5．提高对客户的服务水平　降低物流的总成本

项　目　6

一、多项选择题

1．ACD　　2．ABC　　3．ABCD　　4．ABCD　　5．ABCD

二、填空题

1．以客户满意为中心　客户服务制度　真正优质　个性化
2．价格（right price）　产品和服务（right product or service）
3．交易中　交易后
4．保管合同
5．协商　调解　仲裁
6．合同的磋商
7．物流服务需求方　第三方物流经营人
8．不同产业　不同区域
9．运输设施　运输方式
10．客户
11．识别　选择
12．规模大　标准化程度高
13．可以整合的分包商

项　目　7

一、多项选择题

1．ABCD　　2．ABCD　　3．ABCD

二、填空题

1．整体效益
2．责、权、利相结合的原则　制度化的评价原则
3．评价制度　评价机构
4．模糊综合评价法